Use of reflexive verbs in the immediate future

I am going to shave

[yo] voy a afeita[me]

Yo me voy a afeitar

We are going to wake up at 9:00.

Nosotros vamos a despertarnos a las 9:00.

pud
sup
pus

¡Ya verás! GOLD
Nivel 2

John R. Gutiérrez

The Pennsylvania State University

Harry L. Rosser

Boston College

HH **Heinle & Heinle Publishers**
An International Thomson Publishing Company
ITP **Boston, MA • 02116 • U.S.A.**

Visit us on the Internet **http://yaveras.heinle.com**

The publication of *¡Ya verás! Gold, Nivel 2*, was directed by the members of the Heinle & Heinle School Publishing Team.

Team Leader: Vincent Duggan
Publisher: Denise St. Jean
Production Services Coordinator: Mary McKeon
Market Development Director: Pamela Warren

Also participating in the publication of this program were:
Assistant Editor: Sonja Regelman
Manufacturing Coordinator: Wendy Kilborn
Development, Design and Composition: Hispanex Inc.
Cover Art: Mark Schroder
Cover: Rotunda Design

Manufactured in the United States of America

ISBN 0-8384-0881-8 (student text)

10 9 8 7 6 5 4

To the Student

As you continue your study of Spanish, you will not only discover how much you can already do with the language, you will also build on what you have learned. By now, you know how to talk about yourself, your family, and your friends. You can get around cities and towns, use public transportation such as the subway, and ask for and understand directions. You are able to order food and beverages in restaurants and cafés and to make purchases in a variety of stores. You can talk about the diversity of the Spanish-speaking world, including parts of the United States, and you have learned to use appropriate language in a variety of social interactions.

As you move forward, you will expand your cultural knowledge as you take a closer look at parts of the Spanish-speaking world, with its varied customs, traditions, landscapes, and points of interest. You will increase your ability to describe people and things. You will be able to talk about where you live in greater depth, and you will learn how to get a hotel room and other types of lodging. You will interact with others about sports, your leisure-time and vacation activities, health, and keeping fit. Remember that the most important task ahead of you is not to accumulate a large quantity of knowledge about Spanish grammar and vocabulary, but rather to use what you do know as effectively and creatively as you can.

As you know from your previous study of Spanish, communicating in a foreign language means understanding what others say and transmitting your own messages in ways that avoid misunderstandings. You also know that making errors is part of language learning. Continue to view mistakes as positive steps toward effective communication. Remember, they don't hold you back; they advance you in your efforts!

¡Ya verás! Gold has been written with your needs in mind. It places you in situations that you might really encounter in a Spanish-speaking environment. Whether you are working with vocabulary or grammar, it leads you from controlled exercises (that show you just how a word or structure is used) to bridging activities (that allow you to introduce your own personal context into what you are saying or writing) to open-ended activities and tasks (in which you are asked to handle a situation much as you might in actual experience). These situations are intended to give you the freedom to be creative and express yourself without fear or anxiety. They are the real test of what you can do with the Spanish you have learned.

Learning a language takes practice, but it's an enriching experience that can bring you a lot of pleasure and satisfaction. We hope your experience with *¡Ya verás! Gold, Nivel 2,* is both rewarding and enjoyable!

Acknowledgments

Creating a secondary program is a long and complicated process which involves the dedication and hard work of a number of people. First of all, we express our heartfelt thanks to the Secondary School Publishing Team at Heinle & Heinle for its diligent work on *¡Ya verás! Gold* and to Hispanex of Boston, MA for the many contributions its staff made to the program. We thank Kenneth Holman who created the textbooks' initial interior design and the designers at Hispanex who refined and created it.

Our thanks also go to Charles Heinle for his special interest and support and to Jeannette Bragger and Donald Rice, authors of *On y va!* We thank Jessie Carduner, Charles Grove, and Paul D. Toth for their contributions to the interdisciplinary sections in the student textbook. We also express our appreciation to the people who worked on the fine set of supporting materials available with the *¡Ya verás! Gold, Nivel 2,* program: Greg Harris, Workbook; Chris McIntyre and Jill Welch, Teacher's Edition; Joe Wieczorek, Laboratory Program; Ken Janson, Testing Program; Sharon Brown, Practice Software; and Jorge Cubillos, the *Mundos hispanos* 2 multimedia program.

Finally, a very special word of acknowledgment goes to our children:
— To Mía and Stevan who are always on their daddy's mind and whose cultural heritage is ever present throughout *¡Ya verás! Gold.*
— To Susan, Elizabeth, and Rebecca Rosser, whose enthusiasm and increasing interest in Spanish inspired their father to take part in this endeavor.

John R. Gutiérrez and Harry L. Rosser

The publisher and authors wish to thank the following teachers who pilot-tested the *¡Ya verás!*, Second Edition, program. Their use of the program in their classes provided us with invaluable suggestions and contributed important insights to the creation of *¡Ya verás! Gold*.

Nola Baysore
Muncy JHS
Muncy, PA

Barbara Connell
Cape Elizabeth Middle
   School
Cape Elizabeth, ME

Frank Droney
Susan Digiandomenico
Wellesley Middle School
Wellesley, MA

Michael Dock
Shikellamy HS
Sunbury, PA

Jane Flood Clare
Somers HS
Lincolndale, NY

Nancy McMahon
Somers Middle School
Lincolndale, NY

Rebecca Gurnish
Ellet HS
Akron, OH

Peter Haggerty
Wellesley HS
Wellesley, MA

José M. Díaz
Hunter College HS
New York, NY

Claude Hawkins
Flora Mazzucco
Jerie Milici
Elena Fienga
Bohdan Kodiak
Greenwich HS
Greenwich, CT

Wally Lishkoff
Tomás Travieso
Carver Middle School
Miami, FL

Manuel M. Manderine
Canton McKinley HS
Canton, OH

Grace Angel Marion
South JHS
Lawrence, KS

Jean Barrett
St. Ignatius HS
Cleveland, OH

Gary Osman
McFarland HS
McFarland, WI

Deborah Decker
Honeoye Falls-Lima HS
Honeoye Falls, NY

Carrie Piepho
Arden JHS
Sacramento, CA

Rhonda Barley
Marshall JHS
Marshall, VA

Germana Shirmer
W. Springfield HS
Springfield, VA

John Boehner
Gibson City HS
Gibson City, IL

Margaret J. Hutchison
John H. Linton JHS
Penn Hills, PA

Edward G. Stafford
St. Andrew's-Sewanee
   School
St. Andrew's, TN

Irene Prendergast
Wayzata East JHS
Plymouth, MN

Tony DeLuca
Cranston West HS
Cranston, RI

Joe Wild-Crea
Wayzata Senior High
   School
Plymouth, MN

Katy Armagost
Manhattan HS
Manhattan, KS

William Lanza
Osbourn Park HS
Manassas, VA

Linda Kelley
Hopkinton HS
Contoocook, NH

John LeCuyer
Belleville HS West
Belleville, IL

Sue Bell
South Boston HS
Boston, MA

Wayne Murri
Mountain Crest HS
Hyrum, UT

Barbara Flynn
Summerfield Waldorf
   School
Santa Rosa, CA

The publisher and authors wish to thank the following people who reviewed the manuscript for the *¡Ya verás!*, Second Edition, program. Their comments were invaluable to its development and of great assistance in the creation of *¡Ya verás! Gold*.

High School Reviewers

Georgio Arias, Juan De León, Luís Martínez (McAllen ISD, McAllen, TX); **Katy Armagost** (Mt. Vernon High School, Mt. Vernon, WA); **Yolanda Bejar, Graciela Delgado, Bárbara V. Méndez, Mary Alice Mora** (El Paso ISD, El Paso, TX); **Linda Bigler** (Thomas Jefferson High School, Alexandria, VA); **John Boehner** (Gibson City High School, Gibson City, IL); **Kathleen Carroll** (Edinburgh ISD, Edinburgh, TX); **Louanne Grimes** (Richardson ISD, Richardson, TX); **Greg Harris** (Clay High School, South Bend, IN); **Diane Henderson** (Houston ISD, Houston, TX); **Maydell Jenks** (Katy ISD, Katy, TX); **Bartley Kirst** (Ironwood High School, Glendale, AZ); **Mala Levine** (St. Margaret's Episcopal School, San Juan Capistrano, CA); **Manuel Manderine** (Canton McKinley Sr. High School, Canton, OH); **Laura Martin** (Cleveland State University, Cleveland, OH); **Luis Millán** (Edina High School, Minneapolis, MN); **David Moffett, Karen Petmeckey, Pat Rossett, Nereida Zimic** (Austin ISD, Austin, TX); **Jeff** Morgenstein (Hudson High School, Hudson, FL); **Rosana Pérez, Jody Spoor** (Northside ISD, San Antonio, TX); **Susan Polansky** (Carnegie Mellon University, Pittsburgh, PA); **Alva Salinas** (San Antonio ISD, San Antonio, TX); **Patsy Shafchuk** (Hudson High School, Hudson, FL); **Terry A. Shafer** (Worthington Kilbourne High School, West Worthington, OH); **Courtenay Suárez** (Montwood High School, Socorro ISD, El Paso, TX); **Alvino Téllez, Jr.** (Edgewood ISD, San Antonio, TX); **Kristen Warner** (Piper High School, Sunrise, FL); **Nancy Wrobel** (Champlin Park High School, Champlin, MN)

Middle School Reviewers

Larry Ling (Hunter College High School, New York, NY); **Susan Malik** (West Springfield High School, Springfield, VA); **Yvette Parks** (Norwood Junior High School, Norwood, MA)

Contenido

◆

CAPÍTULO A

CAPÍTULO B

CAPÍTULO C

UNIDAD 2 *Vamos a instalarnos* 136

CAPÍTULO 4 *Buscamos un hotel* · · · · · · · · · · 138

CAPÍTULO 5 *Un año en casa de los Álvarez* · · · · · · · · 162

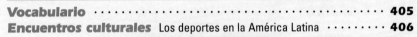

¡Bienvenidos al mundo hispánico!

Sabías que más de 360 millones de personas en el mundo hablan español? El español es el tercer idioma más hablado en el planeta, después del chino y el inglés. De sus modestos orígenes en la provincia de Castilla, en España, el español ha llegado a ser el idioma principal de veinte países. Después del inglés, es el idioma más usado en los Estados Unidos, hablado por más de veintidós millones de personas.

La geografía ha tenido una gran influencia en el español, como ocurre con la mayoría de los idiomas. El español que hablan los chilenos al pie de los Andes nevados ha tenido una evolución diferente del español que hablan los vaqueros argentinos en las pampas, amplias planicies cubiertas de pasto. Incluso en un país tan pequeño como la República Dominicana hay diferencias en el idioma: el español de Santo Domingo, la capital, varía del español hablado en zonas rurales.

En muchos lugares de América Latina, las culturas y los idiomas de los pueblos indígenas que vivían allí antes de la llegada de los españoles también han tenido una gran influencia en el español. Por ejemplo, podemos mencionar la cultura maya en Guatemala y en la Península de Yucatán, en México, y la cultura guaraní en Paraguay. De la misma manera que los Estados Unidos son el resultado de la combinación de muchas culturas, el mundo hispanohablante es un dinámico mosaico lingüístico y cultural. ¡Bienvenidos al mundo hispánico! Están por comenzar un viaje fascinante.

Actividades:

A. Las capitales

Mira los mapas en las páginas xvii-xviii. En una hoja de papel, escribe los nombres de las capitales de América del Sur. Después escribe los nombres de las capitales de América Central, y las capitales de las islas hispanohablantes del Caribe.

B. Verdadero o falso

Utiliza los mapas en las páginas xvi-xviii para contestar verdadero o falso a las oraciones siguientes.

1. Tierra del Fuego es el punto más al sur que hay en América del Sur.

2. Los Andes son montañas localizadas en Uruguay.

3. Baja California es parte de los Estados Unidos.

4. Guatemala está menos lejos de Venezuela que México.

5. El País Vasco está en el noreste de España.

6. La península de Yucatán es parte de Honduras.

7. Se habla español en las Islas Canarias.

8. El Lago Titicaca se encuentra entre Perú y Paraguay.

GUATEMALA — HONDURAS

MAR CARIBE

EL SALVADOR

NICARAGUA

COSTA RICA

PANAMÁ

Barranquilla
Cartagena

Lago de Maracaibo

Caracas

Río Orinoco

VENEZUELA

GUAYANA

SURINAM

GUAYANA FRANCESA

OCÉANO ATLÁNTICO

Manizales

Cali

Bogotá

COLOMBIA

ECUADOR

Quito

ECUADOR

Iquitos

Río Amazonas

PERÚ

ANDES

Lima

Machu Picchu

Cuzco

Ayacucho

Lago Titicaca

BOLIVIA

La Paz

Sucre

Potosí

BRASIL

Río Paraná

PARAGUAY

Salta

CHILE

Asunción

Iguazú

OCÉANO PACÍFICO

OCÉANO ATLÁNTICO

ARGENTINA

Río Uruguay

URUGUAY

Santiago

Buenos Aires

Montevideo

AMÉRICA DEL SUR

ISLAS MALVINAS (Br.)

Estrecho de Magallanes

TIERRA DEL FUEGO

0   1000 km.

0   600 millas

NIGERIA

ÁFRICA

CAMERÚN

Malabo

GUINEA ECUATORIAL

ECUADOR

GABÓN

ÁFRICA

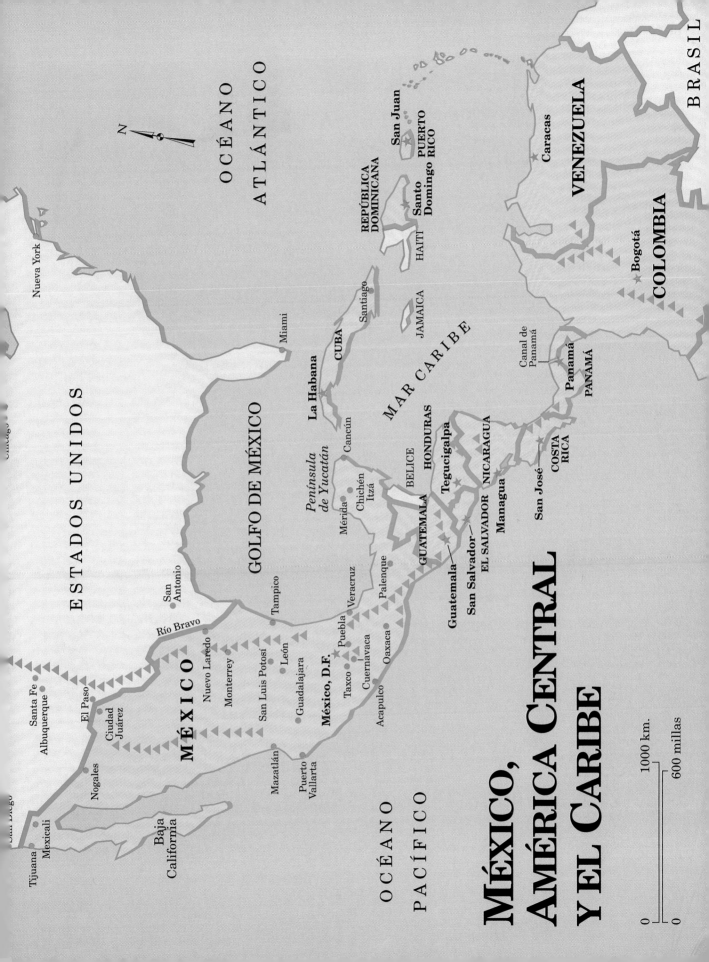

ESPAÑA

FRANCIA

PORTUGAL

OCÉANO ATLÁNTICO

MAR CANTÁBRICO

MAR MEDITERRÁNEO

GALICIA

ASTURIAS

CANTABRIA

PAÍS VASCO

NAVARRA

PIRINEOS

ANDORRA

CATALUÑA

LA RIOJA

ARAGÓN

CASTILLA Y LEÓN

MADRID

Madrid

EXTREMADURA

CASTILLA-LA MANCHA

COMUNIDAD VALENCIANA

MURCIA

ANDALUCÍA

Santiago

Bilbao

Santander

Pamplona

Gerona

Barcelona

Costa Brava

Zaragoza

Valladolid

Segovia

Salamanca

Toledo

Ciudad Real

Valencia

Alicante

Murcia

Córdoba

Sevilla

Granada

Málaga

Cádiz

Costa del Sol

Gibraltar (Br.)

Ceuta (Esp.)

Melilla (Esp.)

Estrecho de Gibraltar

Río Ebro

Río Tajo

Río Guadalquivir

MENORCA

MALLORCA

IBIZA

ISLAS BALEARES

ISLAS CANARIAS

TENERIFE

GRAN CANARIA

100 km.

100 m.

0

0

150 km.

0

CAPÍTULO A

¿Quién soy yo?

—Hola, ¿qué tal, Teresa?
—Muy bien. ¿Y tú?

Objectives

- to review words and expressions needed to talk about yourself and your family
- reviewing regular verbs ending in -ar, -er, and -ir, and the verbs ser and tener
- practicing describing yourself and your family, greeting people, and making introductions

Yo me llamo...

María y Esteban se presentan (introduce themselves).

Yo me llamo María Catarina Gutiérrez. Tengo dieciséis años. Soy española. Vivo en un apartamento en Madrid con mi padre y hermano. Me gustan los deportes de invierno — especialmente el esquí. También me gusta escuchar la radio. Me gusta mucho la música popular norteamericana.

María

Yo me llamo Esteban Méndez. Tengo quince años. Soy mexicano. Mi familia y yo vivimos en Guadalajara, la capital del estado de Jalisco. Tenemos una casa grande en las afueras de la ciudad. Me gusta mucho la música: toco el piano y la trompeta. También me gusta ir al cine con mis amigos.

Esteban

Comprensión

A. María y Esteban en los Estados Unidos Imagine that María, Esteban, and you are all delegates to an international meeting of young people being held in the United States. You have met them both and would like to introduce them to your teacher. Prepare your introductions of both María and Esteban by answering the following questions: 1) **¿Cómo se llama?** 2) **¿Cuál es su nacionalidad?** 3) **¿Cuántos años tiene él (ella)?** 4) **¿Dónde vive?** 5) **¿Con quién vive?** 6) **¿Vive en una casa o en un apartamento?** 7) **¿Qué hace en su tiempo libre?** Begin your introduction by following the model.

> **MODELO**   *Profesora (Profesor), quiero presentarle a...*
> *Él (Ella) es...*

REPASO

Regular verbs ending in -ar

hablar (to talk)			
yo	habl**o**	nosotros(as)	habl**amos**
tú	habl**as**	vosotros(as)	habl**áis**
él ella Ud.	habl**a**	ellos ellas Uds.	habl**an**

To conjugate regular **-ar** verbs in the present tense, drop the **-ar** from the infinitive and add the appropriate ending: **-o, -as, -a, -amos, -áis,** or **-an**.

B. Reemplázalo Replace the words in italics with those in parentheses and make the necessary changes.

1. *Ella* trabaja mucho. (nosotros / yo / él / tú / ellos)
2. ¿Habla *él* francés también? (tú / Uds. / ella / ellos)
3. *Ellos* viajan todos los años. (ella / nosotras / yo / él / ellas)

REPASO

Regular verbs ending in –er

correr (to run)			
yo	corro	nosotros(as)	corremos
tú	corres	vosotros(as)	corréis
él ella Ud.	corre	ellos ellas Uds.	corren

To conjugate regular -er verbs in the present tense, drop the -er from the infinitive and add the appropriate ending: -o, -es, -e, -emos, -éis, or -en.

C. Reemplázalo Replace the words in italics with those in parentheses and make the necessary changes.

1. *Yo* corro dos millas todos los días. (tú / ella / José y Roberta / nosotros / Uds.)

2. *Ella* no bebe leche. (yo / él / Ud. / nosotras / tú)

3. ¿Lee *él* el periódico *(newspaper)* todas las mañanas? (tú / Ud. / Uds. / ellos / tu papá)

REPASO

Regular verbs ending in –ir

escribir (to write)			
yo	escribo	nosotros(as)	escribimos
tú	escribes	vosotros(as)	escribís
él ella Ud.	escribe	ellos ellas Uds.	escriben

To conjugate regular -ir verbs in the present tense, drop the -ir from the infinitive and add the appropriate ending: -o, -es, -e, -imos, -ís, or -en.

D. Reemplázalo
Replace the words in italics with those in parentheses and make the necessary changes.

1. *Ellos* viven en un apartamento en el centro. (yo / ella / tú / nosotras / Ud.)
2. *Él* no asiste a la escuela los sábados. (nosotros / ellos / Uds. / Ud. / tú)
3. ¿Escriben *ellas* la composición ahora? (tú / ella / Ud. / Uds.)

¿RECUERDAN?

The verb gustar + infinitive

Me gusta estudiar, pero no **me gusta** trabajar.

A Juan le gusta estudiar, pero **a Elena le gusta** hablar por teléfono.

Te gustan las ciencias, pero no **te gustan** las lenguas.

Nos gustan las clases, pero **a ellos les gustan** los profesores.

1. To express in Spanish certain activities that you like or do not like to do, you can use the construction **gustar** + infinitive.
2. Remember that **gusta** is used with singular nouns and infinitives and **gustan** is used with plural nouns.
3. The definite articles (**el, la, los,** and **las**) are often used after the verb **gustar** to indicate a general like or dislike of something.

Sí, me gustan **los** deportes.   No me gustan **las** ciencias.

¿Te gusta **la** historia?   ¿Te gusta **el** fútbol?

E. Entrevista
Find out about a classmate and her (his) family and friends. Begin by preparing a set of at least twelve interview questions based on the expressions you have studied, along with those in the **Vocabulario: Para indicar dónde vives** and **Para hablar de tus actividades** (pages 10–11). Sample questions include: 1) **¿Te gusta escuchar la radio?** 2) **¿Qué tipo de música te gusta?** 3) **¿Cantas bien o mal?** 4) **¿Dónde trabajan tus padres?** 5) **¿Dónde vive tu mejor amigo(a)?** 6) **¿Tú y tus amigos comen en un restaurante de vez en cuando?** 7) **¿Qué comida les gusta?**

Take notes of your classmate's answers, organizing the information in the following sections: 1) **Mi compañero(a)**, 2) **Sus padres**, 3) **Su mejor amigo(a)**, 4) **Mi compañero(a) y sus amigos(as)**. Collect information for each of the four sections. Choose the most interesting information from each section to report to the class.

REPASO

The present tense of the verb **ser**

ser (to be)			
yo	**soy**	nosotros(as)	**somos**
tú	**eres**	vosotros(as)	**sois**
él ella Ud.	**es**	ellos ellas Uds.	**son**

Él es portugués; **ellos son** portugueses.

Ella es argentina; **ellas son** argentinas.

Él es de Costa Rica, pero **ellas son** de Cuba.

Nosotros somos de los Estados Unidos, pero **tú eres** de Francia.

1. When **ser** is followed by an adjective (such as a description of nationality), the adjective must agree in gender (masculine or feminine) and number (singular or plural) with the subject of **ser.**

2. Remember that **ser + de** can be used to express origin.

F. Reemplázalo Replace the words in italics with those in parentheses and make the necesary changes.

1. *Él* es de Costa Rica. (ella / nosotros / yo / ellos / tú)
2. ¿Es *ella* rusa? (él / Uds. / tú / ellos)
3. *Ellos* no son de aquí. (ella / yo / Ud. / tú / ellas)
4. *Ellas* son hondureñas, ¿verdad? (Uds. / él / tú / ellos)

G. Los delegados

You are at a reception for students participating in an international student congress. A friend of yours who has arrived late asks you to point out some of the delegates, indicate their nationalities, and tell what cities they are from. Follow the models.

MODELOS

Justo Alarcón / Caracas, Venezuela
Allí está Justo. Él es venezolano. Es de Caracas.

Linda Martín y Claudia González / Santiago, Chile
Allí están Linda y Claudia. Ellas son chilenas.
Son de Santiago.

1. Inge Schnepf / Munich, Alemania
2. Joel Rini / Roma, Italia
3. Julian Weiss y Ralph Withers / Manchester, Inglaterra
4. Janet Maguire y Lisa Mullins / Boston, los Estados Unidos
5. Rosa Domínguez / Quito, Ecuador
6. Tashi Yokoshura (f.) / Tokio, Japón
7. Anne-Marie Pelliser y Jean Firmin / Ginebra, Suiza
8. Ivan Medchenko / Moscú, Rusia

Situaciones

▶ Saludos y presentaciones

a. En la calle

Sr. Ortiz:	Buenos días, señora.
Sra. Jiménez:	Buenos días, señor. ¿Cómo está?
Sr. Ortiz:	Muy bien, gracias. ¿Y Ud.?
Sra. Jiménez:	Bastante bien, gracias. ¿Va Ud. al centro?
Sr. Ortiz:	No, yo voy a casa.
Sra. Jiménez:	Bien. Hasta luego, señor.
Sr. Ortiz:	Hasta luego, señora.

b. En el centro

Linda:	¡Hola, María!
María:	¡Hola, Linda! ¿Qué tal?
Linda:	Muy bien. ¿Y tú?
María:	Así, así. Estoy muy cansada. Mira, quiero presentarte a mi amiga, Isabel.
Linda:	Mucho gusto, Isabel.
Isabel:	Encantada, Linda.
Linda:	¿Uds. van al centro?
María:	Sí. ¿Tú también? ¿Vamos juntas?
Linda:	De acuerdo. Vamos.

c. En casa de Juan Pablo

Mario:	Mamá, papá, quisiera presentarles al Sr. Lima. Es el padre de Francisco.
El papá:	Ah, sí. Buenos días, señor. Mucho gusto en conocerle.
Sr. Lima:	Igualmente. Francisco me habló mucho de Ud. y de su esposa. Encantado, señora.
La mamá:	Mucho gusto, señor.

d. En la calle

Patricio:	¡Martín! ¡Martín!
Martín:	Hola, Patricio! ¿Qué tal?
Patricio:	Muy, muy bien. ¿Y tú?
Martín:	Muy bien. ¿Vas a la escuela?
Patricio:	Ahora no. Tengo que hacer un mandado.
Martín:	¡Cuídate! Hasta luego.
Patricio:	De acuerdo. Chao.

¡Te toca a ti!

H. ¿Quién habla? Match the four conversations you have just read with the following drawings.

I. Presentaciones y saludos For each of the following tasks, provide one greeting or introduction that would be appropriate and another that would be inappropriate. Be prepared to explain your examples.

1. Greet your teacher, whom you have just met while downtown.
2. Introduce a new classmate to your teacher. Imagine that it is the first time they have met.
3. Greet a classmate in the street.
4. Introduce a friend to your parents.
5. Introduce a friend's mother or father to your parents.

¡ADELANTE!

Yo soy... You are planning to study abroad as a foreign exchange student. You know that you will be introducing yourself to a lot of different people and you want to be able to tell them some interesting things about yourself. Using what you have studied along with ideas from the **Vocabulario** (pages 10–11), put together an introduction which explains 1) who you are, 2) where you are from, 3) what your home is like, 4) what your family is like, 5) what your favorite activities are, and 6) your likes and dislikes.

Then, working with a partner, take turns introducing yourselves to each other. Take notes of your partner's introduction so that you can introduce him (her) to others.

VOCABULARIO

Para saludar

Buenos días, señor (señora, señorita).
¡Hola!
¿Cómo está? (¿Cómo estás?)
¿Qué tal?
Muy bien, gracias. ¿Y Ud.? (¿Y tú?)

Para identificarte

Yo me llamo…
Mi nombre (apellido) es…

Para despedirte

Hasta luego. Cuídate. (Cuídese.)
Adiós.
Chao.

Para hacer una presentación

Quiero presentarte a… (Quiero presentarle a…).
Quisiera presentarte a… (Quisiera presentarle a…).
Te presento a… (Le presento a…).
Mucho gusto.
Encantado(a). — delighted
Igualmente. —

Para indicar dónde vives

Yo vivo en… (ciudad o país).
Yo vivo en…
  un apartamento. — apartment
  una casa. — house

Para hablar de tu origen y tu nacionalidad

Yo soy de…
  (ciudad o país).

Yo soy…
  alemán (alemana). German
  americano(a). — American
  italiano(a). — Italian
  chino(a). chinese
  español(a). Spanish
  japonés (japonesa). — Japanesse
  mexicano(a). mexican
  francés (francesa). — French
  ruso(a). — Russian
  inglés (inglesa). — English

Yo soy de origen alemán
  (español, americano, mexicano,
  argentino, etc.).

Para hablar de tus actividades-

Me gusta (mucho)…
    bailar. — dance
    cantar. — sing
    ir de compras. — go shopping
    trabajar. — work
    mirar la televisión. — watch televison
    nadar. — swim
    pasar tiempo con mis amigos.
    comprar discos compactos.
    tocar el piano.
        la trompeta. — trompet
        la guitarra. — guitar
        la flauta. — flute
        el violín. — violin

No me gusta… —
    descansar. — rest
    viajar. — travel
    esquiar. — ski
    aprender español: learn spanish
    estudiar. — study
    correr. — run
    leer. — read
    asistir a la escuela: attend school
    asistir a un concierto. — attend a concert

También me gusta…
    el arte. — art
    la naturaleza. —
    la política. — politics
    la escultura. — sculpture
    la historia. — history
    la literatura. — literature
    la música clásica. — classical musica
    el jazz. — jazz
    la pintura. — painting
    el rock. — rock

No me gustan…
    las películas. — movies
    los animales. — animals
    las ciencias. — science
    las matemáticas. — math
    las lenguas. — language
    los deportes. — sports

Quiero presentarte

Mi familia

María y Esteban hablan de sus familias.

Mi mamá murió hace cinco años. Mi padre, mi hermano y yo vivimos en un apartamento en Madrid. Mi padre tiene cuarenta y cuatro años y trabaja en un banco. Mi hermano tiene ocho años y asiste a la escuela primaria. Yo soy estudiante de la escuela secundaria. Mi padre tiene un coche —es un Seat. Yo tengo una bicicleta. Nosotros tenemos un televisor y un estéreo. También tenemos un perro; se llama Chomsky.

María

Mi padre es abogado. Él trabaja en Guadalajara. Mi mamá no trabaja fuera de casa. Ella cuida a mi hermana, que tiene tres años. Mis otras dos hermanas y yo somos estudiantes del Colegio Juárez. Mi hermano tiene veinticinco años y está casado. Él vive en la Ciudad de México.

Mis padres tienen dos coches. Yo tengo una motocicleta. En casa nosotros tenemos una computadora y un vídeo. Mis hermanas y yo miramos la televisión todas las noches. También tenemos dos gatos.

Esteban

Comprensión

A. ¿Quiénes son?
Based on the comments made by María and Esteban on page 12, identify who the following people or animals represent. Follow the model.

MODELO   *Es la hermana de Esteban.*

1.

2.

3.

4.

5.

6.

REPASO

The present tense of the verb **tener**

tener (to have)			
yo	**tengo**	nosotros(as)	**tenemos**
tú	**tienes**	vosotros(as)	**tenéis**
él		ellos	
ella	**tiene**	ellas	**tienen**
Ud.		Uds.	

B. Reemplázalo
Replace the words in italics with those in parentheses and make the necessary changes.

1. *Ella* tiene un perro y dos gatos. (ellos / nosotros / Uds. / yo / él)
2. ¿Tienen *ellos* un coche? (tú / Ud. / Uds. / ellas / ella)
3. *Él* no tiene un hermano. (ella / yo / Ud. / nosotras / ellos / tú)

REPASO

Possessive adjectives

Subject	Possessive adjective	English equivalent
yo	**mi, mis**	my
tú	**tu, tus**	your
él, ella, Ud.	**su, sus**	his, her, your
nosotros(as)	**nuestro, nuestra, nuestros, nuestras**	our
vosotros(as)	**vuestro, vuestra, vuestros, vuestras**	your
ellos, ellas, Uds.	**su, sus**	their, your

C. Reemplázalo Replace the words in italics with those in parentheses and make the necessary changes. Follow the model.

> **MODELO**   Es tu *reloj*. (libros)
> *Son tus libros.*

1. Es mi *libro*. (lápiz / cintas / bolígrafo / llaves)
2. ¿Son tus *discos compactos*? (calculadora / amigas / cuadernos / estéreo)
3. Es nuestro *amigo*. (llaves / libros / casa / apartamento)
4. No es su *casa*. (libros / mochilas / cámara / apartamento)

¿RECUERDAN?

Question words

dónde	¿Dónde vive tu amigo?
quién	¿Quién vive en la Casa Blanca?
cuántos	¿Cuántos libros hay en la mesa?
qué	¿Qué estudias?
cuántas	¿Cuántas muchachas hay en la clase?
por qué	¿Por qué comes pizza?

1. Question words may be used to ask for specific information.
2. The words that you use to ask for information always have a written accent.

D. La curiosidad Work in pairs to find out about a classmate's family. Interview your partner to find out 1) how many people there are in his (her) family and 2) whether he (she) has brothers or sisters. If so, find out 3) their names, 4) their ages, and 5) what sports or activities they like. 6) Ask if the family has a dog or cat. If the answer is yes, find out 7) its name and 8) how old it is. 9) Ask if your partner's parents work. If they do, 10) find out where. As you exchange information, note similarities and differences between your families. Take notes on the information you collect, so that you can report on it later. Your interview should begin as presented in the model.

> **MODELO**
>
> **Tú:** *¿Cuántas personas hay en tu familia?*
> **Compañero(a):** *Hay cinco personas en mi familia.*

Presentaciones

▶ La familia

a. Yo me llamo Cristina Sáenz. Tengo una familia tradicional. Vivo con mis padres y mi hermano Raúl.

b. Me llamo Enrique Cuervo. Mi familia no es tradicional. Hace cinco años que mis padres se divorciaron. Mi madre se casó otra vez y vivo con mi madre, mi padrastro y su hijo.

c. Mi nombre es Pablo González. Soy de una familia grande. Vivo con mis padres. Tengo dos hermanos y cuatro hermanas. Mis abuelos; los padres de mi madre, también viven con nosotros.

d. Mi nombre es Catarina Landa. Soy hija única, es decir, yo no tengo hermanos. Vivo con mis padres.

¡Te toca a ti!

E. ¿La familia de quién? Match the preceding four descriptions with the following family portraits.

1.

2.

3.

4.

Mi amigo(a) Tell your partner about one of your friends.

1. Describe his (her) family.
2. Talk about where he (she) lives.
3. Say whether he (she) lives in a house or an apartment.
4. Describe some of his (her) favorite activities.
5. Describe his (her) favorite possessions.
6. Finally, talk about what the two of you like to do together.

 Mi familia Working with a partner, interview each other to develop a profile of your families. Divide your interview into three sections:

1. Find out about your partner's immediate family, including names, ages, and relationship to your partner of each household member.
2. Ask about his (her) grandparents, aunts, uncles, and cousins.
3. Ask about your partner's most interesting relatives. Try to find out what makes these relatives particularly interesting. Take notes so that you can give a summary description of your partner's family.

VOCABULARIO

Para hablar de tu familia

Yo soy de una familia…
  pequeña.—small
  grande.—big
  tradicional.—traditional

Yo no soy de una familia tradicional.

Yo tengo…
  un padre.—father
  una madre.—mother
  un padrastro (*stepfather*).—
  una madrastra (*stepmother*).—
  un hermano.—brother
  una hermana.—sister

Del lado de mi padre (mi madre), yo tengo…
  un abuelo.—grandf   una tía.—aunt
  una abuela.—grandma un primo.—
  un tío.—uncle   una prima.—

Mi padre (Mi madre) se llama…

Mi hermano(a) está…
  casado(a).—married
  divorciado(a).—divorced

Mi abuelo(a) está muerto(a).

Mi tío y mi tía…
  tienen una hija.—
  tienen un hijo.—
  no tienen hijos.—

Para hablar de tu edad

¿Cuántos años tienes?
Yo tengo… años.

Para hablar de tus posesiones

Cuando voy a la escuela, llevo…
  un bolígrafo.—ball point pen
  un borrador.—eraser
  una cartera.—wallet
  un cuaderno.—notebook
  una calculadora.—calculator
  un lápiz.—pencil
  un libro.—book
  una llave.—key
  una mochila.—book bag
  un portafolio.—briefcase
  un sacapuntas.—eraser pencil sharpener

Voy al centro…
  en coche.—car
  en bicicleta.—bicycle
  en motocicleta.—motorcycle

En mi cuarto, yo tengo…
  una alfombra.—rug, carpet
  una cama.—bed
  una cinta.—tape
  una cómoda.—dresser
  una computadora.—computer
  un disco compacto.—compact disc
  un escritorio.—desk
  un estéreo.—stereo
  una grabadora.—tape recorder
  una máquina de escribir.—type writer
  un póster.—poster
  una planta.—plant
  un radio despertador.—clock radio
  una silla.—chair
  un televisor.—television
  un vídeo.—video

CAPÍTULO B

¿Adónde vamos?

— Puerta de Alcalá, Madrid

Objectives

- review words and expressions needed to talk about your town or city
- review formal and informal commands
- review the verbs ir, estar, pensar, querer, and preferir
- practice describing a place's location

Mi ciudad

María y Esteban describen las ciudades donde viven.

Yo soy de Madrid, la capital de España. Madrid tiene aproximadamente tres millones de habitantes. Está situada en el centro del país. La parte central de la ciudad es la parte antigua. Allí está la Plaza Mayor, la Iglesia de San Pedro y el Palacio Real. Esta parte antigua está rodeada de barrios residenciales con edificios modernos y avenidas anchas. La avenida más animada es la Gran Vía. Allí hay muchos bancos, tiendas, restaurantes, hoteles, discotecas y cines.

María

Yo soy de Guadalajara, una ciudad donde viven más de 1.800.000 habitantes. Es la segunda ciudad más grande de México. En el centro de esta linda ciudad hay cuatro plazas que forman una cruz. Éstas son: la Plaza de los Laureles, la Plaza de Armas, la Plaza de los Hijos Ilustres y la Plaza de la Liberación. En el centro de estas plazas está nuestra hermosa catedral. Cerca de aquí también están el Museo Regional de Guadalajara y el Palacio de Gobierno donde hay unos murales que pintó el artista mexicano José Clemente Orozco. Generalmente voy al centro para ir de compras o para visitar a amigos.

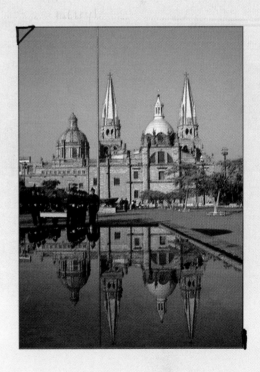

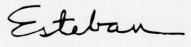

Esteban

Comprensión

A. Lindas ciudades Name three major sights in Madrid and three major sights in Guadalajara. Tell which you would most like to visit and explain why.

B. Donde vivo yo Answer the following questions about the city or town where you live.

1. ¿Es tu ciudad (pueblo) grande (bastante grande, pequeña, muy pequeña)?
2. ¿Cuántos habitantes tiene?
3. ¿Está en el norte (el sur, el este, el oeste, el centro) de los Estados Unidos?
4. ¿Está cerca de una ciudad grande? ¿A cuántas millas está de esta ciudad?

C. En mi comunidad For each of the following places listed, 1) discuss whether or not there is such a place in your city or town, 2) tell whether you like to go there, and 3) name an activity that you associate with each place.

un hotel	una iglesia	un teatro	una estación de trenes
un cine	un estadio	una biblioteca	una oficina de correos
un aeropuerto	una piscina	una tienda de música	un restaurante de servicio
rápido	una escuela	una panadería	
un café	un museo	un supermercado	

REPASO

The present tense of the verb ir

ir (to go)			
yo	voy	nosotros(as)	vamos
tú	vas	vosotros(as)	vais
él ella Ud.	va	ellos ellas Uds.	van

The verb **ir** is often used with adverbs such as **siempre, frecuentemente, de vez en cuando, a veces, raramente,** and **nunca.**

¿RECUERDAN?

Forming the contraction al

Yo voy **al** banco y después voy **a la** tienda de música.

Nosotros vamos **a la** escuela y después vamos **al** centro.

The preposition **a** combines with the article **el** to form **al**. There is no contraction between **a** and the articles **la**, **las**, and **los**.

D. ¿Adónde vas? From the list in Activity C, choose four places that you enjoy. Then, interview at least four of your classmates to find out how often they go to these places. Record their responses on your activity master. For each place on your list, add up the numbers to see which are most frequented by your classmates. Follow the model.

> **MODELO**   Estudiante 1: *¿Tú vas frecuentemente al estadio?*
> Estudiante 2: *Sí, voy al estadio frecuentemente.* o:
> *De vez en cuando voy al estadio.* o:
> *No, yo voy rara vez al estadio.* o:
> *No, nunca voy al estadio. No me gustan los deportes.*

Lugares	Catarina	Roberto	Julia	Antonio
estadio	rara vez	de vez en cuando		
cine	frecuentemente	nunca		
biblioteca	de vez en cuando	frecuentemente		
tienda de música	nunca	rara vez		

E. ¿Y tú? For each of the places listed, indicate 1) whether you like to go there, 2) how often you go, and 3) with whom you hope to go next time. Follow the model.

> **MODELO**   a la biblioteca
> *Me gusta bastante bien ir a la biblioteca.*
> *Voy de vez en cuando.*
> *La próxima vez espero ir con mi madre.*

1. al cine
2. al centro
3. al museo
4. a la piscina
5. al aeropuerto
6. al estadio
7. al teatro
8. a la iglesia

¿RECUERDAN?

F. Este fin de semana Miguel is talking to his sister Verónica about what she and her friends are planning to do this weekend. Based on the drawings below, give Verónica's answers to her brother's questions. Follow the model.

> MODELO   ¿Va a estudiar Juan?
> *No, él va a mirar la tele.*

1. ¿Va a jugar al fútbol Jorge?

2. ¿Va a tocar la trompeta Juan?

3. ¿Va a cenar en casa Isabel?

4. ¿Va a jugar al básquetbol Federico?

5. Verónica, ¿vas a trabajar en la computadora?

6. ¿Van a asistir al concierto Micaela y Teresa?

REPASO

The present tense of the verb estar

Boston **está** en Massachusetts.

Marcos y Elena **están** en la biblioteca.

El restaurante **está** detrás de la oficina de correos.

estar (to be)			
yo	**estoy**	nosotros(as)	**estamos**
tú	**estás**	vosotros(as)	**estáis**
él ella Ud.	**está**	ellos ellas Uds.	**están**

The verb **estar** is used in Spanish to express the location of something or someone.

¿RECUERDAN?

Forming the contraction del

El hotel está al lado **del** banco.

El restaurante está cerca **de la** iglesia.

The preposition **de** combines with the article **el** to form **del**. There is no contraction between de and the articles **la, las,** and **los.**

G. En Guadalajara

Esteban is trying to help you find your way around Guadalajara. Using the map below, play the role of Esteban and describe the location of the following places.

1. Mercado Libertad
2. Plaza Tapatía
3. Antigua Universidad
4. Parque Morelos

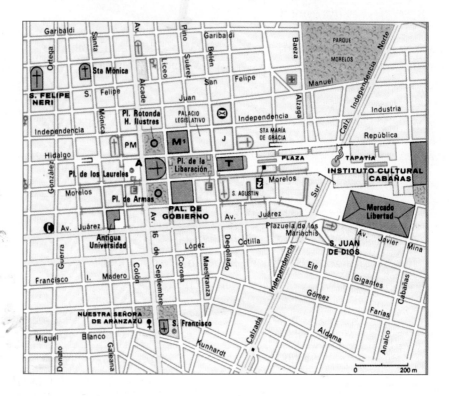

Situaciones

▶ ¿Dónde está...?

a. En el centro

Sr. Rea:	Perdón, señora. ¿Hay un banco cerca de aquí?
Sra. Nuncio:	Sí, señor, en la esquina de la calle Galdós y la avenida Meléndez.
Sr. Rea:	Muchas gracias, señora.
Sra. Nuncio:	De nada, señor.

b. En la calle

Darío:	¿Vas a la fiesta en casa de María esta noche?
Plinio:	Sí, pero no sé dónde vive. ¿Sabes tú? Su casa está cerca del hospital en la calle Chapultepec, ¿no?
Darío:	Sí, está en la calle Chapultepec, pero no está cerca del hospital. Tienes que caminar por la calle Chapultepec hasta el parque. Su casa está allí, cerca de la panadería.

c. En la esquina

Sra. Valle: Perdón, señor. ¿Está el Hotel Juárez cerca de aquí?

Sr. Paz: No, señora. Está al otro lado de la ciudad. Ud. tiene que tomar el autobús número 28 y bajar en la Plaza Juárez. Allí, al otro lado de la plaza, está el Hotel Juárez. Hay una estatua del Presidente Juárez delante del hotel.

d. Delante del banco

Juana: ¿Necesita otra cosa?

Gabriela: Sí. Quisiera comprar un periódico.

Juana: Bueno. Hay un quiosco en la calle Colón, justo al lado del banco.

Gabriela: Muy bien. Gracias.

¡Te toca a ti!

H. ¿Quién habla? Match the preceding conversations with the following drawings.

1.

2.

3.

4.

I. Un peruano en... Work with a partner. One of you will play the role of a Peruvian foreign exchange student who has just arrived in your city or town and who wants tips on places to go. The exchange student begins by making a list of at least four favorite activities. Some examples are **comer pizza, comprar discos compactos, alquilar vídeos, comprar libros, tomar refrescos, correr, ver un partido de fútbol, ver una película.** When the exchange student asks where to go the other student will think of an appropriate place for each activity and describe its location.

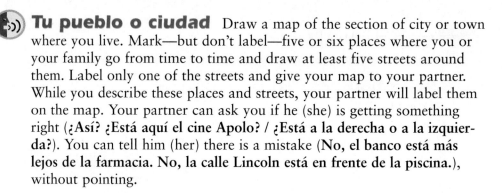

¡ADELANTE!

 Tu pueblo o ciudad Draw a map of the section of city or town where you live. Mark—but don't label—five or six places where you or your family go from time to time and draw at least five streets around them. Label only one of the streets and give your map to your partner. While you describe these places and streets, your partner will label them on the map. Your partner can ask you if he (she) is getting something right (**¿Así? ¿Está aquí el cine Apolo?** / **¿Está a la derecha o a la izquierda?**). You can tell him (her) there is a mistake (**No, el banco está más lejos de la farmacia. No, la calle Lincoln está en frente de la piscina.**), without pointing.

Otro pueblo o ciudad Choose a town or city other than your own and briefly describe it mentioning...

1. the population of the city or town
2. the part of the state where it is located
3. the physical size of the city or town
4. what the downtown area is like (e.g., **moderno, antiguo**)
5. some of the features that give it its character (e.g., **edificios, estatuas**)

Use the descriptions of Madrid and Guadalajara given by María and Esteban as models.

VOCABULARIO

Para indicar adónde vas

Yo voy a (al, a la)…
  frecuentemente.
  rara vez.
  de vez en cuando.

A veces voy a (al, a la)…
  nunca

Para localizar

Está al final de…
  al lado de…
  cerca de…
  delante de…
  detrás de…
  en…
  en frente de…
  en la esquina de… y…
  entre… y…
  lejos de…

Para hablar de tu ciudad

Mi ciudad es (muy, bastante)…
  grande.
  pequeña.

Está situada en el norte de los Estados
  Unidos.
    el sur
    el centro
    el este
    el oeste

En mi ciudad hay…
  un aeropuerto.
  un banco.
  una biblioteca.
  una catedral.
  una discoteca.
  una escuela.
  una farmacia.
  una iglesia.
  un hospital.
  un hotel.
  una librería.
  un museo.
  un parque.
  un restaurante.
  un estadio.
  un teatro.
  una universidad.

Vamos al centro

María y Esteban hablan de los sistemas de transporte que usan.

Yo vivo cerca de la universidad de Madrid. Cuando quiero ir al centro, generalmente tomo el metro. Es muy fácil. Camino a la estación Moncloa, que no está lejos de nuestro apartamento. Normalmente compro un billete de 10 viajes que cuesta 625 pesetas. Entonces tomo la dirección Legazpi y en 15 minutos estoy en Sol. Aquí es donde bajo si voy al Corte Inglés para ir de compras. O si quiero dar un paseo por el Parque del Retiro, cambio de trenes en Sol, dirección Ventas, y bajo en la estación Retiro. *María*

Nuestra casa está cerca del Estadio Jalisco en la ciudad de Guadalajara. La escuela donde soy estudiante está en el centro. Para ir allí, tomo un autobús. Tarda media hora para llegar a la escuela. A veces, cuando tiene tiempo, mi papá nos lleva a la escuela en su coche. En esos días, tarda solamente cinco minutos para llegar de nuestra casa a la escuela. Durante el fin de semana, nos gusta dar paseos a pie por la ciudad. *Esteban*

Comprensión

A. ¡Vamos en el metro!   Part I You have been staying in Madrid for some time and know the subway system very well. A friend of yours arrives from the United States and needs to go to the places listed on the pages that follow. Explain to him (her) how to get to these places on the **metro**. Your friend is staying near the **Plaza Castilla** station. Follow the model.

Museo del Prado (Atocha)

      Amigo(a): *¿Cómo voy al Museo del Prado?*

           Tú: *Para ir al Museo del Prado, tomas la dirección Portazgo. Bajas en la estación Atocha.*

1. Parque del Retiro (Retiro)   2. Plaza de España   3. Moncloa

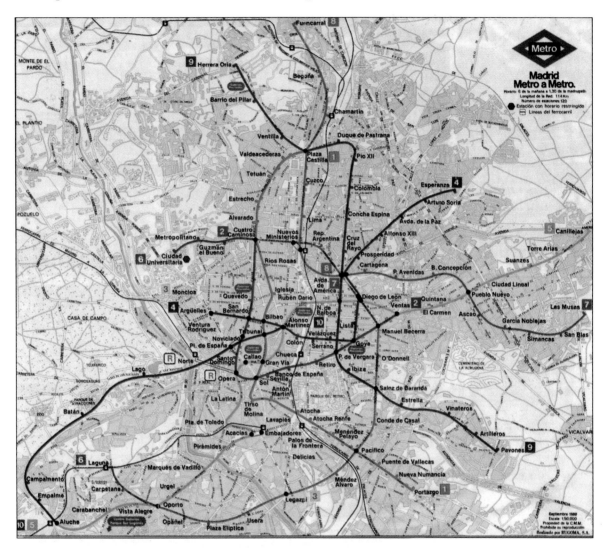

Part II Now a family from Puerto Rico is visiting Madrid. They are interested in seeing some of the sights. Using the map, explain to this family how to get to the following places. Remember to use **Uds.** when talking to the whole family. They are staying near the **Plaza del Cuzco.**

4. Puerta del Sol (Sol)   5. Ciudad Universitaria

B. ¿Y tú? Answer these questions about yourself and your family.

1. ¿Cómo vas a la escuela? ¿Vas a pie? ¿En el coche de tus padres? ¿Vas en tu bicicleta? ¿En el autobús?

2. ¿Tienen tus padres un coche? ¿Qué tipo de coche? ¿Van al trabajo en el coche? Si no van al trabajo en el coche, ¿cómo van?

3. ¿Tienes una bicicleta? ¿Adónde vas en tu bicicleta? ¿A la escuela? ¿Al centro?

4. Cuando vas a casa de tus abuelos, ¿cómo vas? ¿A pie? ¿En coche? ¿Vas en tren? ¿En avión?

REPASO

Placing events in time

Days of the week

lunes	martes	miércoles	jueves	viernes	sábado	domingo

el lunes   *Monday, the upcoming Monday, on Monday*
los lunes   *on Mondays* (indicates a customary action on a specific day of the week)

El viernes voy a una fiesta en casa de Jaime.

Los lunes voy a la escuela.

Remember that the definite article is often used with the days of the week.

Time of day

Son las dos.

Son las dos y diez.

Son las dos y cuarto.

REPASO (CONTINUED)

Son las dos y
media.

Son las tres menos
veinte.

Son las tres
menos cuarto.

1. *Twelve o'clock noon* is **mediodía** and *twelve o'clock midnight* is **medianoche**.
2. To indicate *a.m.* and *p.m.* with other times, add **de la mañana, de la tarde,** or **de la noche**.
3. Remember that **es la** is used for *one o'clock* and **son las** is used for all other hours.

C. ¿Dónde está Patricio?

Study the daily schedule of Patricio Fernández below and answer the questions that follow.

	lunes	martes	miércoles	jueves	viernes	sábado
9:30–10:25	historia	historia		historia	historia	historia
10:40–11:35	francés	francés	no	el gimnasio	francés	
11:40–12:35	matemáticas	arte	hay	el gimnasio	matemáticas	matemáticas
2:00–2:55	inglés	inglés	clases	inglés	inglés	inglés
3:00–3:55	biología	biología		biología	arte	
4:10–5:05	español	español		español	español	

1. ¿Qué días tiene Patricio su clase de francés?
2. ¿Qué días tiene su clase de matemáticas?
3. ¿Qué clases tiene Patricio por la tarde?
4. ¿A qué hora es su clase de biología?
5. ¿A qué hora es su clase de francés?
6. ¿Dónde está Patricio a las 11:00 de la mañana el jueves?
7. ¿A qué hora llega a la escuela si él llega de costumbre 15 minutos antes de su primera clase?
8. De costumbre, ¿a qué hora almuerza Patricio?

D. ¿Cómo pasas el tiempo? Working in pairs, take turns describing your typical school day to your partner. Talk about 1) when you arrive at school, 2) your morning classes, 3) when you have lunch, 4) your afternoon classes, 5) what time you leave school, and 6) when you get home. As your partner speaks, make a schedule of his (her) day. When you have both schedules completed, compare to see who arrives earlier, has lunch later, etc. Your description should begin: **De costumbre, yo llego a la escuela a...**

REPASO

The present tense of the verbs pensar, querer, and preferir

yo	pienso quiero prefiero	nosotros(as)	pensamos queremos preferimos
tú	piensas quieres prefieres	vosotros(as)	pensáis queréis preferís
él ella Ud.	piensa quiere prefiere	ellos ellas Uds.	piensan quieren prefieren

Remember that the **e** of the stem of these verbs changes to **ie** in all verb forms except the **nosotros** and **vosotros** forms.

E. Reemplázalo Replace the words in italics with those in parentheses and make the necessary changes.

1. *Yo* no quiero ir al centro ahora. (Juan / tú / Elena y Marta / Marirrosa y yo / Uds.)
2. ¿Qué prefieren hacer *Uds.* esta noche? (tú / Julián / Éster y Roberto / ellas / Ud.)
3. *Ella* no piensa ir a España el año próximo. (nosotros / tú / Marisol / Mari y Esteban / Uds.)

REPASO

Second-person commands

1. Second-person commands (the **Ud.** and **Uds.** forms) in Spanish are created by dropping the -o of the **yo** form of the verb and adding an **-e** or an **-en** for **-ar** verbs and an **-a** or an **-an** for **-er** and **-ir** verbs.

REPASO (CONTINUED)

cantar	Cante. (Ud.)	Canten. (Uds.)
comer	Coma. (Ud.)	Coman. (Uds.)
escribir	Escriba. (Ud.)	Escriban. (Uds.)

2. Verbs ending in **-car** change the **c** to **qu**. Those ending in **-gar** change the **g** to **gu**. Those ending in **-zar** change the **z** to **c**.

buscar	Bus**que**.(Ud.)	Bus**quen**. (Uds.)
llegar	Lle**gue**. (Ud.)	Lle**guen**. (Uds.)
cruzar	Cru**ce**. (Ud.)	Cru**cen**. (Uds.)

3. Some other common verbs with irregular formal commands can only be learned by memorizing.

ir	**Vaya**. (Ud.)	**Vayan**. (Uds.)
ser	**Sea**. (Ud.)	**Sean**. (Uds.)

4. Formal commands may or may not be used with the pronouns **Ud.** or **Uds.** It will depend on the context of the command and on the emphasis that the person speaking gives to the command.

F. Cámbialo Give the singular and plural formal command forms for the following verbs.

1. estudiar
2. bailar
3. aprender español
4. correr 20 minutos
5. doblar a la izquierda

6. tener paciencia
7. no comer mucho
8. leer todos los días
9. cruzar la calle
10. buscar las llaves

REPASO

Informal commands

The informal command (the **tú** form) is used to address anyone you know well, such as friends and family members. It is also used to address children. Unlike formal commands, the informal command has one form for the affirmative and a different form for the negative.

write down

Verb	Affirmative	Negative
doblar	dobl**a** (tú)	no dobl**es** (tú)
correr	corr**e** (tú)	no corr**as** (tú)
escribir	escrib**e** (tú)	no escrib**as** (tú)

write down

Irregular Verb	Affirmative	Negative
buscar	busc**a** (tú)	no bus**ques** (tú)
llegar	lleg**a** (tú)	no lle**gues** (tú)
cruzar	cruz**a** (tú)	no cru**ces** (tú)

1. To form the affirmative informal command, drop the **o** from the **yo** form and add -a for -ar verbs and -e for -er and -ir verbs.

2. To form the negative informal command, drop the **o** from the **yo** form and add **-es** for **-ar** verbs and **-as** for -er and -ir verbs.

3. In the negative command, verbs that end in -**car** change the **c** to **qu**. Those that end in -**gar** change the **g** to **gu**. Those that end in -**zar** change the **z** to **c**. However, none of these verbs change their endings in the affirmative command.

4. Other common irregular informal commands include the following:

write down

Verb	Affirmative	Negative
decir	**di**	no **digas**
hacer	**haz**	no **hagas**
ir	**ve**	no **vayas**
poner	**pon**	no **pongas**
salir	**sal**	no **salgas**
ser	**sé**	no **seas**
tener	**ten**	no **tengas**
venir	**ven**	no **vengas**

G. Cámbialo Give familiar affirmative and negative command forms for the following verbs.

1. hacer las maletas
2. tener paciencia
3. no doblar a la derecha
4. escribir tu lección
5. no vender tu bicicleta
6. no ir al centro
7. buscar tus libros
8. seguir derecho
9. beber leche
10. no hablar por teléfono

Situaciones

▶ Direcciones

a. A pie al banco

Señor: Perdón, señora, ¿dónde está el banco?

Señora: ¿El banco? Está cerca de aquí, señor. Camine Ud. por la calle Bolívar hasta la avenida de la Paz. Doble a la derecha y camine tres cuadras y allí está la Plaza de la Revolución. Cruce la plaza y allí en la Calle Colón está el banco.

Señor: Muchísimas gracias, señora.

Señora: De nada, señor.

b. En coche en Valencia

Señor: ¿Hay un sitio para estacionar el coche en el centro?

Señora: Sí, sí. Es muy fácil. Escucha. Toma la calle San Vicente Mártir y dobla a la derecha en la calle Xátiva. Sigue derecho dos cuadras y dobla a la izquierda en la avenida Marqués de Sotelo. Pasa por delante de la Plaza del País Valenciano y sigue derecho tres cuadras más. Allí a la derecha hay un sitio para estacionar el coche. ¿De acuerdo?

Señor: De acuerdo.

c. En coche al Alcázar de Segovia

Señorita: Perdón, señor, ¿dónde está la calle Velarde? Queremos ir al Alcázar.

Señor: Bien, sigan derecho por esta calle —la calle Agustín. Pasen por delante de la Iglesia de San Esteban y después de una cuadra, doblen a la izquierda. Allí está la calle Velarde. Sigan la calle Velarde derecho por más o menos diez cuadras. Allí van a ver Uds. el Alcázar.

Señorita: Muchas gracias, señor.

Señor: De nada.

d. A pie a la farmacia

Leira: ¡Hola, Marirrosa! ¿Qué haces por aquí?

Marirrosa: Leira, yo estoy buscando una farmacia. ¿Hay una cerca de aquí?

Leira: Sí, claro que sí. Hay una farmacia en la calle Miramonte.

Marirrosa: La calle Miramonte? ¿Dónde está? No conozco muy bien este barrio.

Leira: Es muy fácil. Sigue esta calle —calle Juárez— una cuadra hasta la esquina y dobla a la derecha.

Marirrosa: ¿No está a la izquierda?

Leira: No, no. A la izquierda está la calle Cholula. Tú quieres la calle Rivera. Sigue derecho y a la derecha vas a ver una plaza grande. Es la Plaza de Armas. Cruza la plaza y allí está la calle Miramonte. ¿Comprendes?

Marirrosa: Sí, sí. Comprendo. Muchísimas gracias. Hasta luego.

Leira: Hasta luego, Marirrosa.

¡Te toca a ti!

H. ¿Quién habla? Match the preceding conversations with the following drawings.

1.

2.

3.

4.

I. Por las calles de Madrid Using the map of Madrid presented here, give directions for each of the following situations. Pay attention to where you are, where the other person wishes to go, and whether this person is someone with whom you would use **tú** or **Ud.**

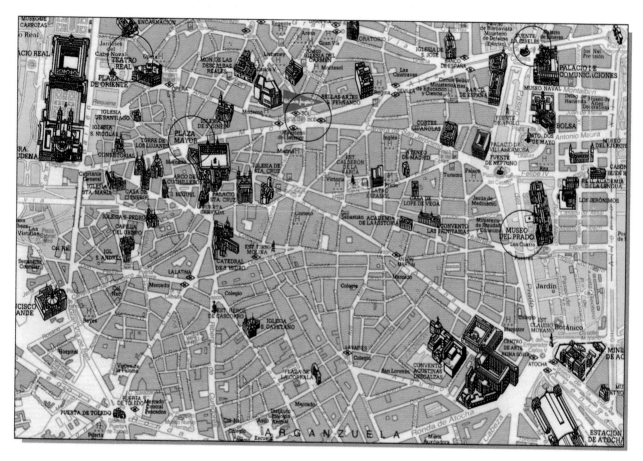

You are at the	You are speaking to	He or she wishes to go to
1. Fuente de la Cibeles	an older man	Puerta del Sol
2. Puerta del Sol	a person your age	Museo del Prado
3. Plaza Mayor	a person your age	Teatro Real
4. Teatro Real	an older woman	Museo del Prado

¡ADELANTE!

En tu ciudad You and a classmate want to get together after school to study for an exam. First, discuss your schedules to see when you can meet. Then, give each other directions to your homes and decide which one will be more convenient for meeting.

VOCABULARIO

Para hablar del tiempo que tarda en llegar

Tarda… minutos (horas, días) para ir a pie (en coche, etc.).

Para indicar cómo vamos

Yo tomo…
  el autobús.
  el metro.
  el tren.

Yo voy…
  a pie.
  en coche.
  en bicicleta.
  en autobús.
  en metro.
  en tren.

Para dar direcciones

Doble (Dobla) a la derecha.
  a la izquierda.

Siga (Sigue) derecho hasta…

Tome (Toma) la calle (la avenida)…

Cruce (Cruza) la calle (la avenida, la plaza).

Para indicar qué día es

¿Qué día es hoy?

Hoy es…
  lunes.
  martes.
  miércoles
  jueves.
  viernes.
  sábado.
  domingo.

Para indicar la hora

¿Qué hora es?

Es la…
  una.
  una y cuarto.
  una y media.

Son las dos menos cuarto.

¿A qué hora vienes?

Vengo a las diez y veinte…
  de la mañana (10:20 A.M.).
  de la noche (10:20 P.M.).

CAPÍTULO C

¿Qué hacemos?

Guadalajara, México
Mercado Libertad

Objectives

- to meet and greet people
- to discuss and express your likes and dislikes
- to get something to eat and drink
- to read a café menu
- to express how well or how often you do something
- to understand mealtime customs in the Spanish-speaking world

Vamos de compras

En Madrid y Guadalajara, hay mercados y almacenes variados.

En Madrid, como en cualquier ciudad grande, hay muchos sitios para ir de compras. Hay tiendas pequeñas que se especializan en un sólo producto: zapaterías, joyerías, librerías, etc. También hay grandes almacenes donde hay de todo. Mi favorito es un almacén grande que se llama El Corte Inglés. Es una tienda donde puedes comprar cualquier cosa. Por ejemplo, en un piso venden comida, en otro venden ropa y aún en otro venden libros. También hay una joyería donde me gusta ir a ver los diamantes y las perlas. En otra sección de la tienda venden discos compactos y cintas. Allí es donde vamos mis amigas y yo cuando queremos comprar el disco compacto más reciente de Gloria Estefan o de Phil Collins porque tienen una selección buena.

María

En Guadalajara hay muchas tiendas y supermercados modernos, pero para ir de compras a veces vamos al Mercado Libertad. Éste es el mercado más grande del Hemisferio Occidental y allí puedes comprar cualquier producto imaginable. En una sección puedes comprar fruta fresca como sandías, melones, mangos, naranjas, limones y manzanas o vegetales como zanahorias, pepinos, chiles, aguacates, cebollas y tomates. En otra parte venden todo tipo de carne —res, puerco y pollo— y varios tipos de queso. En otra sección compramos tortillas de maíz o pan dulce. Después de hacer las compras, puedes pasar a otra parte del mercado donde hay muchos restaurantes pequeños. Allí puedes comer muchos de los platos típicos de esta región de México, como el pozole, la birria, el cabrito asado o pollo en mole.

Esteban

Comprensión

A. ¿Cierto o falso?

Based on María's and Esteban's comments, indicate whether the following statements are true, false, or if there is not enough information to answer.

1. **El Corte Inglés** is a large open-air market.
2. María likes to shop at the specialty shops scattered throughout Madrid.
3. She and her friends buy CDs and tapes at a store near **El Corte Inglés.**
4. You can buy clothes at **El Corte Inglés,** but not jewelry.
5. Guadalajara has several open-air markets.
6. **El Mercado Libertad** is a huge department store.
7. You can get a good meal at **el Mercado Libertad.**
8. Along with fruits and vegetables, you can also buy meat at **el Mercado Libertad.**

B. ¿Tienes algo que hacer?

Answer the following questions, then ask them of a classmate. Compare your answers with those of your partner and decide if you would be compatible shopping companions. Be prepared to give reasons for your decision.

1. ¿Hay un centro comercial cerca de tu casa? ¿Vas allí de vez en cuando? ¿Qué centro comercial prefieres?
2. ¿Prefieres comprar algo o solamente mirar?
3. ¿En general, qué compras en el centro comercial? ¿Qué tiendas prefieres?
4. ¿Vas tú con un(a) amigo(a) a hacer las compras de vez en cuando?
5. ¿Normalmente, quién hace las compras en tu casa? ¿Te gusta ir con él (ella)?
6. ¿Cuándo hace él (ella) las compras? ¿Todos los días? ¿Dos o tres veces por semana? ¿Una vez por semana?
7. ¿Adónde va él (ella) a comprar las frutas y vegetales? ¿Y a comprar carne? ¿Qué mercado prefieres tú?

El Rastro, Madrid

REPASO

The present tense of the verb **hacer**

hacer (to do, to make)			
yo	**hago**	nosotros(as)	**hacemos**
tú	**haces**	vosotros(as)	**hacéis**
él ⎫ ella ⎬ Ud. ⎭	**hace**	ellos ⎫ ellas ⎬ Uds. ⎭	**hacen**

1. When the verb **hacer** is used in a question, the answer often requires a verb other than **hacer**, usually a form of a verb that expresses what you do.

   —¿Qué **haces** tú los sábados por la mañana?
   —Yo **juego** al fútbol con mis amigos.

   —¿Qué **van a hacer** ellos el sábado por la noche?
   —Ellos **van a ver** una película.

2. Expressions with **hacer**:

hacer las compras	*to do the grocery shopping*
hacer un mandado	*to run an errand*
hacer las maletas	*to pack*
hacer la cama	*to make the bed*
hacer un viaje	*to take a trip*

C. **Reemplázalo** Replace the words in italics with those in parentheses and make the necessary changes.

1. ¿Qué hace *Juan* los viernes por la noche? (ella / tú / Ud. / Uds.)
2. *Yo* no hago nada los domingos por la tarde. (tú / Uds. / ellos / ella / nosotros)

D. **La familia Lamas** Tell your parents about a Peruvian family's weekly routine. Based on the following drawings, answer your parents' questions. Follow the model.

MODELO   Tus padres: ¿Qué hace Miguel los lunes
                              por la mañana?
                      Tú: *Él va al colegio.*

1.

2.

3.

4.

5.

6.

1. ¿Qué hace Marirrosa los martes por la tarde?

2. ¿Qué hacen la Sra. y el Sr. Lamas los lunes por la mañana?

3. ¿Qué hace Miguel los viernes por la noche?

4. ¿Qué hacen la Sra. y el Sr. Lamas los sábados por la noche?

5. ¿Qué hace Miguel los domingos por la tarde?

6. ¿Qué hace Marirrosa los viernes por la tarde?

E. ¿Y tú? Answer the following questions, then ask them of a class-mate. Compare your answers with those of your partner to find out how many activities you and your families have in common. Summarize your findings with a sentence like the one in the model.

> MODELO
>
> *Mi compañero y yo tenemos mucho en común porque él juega al fútbol los sábados por la tarde y yo juego al fútbol también.*

1. ¿Qué haces los viernes por la noche?

2. ¿Qué hacen tus padres?

3. ¿Qué hacen Uds. los sábados por la tarde?

4. Y tu hermano(a), ¿qué hace?

5. ¿Qué van a hacer Uds. esta noche?

6. ¿Qué van a hacer Uds. mañana?

7. ¿Qué van a hacer Uds. el viernes por la noche?

8. ¿Qué van a hacer Uds. el sábado por la tarde?

F. ¿Qué haces en tu tiempo libre? What do the people in the following drawings do in their free time? What do you do in your free time?

1.

2.

3.

4.

5.

6.

7.

8.

9.

G. ¿Qué deportes te gustan? Review the **Vocabulario** for sports on page 51 and indicate the sports you like and the ones you dislike. Ask a classmate which of the sports he (she) likes and dislikes.

REPASO

Expressing quantity and making comparisons

Quantities	Comparisons	Equality
un kilo de	más ... que	tan + *adjective* + **como**
medio kilo de	menos ... que	tanto(a) + *noun* + **como**
una libra de *a pound*		tantos(as) + *noun* + **como**
50 gramos de	bien → mejor(es)	
un litro de *liter of*	mal → peor(es)	
un atado de *bunch of*	joven → menor(es)	
una botella de *bottle of*	viejo → mayor(es)	
una docena de *dozen of*		
una lata de *can of*		
un paquete de *packet of*		
un pedazo de *a piece of*		

H. ¿Qué necesitan? Based on the drawings, indicate how much of each item the following people need to buy.

1. Luisa

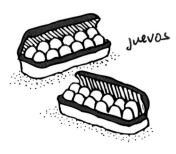

2. Roberto

3. mi mamá

4. Alicia

5. Marisol

¿RECUERDAN?

The demonstrative adjectives

Next to speaker	Close to speaker	Far from speaker
este libro	**ese** libro	**aquel** libro
esta cinta	**esa** cinta	**aquella** cinta
estos amigos	**esos** amigos	**aquellos** amigos
estas tiendas	**esas** tiendas	**aquellas** tiendas

1. Demonstrative adjectives point out specific people or things.
2. They agree in number (singular or plural) and gender (masculine or feminine) with the nouns that follow them.

I. Las frutas y los vegetales You are in an open-air market. As you choose some fruit or vegetables that you like, your friend always points out others that are better. Follow the model.

MODELO
Tú: [Quiero estas manzanas]
Tu amigo: [Pero esas manzanas son mejores] o:
[Aquellas manzanas son mejores]

1. fresas   3. limones   5. lechuga   7. naranjas
2. maíz   4. peras   6. cebollas   8. zanahorias

Situaciones

▶ Las compras

a. El empleado y el Sr. Juliá

Empleado: Buenos días, señor.
Sr. Juliá: Buenos días. Mi hijo va a comenzar la escuela mañana y necesita varias cosas. ¿Dónde están los lápices y bolígrafos?
Empleado: Están por aquí. ¿Cuántos quiere?
Sr. Juliá: Quiero seis lápices y dos bolígrafos.
Empleado: ¿Necesita algo más?
Sr. Juliá: Sí, necesito papel también.
Empleado: El papel está allí.
Sr. Juliá: Bien, voy a llevar tres cuadernos.
Empleado: ¿Algo más?
Sr. Juliá: Sí, busco una mochila buena.
Empleado: Las mochilas están por aquí.
Sra Juliá: Muy bien, quiero esa mochila azul.

Empleado:	¿Es todo?
Sr. Juliá:	Sí, es todo. ¿Cuánto es?
Empleado:	Dos mil seiscientas setenta y ocho pesetas.
Sr. Juliá:	Aquí tiene, señor.
Empleado:	Muchísimas gracias. Hasta luego.

b. El empleado y la Sra. Ramos

Empleado:	¿En qué puedo servirle, señora?
Sra. Ramos:	Busco un regalo para mi hijo. ¿Me puede sugerir algo?
Empleado:	¿Qué deportes le gustan?
Sra. Ramos:	¡Le gustan todos los deportes!
Empleado:	Aquí están las raquetas de tenis.
Sra. Ramos:	No, ya tiene una raqueta.
Empleado:	Allí están las pelotas de fútbol.
Sra. Ramos:	No, también tiene una pelota de fútbol y de básquetbol y de fútbol americano.
Empleado:	¿Por qué no compra unos zapatos de tenis? ¡Éstos aquí están muy de moda!
Sra. Ramos:	¡Estupenda idea! ¿Tiene ésos de allí, de color rojo, azul y blanco de tamaño 42?
Empleado:	Voy a ver. Creo que sí... Sí, aquí están. ¿Va a pagar en efectivo o con tarjeta de crédito?
Sra. Ramos:	En efectivo. ¿Cuánto es?
Empleado:	Dos mil quinientas pesetas.
Sra. Ramos:	Aquí tiene.
Empleado:	Muchísimas gracias.
Sra. Ramos:	¡Gracias a Ud. por la magnífica sugerencia!

c. El vendedor y una señora

Vendedor:	Señores, señoras. Compren vegetales... fruta... tomates, guisantes, naranjas, manzanas, bananas... Señora, ¿qué va a llevar?
Señora:	Quiero un kilo de tomates, por favor.
Vendedor:	¿Estos tomates?
Señora:	No, quiero esos tomates grandes de allí.
Vendedor:	Muy bien. ¿Qué más?
Señora:	Tres kilos de bananas. Es todo.
Vendedor:	Bien, vamos a ver... un kilo de tomates a treinta pesetas el kilo y tres kilos de plátanos a quince pesetas el kilo... setenta y cinco pesetas, por favor.
Señora:	¿Tiene cambio de quinientas pesetas?
Vendedor:	Sí, claro. Aquí tiene el cambio. Señores, señoras. Compren vegetales... fruta...

d. El muchacho y la muchacha

Muchacha:	¿Vas a comprar alguna cosa?
Muchacho:	Creo que sí. Si tengo suficiente dinero, voy a comprar un disco compacto.
Muchacha:	¿Qué vas a comprar?

Muchacho:	Quisiera comprar el nuevo disco compacto de Jon Secada.
Muchacha:	Ah, sí, dicen que es excelente.
Muchacho:	Te gusta la música de Miami Sound Machine, ¿verdad?
Muchacha:	Sí, me gusta muchísimo. ¿Sabes que tienen un disco compacto nuevo?
Muchacho:	Sí, pero no tengo suficiente dinero para comprar el disco compacto.
Muchacha:	Puedes comprar la cinta.
Muchacho:	Tienes razón. Voy a preguntar si tienen la nueva cinta de Miami Sound Machine aquí.

¡Te toca a ti!

J. ¿Dónde están? Indicate where each of the preceding conversations took place. Possible locations include **la panadería, la papelería, la tienda de deportes, la tienda de música, el mercado, la carnicería, la tienda de ropa, el supermercado.**

¡ADELANTE!

 Al mercado You and a classmate will play the roles of shopper and grocery store clerk.

One of you must prepare a large salad for a family dinner. That student should make a list of at least four items needed for the salad. Your list should include how much of each item you will need and about how much you want to spend for each one.

The person playing the grocery store clerk should prepare two lists. On the first, write the names of six items, including fruits and vegetables that you have in stock, indicating the price of each per bottle, kilo, etc. On the second list, write the names of six items that you do not have in your store.

Work on your lists separately. Before beginning your conversation, look at the following five points that should be included in your conversation. Review the **Situaciones** for ideas. 1) Greet each other at the market. 2) Discuss which produce items are needed and available. 3) Discuss the price of the items selected by the customer. 4) Conclude the purchase and sale. 5) Say good-bye.

 De compras Choose three stores and write down three items you need to buy at each. Work with a partner to role-play the conversation you have at each store. Remember that there are several ways to indicate what you would like to buy: **Yo quisiera..., Yo necesito..., ¿Tiene Ud...?,** and **Yo voy a llevar....** Try to vary the expressions that you use.

VOCABULARIO

Lugares adonde vamos

la biblioteca- *library*
la casa de un(a) amigo(a)
el centro- *down town*
el cine- *Movie*
el concierto- *comert*
la fiesta - *party*
el gimnasio- *gym*
el médico- *doctor*
el museo- *museum*
el parque- *park*
el parque zoológico - *zoo*
la piscina- *pool*
la playa- *beach*
un restaurante- *resturant*

Para hablar de lo que hacemos en el centro

Yo voy al centro para…
  ir al cine.- *go to movie*
  ir de compras.- *go shopping*
  hacer un mandado.- *to do an errand*
  ver a mis amigos.- *to see my friends*

Para comprar alguna cosa

Yo quisiera…
¿Tiene Ud…?
Un(a)… por favor.
Aquí tiene…
Es todo.
¿Tiene Ud. cambio (*change*) de 500 pesetas?
¿Cuánto cuesta?

Para indicar la cantidad

un kilo de ~
medio kilo de -
una libra de - *pound of*
50 gramos de-
un litro de - *liter of*
un atado de - *bunch of*
una botella de- *bottle of*
una lata de- *can of*
una docena de- *dozen of*
un paquete de-
un pedazo de- *a piece of*

En el mercado (supermercado) yo compré…
  bananas.- *bananas*
  cebollas.-
  fresas.- *strawberrys*
  guisantes.-
  lechuga.- *lettuce*
  limones.- *lemons*
  melones.- *melons*
  naranjas.- *oranges*
  papas.- *potatoes*
  peras.- *pears*
  tomates.- *tomatoes*
  zanahorias.- *carrots*

En la papelería yo compré…
  una hoja de papel para escribir a máquina.
  un sobre
  una tarjeta…
    de cumpleaños.
    del Día de las Madres.
    del Día de los Padres.

Los pasatiempos

En mi tiempo libre me gusta…
  alquilar vídeos. -
  caminar al centro. -
  cenar con un(a) amigo(a). -
  comprar un disco compacto. -
  desayunar en un restaurante. -
  escribir cartas. -
  escuchar el estéreo. -
  escuchar música. -
  hablar por teléfono. -
  hacer ejercicio. -
  hacer un mandado. -
  ir al cine. -
  mirar la televisión. -
  montar en bicicleta. -
  pasar tiempo con mi familia. -
  visitar a un(a) amigo(a). -
  al tenis. - tennis
  al vólibol. - volleyball

Deportes

En mi tiempo libre me gusta jugar…
  al baloncesto. - basketball
  al béisbol. - baseball
  al fútbol. - soccer
  al fútbol americano. - football
  al golf. - golf
  al hockey. - hockey
  al hockey sobre hierba - field hockey

También me gusta…
  hacer ejercicio aeróbico. -
  levantar pesas. -
  montar en bicicleta. -
  patinar. —
  patinar sobre hielo. -

Deportes de verano

Durante el verano me gusta practicar…
  el alpinismo. -
  el ciclismo. -
  el esquí acuático. -
  el surfing. -
  el windsurf. -
  la vela. —

También me gusta…
  bucear / el buceo.
  caminar en la playa.
  ir de pesca / la pesca.
  ir de camping.
  tomar el sol.
  nadar / la natación.

Vamos a comer algo

A María y Esteban les gusta comer en restaurantes.

Cuando mi padre tiene hambre, le gusta comer en un buen restaurante. En Madrid hay muchísimos restaurantes, y el domingo pasado mi padre y un amigo fueron a cenar en un restaurante que se llama La Casa Gallega. Allí se especializan en platos típicos de Galicia. A mi papá le gusta la comida gallega y dice que es la más sabrosa de toda la comida española. Mi hermano y yo preferimos los restaurantes pequeños donde podemos comer bocadillos. Nos gustan los bocadillos de todo tipo. A veces comemos bocadillos de chorizo o bocadillos de jamón con queso y muchas veces comemos mi favorito: un bocadillo de calamares fritos.

María

El sábado por la tarde, como no hay escuela, normalmente voy con mis amigos al centro. Allí conversamos con otros amigos y, de costumbre, vamos a comer en nuestro restaurante favorito: El Farolito. El Farolito es una taquería donde puedes comer tacos de todo tipo: de carne o de pollo. También nos gustan las quesadillas. Tienen la mejor ensalada de guacamole de toda Guadalajara y también tienen varias salsas —unas picantes y otras que no son tan picantes. Para tomar hay limonada y varios tipos de licuados —de mango, melón y fresas. Después de comer allí, generalmente vamos al cine o damos un paseo por el parque.

Esteban

Comprensión

A. Mis gustos Scan the paragraphs written by María and Esteban to find all the different foods that they like. As you find them, add them to one of three lists. In the first, list all the foods mentioned that *you* have eaten. In the second, list foods that you have never eaten but that you would like to try. In the third, list foods that you don't think you would like.

When you have completed your lists, compare your categories with those of your partner. Make another set of the three lists, this time listing only the items that you have in common for each category.

B. Prefiero comer con... Based on their food preferences, decide whether you would rather go out to dinner with María or with Esteban and explain why.

REPASO

The preterite of -ar, -er, and -ir verbs

hablar, comer, escribir			
yo	hablé comí escribí	nosotros(as)	hablamos comimos escribimos
tú	hablaste comiste escribiste	vosotros(as)	hablasteis comisteis escribisteis
él ella Ud.	habló comió escribió	ellos ellas Uds.	hablaron comieron escribieron

C. Reemplázalo   Replace the words in italics with those in parentheses and make the necessary changes.

1. Yo *canté una canción* anoche. (mirar la tele / comprar unos libros / escuchar mi estéreo / tomar el autobús / caminar al centro / hablar por teléfono / bailar en una discoteca)

2. Ella *asistió a clase* ayer. (vender su bicicleta / escribir una carta / correr dos millas / aprender el vocabulario / salir de casa temprano / perder su libro / volver a casa tarde / compartir su bocadillo con un[a] amigo[a])

¿RECUERDAN?

The preterite of the verb ir

yo	fui	nosotros(as)	fuimos
tú	fuiste	vosotros(as)	fuisteis
él ella Ud.	fue	ellos ellas Uds.	fueron

D. El sábado de Marisol   Based on the verbs and the following drawings describe on what Marisol did last Saturday. Follow the model.

MODELO   hablar por teléfono
El sábado pasado Marisol habló por teléfono con Tomás.

Hola, ¿Tomás?

1. salir de casa

2. caminar a un restaurante

3. comer con Tomás

4. ir al centro comercial

5. ir a la tienda de música

6. comprar un disco compacto

7. volver a casa de Marisol

8. mirar la televisión

E. Mi sábado Now imagine that you spent your Saturday much as Marisol did. Use the drawings in Activity D, but substitute names and places from your own life when appropriate. If you would not normally do something that Marisol did, use **no** + the verb to indicate what you did not do. Follow the model.

> **MODELO** *El sábado pasado, hablé por teléfono con mi amiga Janet.*

F. Un día loquísimo (crazy) Imagine that yesterday nothing went as usual for you. Make a list of eight things that usually happen in your daily routine. Include events such as 1) when you have breakfast, 2) what you eat for breakfast, 3) when you leave for school and what mode of transportation you use, 4) when your parents leave for work, 5) when you arrive at school, 6) what you do when you get there, 7) when you go to lunch, 8) what and how much you eat for lunch (e.g., **dos bocadillos y una ensalada**), 9) what time you leave school, 10) where you go, 11) with whom you go, 12) when and where you have dinner, 13) what you and your family do after dinner, and 14) how long you study.

When you have completed your list, discuss with your partner what normally happens and how things didn't happen as usual yesterday. Follow the model.

> **MODELO**
> Estudiante 1: *De costumbre, tomo el almuerzo en la cafetería, pero ayer no comí en la cafetería.*
> Estudiante 2: *¿No? ¿Dónde comiste?*
> Estudiante 1: *Comí en el restaurante con mi padre.*

REPASO

Talking about past, present, and future events

1. Use the preterite to express a past action.

Ayer **nosotros fuimos** al centro.	*Yesterday we went downtown.*
Salió de la casa hace una hora.	*He left the house an hour ago.*

2. Use the present tense of the verb to indicate a habitual action or a present condition.

De costumbre yo ceno a las 6:00.	*I usually eat dinner at 6:00.*
Yo tengo 17 años.	*I am seventeen.*
Hoy es miércoles.	*Today is Wednesday.*

3. Use the present progressive (**estar + -ndo** *participle*) to emphasize that an action is going on at the moment of speaking.

Ahora ellos **están mirando** la tele.	*Right now they are watching TV.*
En este momento él **está leyendo** una revista.	*At this moment he is reading a magazine.*

4. Use the immediate future (**ir + a +** *infinitive*) to express a future action.

Esta noche **vamos a ver** una película.	*Tonight we are going to see a movie.*
Nosotros **vamos a trabajar** el lunes próximo.	*We are going to work next Monday.*

¿RECUERDAN?

Expressing length of time

1. To express how long ago something happened or how long ago you did something, you would use:

> **hace** + *length of time* + **que** + *subject* + *verb in the preterite*

Hace dos semanas **que** comí en un restaurante.

2. You may also use:

> *subject* + *verb in the preterite* + **hace** + *length of time*

Yo comí en un restaurante **hace** dos semanas.

¿RECUERDAN? (CONTINUED)

3. Some expressions for expressing length of time are:

un minuto, dos minutos, tres minutos, etc.

una hora, dos horas, tres horas, etc.

un día, dos días, tres días, etc.

una semana, dos semanas, tres semanas, etc.

un mes, dos meses, tres meses, etc.

un año, dos años, tres años, etc.

G. La última vez que... Indicate the last time you did each of the following activities. Use expressions such as **el martes pasado, el año pasado, la semana pasada,** or **hace** + *length of time*. Follow the model.

MODELO ¿Cuándo fue la última vez que comiste pizza?
Comí pizza el viernes pasado. o:
Comí pizza hace dos semanas.

¿Cuándo fue la última vez que...

1. comiste en un restaurante?
2. fuiste al cine?
3. hiciste tu tarea?
4. visitaste a un(a) amigo(a)?
5. estudiaste para un examen?
6. fuiste a un partido de fútbol?
7. hiciste tu cama?
8. tomaste el autobús?
9. leíste un libro?
10. escribiste una carta?

H. ¿Cuándo vas a... ? Now indicate the next time you are going to do the following things. Use expressions such as: **mañana, mañana por la tarde, la semana próxima, el mes próximo, el año próximo.** Follow the model.

MODELO ¿Cuándo vas a comer pizza?
Voy a comer pizza el viernes próximo. o:
No voy a comer pizza.

¿Cuándo...

1. vas a hablar por teléfono con un(a) amigo(a)?
2. vas a viajar a Europa?
3. vas a hacer la tarea?
4. vas a nadar en la piscina?
5. vas a leer una revista?
6. vas a comprar un disco compacto o una cinta?
7. vas a visitar a un(a) amigo(a)?
8. vas a jugar al tenis?
9. vas a mirar la televisión?
10. vas a escribir una carta?
11. vas a ir de compras?
12. vas a tomar un autobús?

I. El mes de Juan Robles
This month has been, is, and will continue to be a very busy time for Juan Robles. Based on the drawings and the calendar that follows, answer the questions about his current, past, and future activities. Today is the 24th of the month.

L	M	M	J	V	S	D
1	2	3	4	5	6	7
8	9	10	11	12	13	14
15	16	17	18	19	20	21
22	23	24	25	26	27	28
29	30	31				

1. ¿Qué día es hoy?
2. ¿Qué van a hacer los padres de Juan esta noche?
3. ¿Cuándo fue el Sr. Robles a Madrid?
4. ¿Qué va a hacer Juan mañana por la tarde?
5. ¿Cuándo celebraron el cumpleaños de Juan?
6. ¿Cuándo fue Juan al museo?
7. ¿Qué hizo Juan el 11?
8. ¿Qué va a hacer el 29?
9. ¿Qué hizo el 13?
10. ¿Qué hace Juan los domingos por la mañana?

Situaciones

▶ **Vamos a comer algo...**

a. Ángela y Mauricio

Ángela:	Por favor, camarero.
Camarero:	Sí, señorita, ¿qué desea?
Ángela:	Quisiera un sándwich de jamón.
Camarero:	¿Y para tomar?
Ángela:	Quisiera una limonada.
Camarero:	Y Ud., señor, ¿qué va a pedir?
Mauricio:	Yo quisiera una hamburguesa con queso y un licuado de mango.
Camarero:	¿Alguna cosita más?
Mauricio:	No, es todo. Gracias.

b. Mario y Ernesto

Ernesto:	Ay, Mario. ¡Qué hambre tengo!
Mario:	Yo también. Vamos a la Taquería Mixteca. Está muy cerca de aquí.
Ernesto:	De acuerdo.

Media hora después

Ernesto:	Por favor, señorita. Tráigame dos tacos al carbón, una salsa picante y un té helado. ¿Tú, qué quieres, Mario?
Mario:	Tres quesadillas y un agua mineral sin gas, por favor.
Camarera:	¿Es todo?
Mario:	Sí, señorita, es todo.

c. Antonio y Margarita

Margarita:	Antonio, ¿tienes hambre?
Antonio:	Sí, por supuesto. Tengo mucha hambre.
Margarita:	¿Quieres comer alguna cosa?
Antonio:	¡Claro que sí! ¿Por qué no vamos a la pizzería nueva que está en la esquina de la calle Ocho y la avenida Bolívar?
Margarita:	Vamos, pues.

Media hora después

Camarero:	Buenas tardes, ¿qué van a pedir?
Antonio:	Por favor, quisiéramos una pizza grande con mucho queso, aceitunas y cebollas.

d. Carolina y Filomena

Carolina:	Mira. Hay muchísima gente.
Filomena:	Como siempre.
Carolina:	¿Tienes suficiente dinero?
Filomena:	Sí. Tengo 500 pesetas.
Carolina:	Yo también.

Filomena:	¿Qué quisieras comer?
Carolina:	¿Por qué no comemos unas tapas?
Filomena:	Buena idea. Yo quisiera unas aceitunas y patatas bravas.
Carolina:	Está bien. ¿Vamos a pedir unos calamares también?
Filomena:	Sí, ¡cómo no!
Carolina:	¿Qué vas a tomar?
Filomena:	Agua mineral con limón. ¿Y tú?
Carolina:	Agua mineral también, pero sin limón.

¡Te toca a ti!

J. ¿Dónde comen? Based on the four conversations you have just read, indicate where each group of people is eating or planning to eat.

K. En el restaurante Imagine that you and two classmates are going to eat lunch at a restaurant in a Latin American country. Discuss what each of you would like to eat and drink. Then each of you will take a turn playing the role of the waiter while the other two practice placing orders.

¡ADELANTE!

  ¿Qué vamos a comer? You and some friends are spending the afternoon together. Your friend's dad offers to pick up some carry-out lunches for you. Agree on what kind of food you all want (e.g., **tapas, tacos, pizza, sándwiches**), then make your individual decisions about what you want to eat and drink. One member of the group needs to write down what each of you wants.

BUFFET DE TACOS N$12.00

TACOS AL PASTOR N$1.50

DESAYUNO COMPLETO N$8.00

MENU ECONOMICO N$10.00

VOCABULARIO

Para indicar donde vamos a comer

Yo quiero ir a un restaurante.
Vamos a una taquería.
Quisiéramos ir a comer pizza.
¿Por qué no vamos a comer unas tapas?

Para aceptar

De acuerdo. -okay
¿Por qué no? - why, no
¡Vamos! - we go

Para pedir algo para comer o beber

Perdón señor (señorita),…
Yo quisiera… - I want
Mi amigo(a) quisiera…
Nosotros quisiéramos…
Por favor, tráigame…

Para indicar qué queremos beber

En el restaurante, yo pido…
 café (con leche). -
 chocolate. -
 un licuado de fresas. - strawberry
   de banana: - banana
   de mango. - mango
 una limonada. - lemonade
 un agua mineral con (sin) gas (con limón).
 té (con limón).
 té helado.

En el restaurante, yo como…
 un sándwich de jamón con queso.
 un bocadillo. - sandwich
 una pizza. - pizza
 una hamburguesa (con queso). - hamburger with cheese

En una taquería yo como…
 tacos de pollo. - taco with chicken
 de carne. - meat
 unas quesadillas. - chesse turnover
 una ensalada de guacamole. -
 una enchilada. - enchilada
 frijoles. - beans
 salsa picante. - spicy salsa
 no muy picante. - good spicy

En un bar de tapas yo como…
 unas aceitunas. - olive
 unos calamares. - squid
 patatas bravas. -
 chorizo y pan. -
 queso. -
 tortilla de patatas. -

Períodos de tiempo

un minuto, dos minutos, tres minutos, etc.
una hora, dos horas, tres horas, etc.
un día, dos días, tres días, etc.
una semana, dos semanas, tres semanas, etc.
un mes, dos meses, tres meses, etc.
un año, dos años, tres años, etc.

Para indicar la última vez que hiciste alguna cosa

hace tres días
hace tres meses
hace tres años

Para hablar de una actividad habitual

de costumbre - *costomarilly*
normalmente *narmaly*
por lo general *in general*
siempre *always*
todos los días *everyday*

Para hablar del pasado, presente y futuro

ayer - *yesterday*
ayer por la mañana - *yesterday morning*
ayer por la tarde - *yesterday afternoon*
anoche - *last night*

hoy - *today*
esta mañana - *this morning*
esta tarde - *this afternoon*
esta noche - *this night*

mañana - *tommorrow*
mañana por la mañana - *tommorrow morning*
mañana por la tarde - *tommorrow afternoon*
mañana por la noche - *tommorrow night*

el lunes pasado - *last monday*
la semana pasada - *last week*
el mes pasado - *last month*
el año pasado - *last year*

el lunes - *monday*
esta semana - *this week*
este mes - *this month*
este año - *this year*

el lunes próximo - *next monday*
la semana próxima - *next week*
el mes próximo - *next month*
el año próximo - *next year*

UNIDAD 1

Descripciones

Objectives

In this unit you will learn:

- to talk about the weather
- to understand weather reports
- to describe objects
- to describe people

¿Qué ves?

- ¿Dónde está la gente en las fotografías?
- ¿Qué hacen las personas?
- ¿Qué estación del año es y qué tiempo hace?
- ¿Qué hay en las montañas?
- ¿Qué piensas de este deporte?
- ¿Tú lo practicas?

¿Qué tiempo hace?

Primera etapa: ¡Hace frío hoy!
Segunda etapa: ¡Hoy va a nevar mucho!
Tercera etapa: ¿Qué tiempo va a hacer mañana?

¿Cómo es?

Primera etapa: Descríbeme...
Segunda etapa: ¿Qué piensas?

¿Cómo es tu amiga?

Primera etapa: Nuestros vecinos y nuestros amigos
Segunda etapa: El carácter

CAPÍTULO 1

¿Qué tiempo hace?

Un día nublado en Miami.

Objectives

- describing the weather
- understanding weather reports and meteorological maps

PRIMERA ETAPA

Preparación

- What kinds of questions do you normally ask when talking about the weather?
- What are some of the weather expressions used frequently in English to describe weather conditions?
- Do you know where the equator is? What is the weather like there?
- Where is the country of Ecuador located?

¡Hace frío hoy!

Vamos a describir el tiempo.

Hace sol.
Hace calor.
Está despejado.

Hace mal tiempo.
Truena. Hay tormenta.

Llueve.
Llovizna.

Hace buen tiempo.
No hace mucho frío.
No hace mucho calor.

Nieva.
Hace frío.

Está nublado.
Hay nubes.

Hace viento.
Hace fresco.

Hay niebla.
Hay neblina.

Hay hielo.
Está resbaloso.

¡Te toca a ti!

A. ¿Qué tiempo hace? Describe el tiempo en cada dibujo. Sigue el modelo.

MODELO	*Hace sol.* *Hace mucho calor.* *Está despejado.*

1.   2.   3.   4.   5.   6.

B. ¿Hace buen tiempo hoy? You're traveling around the United States with your friend's family. Each time you call home, your parents want to know what the weather is like. Answer their questions negatively. Then tell them the weather is as indicated in parentheses. Follow the model.

MODELO	**Tu mamá:** ¿Hace buen tiempo hoy? (mal)
	Tú: No, *no hace buen tiempo hoy. Hace mal tiempo.*

1. ¿Hace calor hoy? (frío)
2. ¿Llueve hoy? (nieva)
3. ¿Está nublado? (sol)
4. ¿Hay tormenta? (buen tiempo)
5. ¿Hay neblina? (mucho frío)
6. ¿Hace calor? (viento)
7. ¿Hace sol? (nubes)
8. ¿Hace frío? (bastante calor)
9. ¿Está despejado? (nublado)

ESTRUCTURA

Los meses del año

enero	abril	julio	octubre
febrero	mayo	agosto	noviembre
marzo	junio	septiembre	diciembre

En enero, nieva mucho.   *In January, it snows a lot.*

Hace calor **en el mes de agosto.**   *It's hot in the month of August.*

1. All the months of the year are masculine and are not used with articles.
2. In the context of a sentence, months are never capitalized.

Aquí practicamos

C. **¿Qué tiempo hace donde vives tú?** Para cada mes, describe el tiempo. Sigue el modelo.

> **MODELO**   septiembre
> *En septiembre, hace fresco y hace viento.*

1. enero
2. julio
3. marzo
4. noviembre
5. mayo
6. agosto
7. diciembre
8. junio

Comentarios CULTURALES

El clima

There is more variety in the weather patterns within very short distances in Latin America than in any other region of the world. Most Latin American countries north of the equator, such as Mexico, Costa Rica, and Venezuela, have a warm rainy season of about six months during the summer (April–October) and a dry, colder season the rest of the year during the winter months. In July, for example, the temperatures reach over 80° F or 27° C in most of the Latin American countries in the Northern Hemisphere, while 60° F or 16° C is the average during January. South of the equator, however, the seasons follow the reverse pattern. Temperatures in January, for instance, climb to over 80° F or 27° C in the Southern Hemisphere, while July brings snow to the southernmost countries like Argentina and Chile.

D. Yo nací (I was born) en el mes de... Diles a tus compañeros de clase en qué mes naciste *(you were born)* y qué tiempo generalmente hace en ese mes. Sigue el modelo.

MODELO   *Yo nací en julio. Siempre hace mucho calor.*

PALABRAS ÚTILES

La fecha

¿Cuál es la fecha de hoy?	
¿Qué fecha es hoy?	*What is today's date?*
¿A cómo estamos?	

Hoy es el **5 de octubre**. *Today is October 5.*

¿**Cuál es la fecha** de tu cumpleaños? *What is the date of your birthday?*

Yo nací **el primero de febrero de mil novecientos setenta y cinco**. *I was born on the first of February, 1975.*

Mi hermana nació **el once de junio de mil novecientos setenta y seis**. *My sister was born on June 11, 1976.*

1. To express the date in Spanish, use the definite article **el**, a cardinal number (**treinta, diez, cinco**), the proposition **de**, and the name of the month.

2. The one exception to the cardinal number is the first day of the month, expressed by **el primero** (**el primero de mayo**).

3. Remember that the day, the month, and the year of any date are connected by **de**.

Aquí practicamos

E. ¿En qué año? Lee las fechas que siguen. Sigue el modelo.

> **MODELO** July 4, 1776 — la independencia de los Estados Unidos
> *el cuatro de julio de mil setecientos setenta y seis —*
> *el Día de la Independencia de los Estados Unidos*

1. October 12, 1492 — el descubrimiento de América
2. November 20, 1910 — la revolución mexicana
3. April 23, 1616 — la muerte *(deaths)* de Cervantes y Shakespeare
4. July 14, 1789 — la Revolución Francesa
5. September 16, 1810 — la independencia de México
6. November 22, 1963 — el asesinato del presidente Kennedy
7. July 21, 1969 — el primer hombre en la Luna *(moon)*
8. November 9, 1989 — la caída *(fall)* del Muro *(wall)* de Berlín
9. tu cumpleaños

PALABRAS ÚTILES

Las estaciones del año

la primavera

el verano

el otoño

el invierno

The nouns for the seasons are masculine except **la primavera.** To express the idea of *in* a particular season, use **en** and the appropriate definite article.

En el otoño jugamos al fútbol.	*In the fall we play soccer.*
En el invierno hace frío.	*In the winter it is cold.*
Llueve mucho **en la primavera.**	*It rains a lot in the spring.*
Todos van a la playa **en el verano.**	*Everybody goes to the beach in the summer.*

Aquí practicamos

F. **Donde tú vives** Describe qué tiempo hace en las diferentes estaciones del año en la región donde vives. Sigue el modelo.

> **MODELO** ¿Qué tiempo hace en el invierno en la región donde vives?
> *En el invierno nieva y hace mucho frío.*

1. ¿Qué tiempo hace en el invierno en la región donde vives?
2. ¿En el otoño?
3. ¿En el verano?
4. ¿En la primavera?

G. **¿Cuándo practicas...?** Indica la estación en que normalmente practicas los siguientes deportes. Explica por qué el tiempo de esta estación es bueno para este deporte. Sigue el modelo.

> **MODELO** jugar al fútbol
> *Juego al fútbol en el otoño porque hace buen tiempo. o: ...porque no llueve mucho en el otoño.*

1. jugar al tenis
2. jugar al básquetbol
3. jugar al béisbol
4. nadar
5. jugar al golf
6. jugar al jai alai
7. practicar el alpinismo
8. patinar
9. ir de pesca
10. hacer proyectos de artesanía

H. ¡Preguntas, preguntas, tantas preguntas!

Trabajas con unos niños hispanos en los Estados Unidos. Te hacen muchas preguntas. Contesta sus preguntas.

1. ¿Cuántas estaciones hay en el año?
2. ¿Cuáles son los meses de verano aquí?
3. ¿En qué estación es posible esquiar?
4. ¿En qué estación vamos a la playa?
5. ¿En qué estaciones jugamos al fútbol? ¿al básquetbol?
6. ¿En qué estación celebramos el Día de Acción de Gracias?
7. ¿Qué fecha es hoy?
8. ¿En qué fecha empiezan las vacaciones de verano?

Aquí escuchamos

¿El mar o las montañas? *Es el mes de julio y la familia Valenzuela tiene ocho días de vacaciones.*

Antes de escuchar Piensa en las actividades que puedes hacer en la playa y en las montañas. ¿Sabes cómo decirlas en español?

A escuchar Escucha dos veces la conversación entre los padres y sus hijos. ¿Quién está de mal humor? ¿Quién es la persona más optimista?

Después de escuchar Contesta las siguientes preguntas según lo que has oído *(based on what you have heard)*.

1. ¿Qué estación es ahora mismo *(right now)* en la región donde vive la familia Valenzuela?
2. ¿Adónde quieren ir los padres de vacaciones? ¿Por qué?
3. ¿Adónde prefieren ir los hijos?
4. ¿Adónde va a pasar las vacaciones la familia, por fin?

¡Te toca a ti!

I. ¿Qué tiempo hace en...? Usa la información que sigue para imitar la conversación del modelo.

MODELO agosto / Portillo, Chile

> **Estudiante 1:** *Yo quiero ir a Portillo en agosto. o:*
> *Yo no quiero ir a Portillo en agosto.*
> **Estudiante 2:** *¿Por qué (no)? ¿Qué tiempo hace en Portillo en agosto?*
> **Estudiante 1:** *Hace frío. Nieva y hace viento.*

agosto / San Juan

febrero / Buenos Aires

octubre / Aspen

noviembre / Tucson

Un(a) estudiante extranjero(a)   Un(a) estudiante extranjero(a) del sur de Perú acaba de llegar y te hace preguntas sobre el tiempo y las estaciones en la región donde tú vives. Él (Ella) quiere saber cuáles son los meses de invierno, verano, etc. y qué deportes y actividades haces tú en estos meses. Usando lo que sabes *(Using what you know)* del clima de Perú, trabaja con un(a) compañero(a) para comparar los dos climas. Usa la tabla de tu hoja reproducible para tomar notas. Ahora imaginen que uno(a) de Uds. es el (la) estudiante extranjero(a) y conversen.

Las estaciones	Los meses		El tiempo		Los deportes y las actividades	
	En Perú	Aquí	En Perú	Aquí	En Perú	Aquí
primavera						
verano						
otoño						
invierno						

Las estaciones y mis actividades   Write four or five sentences about the season of the year that you prefer. Describe its weather in detail as well as what you normally like to do during this particular season and why.

SEGUNDA ETAPA

Preparación

- Can you give some examples of when the weather makes the headlines in the newspaper or on television?

- Does the weather change much throughout the year where you live? Why or why not?

- When you read or hear a weather report, what information do you expect to get?

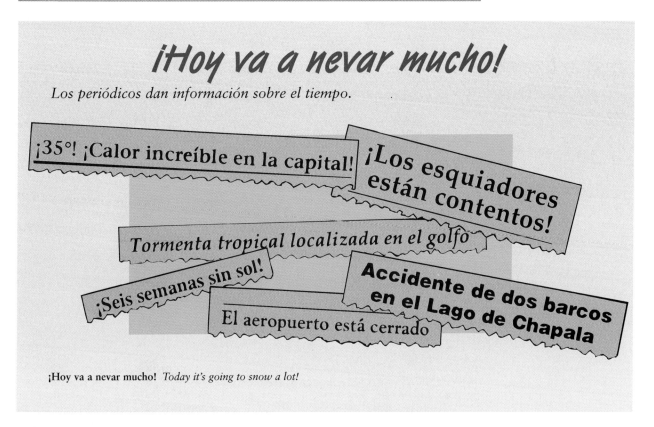

¡Hoy va a nevar mucho!

Los periódicos dan información sobre el tiempo.

¡35°! ¡Calor increíble en la capital!

¡Los esquiadores están contentos!

Tormenta tropical localizada en el golfo

¡Seis semanas sin sol!

Accidente de dos barcos en el Lago de Chapala

El aeropuerto está cerrado

¡Hoy va a nevar mucho! *Today it's going to snow a lot!*

¡Te toca a ti!

A. ¿Qué tiempo hace? Indica el titular *(headline)* correspondiente a cada descripción que sigue.

1. Hace mucho viento.
2. Hay niebla.
3. Nieva.
4. Está muy nublado
5. Llueve mucho.
6. Hace calor.

B. Hoy va a hacer muy buen tiempo Mira el pronóstico del tiempo *(weather forecast)* y contesta las preguntas. Sigue el modelo.

MODELO   ¿Qué tiempo va a hacer el sábado en Nueva York?
Va a hacer calor. Va a estar un poco nublado.

U.S. TRAVELERS' FORECAST

	FRI	SAT		FRI	SAT
Atlanta	94/74s	92/70t	Minneapolis	79/85s	85/62pc
Atlantic City	86/66t	76/60pc	New Orleans	93/72pc	93/72pc
Boston	81/64t	60/58pc	New York	84/65t	77/57pc
Buffalo	72/53c	70/54s	Orlando	94/74t	78/60pc
Chicago	75/55pc	79/59s	Philadelphia	88/66t	78/60pc
Cincinnati	89/65t	82/59pc	Phoenix	103/80pc	108/78s
Dallas	100/78s	100/78pc	Pittsburgh	80/60t	76/54pc
Denver	90/58pc	90/57s	Portland, OR	80/57pc	75/55s
Detroit	78/55c	77/57s	San Francisco	75/56s	75/58pc
Houston	98/75s	94/76pc	Seattle	72/56c	70/55pc
Los Angeles	90/70pc	90/70pc	St. Louis	90/67t	87/67pc
Miami	92/76pc	9075pc	Washington	93/70t	79/65c

t = thundershower   pc = partly cloudy   s = sunny   c = cloudy

¿Qué tiempo va a hacer el sábado . . .

1. en Boston?
2. en Houston?
3. en San Francisco?
4. en Orlando?
5. en Detroit?
6. en Phoenix?
7. en Buffalo?
8. en Pittsburgh?
9. en Dallas?
10. en Denver?
11. en New Orleans?
12. en Chicago?

C. ¿Cuál es la fecha? Working with your partner, make a list in Spanish of the 12 months of the year. Name and give the date of a holiday or special event that takes place in each month. Some possibilities that you may want to include are **la Navidad** *(Christmas)*, **la Independencia de los Estados Unidos, el Año Nuevo, el Día de los Enamorados** *(Valentine's)*, **tu cumpleaños,** and **el Día de Acción de Gracias** *(Thanksgiving)*. Other important dates can be found on page 71.

ESTRUCTURA

Stem-changing verbs in the present tense

pensar (ie)		**dormir** (ue)		**pedir** (i)	
pienso	pensamos	duermo	dormimos	pido	pedimos
piensas	pensáis	duermes	dormís	pides	pedís
piensa	piensan	duerme	duermen	pide	piden

—Yo siempre **juego** al fútbol por la tarde. ¿Y tú?
—Yo también. **¿Juegas** mañana?
—¿Mañana? Sí. Y Juan **piensa** jugar también.
—Bueno, **podemos** jugar juntos.

1. Stem-changing verbs are verbs that have a change in the vowels of the stem (everything before the **-ar, -er,** or **-ir** ending of the infinitive).

2. There are three types of stem-changing verbs in the present tense: the stem vowels change from e to ie, from o to ue, and from e to i.

3. Notice that the stem vowels do *not* change in the **nosotros** and **vosotros** forms.

4. Stem-changing verbs are indicated in the glossary by the notation (ie), (ue), or (i) after the infinitive form: **pedir** (i) *(to ask for, request)*.

5. Other verbs of this type include **comenzar** (ie), **empezar** (ie), and **querer** (ie); **acostarse** (ue), **jugar** (ue), and **poder** (ue); and **servir** (i).

Aquí practicamos

D. ¿Qué hace la gente? Combina un elemento de cada columna para formar una oración que tenga sentido *(that makes sense)*.

A	B	C
mis hermanos	volver	ocho horas cada noche
Carlos	comenzar	hablar con los amigos
el (la) profesor(a)	pensar	café con leche
Alonso y Carmen	querer	al tenis
tú	pedir	a estudiar ahora
el camarero	jugar	a la casa después
Uds.	dormir	a los clientes
yo	servir	ir al cine

E. Encuentra a alguien que... (Find somebody who . . .) Ask questions of your classmates to find someone who fits each of the following descriptions. When you find someone, write a sentence in your notebook using that person's name.

MODELO   querer viajar los sábados
               Tú: ¿Quién quiere viajar los sábados?
  Compañero(a):   *Amy quiere viajar los sábados.*

1. dormir ocho horas cada noche
2. dormir mucho los sábados
3. jugar al básquetbol
4. pedir ayuda con la tarea
5. poder tocar la guitarra
6. pensar ir al cine mañana
7. acostarse después de las 11 de la noche
8. despertarse después de las 8 de la mañana los sábados
9. comenzar a jugar al tenis
10. dormir una siesta *(to take a nap)* todos los días

F. **¿Qué haces después de las clases?** Your new neighbor arrives home from school at the same time that you do. He (She) also happens to be in your Spanish class. 1) Greet each other. 2) Introduce yourselves. 3) Tell each other three activities that you typically do after school. 4) Find one activity in common that the two of you would like to do together this afternoon. Follow the model.

MODELO	Juanita:	*Buenos días. ¿Cómo estás?*
	Sofía:	*Muy bien. ¿Y tú?*
	Juanita:	*Bien, gracias. Tú estás en mi clase de español, ¿no? Me llamo Juanita.*
	Sofía:	*Encantada, Juanita. Me llamo Sofía. Oye, ¿qué piensas hacer después de las clases?*
	Juanita:	*No sé. Generalmente vuelvo a la casa a las 3:30 y empiezo a hacer la tarea. A veces juego al béisbol; a veces miro la televisión.*
	Sofía:	*No quiero hacer la tarea ahora. No juego al béisbol, pero juego al tenis. Pienso ir al café para tomar un refresco y después ir al centro. ¿Quieres ir conmigo?*
	Juanita:	*Sí, Vamos. Tengo ganas de tomar un refresco.*

Aquí escuchamos

¡Hace mucho frío! *La familia Valenzuela está de vacaciones en Portillo, pero hace mal tiempo y los hijos no están contentos.*

Antes de escuchar ¿En qué tipos de tiempo es difícil salir de la casa? Piensa en las palabras que puedes usar para hablar del mal tiempo.

 A escuchar Escucha dos veces la conversación entre los padres y sus hijos y anota las frustraciones que tienen. ¿Dónde está ocurriendo esta conversación?

Después de escuchar Contesta las siguientes preguntas según lo que has oído.

1. ¿Por qué no están contentos los hijos?
2. ¿Qué tiempo hace en Acapulco, probablemente?
3. ¿Qué hizo la familia ayer?
4. ¿Hay música en el hotel?
5. ¿Qué cosa positiva dice el padre?

¡Te toca a ti!

G. Las vacaciones
Tell your classmates about a vacation you took with your family or friends. Explain 1) where you went and 2) in which month. Then 3) describe the weather and 4) three activities that you did. Follow the model.

MODELO		
	Dónde	*Fuimos de vacaciones a Disney World.*
	Mes	*Fuimos en el mes de junio.*
	Tiempo	*Hizo calor. Hizo sol. Hizo muy buen tiempo.*
	Actividades	*Jugamos al tenis, bailamos por la noche y conocimos al Ratón Miguelito* (Mickey Mouse).

¡ADELANTE!

 Mis vacaciones Find out from one of your classmates about his (her) last vacation. Ask...

1. where your classmate went on vacation
2. who she (he) went with
3. when the vacation took place
4. what the weather was like
5. what three activities she (he) participated in, including one when the weather was bad

 Una postal Write a postcard to a friend, describing what you did during a vacation that you just had with your family. You may refer to a real vacation or use your imagination. In your postcard, answer the following:

1. Where did you go?
2. When did you go?
3. Who went with you?
4. What was one interesting site that you visited?
5. What two other activities did you take part in? Include one done while the weather was bad.

TERCERA ETAPA

- What do the weather symbols on the map mean?
- What temperature system is used in the United States?
- What temperature system is more commonly used in the rest of the world?
- In what areas of the United States does it tend to be particularly hot? What areas are particularly cold?
- What do you know about weather patterns in the countries of Latin America.

¿Qué tiempo va a hacer mañana?

Hace mucho sol en Santiago.

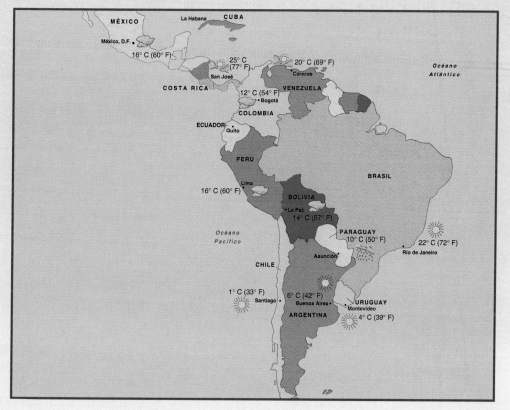

¡Te toca a ti!

A. La temperatura Tell a new Spanish-speaking friend what the temperature usually is in your hometown during different months of the year. Look at the **Comentarios culturales** below and use the Celsius scale to say the temperatures. Follow the model.

> **MODELO**   *En octubre la temperatura en Boston es de cinco grados centígrados.*

B. ¿Qué tiempo va a hacer? Look at the temperatures given for the various cities on page 83. According to the temperatures, say 1) whether it will be warm (**calor**), cool (**fresco**), cold (**frío**), or very cold (**mucho frío**) the next day, and 2) give a second indicator of the weather in that city based on the icons on the map. Then 3) choose one activity that people in each location can plan to do outside (**afuera**) the next day. Follow the model.

> **MODELO**   Lima
> *Va a hacer fresco y va a estar nublado. La gente en Lima puede jugar al fútbol, pero no debe nadar.*

1. Asunción
2. Caracas
3. Santiago

4. San José
5. Buenos Aires
6. La Habana

7. Bogotá
8. La Paz
9. Montevideo

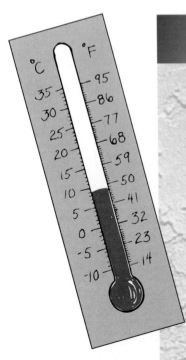

Comentarios CULTURALES

La temperatura

Temperatures in Spain and Latin American countries are given on the Celsius (centigrade) scale. Here is a comparison of Celsius temperatures and their Fahrenheit equivalents.

C:	30º	25º	20º	15º	10º	5º	0º	-5º
F:	86º	77º	68º	59º	50º	41º	32º	23º

To convert from Celsius to Fahrenheit, follow these steps:
a. Divide by 5   b. Multiply by 9   c. Add 32

For example, if the temperature is 34º Celsius, you would calculate the Fahrenheit equivalent as follows:

a. 35 ÷ 5 = 7   b. 7 x 9 = 63   c. 63 + 32 = 95º Fahrenheit

C. ¿Qué tiempo va a hacer mañana? Un(a) compa-
ñero(a) te hace una pregunta sobre el tiempo que va a hacer mañana.
Indícale el tiempo que crees que va a hacer en donde vives mañana.
Pueden referirse a las posibilidades de la lista o añadir *(add)* otras.
Sigan el modelo.

estar despejado   hacer frío

estar nublado   hacer sol

hacer calor   llover

hacer fresco

MODELO	¿Va a hacer buen tiempo mañana?
	No, va a llover.

1. ¿Va a nevar mañana?

2. ¿Va a hacer frío mañana?

3. ¿Va a hacer buen tiempo mañana?

4. ¿Va a estar despejado mañana?

5. ¿Va a llover mañana?

D. Ayer y mañana   Usa las pistas *(cues)* para hablar del tiempo
de ayer y de mañana. Trabaja con un(a) compañero(a) y sigan los
modelos.

MODELO	buen tiempo / también

Tú:	*¿Qué tiempo hizo ayer?*
Compañero(a):	*Hizo buen tiempo.*
Tú:	*¿Qué tiempo va a hacer mañana?*
Compañero(a):	*Va a hacer buen tiempo también.*

neblina / sol

Tú:	*¿Qué tiempo hizo ayer?*
Compañero(a):	*Hubo neblina* (It was misty).
Tú:	*¿Qué tiempo va hacer mañana?*
Compañero(a):	*Va a hacer sol mañana.*

1. mal tiempo / también

2. calor / bastante frío

3. llover / también

4. viento / mucho calor

5. nublado / sol

6. muy buen tiempo / nevar

7. tormenta / buen tiempo

8. fresco / bastante calor

E. ¿Qué hacen? Describe lo que hacen las personas en los dibujos. Usa los verbos **jugar** y **volver**, y otros verbos que sabes. Sigue el modelo.

MODELO *Juegan al fútbol.*

1.

2.

3.

4.

ESTRUCTURA

The present tense of the verb *saber*

saber (to know)			
yo	**sé**	nosotros(as)	sab**emos**
tú	sab**es**	vosotros(as)	sab**éis**
él ella Ud.	sab**e**	ellos ellas Uds.	sab**en**

ESTRUCTURA (continued)

—¿**Sabes** quién es ese actor de cine?   *Do you know who that movie actor is?*
—Claro que **sé** quien es. ¡Es Rubén Blades!   *Sure, I know who he is. It's Rubén Blades!*
—¡Y además **sabe cantar**!   *And he also knows how to sing!*

Rita **sabe bailar** bien.   *Rita knows how to dance well.*

Tú **sabes hablar** tres idiomas, ¿verdad?   *You know how to speak three languages, right?*

1. **Saber** is used to talk about knowledge of facts or something that has been learned thoroughly.
2. **Saber** is also used before an infinitive form of another verb to say that you know how to do something.

Aquí practicamos

F. Sé hablar español Take turns talking with a classmate about what you know and do not know how to do. Refer to the possibilities on the list or add others. Follow the model.

> **MODELO**   **Tú:**   *Yo sé nadar pero no sé esquiar. Y tú, ¿qué sabes hacer?*
>   **Compañero(a):**   *Yo sé jugar al tenis pero no sé nadar.*

nadar	jugar al fútbol	hablar español
esquiar	preparar tacos	tocar la guitarra
jugar al tenis	manejar un automóvil	bailar el mambo
cuántos estudiantes hay en la clase hoy	dónde está el estado de Iowa	de dónde es el (la) profesor(a)
el número de teléfono de la escuela	el nombre del presidente de Bolivia	quién es el (la) mejor estudiante de la clase

G. Preguntas Usa las pistas para hacerles preguntas a otros estudiantes. Usa el verbo **saber** y los sujetos **tú, Uds., él (ella)** y **ellos (ellas)**. Sigue los modelos.

> **MODELOS**   hablar español
> *¿Sabes tú hablar español?*
> *¿Saben Uds. hablar español?*

1. hablar francés
2. los meses del año
3. cuándo va a hacer calor
4. si llueve mucho en marzo
5. quiénes son mis amigos
6. jugar al béisbol

H. Mi nuevo(a) amigo(a) You are writing your Spanish-speaking pen pal about a classmate you would like to get to know better. Refer to the list of possible topics in Activity F if you need ideas for what your new friend knows and does not know how to do. 1) Write about the things that you know about your friend, such as age, telephone number, and birthday. 2) Point out special talents (Él [Ella] **sabe tocar el piano, patinar...**). 3) Mention the facts you still do not know about this classmate. Use the verb **saber** as many times as you can along with other verbs you know.

Aquí escuchamos

¿Va a llover mañana? *Patricia y sus amigas hablan de sus planes para el fin de semana.*

Antes de escuchar ¿Piensas en el tiempo cuando estás planeando lo que vas a hacer durante los fines de semana? ¿Qué actividades puedes hacer cuando hace sol? ¿Y cuando está lloviendo?

 A escuchar Escucha dos veces la conversación entre las amigas. ¿Qué tiempo les gusta? ¿Cuáles son las palabras y expresiones que te ayudan a saberlo?

Después de escuchar Contesta las siguientes preguntas según lo que has oído.

1. ¿Qué tiempo va a hacer mañana por la mañana? ¿Y por la tarde?

2. ¿Cómo saben esto las amigas?

3. ¿Adónde quiere ir Margo?

4. ¿Qué van a hacer las amigas por la mañana?

5. ¿Adónde van por la tarde?

¡Te toca a ti!

I. Planes para el fin de semana You and two of your friends are making plans for the weekend. Each time one of you makes a suggestion, another uses the weather as a reason for not doing the proposed activity. Then the third person comes up with a suggestion of another activity more appropriate for the weather forecasted. Take turns being the first to suggest an activity. Follow the models.

> **MODELOS** ir a la playa
> **Estudiante 1:** *Vamos a la playa.*
> **Estudiante 2:** *No, va a hacer frío mañana.*
> **Estudiante 3:** *Entonces, vamos al cine.*

mirar la televisión

Estudiante 1: *Vamos a mirar la televisión.*
Estudiante 2: *No, va a hacer buen tiempo mañana.*
Estudiante 3: *Entonces, vamos a dar un paseo por el parque.*

1. ir a las montañas
2. dar un paseo
3. ir al centro
4. nadar en la piscina
5. jugar al básquetbol
6. ir al cine
7. correr
8. estudiar en casa

¡ADELANTE!

 Una entrevista Working with a partner, imagine that an exchange student from Latin America has just arrived on your campus. The school newspaper has asked you to interview him (her) since you know Spanish. Use the following items as guidelines for organizing your interview and take notes on the information you receive. Switch roles and partners after the first interview.

Ask…

1. when he (she) arrived in the United States
2. if he (she) likes the United States
3. where he (she) lives in Latin America
4. what the weather is like in his (her) hometown
5. if he (she) lives near the beach
6. when he (she) was born
7. what his (her) parents do
8. if he (she) has any brothers or sisters
9. if he (she) knows how to ski

Los resultados de la entrevista Ahora usa la información obtenida en la entrevista de la actividad anterior para escribir un artículo para el periódico de tu escuela.

EN LÍNEA

Connect with the Spanish-speaking world! Access the *¡Ya verás! Gold* home page for Internet activities related to this chapter.

http://www.yaveras.com

VOCABULARIO

Para charlar	Temas y contextos	vocabulario general

Para hablar del tiempo

¿Qué tiempo hace?
Está despejado- clear ✓
Está nublado.- cloudy
Está resbaloso.- slippery
Hace buen tiempo.- good weather ✓
Hace calor. - hot ✓
Hace fresco.- cool ✓
Hace frío.- cold ✓
Hace mal tiempo.- bad weather ✓
Hace sol.- sun ✓
Hace viento.- wind
Hay hielo.- ice
Hay neblina Hay niebla.
Hay nubes.- cloud
Hay tormenta.- storm ✓
Llovizna.- It's drizzling
Llueve.- It's raining ✓
Nieva.- It's snowing
Truena.- Theres thunder ✓
La temperatura está
  en... grados (bajo cero).

Para preguntar y dar la fecha

¿A cómo estamos?
¿Cuál es la fecha de hoy
  (de tu cumpleaños, etc.)?
¿Qué fecha es hoy?
Hoy es el 5 de abril.
En (el mes de) enero
  (febrero, marzo, etc.)...
  Él (Ella) nació...

Los meses del año

enero- January ✓
febrero- February ✓
marzo- march ✓
abril- april ✓
mayo- May ✓
junio- June
julio- July
agosto- august ✓
septiembre- september
octubre- october
noviembre- november ✓
diciembre- december ✓

Las estaciones del año

la primavera- spring ✓
el verano- summer ✓
el otoño- fall ✓
el invierno- winter ✓

Sustantivos

el mar - sea
la montaña - mountain
la neblina- fog
la niebla- fog
la nieve - snow
la temperatura - tempature
la tormenta- storm

verbos

saber- to know a fact

Otras expresiones

dormir una siesta

campesino - farm worker
aguacate - avocado
platano - plaintain, banana
volador - flying
ahogado por - drowned
tirado por - nurled by
poder - power
alboroto - disturbance
no se asusten - don't be afraid
mucho ojo - be very careful

Problemas con huracanes

Antes de leer

1. Vas a leer un poema de Víctor Hernández Cruz sobre los huracanes. ¿Cuáles son los problemas que tú asocias con los huracanes?

2. En la segunda línea de la segunda estrofa del poema, hay una lista de frutas tropicales. ¿Por qué crees que el poeta las menciona?

3. Busca cinco cognados en el poema. Después, considera qué ideas asocias con esas palabras.

Un campesino contempla el cielo
y dice:
Con huracanes el peligro no es el viento
ni tampoco el ruido o el agua.

La verdad es que son
los mangos, aguacates y plátanos
bombardeando al pueblo
como proyectiles.

¿Cómo les explicará tu familia
a las generaciones
Que a ti te mató un
plátano volador?

Si uno muere ahogado
por el agua es un honor,
O tirado por el viento
contra una montaña,
No hay razón por qué sentirse mal.
Pero que venga un mango
o un plátano con velocidad
Y dé con tu cabeza,
Es una desgracia sin perdón.

El campesino se quita su sombrero
Gesto humilde al poder del viento
Diciendo:
No se preocupen del alboroto,
No se asusten por el agua,
Olvídense del viento,
Si es que van a salir
mucho ojo con los mangos,
y toda fruta dulce y bonita.

Guía para la lectura

Vocabulario para una mejor comprensión de la lectura.

campesino	una persona que trabaja en el campo; un agricultor
aguacate	*avocado*
plátano	*plantain, banana*
volador	*flying*
ahogado por	*drowned by*
tirado por	*hurled by*
Y dé con tu cabeza	*and hits your head*
poder	*power*
alboroto	*disturbance, chaos*
no se asusten	*don't be afraid* (**de asustarse**)
mucho ojo	*be very careful*

Un día más tranquilo

Después de leer

1. ¿En qué región del mundo está el campesino del poema? ¿Cómo lo sabes?

2. En tu opinión, ¿cuál de estas frutas es la más peligrosa durante los huracanes?

   a) una papaya

   b) un plátano

   c) una piña

   d) un mango

   e) un aguacate

   f) ¿otra?

3. En el Caribe (donde este poema fue escrito) hay muchos huracanes durante cierta época del año. ¿Qué tipos de desastre afectan la región donde tú vives?

CAPÍTULO 2

¿Cómo es?

Día de fiesta en Jujuy, Argentina

Objectives

- describing objects and people
- expressing opinions

Preparación

- When you describe an object, what details do you take into account?

- Which is easier to describe—an object, a place, or a person? Why?

- What are your favorite and least favorite colors?

Descríbeme...

Aquí hay algunas palabras que usamos para describir los objetos.

Este coche es pequeño.
Este coche es bonito.
Este coche es moderno.
Este coche es bueno.

Ese coche es grande.
Ese coche es feo.
Ese coche es **viejo**.
Ese coche es malo.

Este libro es interesante.
Este libro es **fácil**.
Este libro es **liviano**.

Ese libro es aburrido.
Ese libro es **difícil**.
Ese libro es **pesado**.

¿De qué color es? (What color is it?)

amarillo

anaranjado

azul

blanco

gris

morado

negro

pardo, café

rojo

rosado

verde

violeta

viejo *old*   fácil *easy*   liviano *light reading*   difícil *difficult*   pesado *heavy*

¡Te toca a ti!

A. ¿Cómo es? ¿Qué adjetivo describe mejor *(best describes)* cada dibujo?

1. ¿Es fácil o difícil el examen?

2. ¿Es grande o pequeño el auto?

3. ¿Es vieja o moderna la iglesia?

4. ¿Es aburrido o interesante el libro?

5. ¿Es bonita o fea la playa?

6. ¿Es buena o mala la película?

7. ¿Es liviana o pesada la maleta?

8. ¿Es bonito o feo el pueblo?

B. ¿De qué color es? Escoge *(Choose)* el color que mejor describe el objeto.

1. ¿Es el cielo *(sky)* azul o verde?
2. ¿Son las manzanas rojas o violetas?
3. ¿Es el sol negro o amarillo?
4. ¿Es la nieve blanca o azul?
5. ¿Son los plátanos grises o amarillos?
6. ¿Son los guisantes verdes o negros?
7. ¿Son las papas blancas o anaranjadas?
8. ¿Son las nubes amarillas o grises?

C. Reservaciones computarizadas

Read the following advertisement for a computerized reservation system. As you read it, make a list of the adjectives that you find and the nouns they modify. You should be able to find at least five adjectives. When you have completed your list, work with a partner to verify that you have as many adjectives as possible. Then, together, decide which two qualities of this service you consider the most important ones.

SU NUEVO SISTEMA DE RESERVACIONES COMPUTARIZADO

Ahora LACSA pone el mundo en sus manos con el nuevo sistema computarizado de reservaciones-SPEEDY. Este nuevo sistema nos permite ayudarle a organizar su viaje hasta el más mínimo detalle y con mayor rapidez.

SPEEDY le brinda acceso al mayor banco de información sobre disponibilidad de espacio en cualquier línea aérea, escoge y organiza los más convenientes vuelos y conexiones para su viaje y le indica las tarifas más económicas.

Con SPEEDY usted puede reservar hasta con 11 meses de anticipación y escoger el asiento que prefiera de antemano. Además, SPEEDY tiene capacidad para informar y reservar en 13,000 hoteles, 125 cadenas hoteleras y 26 compañías de alquiler de automóviles en todo el mundo.

Y como si fuera poco, SPEEDY se encarga de informarle y reservarle espacio en cruceros, excursiones y eventos culturales, así como de darle información sobre su destino desde los lugares de interés turístico hasta ¡qué tipo de ropa llevar! Lo único que SPEEDY no puede hacer por usted es...empacar.

Recuerde, ahora cada vez que viaje con LACSA, usted cuenta con SPEEDY para ayudarle a organizar su viaje hasta el último detalle y con mayor rapidez.

nos encanta la gente

PRONUNCIACIÓN   THE VOWEL COMBINATION **ia**

The combination **ia** in Spanish is pronounced in one single syllable, similar to the *ya* in the English word *yacht*.

Práctica

D. Lee cada palabra en voz alta, pronunciando con cuidado la combinación **ia**.

1. sucia	4. gracias	7. democracia
2. familia	5. gloria	8. farmacia
3. estudia	6. patria	

E. Comentar sobre (about) **el tiempo** Un(a) reportero(a) presenta el informe del tiempo. Haz comentarios sobre el informe. Sigue el modelo.

> **MODELO**   La temperatura está en 23 grados centígrados.
> *Hace buen tiempo.*

1. Esta noche la temperatura va a bajar a cinco grados centígrados.

2. El cielo está despejado.

3. Por la tarde va a estar nublado con lluvias y tormentas eléctricas.

4. Mañana la temperatura va a estar en 29 grados centígrados al mediodía.

5. Hace sol, pero va a nevar por la tarde.

6. Es un día perfecto para salir a jugar al tenis con los amigos.

7. La temperatura está en 15 grados centígrados bajo cero.

F. ¿Qué sabes del tiempo? Alternando con un(a) compañero(a) de clase, pregunten y contesten las siguientes preguntas sobre el tiempo. Sigan el modelo.

> **MODELO**   ¿Nieva mucho en la ciudad de Miami?
> *No, no nieva en Miami. Hace mucho calor.*

1. ¿Dónde hace más calor en mayo, aquí o en Uruguay?

2. ¿En qué meses hace mal tiempo en Seattle?

3. ¿Llueve mucho en Arizona?

4. ¿Qué tiempo hace en Ecuador en diciembre?

5. ¿Cuándo hace mucho viento en Chicago?

6. ¿Cuándo nieva en Chile?

7. La temperatura está en 20 grados centígrados. ¿A cuánto equivale esta temperatura en grados Fahrenheit?

8. ¿Qué tiempo hace en Lima, en general?

ESTRUCTURA

Agreement of adjectives

1. As you have already learned, many adjectives end in **-o** if they are masculine and **-a** if they are feminine.

2. To make these adjectives plural, you simply add **-s**.

El muchacho es **alto**.   La muchacha es **alta**.

Los muchachos son **altos**.   Las muchachas son **altas**.

ESTRUCTURA (continued)

3. If the masculine form of an adjectives ends in **-e, -l, -s,** or **-z,** the feminine form of the ending is also **-e, -l, -s,** or **-z.**

El libro es **interesante.**   La pregunta es **interesante.**

El examen es **difícil.**   La tarea es **difícil.**

El bolígrafo es **gris.**   La falda es **gris.**

El hombre es **feliz.**   La mujer es **feliz.**

4. The exception to this rule is that when an adjective of *nationality* ends in **-s** in the masculine form, the feminine form ends in **-sa.**

El profesor es **francés.**   La profesora es **francesa.**

5. To make a feminine or masculine adjective that end in **-e** plural, you add **-s.**

6. To make a feminine or masculine adjective that ends in **-l, -s,** or **-z** plural, you add **-es.** Note that in the plural form, **z** changes to **c.**

Los libros son **interesantes.**   Las preguntas son **interesantes.**

Los exámenes son **difíciles.**   Las tareas son **difíciles.**

Los boligrafos son **grises.**   Las faldas son **grises.**

Los hombres son **felices.**   Las mujeres son **felices.**

7. An adjective ending in **-ista** is the same for both the masculine and forms.

8. To make these adjectives plural, simply add an **-s.**

El abogado es **pesimista.**   La abogada es **pesimista.**

Los abogados son **pesimistas.**   Las abogadas son **pesimistas.**

Aquí practicamos

G. El femenino Da la forma femenina de cada adjetivo del 1 al 7 y la forma plural del femenino de cada adjetivo del 8 al 14. Sigue los modelos.

| **MODELOS** | caro | negro |
| | *cara* | *negras* |

1. aburrido	5. feliz	11. inglés
2. fácil	7. normal	12. dominante
3. colombiano	8. bonito	13. formal
4. alegre	9. idealista	14. malo
5. delicioso	10. blanco	

H. El masculino
Ahora da la forma masculina de cada adjetivo del 1 al 10 y la forma plural del masculino para cada adjetivo del 11 al 20. Sigue los modelos.

MODELOS   delgada blanca
delgado *blancos*

1. interesante	8. católica	15. tranquila
2. famosa	9. larga	16. musical
3. bonita	10. real	17. baja
4. amable	11. japonés	18. grande
5. optimista	12. breve	19. realista
5. gorda	13. café	20. difícil
7. anaranjada	14. inglesa	

I. Mi casa es...
Usa un adjetivo para hacer un comentario sobre cada objeto. Después hazle una pregunta a otro(a) estudiante. Sigan el modelo.

MODELO   mi casa
Tú: *Mi casa es grande. ¿Y tu casa?*
Compañero(a): *Mi casa es grande también. o:*
Mi casa no es grande. Es pequeña.

1. mi casa (mi apartamento)	6. mis discos compactos
2. mi cuarto	7. mi computadora
3. mis libros	8. mi ciudad
4. mi amigo(a)	9. mis padres
5. mi coche	10. mi clase de...

Aquí escuchamos

¡Es feo este auto! *Felipe ahorró su dinero y por fin compró un coche.*

Antes de escuchar ¿Recuerdas algunas palabras que puedes usar para describir un coche? No te olvides de (*Don't forget about*) los adjetivos que aprendiste para describir objetos.

A escuchar Mientras escuchas la conversación, piensa en las palabras y expresiones que usan los amigos. ¿Qué te dicen de sus personalidades?

Después de escuchar Contesta las siguientes preguntas según lo que has oído.

1. ¿Le gusta a la muchacha el coche?
2. ¿De qué color es el coche?
3. ¿Qué dice Felipe de su coche?

¡Te toca a ti!

J. Acabo de comprar... Describe to a classmate something you just bought. Tell him (her) what it is, using adjectives to describe its color, size, and other characteristics. Suggestions include **una bicicleta, un vídeo, una mochila, un coche, un televisor, una cámara, una computadora, un libro.** Follow the model.

> **MODELO**   *Acabo de comprar una bicicleta. Es francesa. Es azul y gris. Es muy liviana. ¡Es muy rápida también!*

¡ADELANTE!

 ¿Qué es?   1) Choose something that falls into one of the following categories: **un monumento, una ciudad turística, un lugar en tu ciudad, una película, un programa de televisión popular.** 2) Write five clues that describe your choice without explicitly identifying it. Next, 3) working in groups of four, tell your group which category your choice is from (e.g., **Es una ciudad turística.**) and 4) give them one of your clues. 5) Have classmates ask questions and try to guess the monument, place, film, or television program you have in mind. 6) Give a new clue after each guess until your group guesses your choice or until you have used all of your clues.

Un(a) amigo(a) quiere saber...   A Spanish-speaking exchange student from Lima, Peru, is coming to live in your community for a month, and you have been asked to write a brief letter describing your school to her (him). In your letter provide 1) a general description of the school, telling whether it is large or small, modern or old, attractive or not, close to or distant from other places you like to go. 2) Write about three places on your school's campus that you like. Describe what you like about them, using a couple of different adjectives for each one. 3) Finally, talk about some part of your school that you would like to change (e.g. **la cafetería, la biblioteca, el estudio**). Use adjectives to explain what is wrong with this place and to describe how you would like it to be.

SEGUNDA ETAPA

Preparación

- What sort of entertainment is available in your town or city?

- When you are planning to go out for entertainment, where do you generally like to go?

- If you are going to see a movie or a play, what information do you usually like to have?

- How do you get the information you need before going out?

¿Qué piensas?

Aquí hay algunas palabras que se usan (are used) *para describir lugares o eventos.*

¿Es un lugar con camareros drámaticos?
¿Es un lugar donde se sirve comida francesa?

¿Es una película interesante?
¿Es una película sensacional?
¿Es una película aburrida?

Derby
Música

Te invita
a divertirte en

COCOLOCO

Hoy jueves – 8:00 p.m.
con

LA EMPRESA

¿Es un lugar serio y formal?
¿Es un lugar alegre y divertido?

¿Es un libro difícil?
¿Es un libro histórico?
¿Es un libro infantil?
¿Es un libro bonito?

TEATRO
EUGENE O'NEILL
presenta

Primera Temporada de
Teatro Norteamericano

(en español)

HOY 8 P.M.

"Veintisiete Vagones de Algodón"
de Tennessee Williams
dirección de Alfredo Catania
- - - - - - - - - - -
"El Cajón de Arena"
de Edward Albee
dirección de Lenin Garrido
- - - - - - - - - - -
"Perdón, Número Equivocado"
de Lucille Fletcher
dirección de Luis Carlos Vásquez
- - - - - - - - -
Reservaciones:
Tel. 25-9433

CENTRO
CULTURAL
COSTARRICENSE
NORTEAMERICANO

COMPAÑIA
NACIONAL
DE TEATRO

¿Es un programa teatral variado?
¿Es un programa teatral completo?
¿Es un buen programa teatral?
¿Es un programa teatral norteamericano?

¿Es un buen restaurante?
¿Es un restaurante nuevo?
¿Es un restaurante chino?
¿Es un restaurante elegante?
¿Es un restaurante caro?

RESTAURANTE
LUZ DE LUNA
Se complace en invitar al público en general a su
GRAN INAUGURACION

Especialidad en comida china del
oeste a cargo de 4 cheffs internacionales.
Ofrecemos una bebida de cortesía por cada plato de comida.
Oferta válida durante la primera semana
¡Lo esperamos! Dirección: Sabana oeste 125 sur
de canal 7 Teléfono: 20-08-08

Horario:
De 11:00
a.m. a 3:00 p.m. y
de 6:00 p.m. a
11:00 p.m.

¡Te toca a ti!

A. ¿Qué piensas? Usa tres adjetivos para describir
cada objeto o para dar tu opinión sobre ellos. Sigue el modelo.

MODELO

Es una novela buena.
Es una novela interesante.
Es una novela sensacional.

1. una novela

2. un periódico

3. una obra teatral

4. un programa

5. un cuadro

6. un vídeo

PRONUNCIACIÓN THE VOWEL COMBINATION **ie**

The combination **ie** in Spanish is pronounced in one single syllable, similar to the *ye* in the English word *yes*.

Práctica

g
t *ñ*
é

B. Lee cada palabra en voz alta, pronunciando con cuidado la combinación **ie**.

1. tiene
2. viene
3. diente
4. cien

5. siete
6. tiempo
7. también

Repaso C

C. Los monumentos Usa dos adjetivos para describir cada uno de los siguientes monumentos de América Latina. Algunas posibilidades son: **pequeño(a), grande, alto(a), moderno(a), viejo(a), interesante, feo(a), bonito(a).**

Chichén Itzá, México

La Catedral, México, D.F.

El Palacio Presidencial de la Moneda, Santiago de Chile

La Torre Latinoamericana, México, D.F.

ESTRUCTURA

Position of adjectives

Acabo de comprar una motoneta **nueva.**   *I just bought a new moped.*
Es una motoneta **linda.**   *It's a beautiful moped.*

1. In Spanish, unlike English, an adjective is almost always placed *after* the noun it describes.

   una película **japonesa**   una lección **fácil**   los libros **interesantes**

2. Adjectives indicating nationality always *follow* the noun.

   Los coches **japoneses** son buenos.   *Japanese cars are good.*

Aquí practicamos

D. Mi casa es tu casa Your family is considering making a "home exchange" for a month with a family in Panama City. With a partner, practice answering the questions that you expect to be asked about your home. Give a complete response to each question. Follow the model.

> **MODELO**   ¿Es nueva tu casa?
> *No, no es una casa nueva.*

1. ¿Es grande tu casa?
2. ¿Es cómoda (*comfortable*) tu casa?
3. ¿Es muy antigua tu cocina?
4. ¿Son cómodos los cuartos?
5. ¿Son buenos los armarios?
6. ¿Es moderno el baño?

E. Cadenas (Chains) Form a sentence "chain" with your classmates. One student will start with a short sentence. The next person will use that sentence to form a new sentence by substituting a different word. Make any necessary changes as you go along. The process should move as quickly as possible as each student modifies the sentences he (she) is given. Follow the model.

> **MODELO**   Estudiante 1:   *La fiesta es estupenda.*
> Estudiante 2:   *La película es estupenda.*
> Estudiante 3:   *Maricarmen es estupenda.*
> Estudiante 4:   *Maricarmen es simpática.*
> Estudiante 5:   *El profesor es simpático.*
> Estudiante 6:   *El profesor es chileno.*

NOTA GRAMATICAL

Position of two adjectives

Voy a una escuela **buena y grande.**

Conozco a unos muchachos **inteligentes y responsables.**

When two adjectives modify the same noun, they are placed after the noun and connected to each other with **y.**

F. ¿Qué tipo (kind) de...? Escoge uno o dos adjetivos de la lista para contestar cada pregunta. Sigue el modelo.

alemán	difícil	grande	joven	rojo
azul	español	gris	largo	simpático
bonito	fácil	inteligente	moderno	verde
blanco	feo	italiano	nuevo	viejo
chino	francés	japonés	pequeño	

MODELO   ¿Qué tipo de casa tienes?
Tengo una casa pequeña y amarilla.

1. ¿Qué tipo de casa tienes?
2. ¿Qué tipo de coche tiene tu familia?
3. ¿Qué tipo de restaurante prefieres?
4. ¿Qué tipos de amigos(as) tienes?
5. ¿Qué tipo de tarea tienes en la clase de español?
6. ¿Qué tipo de viaje haces cuando vas de vacaciones?
7. ¿Qué tipo de bicicleta tienes?
8. ¿Qué tipo de exámenes tienes en la clase de español?

Aquí escuchamos

En el Museo de Arte Moderno *Maricarmen y Ricardo van al Museo de Arte Moderno con sus compañeros de clase.*

Antes de escuchar ¿Te gusta ir a los museos? ¿Tienes un(a) artista favorito(a)? ¿En qué estilo pinta?

A escuchar Escucha la conversación en el museo. ¿Qué palabras usan los amigos para describir el cuadro que están mirando?

Después de escuchar Contesta las siguientes preguntas según lo que has oído.

1. ¿Cómo es el cuadro que admiran Ricardo y Maricarmen?
2. ¿Qué le gusta más a Ricardo del cuadro?
3. ¿Qué dice Maricarmen del pintor *(painter)*?
4. ¿De dónde es el pintor?

¡Te toca a ti!

G. Intercambio Haz las siguientes preguntas a un(a) compañero(a) de clase. Él (Ella) las contesta.

1. ¿Vive tu familia en una casa o en un apartamento? ¿De qué color es? ¿Es grande? ¿Es bonito(a)?
2. ¿Tienes un coche o una bicicleta? ¿De qué color es? ¿Es nuevo(a)? ¿Es americano(a)?
3. ¿De qué color es (son) tu(s)... camisa favorita? ¿pantalones? ¿zapatos?

¡ADELANTE!

 Vi una película Pick a film you've seen recently and describe it to a classmate. Tell whether you like or dislike the film, supporting your opinion by commenting on the content, the actors, the music, the cinematography, the kind of movie it is, and how it held your interest. Some adjectives that you may need in your description are **aburrido, bueno, malo, cómico, divertido, dramático, feo, interesante, sensacional, fantástico, largo, histórico, emocionante, romántico, triste, violento.**

Reseña de una película Write a letter to your pen pal in Santo Domingo and describe a movie that you have seen recently. Without giving away the plot, write about why you liked or disliked the film. Describe the content, the actors, the music, the cinematography, the kind of movie it is, and how it held your interest. Advise your pen pal to see or not to see the film.

EN LÍNEA

Connect with the Spanish-speaking world! Access the **¡Ya verás!** *Gold* home page for Internet activities related to this chapter.

http://www.yaveras.com

VOCABULARIO

Para charlar

Vocabulario general

Para hacer una descripción física

- alto(a) - tall
- bonito(a) - pretty
- feo(a) - ugly
- grande - big, large
- largo(a) - long
- liviano(a) -
- moderno(a) - modern
- pequeño(a) - small
- pesado(a) - heavy
- simpático(a) - nice
- viejo(a) - old

Para describir el color

- amarillo(a) - yellow
- anaranjado(a) - orange
- azul - blue
- blanco(a) - white
- café - coffee
- gris - gray
- morado(a) - purple
- negro(a) - black
- pardo(a) - brown
- rojo(a) - red
- rosado(a) - pink
- verde - green
- violeta - violet

Para opinar sobre las cosas

- aburrido(a) - bored
- alegre - happy
- bueno(a) - good
- caro(a) - expensive
- clásico(a) - classic
- completo(a) - complete
- delicioso(a) - delicious
- difícil - dificult
- divertido(a) - enjoyable
- económico(a) - economical
- elegante - elegant
- fácil - easy
- formal - formal
- formidable - wonderful
- histórico(a) - historical
- infantil - childish
- interesante - intresting
- malo(a) - bad
- optimista - optimistic
- pesimista - pessimistic
- práctico(a) - practice
- regular - regular
- romántico - romantic
- sensacional - sensational
- serio(a) - serious
- teatral - theatrical
- triste - sad
- variado(a) - varied

Sustantivos

- un cuadro - painting
- un período - period
- una reacción - reaction

Otras palabras y expresiones

Acabo de comprar…
¿De qué color es…?
Descríbeme…

Películas hispanas

Antes de leer

1. Esta lectura incluye una reseña *(review)* de una película. ¿Cómo se llama la película reseñada? ¿Sabes qué quiere decir el título?

2. Mira la lectura brevemente. ¿Hay nombres que reconoces?

La estrategia del caracol, una excelente película del colombiano Sergio Cabrera, trata de la historia de un grupo de inquilinos de una casa grande en el barrio colonial de Bogotá. El dueño, como muchos otros, vive muy lejos en un sector moderno y caro. De repente, un día quiere desalojar a sus iniquilinos aunque no tienen dónde ir. Los inquilinos no pagan mucho, pero no pueden pagar más. Uno de ellos es un abogado que decide confrontar al dueño en la sala de justicia. Otro es un exiliado español de la Guerra Civil que ayuda con una solución práctica al problema. Después de una serie de aventuras, el grupo soluciona sus problemas. El sorprendente fin nos hace reír y finalmente el dueño queda muy mal.

No sólo vale la pena ver *La estrategia del caracol* para saber cómo resuelven los protagonistas sus problemas, sino también porque la producción en sí es interesante. Como muchas películas en el mundo de habla hispana, esta película fue muy barata de hacer. También su director ha recibido reconocimiento internacional, especialmente en Europa. Con esta película, Colombia contribuye a la tradición del cine hispano.

La producción cinematográfica tiene una larga tradición en España y en países hispano-americanos como la Argentina, Cuba, Chile y México. La primera película que se filmó este siglo en España fue en 1900. Excelentes películas de México y España recientemente recibieron premios en los festivales cinematográficos más prestigiosos del mundo.

Entre los directores del cine español más conocidos internacionalmente están Luis Buñuel y Pedro Almovódar. Buñuel vivió muchos años en México donde rodó películas sobre problemas sociales como *Los Olvidados y El ángel exterminador*, entre otras. Almodóvar tiene fama por sus películas dramáticas en la que trata ciertas situaciones con humor. Se le conoce también por incluir a su hermano y madre en sus películas. Robert Rodríguez, un director de cine hispano en los Estados Unidos, también incluye a su familia en sus películas y usa el humor en situaciones tensas. El exito de su primera película—con catorce premios internacionales—sorprende porque Rodríguez escribió él guión en tres semanas. Además la película sólo costó $7.000 dólares y tomó catorce días para su ejecución. Otros directores muy conocidos en los Estados Unidos son, Luis Valdéz, Edward James Olmos y Guillermo Varela.

Guía para la lectura

1. Vocabulario para una mejor comprensión de la lectura:

inquilino	*tenant*
desalojar	*get rid of, kick out*
queda	*is left, ends up*
valer la pena	*to be worthwhile*
protagonista	*lead character*
en sí	*in itself*
premio	*award, prize*
rodó	del verbo **rodar** = *to film*
guión	*script*

2. **La Guerra Civil;** The Spanish Civil War (1936-1939) was a military revolt led by a group called the Nationalists, against the Republican government of Spain. During this period, many political dissidents, artists, writers, and musicians were exiled from Spain.

Después de leer

1. De la información que contiene la reseña, ¿en qué categoría se puede encontrar esta película? (Puede haber más de una.) Defiende tu elección.

   a) romántica   d) dramática

   b) aventura   e) infantil

   c) comedia

2. Selecciona una película que has visto recientemente. Con un compañero(a), intercambien sus opiniones sobre las películas. Usen detalles para explicar por qué recomiendan la película o no.

3. En contraste con muchas películas latinas, una producción típica de Hollywood, gasta $7.000 dólares para la comida de un día de los actores. Crees que los costos de las películas de Hollywood —especialmente los salarios de los actores—son exagerados? ¿Por qué?

CAPÍTULO 3

¿Cómo es tu amiga?

Todos ellos son amigos.

Objectives

- describing people's physical characteristics and personality traits
- describing locations

Preparación

- When describing a person's looks, what kind of information would you include?

- How would you describe yourself over the telephone to someone who has never seen you before?

Nuestros vecinos y nuestros amigos

Las descripciones nos dan más información sobre las personas.

Aquí está nuestro **vecino,** el señor Salazar.
Es muy viejo; tiene 82 años.
Es bajo y **un poco débil.**
Tiene los **ojos** azules.
Tiene el **pelo corto.**
Tiene una **nariz** grande.
Tiene **bigote** y **barba.**

Aquí está su **nieta,** Susana.
Es joven; tiene dieciséis años.
Es alta y **fuerte.**
Tiene los ojos **castaños.**
Tiene el pelo rubio.
Tiene el pelo largo.
Tiene una nariz pequeña.
Es muy bonita.

vecino *neighbor* un poco débil *a bit weak* ojos *eyes* pelo *hair* corto *short* nariz *nose*
bigote *moustache* barba *beard* nieta *granddaughter* fuerte *strong* castaño *hazel*

¡Te toca a ti!

A. José y la señora Velázquez: descripciones físicas
Contesta las preguntas según lo que ves en los dibujos.

1. Aquí está José. Tiene dieciséis años. ¿Es viejo? ¿Es alto? ¿Es fuerte? ¿Tiene los ojos negros? ¿Tiene bigote? ¿Tiene la nariz pequeña?

2. Aquí está la señora Velázquez. Tiene sesenta y ocho años ¿Es alta? ¿Es delgada? ¿Tiene el pelo rubio? ¿Tiene la nariz grande?

B. Descripción de un(a) compañero(a)
Choose someone in your class to describe. Make a list of sentences presenting your description one feature at a time. Order your sentences starting with features that the person shares with many others in the classroom and ending with the most unique features. Features that you should mention include: height, eye color, hair color, and hair length. Use the descriptions of Sr. Salazar and Susana on page 112 as models.

PRONUNCIACIÓN   THE VOWEL COMBINATION io

The combination **io** in Spanish is pronounced in one single syllable, similar to the Spanish word **yo.**

Práctica

C.
Lee cada palabra en voz alta, pronunciando con cuidado la combinación **io.**

1. rubio
2. Mario
3. adiós
4. acción

5. radio
6. comió
7. bebió
8. microscopio

Repaso ♻

D. ¡Vamos a visitar el parque de Chapultepec!

You're acting as a guide and showing your friends the Chapultepec castle and park in Mexico City. Use the shorthand notes below to describe what you see. You may add to the description or change it, as long as you keep to the main idea. Follow the model.

MODELO
parque / inmenso
Es un parque inmenso. o:
Es un parque muy grande. o:
Estamos aquí en un parque inmenso.

El parque de Chapultepec

1. parque / interesante
2. turistas / norteamericano
3. lago *(lake)* / bonito / popular
4. estatuas / enorme

El castillo de Chapultepec

5. museo / histórico / mexicano
6. cuadros / viejo
7. terraza / bello / alto
8. patios / elegante / tranquilo

ESTRUCTURA

The verb conocer

—¿Quieres **conocer** a ese muchacho guapo?

—¡Cómo no! ¿Tú lo **conoces**?

—¡Claro que lo **conozco**! Es mi hermano Raúl.

Do you want to meet that good-looking boy?

Of course! Do you know him?

Sure I know him! He's my brother Raúl.

conocer (to meet, to know)			
yo	cono**zco**	nosotros(as)	cono**cemos**
tú	cono**ces**	vosotros(as)	cono**céis**
él ella Ud.	cono**ce**	ellos ellas Uds.	cono**cen**

1. **Conocer** is used to indicate an acquaintance or familiarity with someone, something, or someplace.
2. **Conocer** can also be used to talk about the act of meeting someone or visiting a place for the first time.

Aquí practicamos

E. ¿Lo conoces? Forma una pregunta lógica con el verbo **conocer** y la información en cada columna. Sigue el modelo.

MODELO ¿Ustedes conocen a Raquel?

A	B
ustedes	la música española
Carlos	a esos actores de cine
Mario y Mercedes	al camarero
el presidente	la poesía de Neruda
Carlos y tú	a Raquel

F. Preguntas Hazles preguntas a los otros estudiantes de tu grupo sobre los siguientes temas. Usa una variedad de sujetos: **tú, Uds., él (ella)** y **ellos (ellas)**. Sigue el modelo.

MODELO Bogotá
Estudiante 1: *¿Conoces tú Bogotá?*
Estudiante 2: *Sí, conozco Bogotá.*

1. Buenos Aires
2. la comida cubana
3. a Gloria Estefan
4. el castillo de Chapultepec
5. las mejores tiendas de esta ciudad

G. ¿Saber o conocer? Cuando otro(a) estudiante te hace una pregunta sobre los datos de la lista, contesta correctamente con **saber** o **conocer**. Sigue los modelos.

MODELOS la dirección de un hotel cerca de aquí
Estudiante: *¿Sabes la dirección de un hotel cerca de aquí?*
Tú: *Sí, sé la dirección del hotel.*

Maricarmen
Estudiante: *¿Conoces a Maricarmen?*
Tú: *No, no conozco a Maricarmen.*

1. el nombre del (de la) profesor(a)
2. los mejores libros de la biblioteca
3. cuántos habitantes tiene Uruguay
4. a las hermanas de tus amigos
5. usar la computadora
6. los meses del año
7. qué vamos a estudiar mañana
8. bailar la chachachá

H. Retratos (Portraits)   Prepare descriptions of three of the people in the following photographs. 1) Begin your description with a general statement such as **Es una mujer** or **Es una chica**. 2) Continue by guessing their ages (**Pienso que ella tiene...**) and giving other details about their appearance, including the length and color of their hair, the color of their eyes, their size, and other features you notice. 3) Working with a partner, choose one of the five people in the photographs. Compare and contrast that person with the other people in as many ways as you can. 4) After comparing and contrasting, decide which of the other four people has the most in common with your chosen subject.

Sr. Mendoza

Miguel

Ana y Eduardo

Sra. Álvarez

I. Mi familia Choose two members of your family to describe to your partner. 1) Talk about who they are, 2) how old they are, and 3) what they look like. 4) Mention some of their interests, such as their work, hobbies, and other likes and dislikes. 5) Your partner will then describe two member of his (her) family. 6) As you listen to one another's descriptions, you will both ask questions to find out what the members of your two families have in common. 7) Together you will make two lists, one of similarities and one of differences.

> **MODELO** *Mi hermano tiene diecinueve años. Es delgado (thin) y muy alto. Tiene el pelo negro y los ojos verdes. Tiene bigote pero no tiene barba. Es bastante guapo. Él trabaja en un restaurante y es estudiante en la unversidad. Mi hermano tiene una nueva motocicleta y le gusta mucho el cine.*

NOTA GRAMATICAL

The personal a

¿Ves **a** Catalina?	*Do you see Catalina?*
¿Admiras **al** presidente?	*Do you admire the president?*
¿Ves **a** la mujer alta?	*Do you see the tall woman?*
¿Llevo **a** mi perro?	*Shall I take my dog?*
¿Ves el edificio grande?	*Do you see the big building?*
¿Admiras la inteligencia de Carlos?	*Do you admire Carlos's intelligence?*

1. The direct object of a verb is a person, a thing, or an idea that receives the action of that verb. When the direct object is a specific human being or an animal that is personalized, it is preceded by **a**.

2. When the definite article in the masculine singular form follows the personal **a**, the contraction **al** is used.

Aquí practicamos

J. Miro... Completa las oraciones usando el modelo. Incluye la **a** personal cuando es necesario. Sigue el modelo.

> **MODELO** Miro... (la televisión / los estudiantes)
> *Miro la televisión. Miro a los estudiantes.*

1. Buscamos... (el parque / los turistas / Roberto / el restaurante nuevo / mi perro).

2. Voy a visitar... (el estadio / la señora Mendoza / mis amigos / Buenos Aires)

3. El presidente no comprende... (la gente / los jóvenes / la situación / la lengua japonesa)

4. ¿Necesitas... (el profesor / tu hermano / los libros / el dinero)

5. Josefina piensa visitar... (el museo / Paraguay / su familia / los tíos)

K. De vacaciones en Hollywood

Imagine that you have won a trip to Hollywood. As part of your prize you will be able to see your favorite Hollywood personalities on their movie or television locations. Using at least four verbs from the list below, tell what you plan to do during your trip to Hollywood. Mention the people and places you plan to see.

admirar	entender	visitar
buscar	escuchar	ver
conocer	mirar	

Aquí escuchamos

¡Es muy guapo mi hermano! *Cecilia describe a Manuel para su amiga Claudia.*

Antes de escuchar ¿Qué palabras puedes usar para describir a un(a) amigo(a) o hermano(a)? ¿Qué palabras piensas que un(a) amigo(a) debe usar para describirte a ti?

 A escuchar Escucha la conversación entre las amigas. ¿Podrías (*Would you be able*) hacer un dibujo de Cecilia, según la descripción del diálogo?

Después de escuchar Contesta las siguientes preguntas según lo que has oído.

1. ¿Dónde está el hermano de Cecilia?

2. ¿Para qué profesión estudia Manuel?

3. ¿De qué color tiene Manuel el pelo?

4. ¿Cómo reacciona Claudia?

5. ¿Cuál es el problema que menciona Cecilia?

¡Te toca a ti!

L. Mi cantante (singer) preferido(a) You are discussing your favorite singers with a classmate. Pick the one you like best and give a description of him (her). Tell the singer's name and nationality, and describe as many physical features as you can. Finally, give your opinion of the singer and his (her) music. Refer to pages 94, 101–102, and 112 for ideas.

¡ADELANTE!

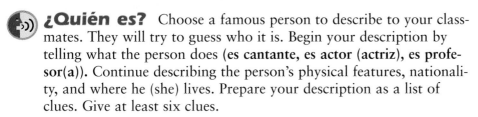 **¿Quién es?** Choose a famous person to describe to your classmates. They will try to guess who it is. Begin your description by telling what the person does (**es cantante, es actor (actriz), es profesor(a)**). Continue describing the person's physical features, nationality, and where he (she) lives. Prepare your description as a list of clues. Give at least six clues.

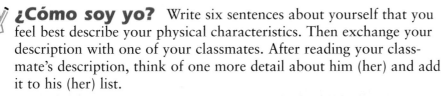 **¿Cómo soy yo?** Write six sentences about yourself that you feel best describe your physical characteristics. Then exchange your description with one of your classmates. After reading your classmate's description, think of one more detail about him (her) and add it to his (her) list.

Preparación

- What are some of the personality traits that you consider when you talk about what someone is like?

- How would you describe your personality to someone who does not know you?

El carácter

Hablemos del carácter (personality) *de mis amigos.*

Es pesimista.

Es tímido.

Es idealista.

Es honesto.

Es paciente siempre.

Es intelectual.

Es **perezoso.**

Es generoso.

Es independiente.

Es discreto.

Es serio.

Es **casado.**

*Aquí está mi amigo Eduardo.
Él va a estudiar.*

Es optimista.

Es valiente.

Es realista.

No es deshonesta.

Es impaciente.

Es atlética.

Es simpática.

Es **cómica.**

Es activa y enérgica.

Es generosa también.

Es independiente también.

Es indiscreta a veces.

Es alegre.

Es **soltera,** pero tiene **novio.**

*Aquí está mi amiga Cecilia. Ella da una
vuelta con su perro.*

perezoso *lazy*   **casado** *married*   **da una vuelta** *takes a walk*   **cómica** *funny*   **soltera** *single*   **novio** *boyfriend*

¡Te toca a ti!

A. José y la Sra. Velázquez: descripciones psicológicas
Contesta las preguntas sobre la personalidad de José y de la Sra. Velázquez.

1. A José le gustan mucho los coches rápidos y las actividades peligrosas *(dangerous)*. ¿Es valiente o tímido?
2. La Sra. Velázquez da dinero a los amigos que no son ricos. ¿Es generosa o tacaña *(stingy)*?
3. A José no le gusta trabajar. Prefiere mirar la televisión. ¿Es trabajador o perezoso?
4. La Sra. Velázquez encontró 25.000 pesos. Llamó por teléfono a la policía. ¿Es honesta o deshonesta?
5. A José no le gustan los libros, pero le encanta el fútbol y le gusta esquiar. ¿Es atlético o intelectual?
6. La Sra. Velázquez siempre escucha la radio. Le gustan la música clásica y las discusiones políticas. ¿Es seria o cómica?
7. La Sra. Velázquez trabaja mucho. Va al teatro, al museo y al cine. ¿Es activa o perezosa?

B. Mi mejor amiga(o)
Tell one of your classmates about your best friend. Give a physical description first. Then describe her (his) personality traits. Your classmate will respond by asking you two or more questions about your best friend's appearance or personality. Answer the questions and then ask your classmate to describe her (his) best friend.

PRONUNCIACIÓN THE VOWEL COMBINATION ua

The combination **ua** in Spanish is pronounced in one single syllable, similar to the *wa* in the English word *water*.

Práctica

C. Lee cada palabra en voz alta, pronunciando con cuidado la combinación **ua.**

1. agua
2. cuadro
3. cuanto
4. suave
5. cuatro
6. guante
7. cuaderno
8. cuarenta

Repaso ♻

D. Yo soy... If you had to meet someone at the airport who had never seen you before, how would you describe yourself over the telephone so that the other person would be sure to recognize you? Give as many details as possible.

ESTRUCTURA

Ser para + pronouns

Esta carta **es para ella.**

Este dinero **es para ustedes.**

Estos cuadros **son para mí.**

Estas camisas **son para ti.**

1. Pronouns used as objects of prepositions, following such phrases as **ser para,** have the same forms as subject pronouns.

2. The only exceptions are **mí** and **ti.**

3. The following object pronouns are used after a preposition such as **para.**

Singular		Plural	
mí	*me, myself*	**nosotros(as)**	*us, ourselves*
ti	*you* (fam.), *yourself*	**vosotros(as)**	*you* (fam.), *yourselves*
usted	*you, yourself*	**ustedes**	*you, yourselves*
él	*him*	**ellos**	*them* (masc.)
ella	*her*	**ellas**	*them* (fem.)

Aquí practicamos

E. ¿Para quién es? A classmate will ask you if an object on the following list is for a specific person. Answer by saying that it is not for that person but for somebody else. Follow the model.

> **MODELO**   la cámara
> **Compañero(a):** *¿La cámara es para ella?*
> **Tú:** *¡Claro que no! Es para él.*

1. el disco compacto	5. el dinero	9. los esquíes
2. la raqueta	6. las cartas	10. la tarjeta
3. las fotografías	7. la comida	11. la computadora
4. el coche	8. el refresco	12. la fiesta

F. ¡Qué generoso(a) eres! Point to different people in the classroom, and tell each person that you have a specific object for him (her). Follow the models.

> **MODELOS**   *Tengo un libro para ti.*
> *Tengo unas cintas para Uds.*

NOTA GRAMATICAL

Shortened adjectives: buen, mal, gran

Ramón es un **buen** muchacho.	*Ramón is a good boy.* (no emphasis on how good)
Ramón es un muchacho **bueno**.	*Ramón is a good boy.* (emphasis on how good)
Éste es un **mal** día para esquiar	*This is a bad day for skiing.* (no emphasis on how bad)
Éste es un día **malo** para esquiar.	*This is a bad day for skiing.* (emphasis on how bad)
Plácido Domingo es un **gran** hombre.	*Plácido Domingo is a great man.*
Plácido Domingo es un hombre **grande**.	*Plácido Domingo is a big man.*

1. When the adjectives **bueno, malo,** and **grande** are used before a masculine singular noun, they are shortened to **buen, mal,** and **gran.**

2. The meaning of **grande** is radically different when it precedes the noun. Before the noun, it means *great*, and after the noun it means *large*.

Aquí practicamos

G. Es un... Usa los adjetivos sugeridos para modificar los siguientes sustantivos de dos maneras, cambiando las formas cuando es necesario. Sigue el modelo.

> **MODELO**   Es un museo. (grande)
> *Es un gran museo.*
> *Es un museo grande.*

1. Es un libro. (bueno)
2. Son unos niños. (malo)
3. Es un hombre. (grande)
4. Son unos amigos. (bueno)
5. Son unas ideas. (bueno)
6. Es una situación. (malo)
7. Es un perro. (grande)
8. Son unos libros. (grande)
9. Es una característica. (bueno)
10. Son unos futbolistas. (malo)

H. Descripciones Escoge al menos cinco adjetivos de la lista para primero describirte a ti mismo(a) y después a las personas indicadas. Usa muchos adjetivos diferentes. Sigue el modelo.

> **MODELO**   tú
> *Soy bonita, imaginativa, paciente, inteligente y egoísta.*

1. tú
2. tu amigo(a)
3. tu hermano(a)
4. tu madre o tu padre
5. tu profesor(a)

activo	egoísta	impaciente	perezoso
alegre	enérgico	independiente	pesimista
antipático	frívolo	indiscreto	realista
bonito	fuerte	ingenuo	serio
bueno	guapo	inteligente	simpático
cómico	generoso	joven	sincero
cruel	grande	malo	tímido
delgado	honesto	optimista	trabajador
discreto	idealista	paciente	valiente
dinámico	imaginativo	pequeño	viejo

Aquí escuchamos

¡Mi hermana es independiente! *Roberto le describe a su amigo Raúl cómo es su hermana, Silvia.*

Antes de escuchar Cuando te miras en el espejo (*mirror*), ¿cuáles son las primeras tres palabras que piensas? ¿Sabes cómo decirlas en español?

A escuchar Escucha el diálogo dos veces y piensa en las cualidades que menciona Roberto sobre su hermana. ¿Tienes tú algunas de estas cualidades?

Después de escuchar Contesta las siguientes preguntas según lo que has oído.

1. ¿Cuál es la profesión de la hermana de Roberto?
2. ¿Dónde vive ella? chicago
3. ¿Cuántos años tiene ella?
4. ¿Le gustan los deportes? atletica
5. ¿Cómo la describe su hermano? simpatica
6. ¿Qué quiere Raúl cuando oye cómo es la hermana de su amigo?

¡Te toca a ti!

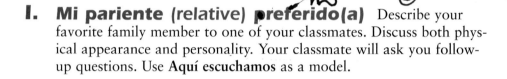

I. Mi pariente (relative) preferido(a) Describe your favorite family member to one of your classmates. Discuss both physical appearance and personality. Your classmate will ask you follow-up questions. Use **Aquí escuchamos** as a model.

¡ADELANTE!

Mi descripción You want your friend to tell his (her) cousin about you as a possible date. Use at least five of the adjectives listed in Activity H to describe yourself as you want your friend to describe you to his (her) cousin. Give at least one example to explain or support your choice of each characteristic. For example, if you are athletic (**atlético[a]**), tell what sports you participate in.

**Una descripción** Write a brief description of a famous person who you have seen or met. Describe the person's physical characteristics and personality, as well as what he (she) does.

Jon Secada

VOCABULARIO

Para charlar

Para dar una descripción física de una persona

Tiene los ojos…
 azules.
 castaños.
 negros.
 verdes.
Tiene el pelo…
 corto.
 largo.
Tiene la nariz…
 grande.
 pequeña.
Tiene…
 bigote.
 barba.
Es…
 débil.
 fuerte.
Es…
 alto(a).
 bajo(a).

Para describir la personalidad

Él (Ella) es…
 activo(a)
 ambicioso(a)
 atlético(a)
 cómico(a)
 deshonesto(a)
 discreto(a)
 frívolo(a)
 generoso(a)
 honesto(a)

 idealista
 impaciente
 independiente
 indiscreto(a)
 intelectual
 paciente
 perezoso(a)
 perfecto(a)
 realista
 sincero(a)

 tímido(a)
 trabajador(a)
 valiente

Vocabulario general

Sustantivos

un(a) nieto(a)
un(a) novio(a)
un(a) vecino(a)

Verbos

conocer
admirar

Adjetivos

casado(a)
soltero(a)

Otras expresiones

dar una vuelta

¿Existe una persona típica?

Antes de leer

1. Al leer el título de la lectura, ¿puedes imaginar de qué trata la lectura?

2. ¿Qué es un estereotipo? ¿Conoces algunos personajes en la televisión que representan estereotipos? ¿En el mundo de deportes?

3. ¿Debemos tener confianza en los estereotipos? ¿Por lo general son realistas o exagerados los estereotipos?

Los estereotipos supuestamente describen a una persona "típica" de cierto grupo o región. Pero cuando analizamos los estereotipos, nos damos cuenta de que son superficiales y a veces hasta peligrosos. En realidad no existe una persona "típica".

En general, un pueblo forma estereotipos bastante positivos de sí mismo. Los norteamericanos, por ejemplo, se describen como un pueblo independiente, fuerte, trabajador, innovador y abierto. Aunque muchos latinoamericanos admiran a los "yanquis" por algunas de estas cualidades, les asignan otras cualidades también. Por ejemplo, algunos creen que todos los norteamericanos son ricos y materialistas y que el trabajo para ellos es más importante que la familia.

Muchos norteamericanos también forman estereotipos falsos de los latinoamericanos basados en los personajes que ven en la televisión — por ejemplo, el humilde campesino y la dulce señorita. Estos estereotipos no toman en cuenta las contribuciones de muchos latinoamericanos al mundo de la política o de la cultura, como Rubén Blades (cantante, actor y político panameño) y Mario Vargas Llosa (escritor y político peruano). Y muchas latinoamericanas rompen el estereotipo de "la dulce señorita" por sus profesiones como, por ejemplo, Isabel Allende (escritora chilena), Violeta Chamorro (política nicaragüense) y Gabriela Sabatini (tenista argentina).

Todos los estereotipos, sean positivos o negativos, nos ciegan a la individualidad de las personas. En un mundo tan dividido por conflictos interculturales, debemos luchar contra la tendencia humana de generar y aceptar los estereotipos.

Guía para la lectura

1. Vocabulario para una mejor comprensión de la lectura.

nos damos cuenta de	*we realize that*
hasta	*even (though in other cases* **hasta** = *until)*
un pueblo	*a town, a people*
de sí mismo	*of itself*
se describen	*describe themselves*
ciegan	*blind (***cegar** = *to blind)*
luchar	*to struggle*
humilde campesino	*humble peasant*

2. **Yanqui** es un término que usan los latinoamericanos para referirse a los norteamericanos. Otro término es **gringo**. Estas palabras en ciertos contextos se usan negativamente.

Después de leer

1. Esta selección menciona muchos estereotipos. ¿Cuáles son algunos de ellos? ¿Estás de acuerdo con estos estereotipos? Explica tus opiniones.

2. ¿Qué estereotipos hay de los adolescentes? ¿Qué estereotipos hay de los adultos y los profesores? ¿Estás de acuerdo con todos estos estereotipos? ¿Por qué?

3. El último párrafo recomienda no generar ni aceptar los estereotipos. ¿Estás de acuerdo con esta recomendación? ¿Por qué?

4. ¿Qué podemos hacer para reducir los efectos negativos de los estereotipos?

Conversemos un rato

A. Una oportunidad You are a meteorologist auditioning with a Spanish language television station. As part of your audition, you must present an entertaining weather report for your region. With two classmates, role-play the following situations.

1. As you say goodbye to your roommate, you say how you feel about the audition (**audición**). Your roommate tries to boost your confidence by telling you about your positive personality traits.

2. You are late for your interview and the director is furious. You apologize and the director lets you begin your audition.

3. In your audition, you describe today's weather and what you forecast for tonight and tomorrow. Then you give the weekend forecast and suggest appropriate activities.

4. The director says your audition was terrific, tells you why, and gives you the job.

B. Un álbum de la familia You have just started attending a new school and have quickly made three new friends. With three classmates, role-play a conversation in which they come to your house and you show them a photo album of family members (**parientes**) and friends from your old school. For this activity you should bring to class photographs of your family and friends.

1. When your friends come over, they give their opinions about your house or apartment. They say that they want to see pictures of your family and friends from your old community, so you take out your photo album.

2. You provide your new friends with many details about the people in the photographs, describing their personalities and idiosyncrasies.

3. Tell your new friends where the people in the pictures live and how often you get to see them now. Your new friends tell you about their relatives and how often they get to see them. They also tell you a few surprising or interesting personality traits of their favorite relatives.

4. It's getting late and your friends leave. You agree to meet at one of your friend's homes tomorrow at 3:00 p.m. You all say goodbye.

Taller de escritores

Descripción de un lugar

21 de septiembre

Querida Luisa,

En tu carta mencionaste que quieres saber más sobre mi ciudad y su clima. En verano hace calor y no llueve mucho...

A. Reflexión Una amiga chilena por correspondencia va a pasar un año con tu familia. En una carta te informa de que no sabe nada de tu comunidad ni del clima en tu región de los Estados Unidos. Escríbele una carta para describirle el pueblo o ciudad donde vives y el tiempo que hace durante el año.

Primero tienes que pensar en las secciones que necesitas. Luego, organízalas lógicamente.

   a. Introducción
   b. El verano
      1. hace calor
      2. menos calor de noche
      3. se toma mucha agua
   c. El otoño...
      Después de hacer el bosquejo trata de incluir un detalle más, bajo cada título principal.

B. Primer borrador Escribe una versión de la carta. Recuerda que es una carta para un amigo por correspondencia.

C. Revisión con un(a) compañero(a) Intercambia tu carta con un(a) compañero(a) de clase. Lee y comenta el trabajo de tu compañero(a). Usa estas preguntas como guía.

1. ¿Qué te gusta más de la carta de tu compañero(a)?
2. ¿Qué sección es más interesante?
3. ¿Es apropiada para un(a) amigo(a) por correspondencia?
4. ¿Incluye la información necesaria?
5. ¿Qué otros detalles debe incluir la carta?

D. Versión final En casa revisa tu primer borrador. Usa los cambios sugeridos por tu compañero(a) y haz cualquier otro cambio que quieras. Revisa el contenido, la gramática y la ortografía, incluyendo la punctuación y los acentos ortográficos. Trae a la clase esta versión final.

E. Carpeta Después de entregar tu carta, tu profesor(a) puede colocarla en tu carpeta, ponerla en el tablero de anuncios o usarla para la evaluación de tu progreso.

Conexión con la psicología

La letra y la personalidad

Para empezar Nuestras acciones o actividades muchas veces reflejan nuestra personalidad. En el mundo occidental, los grafólogos estudian la **letra** o escritura de las personas y así dicen cómo la escritura describe sus personalidades. Cuando ves la escritura de algunas personas antes de conocerlas, ¿formas una opinión sobre su personalidad? Piensas que tu escritura refleja tu personalidad? Si es así, ¿cómo?

A. Características
Con un compañero(a) de clase selecciona los adjetivos de la lista que mejor describan tu personalidad. Después seleccionen los adjetivos que mejor describan la personalidad de tu compañero(a). Escribe los adjetivos escogidos en tu cuaderno. ¿En qué se parecen? ¿En qué son diferentes? Sigue el ejemplo.

Soy independiente. Mi compañero(a) es sociable.

amigable	introvertido	perfeccionista	optimista
extrovertido	**suspicaz**	organizado	**emotivo**
sociable	independiente	agresivo	tranquilo
compasivo	meticuloso	motivado	**sensible**
cauteloso	modesto	entusiasta	intenso

Cada persona tiene su letra particular, verdad. Eso hace fácil reconocer la letra de un buen amigo o un **pariente**. Pero hay gente que dice que la letra de una persona también expresa su personalidad. La actividad de analizar la letra de las personas se llama grafología. No es una ciencia sino una **herramienta** para evaluar los diferentes aspectos de la personalidad. Hasta puede ser divertido practicarla. Los grafólogos estudian los **rasgos** distintivos de la letra, incluyendo el **tamaño** de las letras individuales, y el grado y uniformidad de inclinación, ornamentación y curvatura. Por ejemplo, los grafólogos aseguran que las personas con letra grande tienen muchas ambiciones. Algunas afirmaciones comunes de la grafología están en la página siguiente.

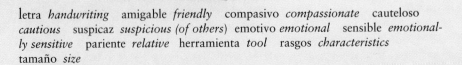

letra *handwriting* amigable *friendly* compasivo *compassionate* cauteloso *cautious* suspicaz *suspicious (of others)* emotivo *emotional* sensible *emotionally sensitive* pariente *relative* herramienta *tool* rasgos *characteristics* tamaño *size*

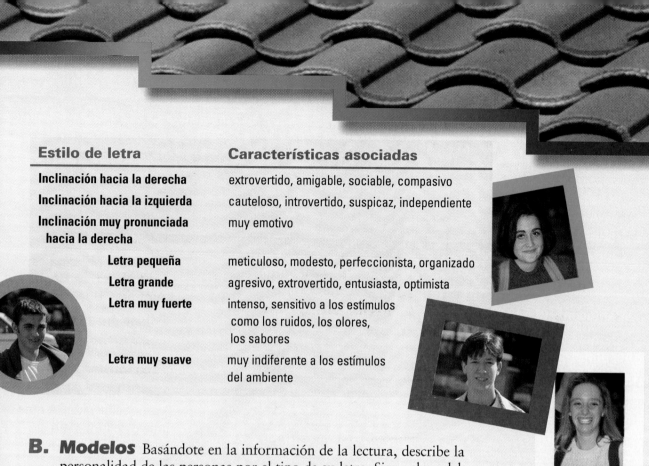

Estilo de letra	Características asociadas
Inclinación hacia la derecha	extrovertido, amigable, sociable, compasivo
Inclinación hacia la izquierda	cauteloso, introvertido, suspicaz, independiente
Inclinación muy pronunciada hacia la derecha	muy emotivo
Letra pequeña	meticuloso, modesto, perfeccionista, organizado
Letra grande	agresivo, extrovertido, entusiasta, optimista
Letra muy fuerte	intenso, sensitivo a los estímulos como los ruidos, los olores, los sabores
Letra muy suave	muy indiferente a los estímulos del ambiente

B. Modelos Basándote en la información de la lectura, describe la personalidad de las personas por el tipo de su letra. Sigue el modelo.

MODELO Damián Flores es extrovertido porque su letra es muy grande y está inclinada hacia la derecha.

María Cubas   *Mark T. Smith*   *Pedro Escobar*

Javier Pinares   *Damián Flores*   *Susana del Mar*

C. Tu propia letra Paso 1 Busca tu nombre escrito en algún examen viejo o tarea. Con tu compañero(a) contesta las siguientes preguntas sobre cada uno.

1. ¿Es tu letra grande o pequeña? ¿Está inclinada hacia la derecha o hacia la izquierda? ¿Es muy fuerte?

2. Según los grafólogos, ¿cuáles son los adjetivos que mejor describen tu personalidad?

Paso 2 Busca en tu cuaderno la lista de adjetivos que tú y tu compañero(a) hicieron para describir tu personalidad antes de leer la lectura. Son los mismos adjetivos que, según los grafólogos, describen tu personalidad en el paso 1?

MODELO *Sí. Soy confidente. Pero no soy organizado(a).*

Vistas

de los hispanos en los Estados Unidos

Illinois

Capital: Springfield

Ciudades principales: Chicago, Peoria, Rockford

Población: 11.543.000

Idiomas: inglés y español

Área territorial: 145.934 km^2

Clima: inviernos y veranos extremos

New York

Capital: Albany

Ciudades principales: New York City, Rochester, Amherst, Buffalo

Población: 18.044.505

Idiomas: inglés y español

Área territorial: 127.190^2

Clima: frío durante el invier con posibles tormentas de nieve, caluroso en el verano

EXPLORA

Find out more about Illinois and New York! Access the **Nuestros vecinos** page on the *¡Ya verás! Gold* web site for a list of URLs.

http://yaveras.heinle.com/vecinos.htm

En la comunidad

¡Adelante Albuquerque!

Buenos días. Mi nombre es Karen Jaques y enseño en una escuela primaria bilingüe en Albuquerque, Nuevo México. Desde que era joven **me di cuenta** de que aprender otro idioma me **abriría** las puertas a un nuevo mundo de personas y culturas. Estudié español en la universidad y he vivido en España, México y El Salvador.

He trabajado durante casi veinte años, como maestra de español y como reportera de radio para un programa bilingüe llamado **Adelante** aquí en Albuquerque. Mi papel en el programa es informar sobre las noticias importantes de América Latina y entrevistar a autores, artistas y activistas.

En Nuevo México, hay muchos programas en español en la televisión y la radio; programas que tratan de la música latina, de las noticias del **sudoeste** y hasta de la cultura popular. La presencia de tantos programas nos dice muchísimo sobre la importancia que tiene la cultura hispana para miles y miles de familias nuevomexicanas.

Este aspecto es **sumamente** importante para mi familia también. En nuestra casa, hablamos inglés y español. Como nuestra comunidad es bilingüe, ¡nosotros somos bilingües también!

¡Ahora te toca a ti!

¿Puedes escuchar programas de radio en español en tu comunidad? Entonces, escucha un programa en español por 10 minutos. Después, apaga la radio y trata de recordar lo que oíste. ¿Escuchaste música en español? ¿Escuchaste noticieros (*news programs*) o un programa de entrevistas? ¿Escuchaste anuncios comerciales (*commercials*)? ¿Oíste algunas palabras en inglés que te ayudaron a comprender lo que escuchaste? Ahora, escribe un párrafo sobre tus impresiones para compartir con tus compañeros(as) de clase.

Si no hay programas de radio en español en tu comunidad, escucha un noticiero en inglés. Apaga la radio y escribe en español un resumen del programa que oíste. Haz el papel de un reportero (una reportera), y lee tu resumen a la clase.

me di cuenta *I realized* abriría *would open* he trabajado *I have worked* maestra *teacher* papel *role* sudoeste *southwest* sumamente *extremely*

UNIDAD 2

Vamos a instalarnos

Objectives

In this unit you will learn:

- to rent and pay for a hotel room
- to understand classified ads and brochures for lodging
- to describe a house or apartment
- to tell time using the 24-hour clock

¿Qué ves?

- ¿Qué son estos edificios?
- ¿Cómo se llama el hotel?
- ¿Cuál es el edificio más elegante?
- ¿Cuál es el edificio más moderno?

Buscamos un hotel

Primera etapa: La Guía Michelín
Segunda etapa: En una habitación
Tercera etapa: La cuenta

Un año en casa de los Álvarez

Primera etapa: Un programa de intercambio
Segunda etapa: Una carta de agradecimiento

Busco un apartamento

Primera etapa: Anuncios del periódico
Segunda etapa: Mi apartamento

CAPÍTULO 4

Buscamos un hotel

—¿Qué te parece este hotel?
—Me parece muy típico.
Me gusta mucho.

Objectives

- renting and paying for a hotel room
- understanding lodging brochures

Preparación

- Do you like to travel?

- When you travel, where do you stay?

- When planning a trip like a summer vacation, what type of information do you need to organize your trip?

- Where will you get information about hotels?

- Is there some publication that would have that kind of information?

La Guía Michelín (The Michelin Guide)

Esta guía clasifica (classifies) *los hoteles de España.*

La instalación

Las habitaciones de los hoteles que recomendamos poseen, en general, cuarto de baño completo. No obstante puede suceder que en las categorías 🏠, 🏠 y ⚐ algunas habitaciones carezcan de él.

30 hab **30 qto**	Número de habitaciones
🛗	Ascensor
▤	Aire acondicionado
TV	Televisión en la habitación
☎	Teléfono en la habitación directo con el exterior
♿	Habitaciones de fácil acceso para minusválidos
☂	Comidas servidas en el jardín o en la terraza
☗	Fitness club (gimnasio, sauna...)
⛲ ▤	Piscina : al aire libre – cubierta
⚐ ☞	Playa equipada – Jardín
☓ ☞ 18	Tenis – Golf y número de hoyos
⛰ 25/150	Salas de conferencias : capacidad de las salas
🚗	Garaje en el hotel (generalmente de pago)
Ⓟ	Aparcamiento reservado a la clientela
🐕	Prohibidos los perros (en todo o en parte del establecimiento)
Fax	Transmisión de documentos por telefax
mayo-octubre temp.	Período de apertura comunicado por el hotelero Apertura probable en temporada sin precisar fechas. Sin mención, el establecimiento está abierto todo el año.
✉ 28 012 ✉ 1 200	Código postal

El gobierno español clasifica los hoteles en cinco categorías: *[luxury]*

Hoteles de gran **lujo** —con **salas de baño** en todas las **habitaciones** *[bathrooms]* *[bed(rooms)]*

Hoteles **** (cuatro estrellas) —hoteles de primera clase; la mayoría de las habitaciones con sala de baño

Hoteles *** (tres estrellas) —gran comodidad; muchas habitaciones con sala de baño; **ascensor**, teléfono *[elevator]*

Hoteles ** (dos estrellas) —buena calidad, muy confortables; 30 por ciento de las habitaciones con sala de baño

Hoteles * (una estrella) —buena calidad, bastante confortables; **al menos** diez habitaciones con **lavabo**; **cabina** de teléfono *[sink]* *[booth]* *[at least]*

Si Ud. viaja a España, es muy útil usar la **Guía Michelín** roja (guía de hoteles y restaurantes). Esta guía usa un sistema un poco diferente de la clasificación oficial española. **Lo siguiente** es lo que dice la Guía Michelín del Hotel Inglaterra en Sevilla: *[The following]* *[what the Michelin guide says]*

Comida (ver rest. *Florencia Pórtico*) – 1200 - **228 hab** 18600/22000, 14 suites.   **s**
Inglaterra, pl. Nueva 7, 41001, 422 49 70, Fax 456 13 36 – rest
25/200.
Comida (cerrado agosto) 2500 - 1000 - **109 hab** 15600/19500, 4 suites – PA 5950.   **r**
Los Seises, Segovias 6, 41004, 422 94 95, Fax 422 43 34, Instalado en el tercer
patio del Palacio Arzobispal »,   –   25/100.

[The Hotel Inglaterra is]

El Hotel Inglaterra es un hotel de gran confort. Tiene restaurante y está en la Plaza Nueva. El número de teléfono es 422 49 70. Tiene ascensor y hay un televisor en cada habitación. **No permiten** perros en el restaurante. Hay un teléfono en cada habitación con línea directa al exterior. **No hay que pasar por la recepción**. En este hotel hay 109 habitaciones. Una habitación cuesta entre 15.600 y 19.500 pesetas. El desayuno cuesta 1.000 pesetas y no está incluido en el precio de la habitación. Aceptan cinco **tarjetas** de crédito: American Express, Diners Club, Eurocard, Visa y Japan Card Bank.

---

lujo *luxury*   **salas de baño** *bathrooms*   **habitaciones** *(bed)rooms*   **ascensor** *elevator*   **al menos** *at least*   **lavabo** *sink*
cabina *booth*   **Lo siguiente** *The following*   **lo que dice la Guía Michelín** *what the Michelin Guide says*   **No permiten**
They do not permit   **No hay que pasar por la recepción.** *You don't have to go through the reception area.*   **tarjetas** *cards*

¡Te toca a ti!

A. ¿Qué significan los símbolos? In order to familiarize yourself with the symbols that the **Guía Michelín** uses, describe what each symbol that follows means. Then find an example of the symbol used in the **Guía Michelín** on pages 139 and 140. Follow the model.

MODELO

Es un hotel con salas de conferencias.

1. _comidas servidas_

2. _Tenis hoyos_

3. _Television_

4. _swimming pool_

5. _Prohibidos los perros_

6. _Garaje en el hotel_

7. _elevator_

8. _Golf_

9. _telephone_

10. _habitaciones de facil acceso para minusvalidos_

Comentarios CULTURALES

Los hostales y los albergues juveniles

Many spanish speaking countries offer economical lodging through a system of government-regulated **hostales**. While **hostales** provide modest rooms at unbeatable prices, they have their drawbacks: many **hostales** lock their doors early, and rooms often do not come with private bathrooms. In spain, youth hostels, or **albergues juveniles,** provide another economical place for students to stay. Unlike **hostales,** which are open to everyone, **albergues juveniles** are only open to young people. Youth hostels are less frequent in Latin America, and therefore have no widely-accepted name.

B. Los hoteles de Sevilla Some friends of your parents are planning to visit Sevilla, a city in southern Spain. Because they do not speak Spanish, they ask for your help in finding a hotel. Read the following excerpt from the **Guía Michelín**. Then answer their questions.

Alfonso XIII, San Fernando 2, ✉ 41004, ☎ 422 28 50, Telex 72725, Fax 421 60 33, « Majestuoso edificio de estilo andaluz » rest
Comida 4700 – 2300 – **129 hab** 29000/39000, 19 suites.

Príncipe de Asturias Radisson H. Sevilla , Isla de La Cartuja, ✉ 41092, ☎ 446 22 22,
Fax 446 04 28, ✼ – 25/900. AE ① E VISA
Comida 3500 – **288 hab** 16800/21000, 7 suites.

Tryp Colón, Canalejas 1, ✉ 41001, ☎ 422 29 00, Telex 72726, Fax 422 09 38, ⊱ – 25/240. AE ① E VISA JCB
Comida (ver rest. *El Burladero*) 4100 – 1500 – **211 hab** 15500/19400, 7 suites – PA 8200.

Occidental Porta Coeli, av. Eduardo Dato 49, ✉ 41018, ☎ 453 35 00, Telex 72913,
Fax 453 23 42, ✼ – 25/600. AE ① E VISA
Comida (ver rest. *Florencia*) – 1200 – **241 hab** 9500/16000, 3 suites.

Meliá Lebreros, Luis Morales 2, ✉ 41005, ☎ 457 94 00, Telex 72772, Fax 458 27 26, ✼ – 25/500. AE ① E VISA
Comida (ver rest. *La Dehesa*) – 1500 – **431 hab** 12250/16575, 6 suites.

Meliá Sevilla, Doctor Pedro de Castro 1, ✉ 41004, ☎ 442 15 11, Telex 73094,
Fax 442 16 08, cerrado julio y agosto – Comida 3500 – 1500 – **361 hab** 14500/18100, 5 suites –
PA 7225.

77 hab 10000/16000, 5 suites.

G. H. Lar, pl. Carmen Benítez 3, ✉ 41003, ☎ 441 03 61, Telex 72816, Fax 441 04 52, – 25/300. AE ① E VISA
Comida 2600 – 1000 – **129 hab** 12500/18000, 8 suites – PA 4900.

Husa Sevilla , Pagés del Corro 90, ✉ 41010, ☎ 434 24 12, Fax 434 27 07, – 25/220. AE ① E VISA
Comida 3250 – 1100 – **114 hab** 15500/21000, 14 suites – PA 6400.

NH Plaza de Armas, av. Marqués de Paradas, ✉ 41001, ☎ 490 19 92, Fax 490 12 32, – 25/250. AE ① E VISA
Comida 2200 – 1200 – **260 hab** 11200/14000, 2 suites.

Sevilla Congresos, av. Montes Sierra, ✉ 41020, ☎ 425 90 00, Telex 73224, Fax 425 95 00, – 25/270. AE ① E VISA rest
Comida 2750 – 1600 – **202 hab** 10500/15000, 16 suites – PA 5680.

Emperador Trajano, José Laguillo 8, ✉ 41003, ☎ 441 11 11, Fax 453 57 02, – 25/150. AE ① E VISA JCB
Comida 2000 – 1000 – **77 hab** 13640.

San Gil sin rest, Parras 28, ✉ 41002, ☎ 490 68 11, Fax 490 69 39, Instalado parcialmente en un edificio típico sevillano de principios de siglo, patio ajardinado – 800 – **4 hab** 11200/12800, 5 suites 30 apartamentos.

Álvarez Quintero sin rest, con cafetería, Álvarez Quintero 9, ✉ 41004, ☎ 422 12 98,
Fax 456 41 41 – 700 – **40 hab** 9500/13000.

Bécquer sin rest, con cafetería, Reyes Católicos 4, ✉ 41001, ☎ 422 89 00, Telex 72884,
Fax 421 44 00 – 800 – **120 hab** 10000/15000.

Giralda, Sierra Nevada 3, ✉ 41003, ☎ 441 66 61, Telex 72417, Fax 441 93 52 – 25/45. AE ① E VISA
Comida 2000 – 950 – **98 hab** 12650.

Derby sin rest, pl. del Duque 13, ✉ 41002, ☎ 456 10 88, Telex 72709, Fax 421 33 91 – AE ① E VISA
550 – **75 hab** 7000/9500.

1. Which is the largest hotel in Sevilla?

2. Which one is the most expensive?
   What justifies the high prices?

3. Which hotels have swimming pools?

4. Which hotels don't have restaurants?

5. Which hotel is the least expensive?

6. Which hotels have meeting rooms?

7. How much does breakfast cost at the Hotel Giralda?

8. How many suites does the Alfonso XIII have? 19

9. Which hotels allow dogs?

10. Where will it be cheapest to eat breakfast?

ESTRUCTURA

Ordinal numbers

el primero, la primera	el quinto, la quinta	el noveno, la novena
el segundo, la segunda	el sexto, la sexta	el décimo, la décima
el tercero, la tercera	el séptimo, la séptima	
el cuarto, la cuarta	el octavo, la octava	

1. Ordinal numbers (such as *first, second, third*) are used to order and to rank items in a series.

2. For *the first* use **el primero** or **la primera**, and for *the last* use **la última** or **el último**.

3. Ordinal numbers agree in gender with and precede the nouns they modify.

4. The shortened forms **primer** and **tercer** are used before masculine singular nouns: **el primer estudiante, el tercer piso** *(the first student, the third floor)*.

5. Beyond **décimo**, cardinal numbers are generally used. They follow the noun: **el siglo veinte, la calle Setenta y Ocho** *(the twentieth century, Seventy-eighth Street)*.

6. For dates, Spanish uses the ordinal numbers only for the first day of the month: **el primero de mayo, el primero de junio,** but **el dos de marzo, el tres de abril,** etc.

7. The abbreviated forms of the ordinal numbers are formed as follows:

primero	1°	primera	1^a	primer	1er
segundo	2°	segunda	2^a	tercer	3er
tercero	3°	tercera	3^a		
cuarto	4°	cuarta	4^a		
quinto	5°	quinta	5^a		

Aquí practicamos

C. El primero de... Lee lo siguiente en voz alta *(out loud).*

1. el 1° de abril
2. el 4° libro
3. la 1ª vez
4. la 3ª estudiante
5. el 8° lugar
6. el 1er lugar
7. el 2° año
8. la 5ª avenida
9. el 7° día
10. la 2ª clase
11. la 9ª semana
12. el 3er año

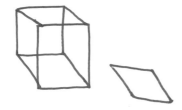

D. ¿Cuál es?   Contesta las siguientes preguntas.

1. ¿Cuál es el primer mes del año? ¿El tercer mes del año? ¿El octavo? ¿El último?

2. ¿Cuál es el primer día de la semana en el calendario hispano? ¿El cuarto? ¿El último?

3. ¿A qué hora es tu primera clase? ¿Tu segunda clase? ¿Tu tercera clase? ¿Tu última clase?

Aquí escuchamos

¿Tiene Ud. una reservación? *Linda y Kelly llegan al Hotel Montecarlo en Sevilla. Ellas van a la recepción.*

Antes de escuchar Cuando vas de vacaciones, ¿dónde pasas la noche? ¿Te gusta pasar la noche en un hotel? ¿Por qué?

 A escuchar Escucha dos veces el diálogo entre Linda y el empleado del hotel. ¿Cómo sabes que él anticipaba la llegada de Linda y Kelly?

Después de escuchar Contesta las siguientes preguntas según lo que has oído.

1. ¿Linda y Kelly tienen una habitación reservada?

2. ¿Para cuántas personas es la reservación?

3. ¿Cuánto cuesta la habitación?

4. ¿Tiene baño la habitación?

5. ¿El precio incluye el desayuno?

¡Te toca a ti!

E. ¿Quisiera Ud. una habitación?   Use the information that follows to tell the desk clerk what kind of room you want. Follow the model.

> **MODELO**   dos personas / 5.500–7.000 pesetas
> (5.700 pesetas / sin baño)
>
> **Tú:** *Buenos días, señor. ¿Tiene Ud. una habitación para dos personas, entre 5.500 y 7.000 pesetas?*
>
> **Empleado(a):** *Sí, tengo una habitación sin baño por 5.700 pesetas.*
>
> **Tú:** *Está bien.* o:
> *Nosotros quisiéramos una habitación con baño.*

1. dos personas / 7.000–7.500 pesetas (7.300 / sin baño)

2. tres personas / 9.000–9.500 pesetas (9.400 / con baño)

3. una persona / 4.500–5.000 pesetas (4.900 / con baño)

4. una persona / 4.200–5.500 pesetas (4.250 / sin baño)

¡ADELANTE!

 Sí, yo tengo una reservación You arrive at a hotel where you have made a reservation. Go to the front desk and talk to the employee, played by your partner. **Estudiante 1** begins.

Estudiante 1	Estudiante 2
1. Greet the employee.	1. Greet the hotel guest.
2. Find out whether the hotel has a room for two people.	2. Find out whether the guest prefers a room with or without a private bath.
3. Say that you prefer a private bathroom and find out how much such a room costs.	3. Tell how much a room costs with bath (5.000 **pesetas**) and without bath (4.740 **pesetas**).
4. Ask whether breakfast is included.	4. Say that breakfast costs an additional 300 **pesetas.**
5. Thank the employee for the information. Tell which room you want and whether you want breakfast. **(Prefiero…)**	5. Give the guest the room key and welcome him (her) to the hotel. **(Muy bien. Bienvenido al Hotel…)**

El Hotel Montecarlo Imagine that you are Linda or Kelly, from **Aquí escuchamos**. Write a postcard to a friend describing the hotel where you're staying. Comment on 1) the location of the hotel, 2) how the hotel is classified by the **Guía Michelín**, 3) how many rooms the hotel has, 4) what floor your room is on, 5) one of the amenities in your room (such as television or telephone), and 6) how many days you are going to stay at the hotel. Date and sign your postcard.

¡Saludos de La Mancha!

En una habitación

¿Qué información nos ayuda a escoger (choose) *un hotel?*

UN PUNTO *ideal* EN EL CENTRO DE LA CIUDAD

HOTEL INGLES

ECHEGARAY, 8 - TELEF. (91) 429 65 51
28014 MADRID - ESPAÑA

Hotel Inglés, situado en el corazón de Madrid, tan próximo a su tradición e historia monumental, como a sus núcleos comerciales y de diversión. En la capital de España, en el lugar preciso, siempre vecino a los puntos de interés.

Equipado con 58 habitaciones (suites, dobles, individuales), disponiendo cada una de ellas de: baño completo, calefacción, teléfono, así como de los servicios particulares del Hotel: cafetería-pub, salón de TV (color), hilo musical, caja de seguridad individual, estacionamiento privado, gimnasio.

¡Te toca a ti!

A. El gran hotel...

Basándote en el folleto *(brochure)* de la página 146, contesta las siguientes preguntas.

1. In what part of Madrid is the hotel located?
2. Near what tourist sights is the hotel located?
3. How many stars does the hotel have? What does that mean?
4. How many rooms does the hotel have?
5. What amenities does a typical room have?
6. Does each room have a television?

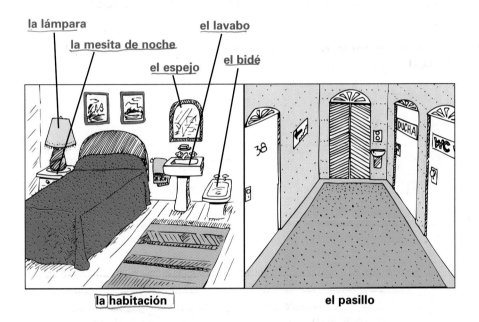

la lámpara

la mesita de noche

el espejo

el lavabo

el bidé

la habitación

el pasillo

B. La habitación del hotel

Basándote en el dibujo de la habitación y el pasillo, contesta las siguientes preguntas. Usa las pistas que están entre paréntesis. Sigue el modelo.

MODELO   ¿Dónde está la mesita de noche? (cerca de)
La mesita de noche está cerca de la cama.

1. ¿Cuántas camas hay en la habitación?
2. ¿Dónde está el lavabo? (al lado de)
3. ¿Dónde está el bidé? (al lado de)
4. ¿Dónde está el ascensor? (al fondo de)
5. ¿Dónde está el WC? (en frente de)
6. ¿Dónde está la ducha *(shower)*? (al lado de)
7. ¿De qué color es la lámpara?

Comentarios CULTURALES

Los números de los pisos

In Spanish, the word **piso** is used for floors above the ground level. The term for ground floor is **la planta baja** (the level of the pavement). This is abbreviated **PB** or sometimes **B** in elevators. Consequently, each **piso** is numbered one floor lower than its designation would be in English. To indicate that a room is on a certain floor, use **en:** **La oficina de la profesora Medina está en el segundo piso.**

American hotel	Spanish hotel
4th floor	3er piso
3rd floor	2° piso
2nd floor	1er piso
1st floor	Planta baja (PB/B)

Repaso ♻

C. ¿Cuál es el primer hotel de la lista? You and a friend are reviewing the list of hotels that follows. He (she) asks you about a specific hotel, referring to it by its place on the list using ordinal numbers. You answer to the question repeating the ordinal number in your response. Follow the model.

MODELO

Amigo(a): *¿Cuál es el primer hotel de la lista?*
Tú: *El primer hotel es el NH Ciudad de Sevilla.*

Ciudad de Sevilla, av. Manuel Siurot 25, ⊠ 41013, ✆ 423 05 05, Fax 423 85 39,
Comida 3500 – 1400 – **90 hab** 25400/31800, 3 suites.

Pasarela sin rest, av. de la Borbolla 11, ⊠ 41004, ✆ 441 55 11, Telex 72486, Fax 442 07 27,
1000 – **77 hab** 10500/16000, 5 suites.

G. H. Lar, pl. Carmen Benítez 3, ⊠ 41003, ✆ 441 03 61, Telex 72816, Fax 441 04 52 –
Comida 2600 – 1000 – **129 hab** 12500/18000, 8 suites – PA 4900.

Husa Sevilla, Pagés del Corro 90, ⊠ 41010, ✆ 434 24 12, Fax 434 27 07 –
Comida 3250 – 1100 – **114 hab** 15500/21000, 14 suites – PA 6400.

NH Plaza de Armas, av. Marqués de Paradas, ⊠ 41001, ✆ 490 19 92, Fax 490 12 32,
Comida 2200 – 1200 – **260 hab** 11200/14000, 2 suites.

Sevilla Congresos, av. Montes Sierra, ⊠ 41020, ✆ 425 90 00, Telex 73224, Fax 425 95 00,
Comida 2750 – 1600 – **202 hab** 10500/15000, 16 suites – PA 5680.

Emperador Trajano, José Laguillo 8, ⊠ 41003, ✆ 441 11 11, Fax 453 57 02 –
Comida 2000 – 1000 – **77 hab** 13640.

San Gil sin rest, Parras 28, ⊠ 41002, ✆ 490 68 11, Fax 490 69 39, Instalado parcialmente en un edificio típico sevillano de principios de siglo, patio ajardinado
800 – **4 hab** 11200/12800, 5 suites, 30 apartamentos.

Álvarez Quintero sin rest, con cafetería, Álvarez Quintero 9, ⊠ 41004, ✆ 422 12 98, Fax 456 41 41 –
700 – **40 hab** 9500/13000.

Bécquer sin rest, con cafetería, Reyes Católicos 4, ⊠ 41001, ✆ 422 89 00, Telex 72884, Fax 421 44 00 –
800 – **120 hab** 10000/15000.

Giralda, Sierra Nevada 3, ⊠ 41003, ✆ 441 66 61, Telex 72417, Fax 441 93 52 –
Comida 2000 – 950 – **98 hab** 12650.

Derby sin rest, pl. del Duque 13, ⊠ 41002, ✆ 456 10 88, Telex 72709, Fax 421 33 91 –
550 – **75 hab** 7000/9500.

ESTRUCTURA

The preterite of the verb **dormir**

dormir *(to sleep)*			
yo	**dormí**	nosotros(as)	**dormimos**
tú	**dormiste**	vosotros(as)	**dormisteis**
él / ella / Ud.	**durmió**	ellos / ellas / Uds.	**durmieron**

—¿**Dormiste** mucho anoche?　　*Did you sleep a lot last night?*
—Sí, **dormí** ocho horas.　　　*Yes, I slept eight hours.*

ESTRUCTURA (continued)

1. The verb **dormir** in the preterite is irregular only in the third person singular and plural. In these forms, the **o** of the stem changes to a **u**.

2. A common expression with **dormir** is **dormir la siesta** *(to take a nap):*

—¿**Dormiste la siesta** ayer?   *Did you take a nap yesterday?*
—Sí, **dormí una siesta** de dos horas.   *Yes, I took a two-hour nap.*

Aquí practicamos

D. ¿Cuántas horas durmieron tus amigos?

Di hasta qué hora durmieron tú y tus amigos el sábado pasado. Sigue el modelo.

MODELO   *El sábado pasado Elena durmió hasta las diez.*

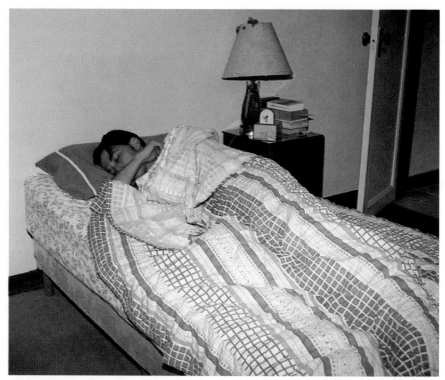

Ayer Eduardo durmió una siesta de tres horas.

E. ¿Hasta qué hora...?
Working in pairs, ask each other the following questions, noting both your answers and those of your partner. Determine which of you generally gets more sleep.

1. ¿Hasta qué hora dormiste ayer? 12:00
2. ¿Hasta qué hora dormiste el sábado pasado? 8:00
3. ¿Cómo dormiste anoche? ¿Bien o mal?
4. ¿Cuántas horas dormiste anoche?
5. ¿Cuántas horas dormiste el sábado pasado?
6. ¿Dormiste la siesta ayer? No
7. ¿Dormiste la siesta el fin de semana pasado?

F. ¿Duermen mucho Uds.?
Tú quieres saber más acerca de *(about)* cuántas horas duermen varios compañeros de clase. Pregunta a un(a) compañero(a) cuánto duerme. Luego pregúntale cuánto duermen otros tres compañeros de clase. Sigue un modelo.

MODELO

Tú:	*¿Cuántas horas duermes en general?*
Héctor:	*Duermo nueve horas cada noche.*
Tú:	*¿Cuántas horas duerme Susana?*

Aquí escuchamos

¡Es una habitación bonita! *Linda y Kelly entran en su habitación.*

Antes de escuchar ¿Alguna vez se han quedado *(stayed)* tú y tu familia en un hotel en el extranjero? ¿Piensas que hay muchas diferencias entre los hoteles de España y los hoteles de los Estados Unidos?

A escuchar Escucha el diálogo dos veces y trata de formar una impresión de la habitación de las amigas. ¿Cuál de las muchachas parece saber más de los hoteles de España?

Después de escuchar Contesta las siguientes preguntas según lo que has oído.

1. ¿Qué habitación tienen Kelly y Linda, y dónde está? What room bonita monte carlo
2. ¿Dónde está el ascensor? where is is the elevator trenta ocho
3. ¿Qué hay en la habitación? no lado
4. ¿Dónde están el baño y la ducha? where is the bathroom and shower.
5. ¿Qué piden ellas para poder usar la ducha? what do they ask for to use the shower

¡Te toca a ti!

G. Perdón, señor

Estás en un hotel y necesitas información. Usa las palabras que están entre paréntesis para hacer preguntas en la recepción. Sigue el modelo.

> **MODELO** the location of the elevator (¿dónde está?)
> *Perdón, señor, ¿dónde está el ascensor?*

1. what your room number is (¿cuál es?) *Perdon, senor, ¿caul es cuatro numero?*
2. the location of the toilet (¿dónde está?) *donde esta*
3. the location of the shower (¿dónde está?) *donde esta*
4. the location of the restaurant (¿dónde está?) *donde esta*
5. whether breakfast is included in the price of the room (¿está incluido?)
6. if the clerk has the key for the shower (¿tiene Ud.?)

tiene ud

¡ADELANTE!

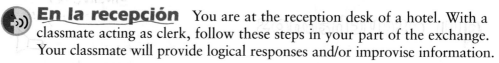

En la recepción You are at the reception desk of a hotel. With a classmate acting as clerk, follow these steps in your part of the exchange. Your classmate will provide logical responses and/or improvise information.

1. Greet the hotel clerk.
2. Say that you would like a room with a bath.
3. Ask for a room for one person for four nights.
4. Say that you would like a room on the fifth floor, if there is an elevator.
5. Find out the price of the room.
6. Ask if breakfast is included.
7. Ask if there is a **metro** station nearby.
8. Thank the hotel clerk.

Mi habitación Write a postcard to a friend in the U.S. describing your hotel room in Ponce, Puerto Rico. Tell 1) the name of the hotel, 2) what floor your room is on, 3) whether there is an elevator, 4) whether there is a private bathroom, 5) how the room is furnished, 6) whether breakfast is included in the price, 7) whether you like the hotel and the room and why. 8) Date and sign your card.

- What type of information would you expect to find on a bill from a hotel?
- Before you proceed to Activity A, take a look at the bill below. What information is included?

La cuenta

En este hotel, se puede pagar la cuenta con **cheques de viajero** *o* **en efectivo.** *No aceptan* **tarjetas de crédito.**

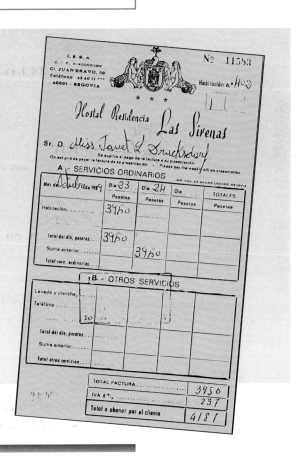

cheques de viajero *traveler's checks*   **en efectivo** *in cash*
tarjetas de crédito *credit cards*

¡Te toca a ti!

A. La cuenta   Answer the following questions based on information provided on the bill.

1. What is the name of the hotel?
2. In what city is the hotel located?
3. On which dates did Janet stay at the hotel?
4. How many rooms is the bill for?
5. How many nights is the bill for? How much did the room cost per night?
6. Does the hotel accept credit cards?

B. ¿Cuántas horas dormiste tú? You want to conduct a survey on high-school students' strange sleeping habits. You have heard that some sleep a lot and some sleep very little. Ask several classmates how much sleep they got on various nights during the past week. Try to find out if there are differences between weekday and weekend nights.

C. En la recepción Go to the hotel desk and ask for a room. The student playing the role of the desk clerk will use the suggested information to answer your questions. Follow the model.

> **MODELO**   una persona / con / 350 pesos / 35 pesos / 1er / 19

Tú:	*¿Tiene Ud. una habitación con baño para una persona?*
Compañero(a):	*Sí, tenemos una habitación por 350 pesos la noche.*
Tú:	*¿Está el desayuno incluido en el precio?*
Compañero(a):	*No... Tiene que pagar 35 pesos más.*
Tú:	*Bien. Quiero la habitación.*
Compañero(a):	*De acuerdo. Está en el primer piso. Es la habitación 19.*

1. dos personas / sin / 390 pesos / 25 pesos / 2° / 24
2. una persona / con / 460 pesos / 36 pesos / 5° / 51
3. dos personas / con / 595 pesos / incluido / 4° / 43
4. dos personas / sin / 625 pesos / incluido / 3er / 16

ESTRUCTURA

The verbs **salir** and **llegar**

Mi hermano **sale con** María.	*My brother is going out with María.*
Salgo para Madrid mañana.	*I leave for Madrid tomorrow.*
Yo **salgo de** la escuela a las 4:00.	*I get out of school at 4:00.*
¿A qué hora **llegas** a casa?	*What time do you get home?*
Yo **llego** a casa a las 4:30.	*I get home at 4:30.*
Mi papá **llega de** Nueva York el viernes próximo.	*My father arrives from New York next Friday.*

ESTRUCTURA (CONTINUED)

1. In the present tense, only the **yo** form of **salir** is irregular. The verb **llegar** is regular in the present tense.

	salir *(to go out, to leave)*, **llegar** *(to arrive)*				
yo	**salgo**	**llego**	nosotros(as)	**salimos**	**llegamos**
tú	**sales**	**llegas**	vosotros(as)	**salís**	**llegáis**
él ella Ud.	**sale**	**llega**	ellos ellas Uds.	**salen**	**llegan**

Mi hermano **salió con** María el viernes pasado.	*My brother went out with María last Friday.*
Yo **salí de** la escuela a las 4:00 ayer.	*I left school at 4:00 yesterday.*
¿A qué hora **llegaste** a casa?	*What time did you get home?*
Yo **llegué a** casa a las 4:30.	*I got home at 4:30.*
¿Cuándo **llegó de** Valencia tu amiga?	*When did your friend arrive from Valencia?*

2. In the preterite, the **yo** form of **llegar** takes on a **u** before the ending. The verb **salir** is regular in the preterite.

yo	**salí**	**llegué**	nosotros(as)	**salimos**	**llegamos**
tú	**saliste**	**llegaste**	vosotros(as)	**salisteis**	**llegasteis**
él ella Ud.	**salió**	**llegó**	ellos ellas Uds.	**salieron**	**llegaron**

3. These verbs may have different meanings, depending on the prepsosition that follows.

salir para	*to leave for (a place)*	**llegar a**	*to arrive at (a place)*
salir de	*to leave from (a place)*	**llegar de**	*to arrive from (a place)*
salir con	*to go out with (someone)*		

Aquí practicamos

D. ¿Cuándo llegaste? Di a qué hora tú y varios compañeros de clase **salieron** de la escuela y a qué hora **llegaron** a casa el miércoles pasado. Sigue los modelos.

MODELOS
Salí de la escuela a las 3:30.
Llegué a casa a las 4:15.
Mi amiga Elda salió de la escuela a las 3:00. Llegó a las 4:30.

E. ¿A qué hora?

With a partner, find out at what time the people below do certain routine and near-future activities (present time) or when they did particular activities (past time). Your partner will answer by making up an appropriate time of day. Make sure that the time used is appropriate for the activity being discussed. Follow the model.

> **MODELO**   Ud. / salir para Chicago mañana
> **Tú:** *¿A qué hora sale Ud. para Chicago mañana?*
> **Compañero(a):** *Salgo para Chicago a las 9:00.*

1. tú / salir de casa <u>por la mañana</u> en general *sales, saliste*
2. ellos / salir del trabajo <u>anoche</u> *past – preterite*
3. Uds. / salir para Miami este verano *salen, salieron*
4. tus padres / salir para el cine <u>el sábado pasado</u> *? – bathroom*
5. tú / salir del restaurante <u>ayer</u> *sales, saliste*
6. ellos / salir de Nueva York <u>mañana</u>
7. ella / salir de su clase de español <u>todos los días</u>
8. Uds. / salir de la biblioteca <u>el martes pasado</u> *salen – salieron*

Aquí escuchamos

Arregle la cuenta, por favor
Son las siete de la mañana. Linda habla por teléfono con la recepción.

Antes de escuchar ¿Puedes adivinar (*guess*) el costo promedio (*average cost*) de un hotel elegante? ¿Son caros los hoteles en tu región o comunidad?

 A escuchar Escucha dos veces el diálogo y trata de identificar lo que indican los distintos números. ¿Puedes identificar alguno de los números? Escucha también las opciones que tienen las amigas para pagar la cuenta. ¿Recuerdas qué quiere decir **en efectivo, cheques de viajero,** o **tarjeta de crédito**?

Después de escuchar Contesta las siguientes preguntas según lo que has oído.

1. ¿Qué pide Linda? *por teléfono*
2. ¿Qué toman para el desayuno?
3. ¿Cuántas noches estuvieron en el hotel? *la quinta*
4. ¿Cuántos desayunos tomaron?
5. ¿Cuánto y cómo pagaron? *trienta ocho — trenta pestas*

¡Te toca a ti!

F. Por favor, señor(a) Your tour group is checking out of the hotel. You need to settle your account. Greet the hotel clerk and find out the following information. When you finish, thank the desk clerk and say good-bye.

1. if he (she) has prepared the bill
2. how much the bill is
3. if they accept credit cards
4. if the train station is far from the hotel
5. if there is a restaurant at the train station

¡ADELANTE!

Intercambio Share details with a partner about your respective family vacations. Interview each other, giving information about a real or imaginary trip that you have taken or would like to take with your family. Use some of the following words and information in your interviews.

adónde	dormir	en avión	cartas
cómo	llegar	en coche	postales
cuándo	pagar	en tren	tarjetas
	salir		
	viajar		

museos	en casa de unos amigos	con tarjeta de crédito
parque de atracciones	en un hotel	en efectivo
restaurantes	en casa de unos parientes	con cheques de viajero

Una comparación de hoteles Choose any two of the hotels listed on page 149 and write a short comparison of the two. How are they similar? How are they different?

EN LÍNEA

Connect with the Spanish-speaking world! Access the *¡Ya verás! Gold* home page for Internet activities related to this chapter.

http://yaveras.heinle.com

VOCABULARIO

Para charlar

Para hablar de una habitación en un hotel

Yo quisiera... – *I want*
Nosotros quisiéramos... – *we would like*
Necesitamos... – *we need*
Buscamos... – *we are looking for*

Tenemos...
  una reservación. – *reservation*
  una habitación para dos personas. – *a room for 2 people*
  por tres noches. – *for 3 nights*
  con baño. – *with the bathroom*
  sin baño. – *without a bathroom*
  en el primer piso. – *on the first floor*
  con televisor. – *with television*
  con teléfono. – *with a phone*

Para pagar la cuenta

¿Puede Ud. arreglar la cuenta? – *Can you prepare the bill*
¿Tiene Ud. la cuenta para la habitación 38? – *do you have the bill*
Yo voy a pagar... – *Im going to pay*
  en efectivo. – *cash*
  con cheques de viajero. – *travelers checks*
  con una tarjeta de crédito. – *credit card*

Temas y contextos

En el hotel

una alfombra – *rug, carpet*
un ascensor – *elevator*
un baño (una sala de baño) – *bathroom*
un bidé – *bidet*
una cabina de teléfono – *telephone booth*
una cuenta – *bill*
el desayuno (incluido en el precio o no incluido en el precio) – *breakfast, include or not included*
una ducha – *shower*
un espejo – *mirror*
una lámpara – *lamp*
un lavabo – *sink*
una mesita de noche – *night stand*
un pasillo – *hallway*
el (primer, segundo, tercer, cuarto, quinto) piso – *the floor*
el (la) quinto(a) – *fifth*
la planta baja – *ground floor*
la recepción – *reception*
el WC – *Water closet (toilet)*

Los números ordinales

0' – *(el (la) primero(a) / el primer – / el (la) tercero(a) / el tercer –)*
el (la) primero(a) / el primer –
el (la) segundo(a) –
el (la) tercero(a) / el tercer –
el (la) cuarto(a) –
el (la) sexto(a) –
el (la) séptimo(a) –
el (la) octavo(a) –
el (la) noveno(a) –
el (la) décimo(a) –

Vocabulario general

Sustantivos	Adjetivos	Verbos	Otras expresiones
la calidad - quality	confortable - confortable	clasificar - classify	al menos - less
la categoría - category	incluido(a) - included	dormir (ue, u) - to sleep	¡Claro que no! -
el confort - comfort	simple - simple	llegar de (a) - to arrive	dormir la siesta -
el lujo - luxury	útil - useful	salir con - to leave with	hay que pasar por...
el sistema de clasificación - Classification system		de - from	lo que dice la
		para - for	*Guía Michelín* -
			lo siguiente - the following
			no permiten - do not permit / do not allow

*Drop the -o before a singular masculine noun

primero ──── día - day
          capítulo - chapter
          mes - month
          vez - time
          lugar - place

Segundo - avenida
          calle

el sexto lugar

el noveno día

la dicima calle

la cuarta vez

el octavo mes

el primer día

El cuarto piso

El tercer

El segundo

El primer

La planta baja

Los fascinantes paradores puertorriqueños

Antes de leer

1. Describe tres clases de alojamiento (lodging) turístico que existan en los Estados Unidos.

2. Observa la foto que acompaña la lectura y haz una descripción de lo que ves allí. En tu opinión ¿cuáles son los adjetivos más apropiados para describir un parador?

3. Examina brevemente la lectura. ¿De qué clase de libro vienen estas páginas?

Para tus vacaciones, Puerto Rico te ofrece sus famosos paradores: una casa de hacienda, una casa grande, una villa o una casa colonial. Estos paradores están cerca de la playa, en un poblado pesquero, en un balneario, en baños termales o en las montañas, todos en diferentes partes de la isla. Cada uno ofrece un paisaje único y diferente. Todos te ofrecen calidad a precios económicos, comodidades modernas y acceso a facilidades deportivas. La cocina es criolla o internacional o, si quieres, puedes cocinar. El servicio es excelente tranquilo y familiar.

Estos magníficos paradores pueden ser tu base de operaciones para ver el resto de nuestra bella isla caribeña. Para visitarnos no necesitas visa ni pasaporte. Puerto Rico es un estado libre asociado de los Estados Unidos.

Guía para la lectura

Vocabulario para una mejor comprensión de la lectura

hacienda	*plantation house*
poblado pesquero	*fishing village*
balneario	*resort*
baños termales	*thermal baths*
paisaje	*vistas, panoramas, views*
comodidades	*comforts*
ambiente	*atmosphere, ambience*

Después de leer

1. ¿Dónde están los paradores en Puerto Rico?

2. ¿Cuál es la diferencia entre un hotel como el Holiday Inn en los Estados Unidos y un parador en Puerto Rico?

3. ¿Qué comodidades te ofrece un parador?

4. ¿Por qué no necesitas pasaporte para ir a Puerto Rico?

5. ¿Piensas que un parador es más interesante que un típico hotel estadounidense? Explica tu respuesta. ¿Qué tipo de alojamiento es tu favorito? ¿Qué comodidades te gustan?

CAPÍTULO 5

Un año en casa de los Álvarez

Vista de la ciudad de Granada
desde la Alhambra, maravilla
de la arquitectura árabe

Objectives

- describing furniture and items in a room
- telling time using the 24-hour clock

Preparación

- Do you know of anyone who has studied in a foreign country? In which country did he (she) study?

- Would you like to study in a foreign country? In which one? What are your reasons for that choice?

- What are other reasons that someone might have for wanting to study in another country?

Un programa de intercambio

Aquí hay información sobre un adolescente que quiere vivir en el extranjero.

Programa de intercambio

Escuela _Santa Fe Capital High School_

Apellido _McGill_

Nombre _Patrick_

Edad _16_

Dirección: Calle _1606 Jay St._

Ciudad _Santa Fe_

Estado _New Mexico_

País _Estados Unidos_

Teléfono _(505) 555-4321_

Nombres de sus padres _Susan, Charles_

¿Ha vivido en el extranjero? Sí _✓_ No _____

¿Ha visitado el extranjero? Sí _✓_ No _____

País: _Canadá_ Duración de la visita _2 semanas_

Chile _1 mes_

Un programa de intercambio *An exchange program* **Edad** *Age* **Estado** *State* **¿Ha vivido en el extranjero?** *Have you lived outside the country?* **¿Ha visitado el extranjero?** *Have you visited a foreign country?*

En Granada, prefiere vivir ____✓____ con una familia
_____ en una **pensión** con otros
estudiantes norteamericanos.

Escriba un párrafo en que explique por qué quiere estudiar en una escuela española.

Hace cinco años que estudio español y quiero ser profesor de español algún día. También estudio francés y alemán. Me gustan mucho las lenguas extranjeras y me encanta el español. Mi madre es chilena y mi hermana, Mía, visitó España el año pasado. Quisiera conocer a unos españoles de mi edad y quiero perfeccionar mi español Un año en Granada va a darme la oportunidad para estudiar la cultura española. Creo que es importante conocer otras culturas y estoy seguro de que voy a beneficiar de este viaje.

Para su información:

Los cuartos en las pensiones y con las familias contienen una cama, un **sillón**, un escritorio, unos estantes para libros y una cómoda con tres o cuatro **cajones**. Los estudiantes tienen la responsabilidad de traer **toallas** y **jabón para lavar la ropa sucia**.

pensión *student lodging* **sillón** *armchair* **cajones** *drawers* **toallas** *towels* **jabón** *soap*
para lavar la ropa sucia *to wash dirty clothes*

¡Te toca a ti!

A. Un retrato (portrait) de Patrick Contesta las siguientes preguntas según (*according to*) la información que nos da Patrick en el formulario.

1. ¿Dónde vive Patrick? Where does Patrick live.
2. ¿Cuál es la nacionalidad de su madre?
3. ¿Cuántos años tiene Patrick?
4. ¿Qué países extranjeros ha visitado Patrick?
5. ¿Cuánto tiempo pasó en cada país?
6. ¿Por qué va a Granada?
7. ¿Prefiere él vivir en una pensión o con una familia?

Comentarios CULTURALES

Vivir con una familia en el extranjero

Many exchange programs offer students the possibility of living with a family during their stay in the country where they will be studying. Becoming a member of the family allows students to truly live the culture and isolates them from other American students with whom they would probably speak English. Generally, students are placed in homes with families who speak little English. This allows students to interact with native speakers and get plenty of practice speaking Spanish!

Patrick McGill

PRONUNCIACIÓN THE VOWEL COMBINATION **ue**

The combination **ue** in Spanish is pronounced in one single syllable, similar to the *we* in the English word *wet*.

Práctica

B. Lee cada palabra en voz alta, pronunciando con cuidado la combinación **ue**.

1. bueno	3. luego	5. después	7. fuerte
2. abuelo	4. cuerpo	6. puerta	8. nuez

C. Lo opuesto (The opposite) Responde a las siguientes preguntas con la expresión que significa lo opuesto de la expresión en cursiva. Sigue el modelo.

| MODELO | ¿*Llega* él *al* banco?
No, él *sale del* banco. |

1. ¿*Llega* ella *de* Roma?

2. ¿*Sale* él *de la* biblioteca?

3. ¿*Llega* él *a la* escuela?

4. ¿*Llegan* ellos *a* Madrid?

5. ¿*Sale* ella *del* mercado?

6. ¿*Llega* él *de* Oaxaca?

ESTRUCTURA

Expressing time

No me gusta llegar **tarde,** y no me gusta llegar **temprano.** Me gusta llegar **a tiempo.**	*I don't like to arrive late, and I don't like to arrive early. I like to arrive on time.*
La clase comienza **en** cinco minutos.	*The class begins in five minutes.*
Yo salí de la escuela **hace** media hora.	*I left school half an hour ago.*
El profesor habló **por** una hora.	*The professor spoke for an hour.*

1. To express the ideas of *early* and *late* in relation to a specific moment in time (for example, an appointment or the departure time of a plane), use **temprano** and **tarde,** respectively. The expression **a tiempo** means *on time.*

   El concierto comenzó a las 8:00. Paula llegó a las 7:30; ella llegó **temprano.** Olivia llegó a las 8:30; ella llegó **tarde.** Santiago llegó a las 8:00; él llegó **a tiempo.**

2. To indicate when a future action will take place, use the preposition **en** as the equivalent of *in.*

   Son las 7:55. El concierto va a comenzar **en** cinco minutos.

3. As you have learned, **hace** is used with the preterite to indicate *how long ago* a past action occurred, and **por** is used to indicate *for how long* an action continued, continues, or will continue.

   Ahora son las 8:20. El concierto comenzó **hace** veinte minutos.
   El concierto terminó a las 10:00. La orquesta tocó **por** dos horas.

WID

Aquí practicamos

D. La clase de matemáticas
Contesta las preguntas basándote en la información que tienes. La clase de matemáticas comienza a las nueve.

1. Ahora son las 8:50. Joaquín está durmiendo. Él vive lejos de la escuela. ¿Va a llegar a tiempo a su clase de matemáticas?

2. Ahora son las 7:30. Gabriela está desayunando. Ella va a salir de casa en veinte minutos. Ella vive muy cerca de la escuela. ¿Va a llegar a tiempo a su clase de matemáticas?

3. Ahora son las 8:30. ¿En cuántos minutos va a comenzar la clase de matemáticas?

4. Ahora son las 9:15. ¿Cuánto hace que comenzó la clase de matemáticas?

E. En la Sierra Nevada La temporada de esquí *(ski season)* empieza *(begins)* en la Sierra Nevada el primero de diciembre. Basándote en esto, contesta las siguientes preguntas.

1. Hoy es el 1º de noviembre. ¿Cuándo va a comenzar la temporada de esquí?

2. Podemos esquiar hasta el 1º de abril. ¿Por cuántos meses podemos esquiar en la Sierra Nevada?

3. Hoy es el 1º de febrero. ¿Cuánto hace que comenzó la temporada de esquí?

4. Hoy es el 10 de noviembre. Tenemos dos semanas de clase antes de nuestras vacaciones. Necesitamos tres días para llegar a la Sierra Nevada. ¿Vamos a llegar tarde para el primer día de la temporada?

PALABRAS ÚTILES

Parts of an hour

un cuarto de hora	*a quarter of an hour*
media hora	*half an hour*
tres cuartos de hora	*three quarters of an hour*
diez minutos	*ten minutes*
cuarenta minutos	*forty minutes*

Aquí practicamos

F. ¿A qué hora? Imagina que ahora son las 2:30. Contesta las siguientes preguntas.

1. Juan va a llegar en un cuarto de hora. ¿A qué hora va a llegar?

2. Eva salió de casa hace media hora. ¿A qué hora salió ella de casa?

3. Ronaldo salió de su trabajo hace un cuarto de hora. Él trabajó por una hora. ¿A qué hora comenzó a trabajar?

4. Sara va a estar en el museo una hora y tres cuartos. Ella va a llegar al museo en media hora. ¿A qué hora va a salir del museo?

Aquí escuchamos

¡Aquí está tu habitación!
Es el mes de agosto y Patrick McGill acaba de llegar a Granada.

Antes de escuchar ¿Alguna vez has pasado la noche en casa de un(a) amigo(a)? Piensa en cómo reaccionaste cuando viste donde ibas a dormir.

 A escuchar Escucha dos veces el diálogo y trata de imaginar la habitación. ¿Tiene algo en común esta habitación con la tuya?

Después de escuchar Contesta las siguientes preguntas según lo que has oído.

1. ¿Qué le muestra *(show)* la familia a Patrick?
2. ¿Qué hay en la habitación?
3. ¿Dónde está el baño y qué hay allí?
4. ¿Dónde puede dejar su ropa sucia?
5. ¿Cuándo lava la ropa la Sra. Álvarez?

¡Te toca a ti!

G. ¿Qué hay en la habitación de Patrick?
Describe Patrick's room according to what you see in the drawing.

Aquí está tu habitación Imagine that a Spanish-speaking friend is spending a semester at your home and you have volunteered to share your room with your guest. A classmate will play your friend and will ask the following questions.

1. Where is your bedroom located in the house?
2. Is there a bathroom close to the bedroom?
3. What is in your room?
4. Where is each item located?

You should respond with answers based on your own bedroom or a fictitious one that you might like to have. Follow the model.

> **MODELO**
>
> **Amigo(a):** *¿Dónde está la habitación?*
> **Tú:** *Mi habitación está en el segundo piso a la izquierda de la escalera y frente al cuarto de mis padres.*

La hoja de inscripción (Registration form) Following is a registration form for the summer program at the University of Salamanca. On your activity master, fill out the form.

CURSOS INTERNACIONALES

Reservado a Secretaría

`9` `3`

Preinscripción: Alojamiento:

FOTOGRAFÍAS
2

Apellido

Nombre

Fecha de Nacimiento   Día   Mes   Año `1` `9`   Sexo: Fem.   Masc.

Pasaporte (Número)   Nacionalidad

Dirección

Teléfono (Número)   Fax (Número)

ALOJAMIENTO

VERANO: Señale con los números 1, 2, 3 y 4 su orden de preferencias, cubriendo todas las opciones.
RESTO DEL AÑO: Señale con los números 1 y 2 su orden de preferencia dentro del alojamiento en familia.

RESIDENCIA (Sólo en verano)		FAMILIA (Todo el año)	
Habitación doble (54.000 ptas. el mes)	Habitación individual (62.000 ptas. el mes)	Habitación doble (1.800 ptas. diarias)	Habitación individual (2.000 ptas. diarias)
☐	☐	☐	☐

Preparación

- Have you ever written a thank-you note?
- What sort of information do you expect to find in a thank-you note that Patrick would write after spending a year in the Álvarez home?

Una carta de agradecimiento

Patrick da las gracias a la familia Álvarez.

Santa Fe, 10 de julio de 1996

Queridos Sr. y Sra. Álvarez,

Hace quince días que salí de Granada y los extraño. Mi estancia en su casa fue inolvidable y les agradezco con todo el corazón su hospitalidad. Yo aprendí mucho en España y voy a continuar mis estudios de español en mi escuela y después en la universidad. Voy a hablarles a mis amigos de mi escuela de Granada y de mi familia española.

Mil gracias y espero que Uds. puedan visitar la ciudad de Santa Fe algún día. Mis padres quisieran conocerlos.

Un abrazo,
Patrick

Una carta de agradecimiento *A thank-you letter*   **Queridos** *Dear*   **los extraño** *I miss you*   **estancia** *stay* **inolvidable** *unforgettable*   **les agradezco** *I thank you*   **corazón** *heart*   **hablarles a mis amigos** *talk to my friends*   **espero que Uds. puedan** *I hope that you can*   **conocerlos** *to meet you*   **abrazo** *hug*

¡Te toca a ti!

A. Comprensión Contesta las siguientes preguntas según la información que leíste en la carta de Patrick.

1. How long ago did Patrick leave Granada?

2. What is he going to do when he returns to school?

3. Is he going to continue studying Spanish? Where?

4. What does he hope the Álvarez family will do?

B. Hace un tiempo Patrick is telling his friend James about his stay in Spain and about how long ago he did certain things. James later tells his friend Carla about what Patrick did. Follow the model and be sure to use the preterite of the verbs.

> **MODELO**   dos semanas / salir
> **Patrick:** *Hace dos semanas que salí de España.*
> **James:** *Hace dos semanas que Patrick salió de España.*

1. quince días / salir de Granada

2. un mes / nadar en el Mar Mediterráneo

3. dos meses / visitar el Museo del Prado en Madrid

4. seis meses / ir a Barcelona

5. un año / conocer a la familia Álvarez

6. dos días / volver a la escuela aquí

Los parques del Generalife en la Alhambra de Granada

PRONUNCIACIÓN THE VOWEL COMBINATION **uo**

The combination **uo** in Spanish is pronounced in one single syllable, similar to the English word *woe*.

Práctica

C. Lee cada palabra en voz alta, pronunciando con cuidado la combinación **uo**.

1. continuo
2. monstruo
3. antiguo
4. continuó

5. mutuo
6. cuota
7. arduo
8. actuó

Repaso ♻

D. El día de Juan José Describe el día de Juan José según los dibujos. Sigue el modelo.

MODELO ¿Hasta qué hora durmió Juan José?
Él durmió hasta las 8:00.

1. ¿En cuántos minutos comienzan sus clases?

2. ¿Va a llegar a tiempo para su primera clase?

3. ¿A qué hora sale de la escuela?

4. ¿Llegó tarde para
el autobús?

5. ¿En cuántos minutos
llega a casa?

6. ¿Qué hace hasta las 4:30?

7. ¿Va a llegar a tiempo
para la cena?

8. ¿En cuánto tiempo hace su tarea (*homework*)?

ESTRUCTURA

The 24-hour clock

El partido comienza a las **19:00**. *The game begins at 7:00 p.m.*

Nosotros llegamos a las **20:45**. *We arrived at 8:45 p.m.*

1. In the Spanish-speaking world, two methods of telling time are used. You have already learned the conversational method. There is also the official method, which is used in schedules for airports, train stations, radio, TV, concerts and movies.

2. Conversational time, which is based on the usual 12-hour clock, divides the hour into two 30-minute segments (after and before the hour), and uses the expressions **y cuarto, y media, menos cuarto, medianoche, mediodía.**

ESTRUCTURA (continued)

3. Official time is based on the 24-hour clock (0 = midnight, 12 = noon), treats the hour as a 60-minute whole (that is: only moves forward, never uses **menos**), and uses only cardinal numbers such as **y quince, y treinta, y cuarenta y cinco, veinticuatro horas, doce horas.**

4. The easiest way to switch from official time to conversational time is to subtract twelve from the hour of official time, unless the hour is already less than twelve.

Conversational time		Official time	
9:45 a.m.	las diez menos cuarto	9:45	nueve horas y cuarenta y cinco
12:30 p.m.	las doce y media	12:30	doce horas y treinta
2:50 p.m.	las tres menos diez	14:50	catorce horas y cincuenta
11:15 p.m.	las once y cuarto	23:15	veintitrés horas y quince

Aquí practicamos

E. Las tres de la tarde Cambia las siguientes horas de hora oficial a hora conversacional. Sigue el modelo.

> **MODELO** 15:00
> *las tres de la tarde*

1. 13:00	3. 22:00	5. 3:15	7. 20:45
2. 9:00	4. 12:00	6. 15:30	8. 18:06

F. Horarios de avión En clase conociste *(you met)* a Pepe, un estudiante de Tenerife. Estás considerando la posibilidad de pasar una semana en su casa durante las vacaciones de Pascua *(Easter)*. Cada semana, Iberia y British Caledonia Airways (BCA) tienen cuatro vuelos *(flights)* de Madrid a Santa Cruz de Tenerife. Mira los horarios en la siguiente página e indica si las afirmaciones a continuación son **verdaderas** o **falsas**.

Madrid–Tenerife — Salidas del Aeropuerto de Barajas			
	Vuelo	**Salida**	**Llegada**
martes	Iberia 831	08:15	11:30
jueves	BCA 29	20:30	23:45
sábado	BCA 37	10:45	14:00
domingo	Iberia 867	21:15	00:30

Tenerife–Madrid — Llegadas al Aeropuerto de Barajas			
	Vuelo	**Salida**	**Llegada**
lunes	Iberia 868	13:30	16:45
miércoles	Iberia 832	06:15	09:30
viernes	BCA 30	12:40	15:55
domingo	BCA 38	17:15	20:30

1. Los lunes el avión de Iberia llega a Madrid a las cinco menos cinco.
2. Los martes el vuelo de Iberia sale de Madrid a las ocho y media.
3. Los lunes el avión de Iberia 868 sale a la una y media y llega a las cinco menos cuarto de la tarde.
4. Los sábados el vuelo de BCA 37 llega a Tenerife a las dos de la tarde.
5. Los domingos el avión sale de Madrid a las nueve y cuarto de la mañana y llega a Tenerife a las doce y veinticinco.
6. La duración del vuelo es de tres horas y cuarto.

G. Una pequeña prueba

Para practicar cómo se usa el tiempo oficial, Pepe te hace las siguientes preguntas.

1. El avión de Madrid a Barcelona tarda una hora en llegar *(takes an hour to get there)*. Quieres estar en Barcelona a las 9:00 de la noche. ¿Vas a tomar el avión de las 20:00 o el de las 21:00?
2. Quieres ir al cine pero tienes que volver a casa antes de las 6:00 de la tarde. La película es de dos horas y empieza a las 13:00, 16:00, 19:00 y 22:00. ¿A qué hora vas a poder ir al cine?
3. Vas a la estación de trenes para recoger *(to pick up)* a tus padres. El tren llega de Barcelona a las 17:30. Llegas a la estación a las 4:30 de la tarde. ¿Llegaste a tiempo?
4. Invitaste a un(a) amigo(a) a un concierto. El concierto empieza a las 21:00. Se tarda media hora en ir de tu apartamento al concierto. ¿A qué hora tiene que llegar tu amigo(a) a tu apartamento?

Aquí escuchamos

La salida *Al fin del año, Patrick se fue* (left) *de Granada y volvió a los Estados Unidos. El día de su partida* (departure) *fue a casa de su vecino para despedirse de su amigo Miguel.*

Antes de escuchar ¿Alguna vez tuviste que despedirte de un(a) amigo(a) sin saber cuándo ibas a volver a verlo(a)? Piensa en cómo te sentiste en el momento de la despedida.

 A escuchar Mientras escuchas el diálogo, trata de determinar cómo era la relación entre Patrick y la familia Álvarez. ¿Qué palabras y acciones te ayudan a determinarlo?

Después de escuchar Contesta las siguientes preguntas según lo que has oído.

1. ¿Qué hace Patrick el día que se va?
2. ¿A qué hora sale su tren?
3. ¿Qué avión toma?
4. ¿Qué quiere hacer Miguel?
5. ¿Cuándo piensa volver Patrick a España?

¡Te toca a ti!

H. Mil gracias You have just spent a month with a Dominican family and are about to return to the United States. Have your classmate play a member of the host family and enact the following conversation.

1. Thank her (him) for everything.
2. Ask if she (he) is going to visit the United States next summer.
3. Say that you would like to return to the Dominican Republic very soon.
4. Tell her (him) that you learned a lot and that you are going to tell your friends in the United States about the Dominican Republic.

Un viaje a las Islas Canarias You are helping a friend plan a trip to the Canary Islands. He (she) is starting from Valencia. Use official time to discuss the plans.

1. Ask if he (she) wants to travel in the morning or afternoon.
2. Explain that the morning flight leaves Tuesday at 10:15 a.m. and arrives in Tenerife at 12:35 p.m. The afternoon flight leaves Saturday at 12:55 p.m. and arrives in Tenerife at 2:25 p.m.
3. Tell him (her) that the cost of the ticket is 20.000 pesetas.
4. Find out in how many days your friend is going to leave for Tenerife.
5. Find out which flight your friend is going to take.
6. Find out how much time your friend will spend in Tenerife.
7. Explain that you would like to go to Tenerife too, but that you don't have enough money. You are going to spend the vacation at home.

 Una carta de agradecimiento Write a thank-you note to an imaginary family with whom you spent the last year in a Spanish-speaking country. Remember to 1) write the name of your town and today's date in the heading, 2) greet your host family by name, 3) mention how long you have been gone from their home, 4) comment on how much you learned while living with their family, 5) tell how your experiences over the past year will be important to you, 6) express your appreciation, and 7) include a friendly closing. Use the letter on page 171 as a model.

EN LÍNEA

Connect with the Spanish-speaking world!
Access the *¡Ya verás! Gold* home page for
Internet activities related to this chapter.

http://yaveras.heinle.com

VOCABULARIO

Para charlar

Para hablar del horario

✓ llegar a tiempo
✓ llegar tarde
llegar temprano (veinte
  minutos, etc.)
hace (un año, dos días, etc.)
por (una hora, etc.)
diez (etc.) minutos
un cuarto de hora
media hora —*half hour*
tres cuartos de hora
  three quarks of an hour

Para dar las gracias

Muchas gracias por…
Mil gracias por…
Les agradezco. *I thank you*
Les agradezco con todo el
  corazón su hospitalidad.

Para decir que extraña
a alguien

Te extraño. — *I miss you*
Los extraño. — *I miss you (pluarl)*

Temas y contextos

Los muebles de una
habitación

una cama —*bed*
una cómoda con... —*dresser*
  dos cajones —*drawer*
✗ cuatro cajones —
un escritorio —*desk*
un estante —*bookshelf*
una lámpara —*lamp*
una silla —*chair*
un sillón —*armchair*

Vocabulario general

Sustantivos

la edad —*age*
un estado —*state*
✗ la estancia —
un país —*country*
una toalla —*towel*

Verbos

extrañar —*to miss*
lavar —*to wash*

Otras palabras y
expresiones

un abrazo —*hug*
durante —*during*
Espero que Uds. puedan
  visitar. —*visit*
inolvidable —*unforgettable*
el jabón —*soap*
prestar atención —*to pay attension*
querido(a) —*dear*
queridos(as) —
la ropa sucia —*clothing dirty clothes*

Una carta de Costa Rica

Antes de leer

1. ¿Qué es un estudiante de intercambio?

2. Imagina que un(a) estudiante de intercambio viene a vivir a tu casa. ¿Qué puedes hacer para preparar a esta persona para la vida en tu familia y en tu comunidad?

Estimada Jessica:

Esperamos con mucha anticipación tu llegada a nuestro hogar. Nuestra familia hospeda a muchos estudiantes de intercambio, y sabemos que se sorprenden de ciertas costumbres nuestras. En esta carta voy a hablarte de algunas cosas que van a ser nuevas para ti.

Tú vas a asistir conmigo al Colegio de Señoritas Nuestra Señora de los Ángeles. Es sólo para muchachas. Usamos uniformes bonitos—una enagua azul con una blusa blanca que lleva la insignia de nuestro colegio, calcetines blancos y zapatos negros de cuero.

Llegamos al colegio en bus. Sé que muchos estudiantes en los Estados Unidos tienen sus propios automóviles, pero aquí no. Ni siquiera mis padres tienen un auto—siempre tomamos el bus. Otra cosa que nos dicen los estudiantes de intercambio es que allá hablan mucho por teléfono. Aquí no se puede—es muy caro porque el servicio telefónico es medido.

En cuanto a la vida familiar, vas a ser como otra hija para nuestros padres. Mami y Papi quieren mucho a todos los estudiantes extranjeros que recibimos y hasta se ponen a llorar cuando se van. Pero al igual que con nosotros, ellos imponen ciertas reglas. La regla principal es que no puedes salir sola con muchachos pero sí podemos salir con grupos de amigos.

Es mejor que si te gusta algún muchacho, lo invites a la casa para que Mami y Papi lo conozcan. Si llegan a ser novios, él tiene que venir a la casa a marcar. Eso quiere decir que Uds. pueden sentarse en el sofá y hablar o ver tele, pero mis padres podrán vigilarles en todo momento.

Bueno, ya no me queda campo, entonces me voy a despedir. Pronto estarás aquí entre nosotros, y podremos hablar mucho más.

Tu hermana costarricense,
María Amalia Villalta Castillo

Guía para la lectura

1. Vocabulario para una mejor comprensión de la lectura.

llegada	*arrival*
hogar	*home*
hospeda	*hosts* (del verbo **hospedar**)
enagua	otra palabra para falda = *skirt*
Ni siquiera	*not even*
medido	*measured; one pays by the minute*
queremos que sepas	*we want you to know*
se van	*they leave*
imponen	*impose*
reglas	*rules*
vigilarles	*keep an eye on you*
no me queda campo	*there's no space left*

2. La escritura de esta carta usa varias expresiones típicas de Costa Rica. Por ejemplo, **ver tele** (mirar la televisión) o el **bus** (el autobús).

Después de leer

1. Según la carta, hay diferencias entre la vida en los Estados Unidos y en Costa Rica ¿Cuáles son algunas de las diferencias?

2. María menciona que su familia usa mucho el **bus** (autobús). ¿Cuáles son las ventajas y desventajas de este modo de transporte?

3 La carta menciona la tradición de **marcar**. ¿Qué quiere decir esta palabra? ¿Cuál es tu opinión de esta tradición?

CAPÍTULO 6

Busco un apartmento

Muchos ciudadanos españoles viven en edificios grandes y modernos como éste.

Objectives

- understanding classified ads
- describing a house or apartment

PRIMERA ETAPA

Preparación

- Have you ever looked at an apartment ad?
- What kind of information would you expect to find in such an ad?
- Below are some ads for apartments in Madrid. How many ads are there?
- What do you think the boldface words at the beginning of each ad mean? (Hint: Think back to the Madrid **metro.** Remember the names of the **metro** stops?)

Anuncios del periódico

Vemos apartamentos diversos en el periódico.

Goya. Vacío. Dos dormitorios. 60 m². **Cocina amueblada. Comedor.** Baño. Teléfono. **Terraza.** 5º piso. Ascensor. Tel. 2 43 94 54

Prado. Completamente amueblado. 225 m². Aire acondicionado. Piscina. Tres dormitorios. Garaje. Dos baños. Dos terrazas. 4º piso. Ascensor. Llamar después de las 20h. Tel. 4 20 28 87

Lavapiés. Un dormitorio. Baño. Teléfono. Cocina amueblada. Piscina. **Jardín.** Tenis. Llamar después de las 16h. Tel. 5 31 67 06

Ventas. Vacío. 185 m². Cuatro dormitorios. Dos baños. Dos terrazas. Cocina grande. **Estacionamiento.** Comedor. 7º piso. Dos ascensores. Tel. 5 73 34 30

Plaza de España. Completamente amueblado. **Sala de estar** grande. Dos dormitorios. 125 m². Cocina grande. Baño. 3er piso. Llamar mañanas. Tel. 2 45 85 42

Centro. Tres dormitorios. Cocina amueblada. Garaje. Piscina. Jardín. Algunos **muebles**—mesa, sofá— para vender. Tel. 4 52 58 24 noche.

Anuncios del periódico *Newspaper ads* **Vacío** *Vacant* **Cocina amueblada** *Furnished kitchen* **Comedor** *Dining room*
Terraza *Terrace* **Jardín** *Garden* **Estacionamiento** *Parking* **Sala de estar** *Living room* **muebles** *furniture*

¡Te toca a ti!

A. ¿Qué significan? Lee los anuncios en la página 183 con cuidado *(carefully)*. ¿Qué piensas que significan *(mean)* las siguientes palabras?

1. aire acondicionado
2. completamente
3. dormitorio
4. tenis
5. garaje
6. llamar

B. ¡No comprendo! You are looking over the apartment ads in today's newspaper. Call one of your Spanish-speaking friends and describe one of the apartments to him (her). Base your description on one of the ads in the text. Follow the model.

MODELO

Goya. Vacío. Dos dormitorios. 60 m². Cocina amueblada. Comedor. Baño. Teléfono. Terraza. 5°piso. Ascensor. Tel. 2 43 94 54

El apartamento está cerca de la estación de metro Goya. Está vacío y tiene dos dormitorios. Tiene unos 60 metros cuadrados (square meters) y la cocina está amueblada. También tiene un comedor, baño, teléfono y terraza. Está en el quinto piso y hay un ascensor en el edificio.

PRONUNCIACIÓN THE VOWEL COMBINATION **ui**

The combination **ui** in Spanish is pronounced in one single syllable, similar to the English word *we*. Note that in the word **muy**, the same sound is spelled **uy**.

Práctica

C. Lee cada palabra en voz alta, pronunciando con cuidado la combinación **ui**.

1. fui
2. Luis
3. Ruiz
4. ruido
5. muy
6. fuimos
7. buitre
8. cuidado

D. ¿A qué hora presentan los programas?

Imagine that you and your friends are on a class trip in a Spanish-speaking country. Your roommate wants to watch TV but is having trouble figuring out the television schedule because the times are based on the 24-hour clock. As you and your friend look over a program listing taken from a Spanish newspaper, take turns expressing interest in certain programs and answering your partner's questions using conversational time. Follow the model and use the questions that follow.

MODELO

Tú: *Me gustaría ver "Blossom" en el canal uno. ¿A qué hora lo presentan (is it showing)?*

Amigo(a): *Lo presentan a las siete de la tarde.*

PROGRAMACION

tve1

07.30 Estamos de vacaciones.
11.30 Vacaciones de cine.
    "*El hombre más fuerte del mundo*"
13.00 McGyver.
14.00 Informativo territorial.
14.30 No te rías que es peor.
15.00 Telediario.
15.30 Alejandra.
16.30 Marielena.
17.30 Telefilme.
18.30 Vídeos de primera.
18.55 Noticias.
19.00 Blossom.
19.30 Justicia ciega.
20.30 Los problemas crecen.
21.00 Telediario-2.
21.27 El tiempo.
21.30 Pret a porter.
22.00 Cine español.
    "*El tesoro*"
24.00 Noches de gala.
01.15 Telediario 3.
01.45 Sobre mi cadáver.
02.35 Testimonio.
02.40 Dime luna.
03.30 Diga 33.
04.00 Despedida y cierre.

2

07.30 Euronews.
09.00 Época de cambios.

10.00 La película de la mañana .
    "*Una mujer peligrosa*"
11.35 Clip clip ¡hurra!
13.00 Pinnic.
15.00 Cifras y letras.
15.30 Grandes documentales.
17.00 Sueños de Olimpia.
17.30 La película de la tarde.
    "*Entre la luz y las tinieblas*"
19.10 Ruta Quetzal 94.
19.40 Planeta sur.
20.10 Habitación para dos.
20.35 El superagente 86.
21.00 Lingo.
21.30 Informa-2.
22.00 Fútbol.
    Bielorusia-España
24.00 Dudas razonables.
01.00 Los veranos de La 2.

TELEMADRID

07.15 Telenoticias (R).
07.35 La línea Onedin.
08.25 A saber.
08.55 Hermanas.
09.20 Gente casada.
09.45 Tele Empleo (R).
10.00 Avance informativo.
10.15 Star Treck: la nueva generación.
11.10 Primeros besos.
11.35 Dirty dancing.

12.00 La banda.
13.30 Los picapiedra.
14.00 Telenoticias.
15.00 Roseanne.
15.30 Cine de tarde.
17.15 Ole tus vídeos.
18.00 A través del tiempo.
18.45 Tele Empleo.
19.00 Madrid directo.
20.30 Telenoticias.
20.55 El tiempo.
21.00 Colegio mayor.
21.30 Cine: una de acción.
23.30 Un momento, por favor.
01.00 Telenoticias.
01.05 Tele Empleo .
01.20 Cine: sala de madrugada.
03.00 Información cultural de la CAM.

07.00 Programación.
07.30 Noticias.
08.00 Tras 3 Tris, vacaciones.
11.00 Punky Brewster.
11.30 Somos diez.
12.00 Colmillo blanco.
12.30 Aventuras en Africa.
13.00 Star Treck.
14.00 Un mundo diferente.
14.30 El príncipe de Bel Air.
15.00 Noticias.
15.30 Telecine.
17.30 Catwalk.
18.30 Salvados por la campana.
19.00 Paradise Beach.

19.30 Los vigilantes de la playa.
20.30 A toda página.
21.00 Noticias.
21.30 Cine.
23.30 Telecine.
24.00 Cine.
01.30 Noticias.
02.00 Línea América.
02.30 Cine de madrugada.
04.00 Televenta.
05.30 Cine de madrugada.

tv5

07.15 Entre hoy y mañana (R).
07.45 Los periódicos.
08.00 La tele es tuya, colega.
10.55 Webster.
11.20 Grandulón.
11.45 Apartamento para tres.
12.15 Hotel.
13.15 La ruleta de la fortuna.
14.00 Veredicto.
14.30 Las noticias.
15.00 Veredicto (II)
15.30 Sensación de vivir.
16.30 Melrose Place.
17.30 Remington Steele.
18.30 Déjate querer.
19.30 Su media naranja.
20.30 Las noticias.
21.00 Telecupón.
21.10 Karaoke.
21.45 Cine.
23.45 Misterio para tres.

1. ¿A qué hora presentan "Star Trek: la nueva generación"?
2. ¿A qué hora presentan "Grandes documentales"?
3. ¿A qué hora presentan la película "El tesoro"?
4. ¿A qué hora presentan "Vídeos de primera"?
5. ¿A qué hora presentan "Hermanas"?
6. ¿A qué hora presentan el partido de fútbol entre Bielorusia y España?

ESTRUCTURA

The verb decir

—¿Dicen Uds. la verdad?   *Are you telling the truth?*
—¡Claro! Siempre **decimos** la verdad. *Of course! We always tell the truth.*

—¿Qué **dijo** Juan?   *What did Juan say?*
—**Dijo** que no.   *He said no.*

Él **dijo** que va a nevar.   *He said that it is going to snow.*

María **dijo que** Juan no estudió. *María said that Juan didn't study.*

1. The verb **decir** is irregular in both the present and the preterite tenses.
2. Note that **decir que** can be used to report something.

Present of **decir** (to say, to tell)			
yo	**digo**	nosotros(as)	**decimos**
tú	**dices**	vosotros(as)	**decís**
él ella Ud.	**dice**	ellos ellas Uds.	**dicen**

Preterite of **decir**			
yo	**dije**	nosotros(as)	**dijimos**
tú	**dijiste**	vosotros(as)	**dijisteis**
él ella Ud.	**dijo**	ellos ellas Uds.	**dijeron**

Aquí practicamos

E. ¿Qué dicen ellos? You are at a café with a large group of friends. Because of the street noise outside, you can't hear what some of your friends are saying and must keep asking them what's going on. Use the cues to ask your questions. Follow the model.

> **MODELO** ellos
> *¿Qué dijeron ellos?*

1. ella
2. tú
3. Uds.
4. él
5. ellas
6. Elisa

F. Ellos dicen que... Now that you've asked, the person sitting next to you at the table repeats everything that has been said.

> **MODELO** ellos / no hace buen tiempo hoy
> *Dijeron que no hace buen tiempo hoy.*

1. ella / va a nevar
2. yo / hay niebla por las calles
3. nosotros / hace mucho frío
4. él / no hay escuela mañana
5. ellas / van a jugar en la nieve
6. ellos / van a esquiar

PALABRAS ÚTILES

Expressions with decir

A decir verdad, no me gusta el francés.	*To tell the truth, I don't like French.*
¿Qué quiere decir esto?	*What does this mean?*
¿Cómo se dice "documentary" en español?	*How do you say "documentary" in Spanish?*

The verb **decir** is used in a variety of everyday expressions:

a decir verdad	*to tell the truth*
decir que sí (no)	*to say yes (no)*
querer decir	*to mean*
¿Cómo se dice...?	*How do you say . . . ?*
¿Qué dijiste?	*What did you say?*

Aquí practicamos

G. ¿Cómo se dice? Decide which of the **decir** expressions best fits the following situations.

1. You want to know how to say "apartment building" in Spanish.
2. You didn't hear what your brother said to you.
3. You explain that, to tell the truth, you are not sure.
4. You want to find out what someone means by what he (she) said.
5. You explain that you mean that your teacher is very difficult.
6. You want to tell someone that the teacher said no.

Aquí escuchamos

Buscamos un apartamento *Patrick vuelve a Granada con un amigo. Ellos buscan un apartamento.*

Antes de escuchar ¿Hay muchos apartamentos en tu pueblo o ciudad? ¿Sabes si cuesta mucho alquilar un apartamento en tu comunidad?

A escuchar Mientras escuchas el diálogo, piensa en las exclamaciones que hacen Patrick y su amigo. ¿Sabes qué significan estas palabras?

Después de escuchar Contesta las siguientes preguntas según lo que has oído.

1. ¿Qué leen los dos amigos?
2. ¿Qué encuentra Patrick?
3. ¿Dónde está?
4. ¿Cómo es?
5. ¿Qué deciden buscar al final?

¡Te toca a ti!

H. Buscamos un apartamento You and your friend are now college students and have just arrived in Madrid on a study program from your university. Part of the experience is that you must find your own lodging. Look at the apartment ads from the classified section of the newspaper and carry out the following tasks: 1) Brainstorm together on the features that are most important to have in an apartment and rank your top three preferences. 2) Take turns describing the apartments in the ads to one another. 3) Decide which apartments do not suit both of you and give your reasons. 4) Decide together which apartment you are going to rent (**alquilar**) and why.

Cuatro Caminos. Amueblado. Cuatro dormitorios. Dos baños. Comedor. Dos terrazas. Piscina. 95.000 ptas. Tel. 4 12 54 40

Argüelles. Tres dormitorios. Cocina grande. Comedor. Todo amueblado excepto salón. 50.000 ptas. Tel. 6 10 90 87

Lavapiés. Amueblado. Comedor. Un dormitorio. Teléfono. Terraza. Piscina. Tenis. 70.000 ptas. Tel. 8 14 23 85

Delicias. Un dormitorio grande. Cocina amueblada. Aire acondicionado. Jardín. 45.000 ptas. Tel. 7 21 40 89 noche.

Legazpi. Vacío. Dos dormitorios. Comedor. Baño. Cocina. 30.000 ptas. Tel. 4 50 17 76

Goya. Amueblado. Dos dormitorios. Comedor. Cocina. Baño. Terraza. 60.000 ptas. Tel. 3 15 41 55

Mi casa ideal Describe your dream house to one of your classmates. 1) Where is the house or apartment located? 2) How do you get from there to school? 3) How many rooms does it have? Name the rooms. 4) How big are the rooms? 5) On what floor are the rooms located? 6) Is there a garden? 7) Do you have a garage? 8) Is there an elevator? Your classmate will ask you questions to find out more information about the house.

Mi apartamento ideal Write an ad for your ideal apartment. Base it on the ads that appear on the previous pages.

SEGUNDA ETAPA

Preparación

- If you were to rent an unfurnished apartment, what sorts of items would you need to furnish it with? Make a list of them.
- What are the basic necessities?
- What are some of the luxury items?
- Look at the drawings for some basic apartment furnishings.

Mi apartamento

Hay muchas cosas en un apartamento.

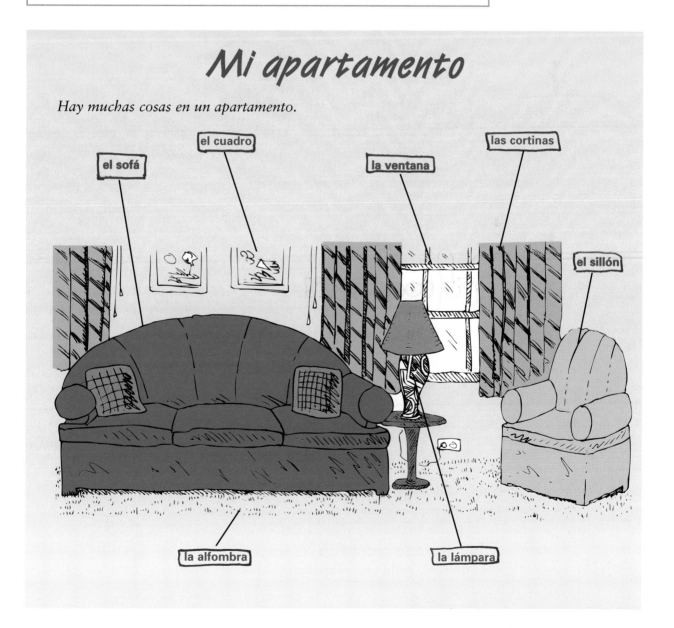

el cuadro · el sofá · la ventana · las cortinas · el sillón · la alfombra · la lámpara

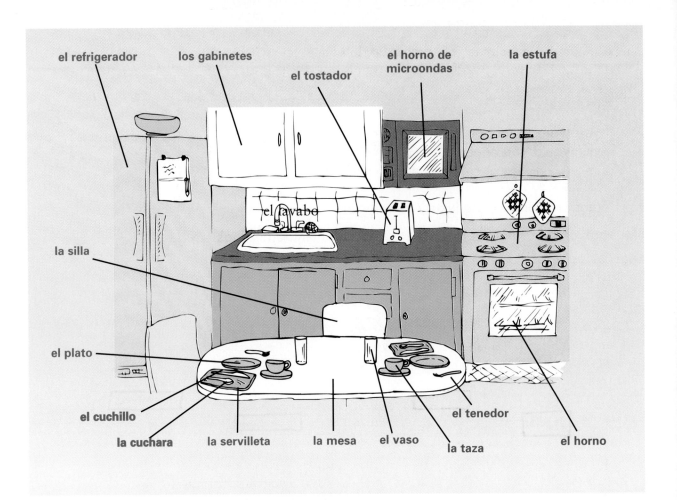

el refrigerador los gabinetes el horno de microondas la estufa

el tostador

la silla

el plato

el cuchillo

la cuchara la servilleta la mesa el vaso el tenedor la taza el horno

el lavabo

¡Te toca a ti!

A. Un apartamento nuevo   You and your family are about to move into a new apartment. Using words you already know and the new vocabulary in the drawings, imagine how you'll furnish each room. Use the verb **poner** *(to put)* in the infinitive form, according to the model.

> **MODELO**   el dormitorio
> *En el dormitorio voy a poner una cama, un televisor, y una mesita de noche.*

1. la cocina   3. la oficina
2. el dormitorio   4. la sala de estar

B. Donde yo vivo   Describe los muebles en cada cuarto *(in each room)* de la casa o apartamento donde vives.

PRONUNCIACIÓN THE VOWEL COMBINATION **ai**

The combination **ai** in Spanish is pronounced in one single syllable, similar to the English word *eye*. Note that it can also be spelled **ay**, as in the Spanish words **hay** and **ay**.

Práctica

C. Lee cada palabra en voz alta, pronunciando con cuidado la combinación **ai**.

1. aire
2. baile
3. paisaje
4. habláis
5. hay
6. ¡ay!
7. caimán
8. compráis

Repaso ♻

D. ¿Qué dijiste? You are talking about what you and some of your friends did last night. One of your friends, who didn't hear, will ask you what you said. You will respond using the verb **decir**. Follow the model.

> **MODELO**   ella / estudiar
> **Tú:** *Ella estudió para un examen.*
> **Amigo(a):** *¿Qué dijiste?*
> **Tú:** *Dije que ella estudió para un examen.*

1. ella / hablar por teléfono
2. yo / ir al cine
3. ella / cenar con su familia
4. él / salir con una amiga
5. nosotros / ir al partido
6. ellas / mirar la televisión
7. ellos / comer pizza
8. él / alquilar un vídeo

E. Su casa está... Describe the homes of the people listed below to a group of your classmates. In addition to saying where each home is located, be precise about what it is like (rooms, furnishings, etc.). Use sentences like **Su casa está...** and **Su casa tiene...**.

1. a teacher
2. a chef
3. a professional athlete
4. a famous rock star

ESTRUCTURA

The verb **poner**

Voy a poner el sofá en la sala de estar.	*I'll put the couch in the living room.*
Ella **puso** el televisor en el dormitorio.	*She put the television in the bedroom.*
Yo **puse** el estante en mi oficina.	*I put the bookcase in my office.*
Yo **pongo** la mesa.	*I set (I'm setting) the table.*

ESTRUCTURA (continued)

1. The verb **poner** has several meanings. It may mean *to put* or *to place* something somewhere. It can also be used in the idiomatic expression **poner la mesa** *(to set the table)*.

Present of **poner** *(to put or place)*			
yo	**pongo**	nosotros(as)	**ponemos**
tú	**pones**	vosotros(as)	**ponéis**
él ella Ud.	**pone**	ellos ellas Uds.	**ponen**

2. Notice that, like **decir**, only the **yo** form of **poner** is irregular in the present, but all preterite forms are irregular.

Preterite of **poner**			
yo	**puse**	nosotros(as)	**pusimos**
tú	**pusiste**	vosotros(as)	**pusisteis**
él ella Ud.	**puso**	ellos ellas Uds.	**pusieron**

Comentarios CULTURALES

El piso

In large cities like Madrid, because of the way space is used, it is rare to find suburbs as they are known in the U.S. Instead, large apartment buildings are constructed that contain units with several rooms each. A unit, called **un piso,** can consist of a kitchen, living room, dining room, bathrooms, and bedrooms. People in Madrid buy **pisos** (similar to our condominiums) the same way people in the U.S. buy houses in the suburbs.

Aquí practicamos

F. ¿Dónde pones los libros? Di donde tú y tus compañeros de clase ponen sus libros cuando llegan a casa. Usa las sugerencias. Sigue el modelo.

MODELO *Yo pongo mis libros en la mesa.*

A	B
Tú	la mesa
nosostros	el estante
mi mejor amigo	el escritorio

G. ¿Dónde pusiste...? All the new furniture for your apartment arrived while your sister or brother was spending the weekend with a friend. You decided where to put the new items and rearranged the apartment while your sibling was away. With a classmate acting as your sibling, imagine you now telephone him (her). Respond each time your classmate asks where you put a particular piece of furniture. Follow the model.

MODELO la cómoda
Compañero(a): *¿Dónde pusiste la cómoda?*
Tú: *Puse la cómoda en el dormitorio.*

Aquí escuchamos

Vamos a arreglar el apartamento *Patrick y su amigo Richard por fin encontraron un pequeño apartamento. Cuando ellos llegan, deciden arreglar el apartamento.*

Antes de escuchar ¿Tienes la oportunidad de ayudar a arreglar los muebles en tu casa o apartamento? ¿Tienes preferencias para la ubicación de ciertas cosas?

A escuchar Mientras escuchas el diálogo, piensa en las palabras que Patrick y Richard usan para arreglar los muebles. ¿Puedes hacer un dibujo de cómo los están arreglando?

Después de escuchar Contesta las siguientes preguntas según lo que has oído.

1. ¿Qué hacen?
2. ¿Qué ponen en la cocina?
3. ¿Quién sabe cocinar?
4. ¿Cómo arreglan *(arrange)* la sala de estar?
5. ¿Qué deciden hacer al terminar?

¡Vamos a arreglar el apartamento! Using the furniture names you have learned, work with several classmates to create a floor plan for an apartment and decide how you're going to arrange your furniture. When your group has finished, compare your arrangement with that of another group. Use the present tense of **poner** when you make your plans. (**Pongo las dos camas en el segundo dormitorio.**) Then use the preterite to explain to the other group what you did. (**Pusimos las dos camas en el segundo dormitorio.**)

 Mi apartamento ideal Write a description of your dream apartment. Tell what furniture is in at least four of the rooms. Describe the location of a minimum of twelve pieces of furniture.

Connect with the Spanish-speaking world!
Access the **¡Ya verás!** *Gold* home page for Internet activities related to this chapter.

http://www.yaveras.com

VOCABULARIO

Temas y contextos

Los anuncios en el periódico para una casa o un apartamento

aire acondicionado
(completamente) amueblado(a)
la cocina — kitchen
el comedor — dinning room
el dormitorio — bedroom
el estacionamiento — parking
el garaje (para dos coches) —
el jardín — garden
la sala de estar —
la terraza — porch
vacío(a) — vacant

La cocina y los muebles

las cortinas — curtains
el cuadro — painting
la cuchara — spoon
el cuchillo — knife
la estufa — stove
el horno (de microondas) — microwave
el plato — plate
el refrigerador — refrigardor
la servilleta — napkin
el sofá — sofa
la taza — cup
el tenedor — fork
el tostador — toaster
el vaso — glass

Vocabulario general

Sustantivos

el alquiler — rent
el periódico — news paper
el plan — floor
la ventana — window

Verbos

alquilar — rent
arreglar — arrange
cocinar — cook
decir — to say
poner — to put

Otras palabras y expresiones

¿Cómo se dice...?
decir que sí (no)
m² (metros cuadrados)
para decir la verdad
¿Qué dijiste?
querer decir

Machu Picchu: Ciudad perdida

Antes de leer

1. Observa el título de la lectura. ¿Conoces la ciudad de Machu Picchu? ¿Qué sabes de esta ciudad?

2. ¿Puedes adivinar qué quiere decir la frase "ciudad perdida"?

3. La lectura menciona la película *Indiana Jones and the Temple of Doom*. ¿Sabes algo de esta película? ¿De qué trata? *(What's it about?)*

El cine americano, por medio de películas como *Indiana Jones and the Temple of Doom*, nos ha enseñado a asociar el concepto de la "ciudad perdida" con la imagen del arqueólogo obsesionado con rituales extraordinarios y conspiraciones misteriosas. La historia del descubrimiento de la ciudad-fortaleza de los incas, Machu Picchu, podría considerarse como el "original" de esta fantasía hollywoodense aunque con algunos cambios.

Localizada en un estrecho altiplano en una elevada zona de los Andes peruanos, Machu Picchu fue abandonada por sus antiguos pobladores indígenas en fecha desconocida. La ciudad quedó cubierta de vegetación durante siglos. La población local creía en su mítica existencia, pero no fue sino hasta 1911 que el mito se convirtió en realidad. En ese año, Hiram Bingham, un investigador de la universidad de Yale, encontró finalmente esa ciudad legendaria.

Lo que películas como *Indiana Jones* no mencionan, es la función y estructura original de las "ciudades perdidas". Estas resultan ser, a menudo, historias mucho más excitantes que las de los ladrones de joyas que abundan en películas de ese tipo. Los investigadores modernos piensan que Machu Picchu, por su carácter estratégico y defensivo, probablemente sirvió como refugio a los altos dignatarios del imperio incaico. Evidentemente, las catástrofes e intrigas políticas siempre han existido en la historia.

Entre otras sorpresas extraordinarias, los investigadores han descubierto entre las ruinas un observatorio astronómico o *intihuatana*, usado por los incas para estudiar los fenómenos solares. Se han encontrado también los restos de más de 150 viviendas, probablemente pertenecientes a la nobleza, construidas, como el resto de la ciudad, con gigantescos bloques de granito. Un templo que aún conserva su ara de sacrificios y la Casa de las Ñustas, edificio que probablemente contenía baños públicos, han quedado también como evidencias de lo que, aún hoy en día, sigue siendo el misterio de la "ciudad perdida" de los incas.

Guía para la lectura

Vocabulario para una mejor comprensión de la lectura.

ciudad-fortaleza	*city-fortress*
altiplano	*high plateau*
ladrones de joyas	*jewel thieves*
intrigas	*intrigues, schemes, plots*
restos	*remains*
ara de sacrificios	*sacrificial altar*

Después de leer

1. Hay muchas leyendas sobre "ciudades perdidas." ¿Conoces alguna de estas leyendas?

2. ¿Hay ciudades abandonadas cerca de tu comunidad? ¿Son similares a las ciudades perdidas de las leyendas? Explica tu opinión.

3. ¿Te interesa la arqueología como profesión? ¿Por qué o por qué no?

¡SIGAMOS ADELANTE!

Conversemos un rato

A. Una habitación de hotel

1. You and your family have just arrived at a hotel to check in. Have one person play the hotel clerk and the other the client.

   a. Greet the clerk.

   b. The clerk asks what you need.

   c. Explain that you have reservations. Tell the clerk how many rooms you want and for how many days. Ask if there is a private bathroom and air conditioning; mention you don't like air conditioning.

   d. The clerk asks what floor you would like to be on.

   e. You ask the price of the rooms.

   f. The clerk tells you the cost.

   g. Ask if you can pay with travelers' checks.

   h. The clerk says the hotel takes travelers' checks and credit cards.

B. Un nuevo apartamento

1. You've just arrived in Buenos Aires as part of an exchange program; you need to rent an apartment for a year. You go to a real-estate agent.

   a. Greet each other formally

   b. The agent asks how he or she can be of help.

   c. Explain your circumstances.

   d. The agent asks how many rooms you want and you respond.

   e. The agent wants to know whether there are other features you would like to have, such as a terrace or a garden, and how you would like the kitchen equipped.

   f. Explain your wishes, and mention three items you would like to have in the kitchen.

   g. The agent asks what floor you prefer.

   h. Choose a floor that's several floors up.

   i. The agent says he or she has an apartment you'll like and that it is near the elevator.

Taller de escritores

Narrar una experiencia

Escribe una narración de tres o cuatro párrafos sobre tu experiencia en una casa o departamento donde vivías, o un hotel que visitaste. Incluye detalles sobre la ubicación del edificio, el ambiente y las habitaciones. Explica también porque te gusta el sitio. Narra la descripción en primera persona. Tu audiencia son tus compañeros de clase y tu profesor(a) de español.

Una experiencia inolvidable

El verano pasado mi hermana y yo fuimos a un hotel de lujo en la isla de Maui y tuvimos una experiencia increíble. El día antes de llegar al hotel, habíamos subido el volcán, y estábamos cansadas y sucias. Esa noche fuimos al jacuzzi para relajarnos, y dormimos en habitaciones elegantes, perfumadas con el olor de jazmín que entraba por la ventana. La mañana siguiente, disfrutamos un desayuno de frutas tropicales y pasteles maravillosos, sentadas frente al océano...

A. Reflexión Haz una lista de ideas que puedes incluir. Después, coloca *(place)* las ideas menores alrededor *(around)* las ideas principales hasta tener una esquema *(outline)*.

B. Primer borrador Escribe una version de la redacción.

C. Revisión con un(a) compañero(a) Intercambia tu redacción con un(a) companero(a) de clase. Lee y comenta la redacción de tu compañero(a). Usa estas preguntas como guía *(guide)*: ¿Que te gusta más de la redacción de tu compañero(a)? ¿Que sección es más interesante? ¿Es apropiada para los compañeros de clase y tu profesor(a)? ¿Incluye toda la información necesaria para el propósito? ¿Qué otros detalles debe incluir la redacción?

D. Versión final Revisa en casa tu primer borrador. Usa los cambios sugeridos por tu compañero(a) y haz cualquier cambio que quieras. Revisa el contenido, la gramática, la ortografía, incluyendo la punctuación y los acentos ortográficos. Trae a la clase esta versión final.

E. Carpeta Tu profesor(a) puede incluir la version final en tu carpeta, colocarla en el tablero de anuncios o usarla para la evaluación de tu progreso.

Conexión con la sociología

Los inmigrantes en los Estados Unidos

Para empezar Casi todos los norteamericanos tienen **antepasados** que salieron de otros países para vivir en los Estados Unidos. Hace quinientos años, sólo los **indígenas norteamericanos** vivían en este continente. Pero desde entonces, y a **causa** de la inmigración, somos un país de personas con diversas **raíces** étnicas y culturales.

A. Orígenes Abajo hay una lista de las regiones principales del mundo. ¿Qué regiones representan el origen de tus antepasados?

¿África? ¿Europa?

¿Asia? ¿Norteamérica? (los indígenas)

¿Australia y las islas del Pacífico? ¿Latinoamérica?

La tabla en la página 203 tiene los principales grupos de inmigrantes que salieron para los Estados Unidos.

1. ¿De qué región del mundo son los alemanes, húngaros y escoceses?
2. ¿Identifica, si puedes, con cuál de estos grupos llegaron tus antepasados.

B. ¿De dónde vienen? Primero, mira el cuadro en la página 203. Después, contesta las preguntas.

1. ¿Qué grupos de inmigrantes llegaron a los Estados Unidos antes de 1820?
2. ¿Qué grupos de inmigrantes llegaron recientemente?
3. ¿Quiénes llegaron primero, los africanos o los alemanes? ¿los cubanos o los polacos? ¿los irlandeses o los ingleses?
4. ¿Durante qué años llegó el grupo principal de judíos?
5. ¿Cuántos italianos llegaron entre 1880 y 1930?
6. ¿Hace cuánto tiempo que llegó el primer grupo de mexicanos?

antepasados *ancestors* indígenas norteamericanos *native North Americans*
a causa de *because of* raíces *roots*

Quiénes llegaron?	Cuándo?	Cuántos?
africanos	1700-1810	400.000
alemanes	1840-1890	4 millones
austriacos, húngaros, checos y eslovacos	1880-1930	4 millones
chinos, coreanos y filipinos	1960-1990	1 millón
cubanos	1960-1990	700.000
daneses, noruegos y suecos	1870-1910	1,5 millones
dominicanos, haitianos y jamaiquinos	1970-1990	900.000

Quiénes llegaron?	Cuándo?	Cuántos?
ingleses, franceses y escoceses	1700-1810	500.000
irlandeses	1840-1860	1,5 millones
italianos	1880-1930	4,5 millones
judíos de Europa oriental	1880-1930	2,5 millones
mexicanos	1910-1990	3 millones
polacos	1880-1930	1 millón
vietnamitas	1970-1990	500.000

Source: World Book Encylcopedia, Vol. "I", p. 82, 1994.

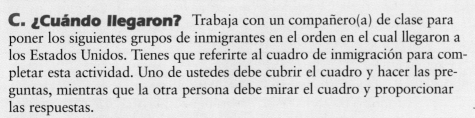

C. ¿Cuándo llegaron?   Trabaja con un compañero(a) de clase para poner los siguientes grupos de inmigrantes en el orden en el cual llegaron a los Estados Unidos. Tienes que referirte al cuadro de inmigración para completar esta actividad. Uno de ustedes debe cubrir el cuadro y hacer las preguntas, mientras que la otra persona debe mirar el cuadro y proporcionar las respuestas.

africanos	chinos	cubanos	mexicanos	polacos
judíos	irlandeses	alemanes	ingleses	

MODELO   Estudiante 1: ¿Quiénes llegaron hace doscientos años?
Estudiante 2: Los ingleses llegaron hace doscientos años.

Vistas
De los países hispanos

Perú

Capital: Lima

Ciudades principales: Arequipa, Chiclayo, Cuzco, Huancayo, Trujillo, Iquitos, Ica

Población: 21.700.000

Idiomas: español (oficial), quechua, aymará

Área territorial: 1.285.216 km^2

Clima: la costa, templado y seco; región de los Andes, de templado a frío; planicies orientales, cálido y húmedo

Moneda: sol

planicies *plains* cálido *hot*

EXPLORA

Find out more about Perú!
Access the **Nuestros vecinos** page on the
¡Ya verás! *Gold* web site for a list of URLs.

http://yaveras.heinle.com/vecinos.htm

En la comunidad

¡Obtenga una hipoteca!

¿Necesita Ud. una **hipoteca**? (mortgage) ¿Habla español? Tal vez yo pueda ayudarle.

Mi nombre es Robert y trabajo en un banco vendiendo hipotecas. Ayudo a las personas que quieren comprar casa y necesitan obtener una hipoteca. Trabajo en un negocio altamente competitivo pero el poder hablar español me da una **ventaja** sobre los **vendedores** de otros bancos.

Estudié español por tres años en la escuela secundaria y pasé tres veranos en México en un programa de intercambio. Logré poder hablarlo y entenderlo bien. Después de la secundaria, **me matriculé** en la universidad de Santa Cruz, en California. **Me mudé** con dos amigos mexicanos, los cuales me ayudaron a conseguir un trabajo de limpieza en el hotel Bonaventure. Desde ese momento entré a un mundo donde sólo se hablaba español y después de poco tiempo ya podía hablarlo y entenderlo como cualquier hispano-parlante.

Todavía practico el español a través del Internet, subscribiéndome a revistas y periódicos en español y viajando a América Latina. El español me ayuda a divertirme y a ganar dinero.

¡Ahora te toca a ti!

1. Imagina que vas a comprar una casa y sólo hablas español. Con un(a) compañero(a) prepara un diálogo en que expliques qué tipo de casa quieres y un **agente de bienes raíces** te describa unas cuantas casas.

2. Si hay agencias de bienes raíces en tu área que empleen personas de habla hispana, pregúntales a estas personas cómo les ayuda el español en su trabajo. Luego puedes presentar esta información a la clase.

hipoteca *mortgage*   vendedores *salesmen*   me matriculé *I enrolled*   Me mudé *I moved*
ventaja *advantage*   agente de bienes raíces *real estate agent*

UNIDAD 3

Nuestro día

Objectives

In this unit you will learn:

- to talk about your daily routine
- to organize weekend activities
- to discuss vacation plans

¿Qué ves?

- ¿Dónde está y qué hace la gente que se ve en cada foto?
- ¿Crees que hacen lo mismo todos los días? ¿Por qué?
- ¿Cuáles de las fotos muestran la vida diaria? ¿Cómo sabes?

¿Qué haces de costumbre?

Primera etapa: Una mañana en la casa de Cristina Gallegos
Segunda etapa: Una tarde con Enrique Castillo
Tercera etapa: Una noche en la casa de Marilú Méndez

¿Qué haces este fin de semana?

Primera etapa: La revista Cromos
Segunda etapa: Te invito a una fiesta

¿Cuándo son las vacaciones?

Primera etapa: Las vacaciones con la familia
Segunda etapa: Una visita a un parque nacional

CAPÍTULO 7

¿Qué haces de costumbre?

La calle de la Ronda es una calle típica de una sección de Quito, la capital de Ecuador.

Objectives

- talking about daily routines
- organizing weekend activities
- discussing vacation plans

PRIMERA ETAPA

Preparación

- What do you usually do on weekdays?
- When and with whom do you talk about your daily activities?
- How is a typical day different from an extraordinary one?

Una mañana en la casa de Cristina Gallegos

Hablemos del horario típico de Cristina.

Me levanto a las 7:20 y **desayuno.** Siempre **me sirvo** un chocolate bien **caliente** y luego **me preparo** para ir a la escuela. Esto tarda tres cuartos de hora, más o menos. Salgo para la escuela a las 8:10. Voy a pie porque el autobús no va directamente a la escuela. Llego en un poco menos de 20 minutos. Generalmente mis clases comienzan a las 8:30. **Casi** siempre llego a tiempo.

Por lo general, los fines de semana comienzan para mí el viernes después de la escuela, cuando voy al centro con mis amigos. Allí **charlamos,** cenamos y vamos al cine o a una fiesta. Los sábados y domingos no me levanto muy temprano por la mañana —**me quedo** en cama hasta las 10. Después desayuno con mis padres.

Me levanto *I get up*   **desayuno** *I eat breakfast*   **me sirvo** *I prepare*   **caliente** *warm*   **me preparo** *I get ready*
Casi *Almost*   **charlamos** *we chat*   **me quedo** *I stay*

¡Te toca a ti!

A. ¿Verdadero o falso? Basándote en la descripción de Cristina, indica si los siguientes comentarios son verdaderos (**V**) o falsos (**F**). Si es falso, di (*say*) por qué.

T 1. Cristina se levanta muy temprano todas las mañanas.

T 2. Se queda en cama tarde los sábados y los domingos.

T 3. Desayuna y después se prepara para ir a la escuela.

F 4. Se prepara para ir a la escuela en menos de una hora.

T 5. Vive cerca de la escuela.

F 6. Toma el autobús para llegar allí.

T 7. Su primera clase es a las 8:30.

F 8. Los fines de semana de Cristina son parecidos a *(are similar to)* los fines de semana de los norteamericanos.

Comentarios CULTURALES

Actitudes hacia la hora

The word **mañana** means both *morning* and *tomorrow*, but is also commonly used in Spanish-speaking cultures to mean at some indefinite future time, rather than specifically the next morning or the next day, as might be assumed. It is also important to understand that references to **la mañana, la tarde,** and **la noche** are often much broader in meaning than they are in English. When used specifically, **la mañana** is viewed as any time before noon. After that, **la tarde** can go on into what is considered "evening" to a person from the U.S. **La noche** begins after 8:00 or 9:00 p.m. or thereabouts. Many people in Spanish-speaking cultures often function according to a general time range when it comes to social occasions. It is perfectly acceptable, and even expected, for example, for someone to agree to meet at 7:00 and then arrive 30–45 minutes after that. This is not viewed as rude behavior, but rather as dealing in a kind of "comfort zone" in which everyone is assumed to live. When it comes to business or medical appointments, however, sticking to a precise hour is understood to be the agreement.

ESTRUCTURA

The present tense of reflexive verbs

Me levanto temprano.	*I get up early.*
Mi amiga Isabel **se levanta** temprano también.	*My friend Isabel gets up early, too.*
Nos llamamos por teléfono todas las mañanas.	*We call each other on the telephone every morning.*

1. Reflexive verbs can be used to express two different meanings:

   • an action that reflects back on the subject

Yo me lavo.	*I wash (myself).*
Ella se levanta.	*She gets up. (Literally, she gets herself up.)*

   • an action in which two or more subjects interact

Nosotras nos reunimos por la tarde.	*We get together in the afternoon.*
Ellas se miran.	*They look at each other.*

2. In either case, the subject (noun or pronoun) is accompanied by a corresponding reflexive pronoun (**me, te, se, nos, os, se**).

bañarse *(to bathe)*			
yo	**me baño**	nosotros(as)	**nos bañamos**
tú	**te bañas**	vosotros(as)	**os bañáis**
él ella Ud.	**se baña**	ellos ellas Uds.	**se bañan**

3. To express that the subject does something to himself/herself/themselves, the reflexive pronoun must agree with the subject of the verb with which it is used.

4. When the verb is conjugated, the pronoun usually precedes it.

5. When a verb is followed by a reflexive verb in the infinitive, the pronoun is normally attached to the infinitive.

   Yo **me levanto** temprano todos los días.

   Yo quiero **levantarme** temprano mañana.

ESTRUCTURA (continued)

6. Here is a list of frequently used reflexive verbs. The pronoun **se** attached to an infinitive means that the verb is reflexive.

acostarse (ue)	*to go to bed*
afeitarse	*to shave*
cepillarse (el pelo, los dientes)	*to brush (one's hair, teeth)*
darse prisa	*to hurry up*
despertarse (ie)	*to wake up*
divertirse (ie, i)	*to have a good time*
dormirse (ue, u)	*to fall asleep*
ducharse	*to take a shower*
lavarse (las manos, el pelo, los dientes)	*to wash (one's hands, hair; to brush one's teeth)*
maquillarse	*to put on makeup*
peinarse	*to comb one's hair*
ponerse	*to put on*
quedarse	*to stay, to remain*
sentarse (ie)	*to sit down*
vestirse (i, i)	*to get dressed*

Aquí practicamos

B. Oraciones nuevas Usa la información entre paréntesis para crear oraciones nuevas.

1. *Yo* me despierto a las nueve. (Juana / nosotros / tú / tus amigos)

2. *Él* se viste antes de desayunarse. (María y Carlos / yo / Uds. / ella / tú)

3. *Ellas* se llaman mucho por teléfono. (Uds. / mis hermanas / nosotros / ellos)

4. *Ud.* se ducha después de levantarse. (yo / Uds. / Marta / ellos / tú)

5. *Tú* te acuestas muy temprano. (nosotros / él / mis padres / Carlos y tú / ella)

C. Pedro o Ana María y yo Compare your activities with those of Pedro (if you are male) or those of Ana María (if you are female).

> **MODELO**   Pedro se despierta a las siete.
> *Yo me despierto a las siete menos cuarto.*

Los muchachos

1. Pedro se queda en la cama por media hora y se levanta a las siete y media.
2. Pedro no se baña por la mañana de costumbre.
3. Pedro se lava los dientes una vez al día.
4. Pedro se afeita de vez en cuando.

Las muchachas

1. Ana María se queda en la cama por un cuarto de hora.
2. Ana María se levanta a las siete y cuarto.
3. Ana María se baña todas las mañanas.
4. Ana María se cepilla el pelo y se maquilla.

D. Una familia Tu compañero(a) describe la rutina diaria de su familia. Tú le haces algunas preguntas usando la información que está entre paréntesis. Sigue los modelos.

MODELOS

Mi madre se baña todas las mañanas.
(cepillarse el pelo)
¿Se cepilla el pelo también?

Mi padre siempre se queda en cama.
(a qué hora / levantarse)
¿A qué hora se levanta?

1. Mi hermano se despierta a las seis. (a qué hora / levantarse)
2. Yo no me quedo en cama por la mañana. (por qué / levantarse inmediatamente)
3. Mi hermana se cepilla el pelo todas las mañanas. (maquillarse)
4. Yo me baño todas las mañanas. (lavarse el pelo)
5. Mi padre se baña, se viste y sale de la casa. (cuándo / afeitarse)
6. Yo me levanto, me baño y me desayuno. (cuándo / vestirse)

E. ¿Y tú? You and two of your friends are discussing the morning routines of your families. First, name the members of your family. Then use the suggested verbs to tell something about the members of your family and to ask your partners about theirs. Follow the model.

MODELO despertarse muy temprano

Estudiante A: *Mi padre se despierta muy temprano.*

Estudiante B (a Estudiante C): *¿Tu padre se despierta muy temprano también?*

Estudiante C: *No, de costumbre se despierta a las nueve.*

1. despertarse
2. levantarse antes de... (la hora)
3. quedarse en cama hasta... (la hora)
4. cepillarse / lavarse los dientes... veces por día
5. ducharse todas las mañanas
6. afeitarse todos los días / a veces
7. maquillarse todos los días / a veces
8. vestirse antes / después del desayuno

Aquí escuchamos

Una mañana en casa de Juan Manuel y Cecilia

Juan Manuel y Cecilia son hermanos. Los dos son estudiantes de la Escuela Simón Bolívar y para ellos todas las mañanas son iguales.

Antes de escuchar ¿A qué hora te levantas durante la semana? ¿Tardas mucho en prepararte para salir a la escuela?

 A escuchar Escucha el diálogo y piensa en los verbos reflexivos que usan. ¿Están los hermanos tranquilos o agitados?

Después de escuchar Contesta las siguientes preguntas según lo que has oído.

1. ¿Qué dice Juan Manuel que Cecilia hace por las mañanas?
2. ¿Qué hace Juan Manuel cuando se despierta?
3. ¿A qué hora dice Cecilia que se levanta su hermano?
4. ¿Qué no tiene tiempo de hacer Juan Manuel?
5. ¿Siempre desayunan los hermanos?

¡Te toca a ti!

F. En casa de Victoria Mornings at Victoria's house are very different from those at Juan Manuel's and Cecilia's. Based on the drawings that follow, describe what Victoria and her brother Miguel do in the morning. Use the following verbs and expressions: **despertarse, levantarse, quedarse en cama, ducharse, lavarse, cepillarse, maquillarse, vestirse, peinarse, desayunar, irse.**

G. ¿Y tú? Now describe your own morning activities. Talk about the same topics as mentioned in the conversation with Juan Manuel and Cecilia, but fit the information to your personal situation. Follow the model.

MODELO   *De costumbre, yo me despierto a las 6:30...*

¡ADELANTE!

 Intercambio   Conversa con un(a) compañero(a) usando las siguientes preguntas.

1. ¿A qué hora se levantan en tu casa?
2. ¿Quién se levanta primero?
3. ¿Quién se ducha?
4. ¿Quién se lava el pelo por la mañana?

Una mañana típica   Your family has registered to host an exchange student from a Spanish-speaking country. In preparation for the visit, the student has written you asking for an idea of your family's daily routine. Write a letter to him (her). 1) Give the names of your family members with a brief description of each. 2) Describe the early morning routine of your family, providing specific times when family members do certain things. In the next paragraph, 3) tell where everyone goes during the day and 4) two facts about each one's day. In the final paragraph, describe the family's evening at home, 5) telling what you do together and 6) what you do individually, including preparation for bed and what time you go to sleep. Don't forget to 7) use appropriate letter format with date, salutation, and closing.

Preparación

- What is a typical afternoon like for you?
- What do you do on Fridays after school that you don't do on other days of the week?

Una tarde con Enrique Castillo

El horario cambia cada día para Enrique.

Las clases comienzan a las 9:00 y **duran** 55 minutos. Los lunes, mi primera clase es el latín. Después, tengo una hora de español y una hora de francés. ¡A veces no sé qué lengua estudio! Al mediodía tengo una hora para comer: de las 12:00 hasta la 1:00. Almuerzo en la cafetería de la escuela y hablo con mis amigos. Después del almuerzo, tengo una hora libre (para hacer la **tarea**) o salgo de la escuela para dar un paseo con mis compañeros. Las clases comienzan de nuevo a las 2:00. Por la tarde, tengo ganas de echar una siesta, pero no puedo porque tengo una hora de historia y geografía, luego **siguen** las clases con una hora de matemáticas, luego una hora de física y química. ¡Es mucho! Después de las clases estoy cansado. Siempre me quedo **un buen rato** en frente de la escuela para charlar con mis amigos. Luego regreso a casa. Llego en muy poco tiempo porque vivo cerca de la escuela. Esta tarde sólo es un ejemplo, porque tengo un horario diferente para cada día de la semana. Por **ejemplo**, los martes comienzo a las 8:30, almuerzo de las 11:30 a las 12:30 y termino a las cuatro. Y los cursos **mismos** son diferentes: estudio también inglés y ciencias naturales, y tengo dos horas de deportes por semana.

---

duran *last*   **tarea** *homework*   **de nuevo** *again*   **siguen (seguir)** *continue*   **un buen rato** *a good while*   **sólo** *only* **ejemplo** *example*   **mismos** *themselves*

¡Te toca a ti!

A. Los cursos de Enrique

Here are some of the courses offered in **escuelas secundarias** or **colegios** in Spanish-speaking countries. Indicate which courses are part of the **programa** Enrique just described and which are not.

el español
el alemán
el inglés
el francés
el griego *(Greek)*
el latín
la historia
las matemáticas

la física
la química
las ciencias naturales
  (la biología,
   la geología)
la educación física
la geografía
la economía

la música
  (instrumentos,
   canto, baile)
las artes plásticas
  (pintura, escultura)

B. Enrique y tú

Compare your school day with the one Enrique describes. For each statement Enrique makes, either say that your situation is similar (**Para mí, es lo mismo…**) or explain how it is different (**Para mí, es diferente…**). Follow the model.

> **MODELO** Generalmente, mis clases comienzan a las 9:30.
> *Para mí, es diferente. Mis clases comienzan a las 8:45.*

1. Las clases en mi escuela duran 55 minutos.
2. Los lunes por la mañana tengo tres clases.
3. En nuestra escuela tenemos una hora y media para comer.
4. Yo almuerzo en la cafetería de la escuela.
5. Después de almorzar, salgo de la escuela para dar un paseo con mis amigos.
6. Las clases terminan a las tres de la tarde.
7. Después de las clases, me quedo un buen rato en frente de la escuela.
8. Siempre llego a casa en cinco minutos porque vivo muy cerca de la escuela.
9. Tomo cursos de español, inglés, francés, latín, historia, geografía, física, química, biología, geología y matemáticas.

C. No es verdad...

Indicate that the following statements are incorrect. For at least three items, provide more accurate statements based on the drawings. Follow the models.

MODELOS

Pablo se levanta antes de las siete.
No es verdad. No se levanta antes de las siete. Se levanta a las ocho y media.

Yo me levanto muy temprano.
No es verdad. Tú no te levantas muy temprano. Te levantas después de las diez.

1. Jorge se lava los dientes una vez al día.

2. Consuelo y su hermano se dan prisa para ir a la escuela.

3. Yo me afeito todas las mañanas.

4. Juana se viste antes de desayunar.

5. Después de las clases, nos gusta dar un paseo por el parque.

D. ¿Qué hago y qué no hago? Para cada actividad, indica si es verdad para ti o no. Sigue el modelo.

> **MODELO** despertarse muy temprano
> *Yo me despierto muy temprano.* o:
> *Yo no me despierto muy temprano.*

afeitarse	lavarse el pelo todos los días
cepillarse los dientes después de la comida	levantarse inmediatamente
	quedarse en cama
darse prisa para llegar a tiempo	maquillarse
desayunar antes de ir a la escuela	salir para la escuela antes de las siete y media
ducharse por la mañana	vestirse rápidamente

E. ¡Dime! (Tell me!) Habla con un(a) compañero(a) de clase sobre su rutina diaria. Usa la información que está entre paréntesis.

1. ¿A qué hora...? (levantarse durante la semana / levantarse el sábado por la mañana / levantarse en el verano)

2. ¿Cuántas veces al día (a la semana)... ? (lavarse los dientes / lavarse el pelo / ducharse)

ESTRUCTURA

Ud. and Uds. command forms of reflexive verbs

Levántese Ud. ahora mismo, por favor.	*Get up right now, please.*
Levántense Uds. antes de las 10:00, hijos.	*Get up before 10:00, children.*
Póngase la camisa azul.	*Put on the blue shirt.*
Pónganse los zapatos, niños.	*Put on your shoes, kids.*
No **se duerma** en clase.	*Don't fall asleep in class.*
No **se duerman** aquí.	*Don't fall asleep here.*

1. Reflexive verbs form their command forms the same way that other infinitives do. The only difference is that command forms for reflexive verbs must also include reflexive pronouns.

ESTRUCTURA (CONTINUED)

2. To form the **usted** affirmative formal command of reflexive -**ar** verbs, add -**e** to the stem of the **yo** form of the verb in the present tense. For -**er** and -**ir** verbs, add -**a** to the stem of the **yo** form of the verb. Then attach the reflexive pronoun **se** to this command form.

yo quedo	qued-	quede	quédese
yo pongo	pong-	ponga	póngase
yo duermo	duerm-	duerma	duérmase

3. The negative formal command is formed the same way, except that the reflexive pronoun **se** is used *before* the command form. Notice that **no** is placed *before* the reflexive pronoun.

yo quedo	qued-	quede	**no se** quede
yo pongo	pong-	ponga	**no se** ponga
yo duermo	duerm-	duerma	**no se** duerma

4. The plural formal affirmative and negative command forms add -**n** to the singular command forms. The reflexive pronoun **se** is positioned the same as it is in each singular form.

| yo quedo | qued- | quede | quédense |
| | | | **no se** queden |

5. Note that a written accent appears on the third syllable from the end of all command forms when the reflexive pronoun is attached. This indicates that the original stress remains despite the changes to the word.

| **qué**dese **qué**dense | **pón**gase **pón**ganse | **duér**mase **duér**manse |

Aquí practicamos

F. ¡Órdenes, órdenes! Using a reflexive verb, a classmate will ask you if she (he) or everyone should do something. You respond by using the same verb in the appropriate **Ud.** or **Uds.** affirmative command forms. Follow the models.

MODELOS   Compañero(a): ¿Me quedo aquí?
           Tú: *Sí, quédese aquí.*

           Compañero(a): ¿Nos lavamos las manos?
           Tú: *Sí, lávense las manos.*

1. ¿Me levanto temprano?
2. ¿Me baño ahora?
3. ¿Nos sentamos aquí?
4. ¿Me lavo los dientes?
5. ¿Nos llamamos por teléfono?
6. ¿Me peino antes de salir?
7. ¿Me maquillo para la fiesta?
8. ¿Me pongo el abrigo?
9. ¿Nos acostamos a las 7:00?
10. ¿Nos divertimos con la música?

G. ¡No, no, no y tres veces que no!

This time, respond to questions asked by your classmate by using the appropriate **Ud.** or **Uds.** negative command forms of the reflexive verbs. Follow the models.

MODELOS
Compañero(a): ¿Me quedo aquí?
Tú: *¡No, no, no! No se quede aquí.*

Compañero(a): ¿Nos levantamos tarde?
Tú: *¡No, no, no! No se levanten tarde.*

1. ¿Me siento en la mesa?
2. ¿Nos ponemos tres suéteres?
3. ¿Me afeito en la cocina?
4. ¿Me cepillo los dientes con jabón *(soap)*?
5. ¿Nos acostamos a la una?
6. ¿Me divierto con el coche nuevo de papá?
7. ¿Me duermo en la clase de español?
8. ¿Nos bañamos a la medianoche?
9. ¿Me afeito en la biblioteca?
10. ¿Me levanto a las 4:00 de la tarde?
11. ¿Me peino en la iglesia?
12. ¿Nos quedamos en tu casa por dos meses sin salir?

H. El (La) director(a)

Pretend you are directing a commercial for personal hygiene products. You must tell the actors exactly what to do or not to do during the filming of scenes typical of a family's routine early in the morning. Give at least six commands, using the **Ud.** and **Uds.** forms of reflexive verbs in affirmative or negative command forms. Suggested verbs to use are **afeitarse, peinarse, sentarse, maquillarse, acostarse, levantarse, cepillarse, lavarse, despertarse, ponerse.** Each actor (actress) will act out what the director asks him (her) to do.

Aquí escuchamos

La tarde de Juan Manuel y Cecilia
Juan Manuel y Cecilia hablan con su tío Pedro sobre su vida en la escuela.

Antes de escuchar ¿Cómo llegas a la escuela? ¿En coche? ¿A pie? ¿En autobús? ¿Qué clases te gustan más?

A escuchar Escucha el diálogo. ¿Piensas que Pedro y Juan Manuel dependen mucho el uno del otro durante el día *(depend heavily on each other during the day)*?

Después de escuchar Contesta las siguientes preguntas según lo que has oído.

1. ¿Qué quiere saber el tío Pedro?
2. ¿Van a la escuela juntos Juan Manuel y Cecilia?
3. ¿Qué estudia Juan Manuel?
4. ¿Dónde almuerzan los dos?
5. ¿A qué hora regresa Juan Manuel a casa? ¿Y Cecilia?
6. ¿Cómo se llama la escuela?

Comentarios CULTURALES

La cortesía

The use of direct commands is usually avoided in Spanish except in specific instances when the speaker wishes to be quite firm, express a degree of anger or impatience, or is in an "ordering about" or agitated frame of mind. Gentler, more indirect ways of getting people to do things are preferred by most Spanish-speaking people in everyday social situations. For example, **¿Quiere abrir la puerta?** or **¿No me abre la puerta?** are used as kinder alternatives to a direct **Abra la puerta,** even if this affirmative command is used with **por favor**. In other words, basic courtesy is an important characteristic of the Spanish language as most people around the world speak it. They don't think it is overly polite or "flowery" to use expressions that convey wishes instead of using command forms. In fact, to some Spanish speakers who do not know the English language well, the normal and acceptably frequent use of commands in English often seems brusque and even rude.

¡Te toca a ti!

I. ¿Y tú? With a partner, ask and answer the following questions about your school routine.

1. ¿A qué hora sales de casa por la mañana?
2. ¿Tu colegio está lejos de tu casa?
3. ¿Cómo vas a la escuela?
4. ¿A qué hora comienzan las clases?
5. ¿Hasta qué hora tienes clases por la mañana?
6. ¿Cuánto tiempo tienes para comer?
7. ¿Dónde almuerzas?
8. ¿A qué hora vuelven a comenzar tus clases por la tarde?
9. ¿A qué hora sales de la escuela?
10. ¿A qué hora regresas de costumbre a casa?

¡ADELANTE!

 ¿Tú no? Identify five things in Activity D that you do *not* do. Then question your classmates until you find at least two other people for each activity who do not do it either. On your activity master, fill in your findings. Follow the models.

No	Yo	Mi amigo(a)	Mi amigo(a)
1. lavarse el pelo todos los días	X	Carmen	Jaime
2. maquillarse	X	Juan	Carlos
3.	X		
4.	X		
5.	X		

 Por la tarde... Write eight sentences describing what you normally do in the afternoon. Don't forget to include weekends as well. Make a calendar of the week to illustrate your afternoon activities.

TERCERA ETAPA

Preparación

- What do you do in the evenings during the week?
- Is your weeknight schedule different from weekend evenings?
- What time do you go to bed when you have school the next day?
- What do you like to do on Sunday evenings?

Una noche en la casa de Marilú Méndez

Después de la escuela, Marilú tiene muchísimo que hacer.

Normalmente mis clases duran hasta las 5:00. Entonces regreso a mi casa. Vivo **bastante** lejos del colegio. Por eso tomo el autobús. El autobús hace el viaje en 40 minutos, más o menos.

Ya en casa, hago mi tarea para el día siguiente. En mi casa cenamos **a eso de** las 7:45. Mi madre **se encarga de** preparar las comidas. Después de la cena, yo **quito la mesa** y lavo los platos. Después hay más tarea que hacer y tengo que **ocuparme** de los animales —tengo un gato y un perro. Por lo general, me acuesto a las 10:30. Es un poco aburrido, pero nadie **tiene la culpa.** ¡Siempre hay tanto que hacer!

Por eso prefiero el fin de semana. Los sábados por la noche voy al centro con mis amigos. Vamos al cine o vamos a bailar. Los domingos por la noche casi siempre miro la televisión porque generalmente hay buenas películas esa noche.

bastante *rather, fairly*   **Ya en casa** *Once I'm home*   **a eso de** *at about, around*   **se encarga de** *is in charge of*
quito la mesa *I clear the table*   **ocuparme de** *to take care of*   **tiene la culpa** *is to blame*

¡Te toca a ti!

A. ¿Dónde está Marilú? ¿Qué hace ella?
On the basis of what you have just read, indicate for each day and time where Marilú probably is and what she is doing. Follow the model.

> **MODELO** martes a las 15:00
> *Marilú está en la escuela. Está en clase.*

1. martes a las 18:15
2. miércoles a las 20:00
3. jueves a las 21:00
4. viernes a las 23:00
5. sábado a las 21:00
6. domingo a las 21:00

B. Una entrevista
Radio Futuro quiere entrevistarte (*interview you*) sobre tu rutina diaria. Contesta las siguientes preguntas.

1. ¿Generalmente, hasta qué hora duran tus clases?
2. ¿Vives cerca del colegio?
3. ¿Cuánto tiempo tardas para regresar a la casa?
4. ¿Qué haces, ya en casa?
5. ¿A qué hora cenan ustedes en tu casa?
6. ¿Quién prepara la comida? ¿Quién quita la mesa? ¿Quién lava los platos?
7. ¿Qué haces los fines de semana?
8. ¿Qué haces los domingos por la noche?

Repaso ♻

C. Durante las vacaciones...
When people go on vacation, they want to get away from their daily routines. Use the **Uds.** command form of the verbs suggested to indicate to your friends what they should or should not do when they are on vacation. Follow the model.

> **MODELO** *Durante las vacaciones acuéstense tarde y no se levanten temprano.*

acostarse	descansar	estudiar
bailar	despertarse	lavarse
comer	divertirse	levantarse
darse prisa	dormirse	vestirse
desayunarse	ducharse	

ESTRUCTURA

Tú command form of reflexive verbs

1. The affirmative **tú** command form of most reflexive and nonreflexive verbs, whether they are **-ar, -er,** or **-ir** verbs, is exactly the same as the third person singular of the present indicative tense.

él, ella **habla**	¡Habla (tú)!	*Speak!*
él, ella **come**	¡Come (tú)!	*Eat!*
él, ella **escribe**	¡Escribe (tú)!	*Write!*

2. When the verb is reflexive, the familiar reflexive pronoun **te** and an accent are added to the command form.

| **levanta** (tú) | ¡Levántate (tú)! | *Get up!* |
| **duerme** (tú) | ¡Duérmete (tú)! | *Go to sleep!* |

3. The negative **tú** command form of most reflexive and nonreflexive verbs is formed by changing the **as** to **es** for verbs ending in **ar,** and changing **es** to **as** for verbs ending in **er** and **ir. No** is placed before the verb to make it negative.

no hables (hablar)   no comas (comer)   no escribas (escribir)

4. When the verb is reflexive, the reflexive pronoun **te** is used before the verb. Notice that **no** is placed *before* the reflexive pronoun.

Not reflexive	Reflexive	Not reflexive	Reflexive
no levantes	**no te** levantes (tú)	no duermas	**no te** duermas

Aquí practicamos

D. Dime Give the affirmative **tú** command form of the following verbs. Follow the model.

> **MODELO**   lavarse
> *¡Lávate!*

1. levantarse
2. ducharse
3. vestirse
4. quedarse
5. acostarse
6. moverse
7. maquillarse
8. dormirse

E. ¡No me digas! Give the negative **tú** command form of the following verbs. Follow the model.

> **MODELO**   afeitarse
> *¡No te afeites!*

1. peinarse
2. mirarse
3. moverse
4. desayunarse
5. dormirse
6. darse prisa
7. sentarse
8. acostarse

F. Dile a ella (Tell her) First tell your friend Ana María to do each of the activities suggested. Then change your mind and go through the list again, telling her not to do them. Follow the model.

> **MODELO**   levantarse
> *¡Ana María, levántate!*
> *¡Ana María, no te levantes!*

1. despertarse
2. darse prisa
3. peinarse
4. acostare
5. lavarse el pelo
6. divertirse
7. maquillarse
8. cepillarse los dientes

G. Diles a ellos (Tell them) Tell the small children you are taking care of to do each of the activities suggested. Then go through the list again, telling them not to do those things. Follow the model.

> **MODELO**   levantarse
> *¡Levántense!*
> *¡No se levanten!*

1. despertarse
2. darse prisa
3. acostarse
4. peinarse
5. dormirse
6. lavarse las manos
7. ducharse
8. cepillarse los dientes

H. Diálogos para completar Complete each mini-conversation with the affirmative or negative command of one of the following: **levantarse, acostarse, darse prisa, lavarse, vestirse, despertarse.** Follow the model.

> **MODELO**   —¡Andrés! ¡Andrés! *¡Despiértate!*
> —¿Cómo? ¿Qué pasa?
> —Tienes que levantarte para ir a la escuela.

1. —¿Qué hora es, Francisco?
   —Son las 9:55, papá.
   —¿Cómo? ¿Las 9:55? ¿Por qué estás todavía en la cama? ¡_____!

2. —¡Maricarmen! ¡Maricarmen!
   —¿Sí, mamá?
   —Vamos a cenar, mi hija. _____ las manos y siéntate.
   —Sí, mamá.

3. —¡Carlos! ¡Ya son las 7:30!
   —¿Qué pasa, mamá?
   —¡La película comienza dentro de media hora! ¡_____!

4. —¡Luis! ¡Anita! ¿Qué hacen ustedes?
   —Ehhh, una cosa, mamá.
   —Ya es medianoche. ¡_____, hijos!
   —Un momento más, mamá.

Aquí escuchamos

La noche con Juan Manuel y Cecilia *Los tíos de Juan Manuel y Cecilia pasan la semana en casa con ellos. Cuando los hermanos regresan del colegio, su tía Margarita los espera.*

Antes de escuchar ¿Tienes muchos quehaceres *(chores)* cuando llegas a la casa después de la escuela? ¿Cuál es el quehacer que menos te gusta?

 A escuchar Mientras escuchas el diálogo, piensa en tu propio horario. ¿Tienen los hermanos mucho que hacer por la noche? ¿Puedes hacer una lista de sus quehaceres?

Después de escuchar Contesta las siguientes preguntas según lo que has oído.

1. ¿Qué trabajo va a hacer Juan Manuel?
2. ¿Quién va a preparar la comida?
3. ¿A qué hora comen Juan Manuel y Cecilia?
4. ¿Quién quita la mesa?
5. Como ya terminó su tarea, ¿qué quiere hacer Juan Manuel para divertirse?
6. ¿A qué hora se acuesta Juan Manuel? ¿Y Cecilia?

¡Te toca a ti!

I. ¿Y tú? Alternando con otro(a) estudiante, hagan y contesten las preguntas sobre su rutina en casa.

1. ¿A qué hora regresas del colegio?
2. ¿Cuándo haces tu tarea generalmente?
3. ¿Ayudas *(Do you help)* con los quehaceres de la casa?
4. ¿Quién se encarga de lavar la ropa en tu casa?
5. ¿Quién lava los platos en tu casa?

¡ADELANTE!

Encuentra a alguien que... On your activity master, 1) fill in the information about how you will ask certain questions of your classmates. 2) Then add the appropriate information about yourself in the third column. 3) When your teacher gives the signal, circulate around the classroom asking questions of your classmates to find out information about their routine and home life. 4) When you find a student with an answer that matches one of your own, enter the person's name in the appropriate column on your activity master. Do not use the same person's name more than once.

¿Qué tenemos en común?			
	La pregunta que voy a hacer en español	Mi información	Nombre de un(a) amigo(a) con quien tengo algo en común
time you get home from school			
time you do your homework			
time your family has dinner			
which household chores you do			

 Un día típico Write a description of a typical day for you. First tell what you usually do on a weekday. Then describe what you do on weekends as well.

VOCABULARIO

Para charlar

Para hablar de las actividades de todos los días

acostarse (ue) - to go to bed
afeitarse - to shave
bañarse - to bathe
cepillarse (el pelo; brush hair
   los dientes)   or teeth
darse prisa - hurry up
desayunar - breakfast
despertarse (ie) - wake up
divertirse (ie, i) - to have a good time
dormirse (ue, u) - to fall asleep
ducharse - take a shower
lavarse (las manos, - wash yourself
   el pelo, los dientes)
levantarse - get up
maquillarse - put on makeup
peinarse - comb your hair
ponerse - to put on
prepararse - to get ready
quedarse en cama - to stay in bed
sentarse (ie) - to sit down
servirse (i, i) - to prepare for oneself
tardarse - to take a long time
vestirse (i, i) - get dressed

Temas y contextos

Los quehaceres de la casa

encargarse de - to take charge of
lavar los platos - to wash dishes
lavar la ropa - to wash clothes
ocuparse de - to take care of
poner la mesa - to set the table
quitar la mesa - to clear the table

Vocabulario general

Sustantivos

la culpa - fault
un ejemplo - example
el latín - latin
una tarea - homework

Verbos

comenzar (ie) - to begin
charlar - to chat
durar - to last
encargarse de - to take charge of
irse - to leave
llamarse - to be named
mirarse - to look at oneself
moverse (ue) - to move
regresar - to return
reunirse - to meet

Adverbios

bastante - rather, enough
casi - almost
directamente - directly
ya - already

Otras palabras y expresiones

a eso de -
un buen rato -
caliente - warm, hot
de nuevo -
sólo - only
mismo(a) - same
ya en casa - once home

El chocolate:
regalo de los dioses

Antes de leer

1. Mira el título de la lectura y el esquema que sigue. ¿Cuáles piensas que van a ser las ideas principales de la lectura?

2. ¿Qué sabes del chocolate? ¿Conoces los orígenes del chocolate?

3. ¿Comes chocolate con frecuencia, o es algo que no te interesa mucho? Explica por qué.

Tomar una taza de chocolate por la mañana o comprar una barra de chocolate después de clase no son eventos raros, ¿verdad? Hoy en día, todos disfrutan del chocolate. De hecho, en 1996, el consumo de chocolate alcanzó en los Estados Unidos los 3,1 mil millones de libras, siendo el onceavo país del mundo en cuanto al consumo de chocolate por persona. Pero no ha sido siempre así. Imagínate, que hubo una época en que el chocolate—lo que los indios precolombinos llamaban "el regalo de los dioses"—fue la delicia privada de los reyes y las clases privilegiadas.

Mira el esquema que sigue, que muestra la secuencia de eventos que te permiten disfrutar del chocolate.

1502-1519:
Moctezuma, emperador de los aztecas, y gran aficionado al chocolate, toma aproximadamente 50 tazas pequeñas de chocolate cada día.

1519:
El conquistador español Hernán Cortés llega a la corte de Moctezuma. Cortés prueba el chocolate por primera vez.

1528
Cortés le lleva: el chocolate a Carlos V, rey de España, quien lo encuentra delicioso.

Los españoles guardan el secreto del chocolate por casi 100 años

1615:
Ana de Austria, princesa española, se casa con Luis XIII de Francia. Le da chocolate de regalo a su esposo.

1615-1620:
De vez en cuando Ana y Luis invitan a los nobles a ir al palacio para tomar chocolate. El chocolate llega a ser muy popular en Francia.

1657:
En Londres un francés abre una tienda donde se vende el chocolate. Todo el mundo empieza a disfrutar de esta delicia.

Guía para la lectura

Vocabulario para una mejor comprensión de la lectura.

Hoy en día	*These days*
disfrutan	*enjoy (from disfrutar)*
alcanzó	*reached (from alcanzar)*
libras	*pounds*
siempre	*always*
delicia	*delight*
reyes	*kings*
prueba	*tastes (from probar)*
se casa con	*marries*
llega a ser	*becomes*

Después de leer

1. ¿Hay información en la lectura que te sorprende? ¿Por qué te sorprende?

2. ¿Por qué piensas que el chocolate es tan popular?

3. Por una semana, cuenta el número de veces que comes algo con sabor a chocolate. Después, compara tus resultados con tus compañeros de clase.

CAPÍTULO 8

¿Qué haces este fin de semana?

Buenos Aires es una ciudad importante en la costa atlántica de Argentina. Es la capital, con más de diez millones de habitantes.

Objectives

- issuing invitations for leisure-time activities
- organizing and coordinating plans for various activities

Preparación

- What plans do you have for the weekend?

- Do you read a particular magazine or a newspaper entertainment section to decide what you are going to do on weekends?

- What kind of information does the newspaper give you about possible activities for the weekend?

La revista Cromos

Esta revista ayuda a los colombianos a planear sus fines de semana.

Cromos es una revista popular en Bogotá, Colombia, que se vende cada semana en los quioscos de periódicos. Contiene artículos sobre varios temas, entrevistas con personas interesantes y también información sobre el teatro, el cine y la televisión, entre otras cosas.

Teatro

El *Teatro Esquina Latina* comienza a partir del 11 de junio, todos los domingos y lunes festivos del resto del año, con programación para niños. Teatros, títeres y marionetas con los grupos más representativos de la región que llevan a los niños realizaciones artísticas de alta calidad.

El *Teatro Santa Fe* presenta "Yerma" con Waldo Urrego y Natalia Giraldo en los papeles de los protagonistas. Después de mucho éxito esta temporada, la inmortal obra de Federico García Lorca se despide en dos semanas de los bogotanos para visitar otras ciudades del país. "Yerma", a cargo del grupo Teatral

Actores de Colombia y bajo la dirección de Jaime Arturo Gómez. Calle 57 No. 17-13, Tel. 255 05 92.

En el *Auditorio Crisanto Luque*, durante los próximos días, se estará presentando la obra *"Outside Okey"* del grupo Teatro Quimera, dirigida por Carlos Alberto Sánchez. La obra tiene como tema central las relaciones entre el fútbol, la música, el teatro y la filosofía. Se presentará en escena hasta el 17 de junio. Calle 20 No. 9-45.

Televisión

viernes 9

Quinceañera (15:00, cadena uno). Beatriz, a causa de un accidente, pierde a su hijo. Por eso entran en discusiones amigos y parientes.

The Monsters (16:30, cadena uno). Lily descubre que la cuenta bancaria de Herman no tiene dinero y decide trabajar en un salón de té para ayudar a la familia.

La naturaleza de las cosas (18:30, cadena tres). El oso polar, estudios científicos sobre su vida y campañas para salvar este animal de la extinción.

Televisión

sábado 10

El túnel (20:00, cadena uno). Película basada en la novela del escritor argentino Ernesto Sábato. Un pintor se obsesiona con una tímida mujer casada.

La bella y la bestia (20:30, cadena dos). Muere su padre y Catherine se va "abajo" a vivir con Vincent para siempre.

Cómo casarse con un millonario (22:00, cadena tres). Película. Tres chicas deciden, cada una, "pescar" un millonario. Actúan las cómicas y guapas Marilyn Monroe, Lauren Bacall y Betty Grable.

domingo 11

El espíritu de Asia (18:30, cadena tres). Mundo de sombras: El Ganges, sagrada fuente de la primera religión del mundo, el hinduismo.

Matar o morir (19:30, cadena uno). Vicente Fernández en una película de pasiones y emoción.

Crónica de una muerte anunciada (21:45, cadena dos). Película basada en la novela de Gabriel García Márquez, narra la triste historia de un pequeño pueblo colombiano y su reacción al crimen de Santiago Nassar.

¡Te toca a ti!

A. ¡Dinos! (Tell us!) Contesta las preguntas sobre *Cromos* en inglés.

1. How many movies are being shown on television over the weekend? On which network(s) (**cadena**) are they presented? What time(s) are they on?

2. Which documentary programs are listed? What are they about? Which one seems to be the most serious?

3. What other programs are mentioned in these listings? What kind are they?

4. Which theater listing mentions what the play is about? Which theater seems to have booked the most successful show? How do you know this?

5. If you had to pick just one of these productions to see, which one would you choose? Why?

PRONUNCIACIÓN The Vowel Combination **ei**

The combination **ei** in Spanish is pronounced in one single syllable, similar to the *a* in the English word *date*. Note that in some words, such as **rey** and **mamey**, this sound is spelled **ey**.

Práctica

B. Lee las siguientes palabras en voz alta, pronunciando con cuidado la combinación **ei.**

1. peine – comb
2. veinte – twenty
3. reina – queen
4. aceite – oil
5. ley – law
6. buey – ox
7. afeitar – shave
8. vendéis – sell

Repaso

C. Los consejos (Advice) In each of the following situations, advise the person or people involved to do or not to do each of the actions mentioned. First, give advice to a friend who has a difficult exam tomorrow. Follow the models.

MODELOS

acostarse temprano
¡Acuéstate temprano!

estudiar hasta las tres de la mañana
¡No estudies hasta las tres de la mañana!

1. estudiar hasta las diez de la noche
2. acostarse tarde
3. levantarse temprano
4. desayunarse

Now talk to a friend who is planning to go to a semiformal dance.

5. ducharse primero
6. lavarse el pelo
7. peinarse
8. vestirse elegantemente
9. comer antes de ir al baile

Finally, talk to the children you are babysitting.

10. mirar la televisión
11. cepillarse los dientes
12. acostarse temprano
13. levantarse durante la noche

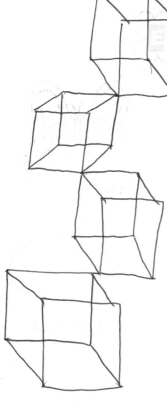

ESTRUCTURA

Direct object pronouns

—¿El policía mira **mi coche**?   *Is the police officer looking at my car?*
—Sí, el policía **lo** mira.   *Yes, he's looking at it.*

—¿María quiere **la cámara japonesa**? *Does María want the Japanese camera?*
—Sí, **la** quiere.   *Yes, she wants it.*

—¿Ven a **los muchachos**?   *Do they see the children?*
—No, no **los** ven.   *No, they don't see them.*

—¿Prefiere José **las novelas de aventura**? *Does José prefer adventure novels?*
—Sí, **las** prefiere.   *Yes, he prefers them.*

1. A direct object is the person or thing that is directly affected by a verb; it tells who or what is acted upon. In the sentences you just read, **mi coche, la cámara japonesa, los muchachos**, and **las novelas de aventura** are all direct objects.

2. Direct objects can be replaced by direct object pronouns. The pronouns agree with the direct object they stand for in both number (singular and plural) and gender (masculine and feminine). In the sentences you just read, the pronoun **lo** replaces **mi coche**, **la** replaces **la cámara japonesa**, **los** replaces **los muchachos**, and **las** replaces **las novelas de aventuras**.

masculine singular: **lo**	
El niño no **ve mi cuaderno**.	*The child doesn't see my notebook.*
El niño no **lo** ve.	*The child doesn't see it.*

feminine singular: **la**	
Escuchamos **música clásica**.	*We listen to classical music*
La escuchamos.	*We listen to it.*

masculine plural: **los**	
Despierto **a mis hermanos**.	*I wake my brothers.*
Los despierto.	*I wake them.*

feminine plural: **las**	
No compramos **las entradas**.	*We don't buy the tickets.*
No **las** compramos.	*We don't buy them.*

Aquí practicamos

D. En pocas palabras Shorten each sentence by replacing the direct object noun or noun phrase with the corresponding direct object pronoun. Follow the model.

> **MODELO** Ruth llama a Francisco por teléfono.
> *Ruth lo llama por teléfono.*

1. Hago la tarea ahora.
2. Los estudiantes no leen el libro.
3. No como carne.
4. Compramos los cuadernos en la librería.
5. Invitan a las muchachas.
6. Dan una película después de la clase.

E. ¿Sí o no? You and a classmate take turns asking each other the following questions. Answer them briefly and use a direct object pronoun for the noun or phrase provided. Follow the model.

> **MODELO** ¿Hablas alemán?
> *Sí, lo hablo. o: No, no lo hablo.*

1. ¿Miras la televisión por la noche?
2. ¿Tomas el autobús a la escuela?
3. ¿Tus profesores dan mucha tarea?
4. ¿Practicas deportes mucho?
5. ¿Quién prepara la comida en tu casa?
6. ¿Lees el periódico cuando te desayunas?

NOTA GRAMATICAL

Position of direct object pronouns

¿El edificio? **Lo** conozco.	*The building? I'm familiar with it.*
¿El número? Es importante saber**lo**.	*The number? It's important to know it.*
¿Las cartas? Puedes poner**las** allí.	*The letters? You can put them there.*
¿Los libros? **Los** quiero comprar ahora.	*The books? I want to buy them now.*

1. The direct object pronoun is placed immediately in front of the conjugated verb. (**Lo** conozco.)

2. When used with an infinitive, the direct object pronoun is attached to it. (Es importante saber**lo**.)

3. When a conjugated verb and an infinitive are used together, the direct object pronoun can be placed *either* in front of the conjugated verb or it may be attached to the end of the infinitive. (Puedes poner**las** allí *or* **Las** puedes poner allí.)

F. ¡Ya lo hice! When your mother tells you to do something, you indicate that you have already done it. Follow the model.

> **MODELO** Tu mamá: ¡Lava los platos!
> Tú: *¡Ya los lavé!*

1. ¡Compra el pan!
2. ¡Prepara el desayuno!
3. ¡Come tus vegetales!
4. ¡Quita la mesa!
5. ¡Lava el coche!
6. ¡Termina tu tarea!
7. ¡Escucha mi nuevo disco compacto!
8. ¡Busca mis llaves!

G. No quiero hacerlo... no voy a hacerlo... You are in a particularly bad mood one evening. Whenever you are asked if you are going to do what you normally do, you indicate that you don't want to do it and, moreover, you are not going to do it. Follow the model.

> **MODELO** preparar la cena
> Tu mamá: *¿Vas a preparar la cena esta noche?*
> Tú: *No, no quiero prepararla esta noche.*
> Tu mamá: *Pero, vas a prepararla de todas maneras (anyway), ¿no?*
> Tú: *No quiero prepararla y no voy a prepararla.*

1. lavar la ropa
2. ayudar a tu hermano
3. quitar la mesa
4. leer el libro
5. terminar tu tarea
6. mirar la televisión
7. escribir tu composición
8. lavar los platos

Aquí escuchamos

¡Vamos a ver la nueva película! *Juan Manuel trabaja mucho durante la semana. Por eso quieren divertirse un poco el fin de semana.*

Antes de escuchar ¿Te gustan las películas de horror o prefieres las comedias?

 A escuchar Escucha el diálogo y trata de indentificar los objetos directos que Juan Manuel y Cecilia usan. ¿Cuándo los usan?

Después de escuchar Contesta las siguientes preguntas según lo que has oído.

1. ¿Cuántas personas están hablando?
2. ¿Cuál es el problema que tienen?
3. ¿Qué ideas tienen para divertirse?
4. ¿Qué dice Mario de las películas de horror?
5. ¿A qué hora deciden reunirse los amigos?
6. ¿Dónde van a reunirse?

Comentarios CULTURALES

El cine

Going to the movies is a very popular activity for people of all ages and backgrounds in Spanish-speaking countries. Movie theaters abound in the cities and towns and show a variety of films, particularly those that are produced in the U.S. These movies are generally dubbed in Spanish. Newspapers always carry several pages of movie advertisements. In some countries, like Mexico, box-office prices are kept within a certain range by the government so that practically anyone can afford to buy a ticket. Many times the ticket lines wind around the block!

¡Te toca a ti!

H. ¿Qué van a ver? Using the listings from *Cromos*, recommend shows for your friends. 1) First, they will tell you what kind of programs, films, or plays they like. 2) Respond with a suggestion. Your friends will then ask you questions about 3) what time a program is on television, 4) where a play is being presented, and 5) which country the show represents. Suggested types of shows: include **película (de aventuras, de ciencia ficción, de terror, policiaca** [*police story*]), **comedia, drama psicológico, obra teatral, programa documental, telenovela.** Follow the model.

> **MODELO**   películas cómicas
> **Compañero(a):** *A mí me gustan las películas cómicas.*
> **Tú:** *Debes ver "Cómo casarse con un millonario".*
> **Compañero(a):** *¿A qué hora la dan* (are they showing it)?
> **Tú:** *A las 10:00 de la noche en el canal tres.*
> **Compañero(a):** *¿Es una película mexicana?*
> **Tú:** *No, es una película norteamericana.*

¡ADELANTE!

¿Qué hacemos esta noche? Using the listings from *Cromos*, make arrangements with another student to watch a program on television or go to a play. Imagine that you are talking on the telephone. Be sure to discuss the kind of program, movie, or play you would like to see, make a selection, and arrange where and when you will meet.

Más programas de televisión Write descriptions of two different television programs (real or imagined) in Spanish to be included with the other entries in *Cromos*. Include time, channel, and a few sentences that give an idea of the content of each of the programs.

Preparación

- What kind of information does a written invitation contain?
- What are some social events that require an invitation?

Te invito a una fiesta

Hay muchas maneras de invitar a alguien a una celebración especial.

❊ *Querida amiga,*

Eduardo y Carmelita salen para los Estados Unidos **dentro** *de quince días. Queremos* **aprovechar** *la ocasión para* **darles** *una* **despedida** *y* **desearles** *un buen viaje. Estoy organizando una pequeña fiesta en casa... el viernes, 4 de septiembre, a las 20:30.*

¿Te parece bien? **Cuento contigo. Contéstame cuanto antes.** *Y sobre todo...* —**¡no les digas** *nada a nuestros invitados de honor! La fiesta* **será una sorpresa** *para ellos.*

No te preocupes —*no debes* **traer** *nada. Sólo queremos pasar un rato agradable con los amigos en casa.*

Afectuosamente,
Mercedes

---

dentro de *in*   **aprovechar** *to take advantage of*   **darles** *to give them*   **despedida** *send-off*   **desearles** *to wish them*
¿Te parece bien? *Does that sound O.K.?*   **Cuento contigo** *I'm counting on you.*   **Contéstame cuanto antes** *Answer me as soon as possible.*   **no les digas nada** *don't say anything to them*   **será una sorpresa** *will be a surprise*   **No te preocupes** *Don't worry*   **traer** *to bring*

I'M SORRY Ashley :)

Estimada señorita:

En la ocasión de la **quinceañera** de nuestra hija Marisol, la familia está organizando una fiesta en nuestra casa, Calle Sur Nº 112, el sábado 17 de julio a las 21:00.

Nos daría mucho gusto tenerle a usted y a su hermano Carlos entre nosotros esa noche para la celebración.

Tenga la bondad de responder tan pronto **como** le **sea posible**.

Sin más por ahora, reciba los mejores deseos de,

Teresa Camacho Del Valle

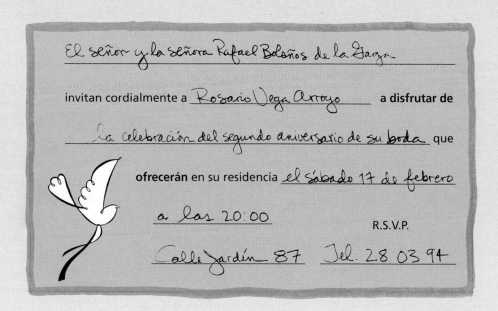

El señor y la señora Rafael Bolaños de la Garza

invitan cordialmente a *Rosario Vega Arroyo* a disfrutar de

la celebración del segundo aniversario de su boda que

ofrecerán en su residencia *el sábado 17 de febrero*

a las 20:00

R.S.V.P.

Calle Jardín 87 *Tel. 28 03 94*

quinceañera *fifteenth birthday* Nos daría mucho gusto *It would give us great pleasure* Tenga la bondad de responder
Please be kind enough to answer como sea posible *as possible* disfrutar de *to enjoy* boda *wedding*
ofrecerán *they will offer*

¡Te toca a ti!

A. Las tres invitaciones   Contesta en inglés las preguntas sobre las tres invitaciones.

1. Which invitation is the most formal? the least formal? What words and expressions in Spanish support your answer?

2. What is the occasion for each invitation?

3. Except when writing to close friends, Spanish-speakers tend to use formalized expressions in making invitations. Find in Sra. Camacho Del Valle's note the Spanish equivalent of the following expressions:

   a. Dear
   b. for Marisol's fifteenth birthday
   c. R.S.V.P.
   d. Very truly yours

4. In what situations might Americans send similar invitations?

Comentarios CULTURALES

La quinceañera

In most Spanish-speaking countries, it is still a popular tradition to have a very special birthday party when a girl reaches the age of fifteen. The celebration is called **la quinceañera** and includes all extended family members and many friends. It is similar to the "sweet sixteen" party that marks the beginning of a new phase in the life of a teenager. Generally, the party includes dinner, music, dancing, and, of course, gifts. It may be a lavish affair held at a family club or a smaller party that takes place in the home. In either case, it is a dress-up occasion that people enjoy attending and celebrating.

PRONUNCIACIÓN   THE VOWEL COMBINATION **oi**

The combination **oi** in Spanish is pronounced in one single syllable, similar to the *oi* in the English word *oink*. Note that in the words **voy, doy, hoy, estoy,** and **soy,** among others, the sound is spelled **oy.**

Práctica

B. Lee las siguientes palabras en voz alta, pronunciando con cuidado la combinación **oi.**

1. oigo	3. heroico	5. doy	7. estoy
2. boina	4. voy	6. hoy	8. soy

Repaso ♻

C. En casa de Raúl y en casa de Graciela Raúl, his parents, and his sister lead a very traditional life. Guess who probably does the following household chores in Raúl's family: **su papá, su mamá, su hermano, su hermana,** or **Raúl.** Use a direct object pronoun in your answer. Follow the model.

> **MODELO** ¿Quién lava la ropa?
> *Su mamá (Su hermana) la lava de costumbre.*

1. ¿Quién prepara las comidas?
2. ¿Quién quita la mesa?
3. ¿Quién lava los platos?
4. ¿Quién hace los mandados?
5. ¿Quién lava el coche?

Graciela, on the other hand, lives in a nontraditional family. Household chores are not assigned by gender. Guess who did the following chores last week at her house: **su padre, su madre, su hermano,** or **Graciela.** Use a direct object pronoun in your answer. Follow the model.

> **MODELO** ¿Quién lavó la ropa?
> *Su padre (Su hermano) la lavó.*

6. ¿Quién preparó las comidas?
7. ¿Quién quitó la mesa?
8. ¿Quién lavó los platos?
9. ¿Quién hizo los mandados?
10. ¿Quién lavó el coche?

D. En tu casa Ask a classmate who in his (her) house usually takes care of the household chores. Then ask if that person is going to do that chore at the indicated time. Use a direct object pronoun when possible. Follow the model.

> **MODELO** lavar los platos / esta noche
> **Tú:** *¿Quién lava los platos de costumbre en tu casa?*
> **Compañero(a):** *Mi hermana los lava.*
> **Tú:** *¿Ella va a lavarlos esta noche?*
> **Compañero(a):** *Sí, ella va a lavarlos esta noche. o:*
> *No, mi padre va a lavarlos esta noche.*

1. preparar la cena / esta noche
2. quitar la mesa / esta noche
3. lavar la ropa / esta semana
4. hacer los mandados / esta semana
5. lavar el coche / este fin de semana

ESTRUCTURA

The immediate future of reflexive verbs

Mi hermana y yo **nos vamos a levantar** a las seis de la mañana.	*My sister and I are going to get up at six in the morning.*
¿**Te vas a lavar** el pelo? Sí, **voy a lavarme** el pelo.	*Are you going to wash your hair? Yes, I'm going to wash my hair.*
Nuestros padres **van a reunirse** en el centro.	*Our parents are going to get together (meet) in town.*

1. The immediate future of reflexive verbs is formed in the same way as the immediate future of any other verb—that is, with **ir** plus **a** and an infinitive.

2. The reflexive pronoun that accompanies the reflexive verb agrees with the subject of **ir** (**Me voy a...** or **Te vas a...**)

3. This pronoun can be placed immediately before the conjugated form of **ir** or attached to the infinitive. (**Te vas a lavar el pelo.** or **Vas a lavarte el pelo.**)

Aquí practicamos

E. Hoy y mañana Di lo que tienes que hacer hoy y lo que vas a hacer mañana. Usa una de las sugerencias de cada columna de una manera lógica. Sigue el modelo.

> **MODELO**   yo   darse prisa   divertirse
> *Yo tengo que darme prisa hoy pero mañana voy a divertirme.*

A	B	C
yo	dormirse	llamarse por teléfono
ustedes	quedarse	reunirse en el centro
mis amigos(as) y yo	ducharse	levantarse
el (la) profesor(a)	prepararse	lavarse el pelo

F. El sábado próximo Next Saturday is a special day. Consequently, you are not planning to follow your usual weekend routine. Use the first cue to describe what you normally do on Saturday. Then use the cue in parentheses to tell how next Saturday is going to be different.

> **MODELO** quedarse en casa (pasear con los amigos por el campo)
> *Normalmente me quedo en casa los sábados. Pero el sábado próximo, voy a pasear con mis amigos por el campo.*

1. despertarse tarde (despertarse temprano)
2. quedarse en cama (levantarse inmediatamente)
3. bañarse (ducharse)
4. no lavarse el pelo (lavarse el pelo)
5. vestirse después del desayuno (vestirse antes del desayuno)
6. cepillarse los dientes después del desayuno (no cepillarse los dientes)

G. El lunes próximo On the other hand, next Monday promises to be a perfectly ordinary day. Imagine that you and the other members of your family are going to do what you normally do every Monday. Describe your activities. Follow the model.

> **MODELO** *El lunes próximo, mi papá y mi mamá van a levantarse como a las 7:00. Mi hermana y yo vamos a quedarnos en cama hasta las 7:30, etc.*

Aquí escuchamos

Una fiesta en la casa de Cecilia *Cecilia organiza una fiesta en su casa. Ella habla de sus planes con sus padres.*

Antes de escuchar ¿Alguna vez has organizado una fiesta en tu casa? Si tu respuesta es sí, ¿hablaste con tus padres de tus planes para la fiesta?

 A escuchar Mientras escuchas el diálogo, ¿puedes reconocer algunos de los verbos reflexivos que estudias?

Después de escuchar Contesta las siguientes preguntas según lo que has oído.

1. ¿Quién va a organizar la fiesta?
2. ¿Cuántas personas van a ir a la fiesta?
3. ¿Dónde va a ser la fiesta?
4. ¿A qué hora comienza? ¿Cuándo va a terminar?
5. ¿Qué dice Cecilia que van a hacer durante este tiempo?

¡Te toca a ti!

H. ¿Qué vas a hacer tú?
You and your friends have decided to organize a party. In groups of four, decide how each one of you will participate in the preparations. Using the following list as a starting point, determine all the necessary activities to assure the success of the party. Agree on a list of responsibilities for each member of your group. Follow the model.

> **MODELO**   *Yo voy a preparar una ensalada. ¿Y tú?*

comprar jugo de fruta	invitar a los amigos	tocar la guitarra
comprar la comida	lavar los platos	traer las cintas
comprar la fruta	poner la mesa	traer el estéreo y la grabadora
hacer un pastel	preparar una ensalada	

¡ADELANTE!

 ¡Organicen una fiesta!   You and a friend decide to organize a party. Decide when and where you will have it. Then talk about the preparations. Share the responsibilities as follows:

1. You will invite the guests (talk about how many and who to invite) and arrange the location.
2. Your friend will take care of the food (three things to eat and two kinds of beverages) and provide activities.

 Una invitación escrita   Write an informal invitation to the members of your Spanish club to a surprise birthday party for an exchange student from Bolivia. Give the important details about time, place, food to be served, and the fact that it is a surprise for the guest of honor. Also indicate some of the activities that are planned, such as a movie, dancing, or other entertainment.

EN LÍNEA

Connect with the Spanish-speaking world! Access the *¡Ya verás! Gold* home page for Internet activities related to this chapter.

http://yaveras.heinle.com

Vocabulario

Para charlar

Para hacer invitaciones

Nos daría mucho gusto…
Tenga la bondad de responder
   tan pronto como sea posible.
Cuento contigo…
Contéstame cuanto antes.
Será una sorpresa; no les digas nada.
¿Por qué no?
Nos vemos a / en…
¿Te parece bien?

Vocabulario general

Sustantivos

una boda – *wedding*
una quinceañera – *15th birthday party*
una respuesta *response*

Verbos

aprovechar – *to take advantage of*
seguir (i, i) – *to continue, follow*
traer – *to bring*

Otras palabras y expresiones

darles la despedida – *to say goodbye*
dentro de – *within*
desearles – *to wish them*
disfrutar de – *to enjoy*
Espero que no sea…
Exacto. – *Exactly*
No se preocupen.
tal vez – *perhaps*

La televisión en español

Antes de leer

1. Lee superficialmente la lectura. Encuentra por lo menos cuatro cognados.

2. Lee brevemente el primer párrafo. ¿Cuáles son las ideas principales de este párrafo?

3. ¿Cómo es la programación en tu área? ¿Es posible mirar programas en español?

Como aquí, la televisión es muy popular en el mundo de habla hispana. España y varios países latinoamericanos han firmado acuerdos para transmitir programas desde España a estos países y viceversa. Las tele-novelas famosas cruzan el Atlántico desde la Argentina, el Brasil, Colombia, México o Venezuela. Todos los días hay un nuevo capítulo. Una telenovela puede durar de ocho meses a un año. La trama se resuelve y la historia se acaba, y una nueva historia empieza.

También, es posible ver telenovelas estadounidenses dobladas al español que duran años y años, como aquí. También puedes ver muchos de tus programas favoritos, allá, en español, claro. En directo, puedes ver la noche de los óscares, u otros programas parecidos.

Sin embargo, aquí en los Estados Unidos es más común tener la oportunidad de escoger entre una gran variedad de programas a la misma hora que en muchos países latinos.

De gran importancia también son los noticieros. Cada cadena tiene corresponsales en todo el mundo. Así es que cuando algo ocurre en Milán, el Cairo, Moscú, Tokio, Nueva York o Santiago, el corresponsal sale en directo para dar la noticia a su país de origen.

Además de programas importados, también hay programación local que refleja los intereses, costumbres y humor de cada región y país. Los canales de la tele ofrecen algo para todos los gustos y logran que la gente pase muchas horas mirándola.

Guía para la lectura

Vocabulario para una mejor comprensión de la lectura.

acuerdos	*agreements*
trama	*complications*
en directo	*live*
doblados	*dubbed*
parecidos a	*similar to*
corresponsales	*correspondents*
logra	*is successful*

Después de leer

1. ¿Cómo se parecen las telenovelas de aquí a las de habla hispana? ¿Cómo son diferentes?

2. ¿Te gusta mirar la tele? ¿Es una parte de tu vida diaria? En algunas familias no hay una televisión o los padres deciden cuantas horas pueden mirarla los niños. ¿Que opinas de esta idea?

CAPÍTULO 9

¿Cuándo son las vacaciones?

Situada en la costa del Caribe, Cartagena, Colombia tiene el clima ideal para pasar tiempo en la playa.

Objectives

- talking about vacation routines as opposed to normal daily routines
- advising people where to go and where not to go for vacation
- describing vacation activities

PRIMERA ETAPA

Preparación

- What do you do when you are on vacation from school?

- What did you do last summer?

- What are some of the activities you enjoy most during the summer?

Las vacaciones con la familia

Cuando Natalia se va de vacaciones, nunca se aburre.

Me llamo Natalia Romero y vivo en Bogotá. Todos los veranos voy de vacaciones con mi familia a Cartagena, una ciudad que está en la costa. En mi familia, a todos nos gusta mucho nadar. Además, mi hermano Andrés practica la **navegación a vela**. Tiene un pequeño **velero** y **una tabla de vela**. Mi hermana Victoria **se dedica** al **esquí acuático**.

Cuando no estoy en la playa, mi deporte **preferido** es **la equitación**. Mi madre y yo **montamos a caballo** en un **centro ecuestre**. Además, nos gusta salir a correr. Por la tarde, cuando ya no hace mucho sol, jugamos al vólibol con Andrés y Victoria. ¿Cómo? No hablé de mi padre. ¡Ah, pues él no es muy atlético! ¡Prefiere leer, descansar y tomar el sol!

navegación a vela *sailing* **velero** *sailboat* **una tabla de vela** *sailboard, windsurfer* **se dedica** *devotes herself*
esquí acuático *water-skiing* **preferido** *favorite* **la equitación** *horseback riding* **montamos a caballo** *we ride horses*
centro ecuestre *equestrian center*

¡Te toca a ti!

A. La familia de Natalia
Based on Natalia's description of her family vacations, play the role of each family member and explain what that person does during the summer.

1. su hermano Andrés
2. su madre
3. su hermana Victoria
4. su padre
5. Natalia

PRONUNCIACIÓN THE VOWEL COMBINATION **au**

The combination **au** in Spanish is pronounced in one single syllable, similar to the *ou* of the English word *ouch*.

Práctica

B.
Lee las siguientes palabras en voz alta, pronunciando con cuidado la combinación **au**.

1. aula	3. autor	5. aunque	7. pausa
2. causa	4. auto	6. gaucho	8. jaula

Repaso ♻

C. Consecuencias lógicas
Usa verbos reflexivos para decir lo que probablemente van a hacer, o no van a hacer, las siguientes personas en las situaciones que siguen. Sigue el modelo.

MODELO   Enrique sale con Beatriz. Ella está cansada; está triste.
No van a divertirse. o: *Van a aburrirse.*

1. Son las 6:00 de la mañana. Cecilia se despierta. No tiene clases antes de las 9:00.
2. Son las 8:45 de la mañana. Juan Manuel se despierta. Tiene una clase a las 9:15.
3. Hace buen tiempo. Tenemos dos horas libres *(free)*. Hay un parque muy bonito cerca de la casa.
4. Tienes el pelo sucio *(dirty)*. Vas a salir con tus amigos esta noche.
5. Cecilia tiene mandados que hacer en el centro. Isabel también. Van a ver una película en el Cine Palacio.
6. Cecilia comió muchos dulces y helado. No le gusta ir al dentista.

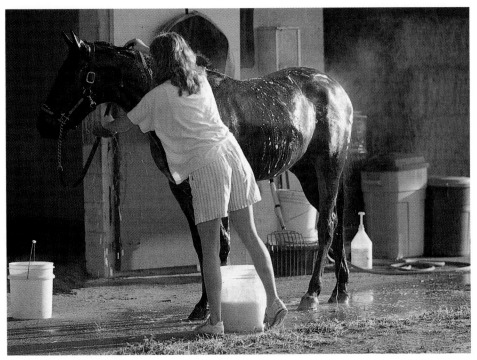

Ella lava el caballo porque el caballo no puede lavarse.

Estructura

Reflexive versus nonreflexive verbs

1. Many Spanish verbs have both a reflexive and a nonreflexive form. In some cases, the meanings of the verbs change when they are used with reflexive pronouns.

Siempre **duermo** ocho horas.	*I always sleep eight hours.*
Casi siempre **me duermo** cuando estudio en la biblioteca.	*I almost always fall asleep when I study in the library.*
Me pongo los zapatos.	*I put on my shoes.*
Pongo los zapatos afuera.	*I put the shoes outside.*

2. In other cases, the meaning of the verbs is the same, but the meaning of the sentence changes. The nonreflexive verb expresses an action that goes from the subject to the object. The reflexive verb expresses a reciprocal action (the idea of each other).

Yo **lavo** el coche.	*I wash the car.*
Yo **me lavo.**	*I wash myself.*
Yo **me lavo** las manos.	*I wash my hands.*

3. In most cases, however, the nonreflexive verb indicates an action that the subject does to someone or something else, and the reflexive verb expresses an action that the subject does to itself.

Aquí practicamos

D. En inglés Give the equivalent in English of the following sentences.

1. Maricarmen se viste.
2. Maricarmen viste a los niños.
3. Mi hermano escucha la radio.
4. Mis padres no se escuchan.
5. No te levantas temprano.
6. No levantas a tu hermano temprano.

E. Se lava la cara (face) Use the verbs provided to describe the activities of the people portrayed in the drawings. For each pair of drawings, decide which activity requires the reflexive form of the verb and which activity can be expressed with the nonreflexive form. Follow the model.

MODELO

lavar
Miguel se lava la cara.
La Sra. Pérez lava el coche.

Miguel

Sra. Pérez

1. despertar

Sr. Jiménez

Sr. Jiménez / Jaime

2. mirar

Sra. Galindo

Juan José

3. hablar

Sra. Fernández

ella / los jóvenes

Aquí escuchamos

¡Siempre vamos a la costa! *Cecilia habla con su amiga Isabel de sus vacaciones de verano.*

Antes de escuchar ¿Te gustaría *(would you like)* ir de vacaciones a la costa? Piensa en las actividades que puedes hacer en la playa.

A escuchar Escucha el diálogo y piensa en un día típico de Cecilia cuando ella va a la costa. ¿Qué detalles recuerdas?

Después de escuchar Contesta las siguientes preguntas según lo que has oído.

1. ¿Adónde va la familia de Isabel todos los veranos?

2. ¿Dónde vive la familia durante las vacaciones?

3. ¿Se aburre Isabel?

4. ¿Qué hace la familia durante el día por lo general?

5. Por la noche, ¿cómo se divierten todos?

¡Te toca a ti!

F. Las vacaciones de verano
Describe un día típico para Isabel y para sus hermanos según los dibujos. Sigue el modelo.

> **MODELO**   *Por la mañana Isabel se levanta a las ocho y media.*

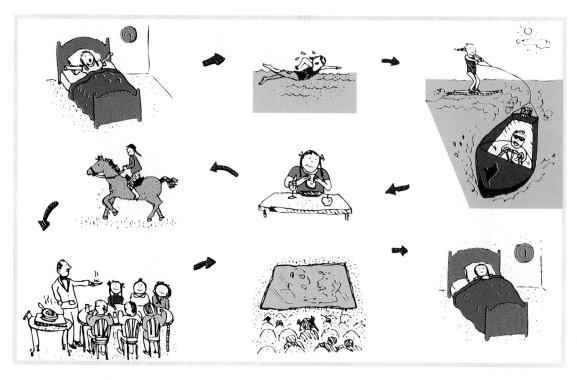

Mis vacaciones Tell a classmate about your family's usual summer vacation or about your ideal summer vacation.

1. Say where you go and what activities you do.

2. Describe a typical day, giving the time of day you get up and go to bed as well as at least five activities during the day.

3. Then listen to your partner's description.

4. Decide on the one most interesting activity that each of you does during your typical vacation day.

 ¿Adónde fuiste y qué hiciste? Write a letter to a Spanish-speaking friend about where you went and what you did during a recent vacation. 1) Describe the location and the weather. 2) Describe the hotel or other place(s) that you stayed. 3) Name at least five activities in which you participated. 4) Tell which one you liked the best and why. 5) Describe the most interesting meal that you ate. 6) Tell whether you want to return to the same place again. Then, in groups of four, read one another's letters. Decide which one of the location spots the four of you will choose for a vacation together next summer. Give three reasons for your choice.

- Do you know the name of a national park?

- Have you ever been to a national park? When? What did you do there?

- What kind of information is usually contained in a brochure about a national park?

Una visita a un parque nacional

Miremos los servicios, objetivos y datos de interés de un parque nacional de Costa Rica.

HORARIO

De **8:00 a.m.** a **4:00 p.m.**
Agradecemos su colaboración en el mantenimiento del aseo.

Parque Nacional Volcán Poás

SERVICIOS

- Información a cargo de guías y guardaparques
- Servicios sanitarios
- Agua potable
- Estacionamiento
- Refugio para almorzar
- Área de almuerzo
- Centro de visitantes
- Sendero
- Mirador
- Área de juego
- Área de acampar

PARQUE NACIONAL VOLCÁN POÁS

El servicio de Parques Nacionales de Costa Rica administra veintidós áreas silvestres entre parques nacionales y otras reservas afines. Estas áreas cubren 425.329 hectáreas, lo que equivale a un ocho por ciento del territorio nacional.

El principal objetivo del Servicio de Parques Nacionales es preservar áreas naturales para beneficio y disfrute de las generaciones futuras.

El Parque Nacional Volcán Poás, área de gran interés geológico, es importante también porque en él nacen varios ríos que alimentan a otros que dan origen a las cuencas hidrográficas: río Grande de Tárcoles y río Sarapiquí.

Bienvenido al Parque Nacional Volcán Poás, una muestra de la actividad geológica y de la belleza del paisaje de Costa Rica.

Esperamos que su visita sea agradable y provechosa.

DATOS DE INTERÉS

- Punto más alto: 2.708 metros
- Altura del mirador del cráter: 2.560 metros
- Altura del mirador de la Laguna Botos: 2.675 metros
- Profundidad del cráter: 320 metros
- Diámetro de la Laguna Botos: 400 metros
- Superficie de la Laguna Botos: 12 hectáreas
- Extensión del parque: 53.173 hectáreas

¡Te toca a ti!

A. Un parque nacional de volcanes Some friends of your parents are going to visit the national parks of Costa Rica, famous for their volcanos, rare birds, and plant life. They bring you a brochure for the **Parque Nacional Volcán Poás** and ask for your help in reading it. You don't know many of the words, but you are able to read enough to get the general idea. Answer the friends' questions about the national park.

1. How big is the national park system?
2. Is there a place to camp?
3. Is there parking?
4. Are there toilet facilities?
5. Is there a restaurant there?
6. What are some of the other facilities?
7. What is the height (**altura**) of the volcano viewing point?
8. What is the depth (**profundidad**) of the crater?
9. What time does the park close?
10. What is the main objective of the national park service?

PRONUNCIACIÓN THE VOWEL COMBINATION **eu**

To pronounce the combination **eu,** start with your lips spread, positioned to smile, as you pronounce the Spanish vowel **e.** Bring them slowly to a rounded position as though you were going to whistle. All this should be done in one smooth motion—in one single syllable.

Práctica

B. Lee las palabras en voz alta, pronunciando con cuidado la combinación **eu.**

1. Europa	3. neutro	5. seudo	7. Ceuta
2. deuda	4. neurosis	6. seudónimo	8. neurótico

Repaso ♻

C. Un día en la playa En el verano vas a la playa con tu hermana los sábados. Usa la información en la siguiente página para decir lo que hacen Uds. típicamente. Sigue el modelo.

> **MODELO** yo / levantarse a las 7:30
> *Yo me levanto a las 7:30.*

1. mi hermana / levantarse a las 8:00
2. ella / ducharse
3. yo / bañarse
4. nosotros(as) / desayunar juntos(as)
5. nosotros(as) / vestirse
6. ella / navegar en la tabla de vela
7. yo / jugar al vólibol
8. nosotros(as) / reunirse a las 6:00 de la tarde
9. nosotros(as) / comer mariscos
10. nosotros(as) / regresar como a las 9:00
11. yo / acostarse enseguida *(right away)*
12. ella / acostarse a eso de la medianoche

ESTRUCTURA

The use of pronouns with commands

1. You have already learned that the reflexive pronouns for **Ud., Uds.,** and **tú** are attached to the end of the affirmative command and are placed before the verb form in the negative command.

¡Cálma**te**!	*Calm down!*
¡Levánt**ense**!	*Get (yourselves) up!*
¡No **te** preocupes!	*Don't worry (yourself)!*
¡No **se** despierten!	*Don't wake up!*

2. The direct object pronouns **lo, la, los, las** follow the same pattern with command forms.

¡Lléva**lo**!	*Take it!*
¡Láven**la**!	*Wash it!*
¡Tráe**los**!	*Bring them!*
¡No **la** mires!	*Don't look at her!*
¡No **los** compren!	*Don't buy them!*

Aquí practicamos

D. ¡Levántate! Use the cues on the following page to form affirmative commands. Follow the model.

> **MODELO** tú / levantarse
> *¡Levántate!*

1. tú / llevarla	5. tú / despertarse	9. tú / traerla
2. tú / mirarlo	6. Uds. / levantarse	10. Uds. / lavarse
3. Uds. / llamarse	7. tú / acostarse	
4. Ud. / comprarlos	8. Ud. / comerlos	

E. ¡No te levantes!
Now use the cues in activity D to form negative commands. Follow the model.

> **MODELO**   tú / levantarse
> *¡No te levantes!*

F. ¡Buena idea! ¡No, no, no!
Cecilia and Isabel are talking about the plans for a party. Two of their friends respond to their comments—the first positively and the second negatively. Follow the models.

> **MODELO**   Voy a comprar el nuevo disco compacto de Rubén Blades.
> **Amigo(a) 1:**   *¡Buena idea! ¡Cómpralo!*
> **Amigo(a) 2:**   *¡No, no, no! ¡No lo compres!*

1. Voy a invitar a Ricardo Núñez.
2. Voy a preparar la ensalada esta tarde.
3. Voy a acostarme a descansar.
4. Voy a llevar a mis primos.
5. Voy a traer el nuevo disco compacto de Los Lobos.

> **MODELO**   Vamos a invitar a Mario y a su hermano.
> **Amigo(a) 1:**   *¡Buena idea! ¡Invítenlos!*
> **Amigo(a) 2:**   *¡No, no, no! ¡No los inviten!*

6. Vamos a invitar a Ana María y a su amiga.
7. Vamos a servir la carne primero.
8. Vamos a lavar los platos mañana por la mañana.
9. Vamos a preparar la comida esta tarde.
10. Vamos a darnos prisa.

Aquí escuchamos

¡Vamos a acampar! *Cecilia y Juan Manuel hablan de las vacaciones con sus padres.*

Antes de escuchar ¿Prefieres ir de vacaciones a lugares rústicos o a lugares con comodidades modernas *(modern conveniences)*?

 A escuchar Mientras escuchas a la familia, determinas quiénes están más interesados en ir a acampar. ¿Cómo lo sabes?

Después de escuchar Contesta las siguientes preguntas según lo que has oído.

1. ¿Qué idea tiene el padre para las vacaciones este año?
2. ¿Qué piensan los hijos de la idea de su padre?
3. ¿Qué quiere hacer Juan Manuel?
4. ¿Qué cosas tiene el coche-caravana *(camper)*?
5. ¿Qué dice el padre al final de la conversación?

¡Te toca a ti!

G. ¿El camping tradicional o moderno? "Traditional" campers often make fun of "modern" campers. Compare the activities of traditional and modern campers, using the suggested expressions. Divide these expressions into two lists: one of activities unique to traditional campers and the other of activities unique to modern campers. Would you prefer traditional or modern camping? Why?

acampar
ir al bosque *(woods)*
bañarse en el río
dormir bajo las estrellas *(under the stars)*
dormir en el coche-caravana
dormir en una tienda de campaña *(tent)*
ducharse

guardar *(to keep, to store)* las bebidas en el refrigerador
guardar las bebidas en el agua fría
hacer una fogata *(bonfire)* con leña *(firewood)*
preparar las comidas en una estufa

H. Las vacaciones de primavera Discuss with two classmates where to go for spring vacation. 1) Choose possible destinations from the list in Column A. 2) Select appropriate activities for each site, one from Column B and one from Column C. 3) Add any other activities that you would like to do in each of these locations. 4) Finally, agree on a destination for spring vacation this year. Follow the model.

	MODELO	Estudiante 1:	¿Cómo vamos a pasar las vacaciones este año?

MODELO

Estudiante 1:	¿Cómo vamos a pasar las vacaciones este año?
Estudiante 2:	Yo quiero ir a la costa.
Estudiante 3:	Es una buena idea. Podemos nadar.
Estudiante 1:	Y podemos descansar.

A	B	C
ir a las montañas	tomar el sol	patinar
acampar	esquiar	ver la Casa Blanca
ir a la costa	alquilar un coche-caravana	descansar
ir a Colombia	visitar el Senado	practicar el esquí acuático
ir a Washington	alquilar un coche	visitar las provincias
	nadar	dormir en una tienda de campaña

¡ADELANTE!

 Las vacaciones de la familia Discuss with another student your family's vacation plans for the summer. Talk about 1) where you are going, 2) when you are going to leave (**salir**), and 3) what you are going to do. 4) Discuss at least four activities, including one that you can do when the weather is bad. 5) If some people in your family would like to do something different, talk about their wishes, too. Each of you will take notes on the plans of each other's family in order to make a report to the class. Be sure to ask questions of your partner about anything that you do not clearly understand.

 Mis planes para las vacaciones Write a letter to your pen pal about your plans for an upcoming vacation. Describe 1) when and 2) where you will go, 3) with whom, 4) for how long, and 5) what you will do during the vacacion. 6) Describe at least four activities that you hope to participate in, including at least one plan for a rainy day. 7) Don't forget to date and sign your letter. Remember to use **ir a** + *infinitive* and verbs like **pensar** and **querer** in your letter.

EN LÍNEA

Connect with the Spanish-speaking world! Access the *¡Ya verás!* Gold home page for Internet activities related to this chapter.

http://yaveras.heinle.com

VOCABULARIO

Para charlar

Para organizar las vacaciones

¿Por qué no…
  acampamos en una área de acampar?
  alquilamos un coche-caravana?
  dormimos en una tienda de campaña?
  pasamos las vacaciones en…?
  tomamos el sol?
  vamos a la costa / a las montañas?
  visitamos un centro ecuestre para
    hacer equitación?

Temas y contextos

Las actividades deportivas

esquiar en agua
montar a caballo
practicar la navegación a vela
practicar el esquí acuático
practicar la equitación
practicar el windsurf

Un verano diferente

Antes de leer

1. Mira el formato y el título de la lectura. ¿Cuál piensas que es el tema de la lectura? ¿Escribes en un diario? ¿Cuáles son los beneficios de escribir en un diario?

2. Esta lectura trata de la experiencia de una joven que participa en un proyecto de trabajo voluntario en el pueblo de La Jina en la República Dominicana. ¿Conocen tú y tus compañeros el nombre de alguna organización de trabajo voluntario en otros países? ¿Qué sabe de esas organizaciones?

17 de julio

Querido diario:

Son las once de la noche, y estoy mirando la luna llena, blanca y redonda como un queso. Escribo esto sentada frente a la ventana, y pienso en los últimos dos meses de trabajo. Esta mañana terminamos de cavar los agujeros para la nueva instalación, luego de un desayuno de plátanos fritos y arroz preparado por Olvidia. Yo me siento alegre después de un día duro de trabajo; aunque el trabajo es físicamente agotador, es trabajo que me llena de satsifacción. Finalmente, mis padres comprenden mis razones para venir aquí. Cuando les hablé de mi plan, me dijeron "But you're only seventeen; what do you know about mixing cement?" Ahora, cuando les cuento lo que he aprendido sobre esta cultura y sobre mí misma, están felices con mi decisión.

Los niños están dormidos. Olvidia todavía está despierta, creo que está preparando el almuerzo para mañana. Tenemos la misma edad, pero nuestras vidas son completamente diferentes. Ella tiene que cuidar a sus cinco hermanos, a su padre enfermo, trabajar en el campo y atender la casa. Con frecuencia parece estar cansada, sin embargo, parece bastante alegre. La gente de La Jina conversa y se ríe mucho, también escucha mucha música, sobre todo, los maravillosos merengues de Juan Luis Guerra.

La experiencia de vivir y trabajar en este país, de dormir en un camastro estrecho con dos niños y vivir en una casa con piso de tierra, dónde no hay corriente eléctrica la mitad del tiempo y dónde el baño se toma de pie en una cubeta, me ha enseñado muchas lecciones. Cuando estás acostumbrado a vivir con tu propia televisión, aire acondicionado y con todas las conveniencias que ofrece un país como los Estados Unidos, es importante reconocer que otros países tal vez no tienen las mismas comodidades. Ahora me doy cuenta de que una vida sencilla puede ser una vida bella. Vivir en una comunidad pequeña con una cultura tan especial, me ha dejado con muchas amistades e inolvidables recuerdos. Y también me ha dejado con un deseo muy grande de regresar para visitar.

Guía para la lectura

Vocabulario para una mejor comprensión de la lectura.

luna llena	*full moon*
redonda	*round*
cavar los agujeros	*dig the holes*
merengues	*typical, danceable Dominican songs*
camastro estrecho	*narrow cot*
piso de tierra	*dirt floor*
cubeta	*bucket*

Después de leer

1. ¿Qué cosas te parece que puede haber aprendido la escritora sobre la cultura dominicana? ¿Sobre sí misma?

2. ¿Cuáles han sido tus experiencias en otros países o en lugares en los Estados Unidos donde el estilo de vida es diferente?

3. ¿Te interesa participar en alguno de estos proyectos? ¿A dónde te gustaría ir? ¿Por qué?

¡SIGAMOS ADELANTE!

Conversemos un rato

A. Mi programa favorito In groups of three or four, choose a popular television program. Have each member of your group prepare a description of a main character from the program. The description should include the following: at least two physical characteristics, two personality traits and a detailed description of that person's daily routine, naming at least four specific activities typical of that character. Do not give any names or titles which would reveal the identity of the character chosen.

1. Each member of the group takes turns presenting his or her character description to the class. If you prefer, you can act out the character you chose. The other students should take notes during the presentation. The groups then reunite to compare notes. As a group, submit your guess as to the identity of each character presented.

B. Un día ideal Think about an enjoyable day you had, or imagine your ideal day. Cut out magazine pictures of this ideal day or bring in actual photos from a past event. In groups of three or four, discuss the following aspects of your day, using your photos to illustrate your presentation.

1. Include a description of the location(s). If weather conditions were critical to your enjoyment, describe what they were.
2. Talk about the activities you participated in during the morning, afternoon and night.
3. Describe any special foods you ate.
4. Include a description of anyone who accompanied you.
5. Summarize by explaining why this day was so enjoyable for you.

Taller de escritores

Un día típico de una persona en tu clase

En esta unidad vas a hacer una descripción de un día típico en la vida de una persona en tu clase. La idea es describir la vida de la persona sin mencionar el nombre. Primero, habla con un(a) compañero(a) de clase. Pregúntale los detalles de su vida y escribe uno o dos párrafos sobre su vida.

Writing Strategy
- List writing

Una estudiante muy activa

Cada día esta estudiante se levanta a las seis y va a sus lecciones de patinaje. Después, regresa a casa para desayunarse. Normalmente, toma cereal con leche, o huevos con pan tostado. Se viste y sale para la escuela. Llega a las ocho. Su clase favorita es inglés, y le gustan mucho los libros de misterio. Después de la escuela, va al club de teatro, donde practica para la obra de teatro "Alicia en el país de las maravillas". (Ella es la reina de corazones roja.) Después de cenar en casa con su familia, practica el piano por media hora y hace su tarea. Cuando tiene tiempo, mira sus programas favoritos en la tele. Ella se acuesta a las diez porque sabe que el próximo día, tiene que despertarse temprano otra vez.

A. Reflexión   Primero escribe la información necesaria sobre tu compañero(a) de clase. Apunta los conceptos que quieres incluir. Indica dónde vive la persona, cómo es su familia y que hace normalmente.

B. Primer borrador   Escribe una versión de la descripción. Recuerda que escribes para tus compañeros de clase.

C. Revisión con un(a) compañero(a)   Intercambia tu redacción con un(a) compañero(a) de clase. Lee y comenta la redacción de tu compañero(a). Usa estas preguntas como guía (guide).

1. ¿Qué te gusta más de la redacción de tu compañero(a)?

2. ¿Qué sección es más interesante?

3. ¿Es apropiada para los compañeros de clase y tu maestro(a)?

4. ¿Incluye toda la información necesaria para el propósito?

5. ¿Qué otros detalles debe incluir la redacción?

D. Versión final   Revisa en casa tu primer borrador. Usa los cambios sugeridos por tu compañero(a) y haz cualquier cambio que quieras. Revisa el contenido y luego la gramática y la ortografía, incluyendo la punctuación y los acentos ortográficos. Trae a la clase esta versión final.

E. Carpeta   Tu profesor(a) puede incluir la versión final en tu carpeta, colocarla en el tablero de anuncios o usarla para la evaluación de tu progreso.

Conexión con la psicología

Los sueños

Para empezar ¿Sabías que parte de tu cerebro es casi tan activo cuando duermes como cuando estás despierto? Tu cuerpo está dormido, pero tu mente esta soñando parte del tiempo. Todos nosotros soñamos cuatro o cinco veces cada noche, ya sea a color o en blanco y negro, aunque no siempre recordamos nuestros **sueños**. Soñar es importante para nuestra salud mental y física. Pero, ¿qué significan los sueños?

Nuestras experiencias, **recuerdos**, emociones, **temores** y esperanzas forman la base de nuestros sueños. ¿Intentas recordar y entender tus sueños? Se ha escrito mucho sobre la simbología de los sueños. Todos tenemos experiencias y recuerdos diferentes. Por eso, soñamos con diferentes cosas. Sin embargo, se presentan algunas interpretaciones en la siguiente tabla.

Símbolo	Significado
un barco	representa el viaje de la vida con sus buenos y malos momentos
un coche	representa ambición y deseo de tener un futuro positivo
las nubes	las nubes claras representan felicidad; las oscuras representan depresión y tristeza
la luna	representa el amor y las emociones sentimentales
un desierto	simboliza la soledad
un río	representa el actual estado emocional de la persona que sueña; su *corriente* de emociones
una casa	cada cuarto de la casa representa un aspecto de nuestra personalidad
una biblioteca	simboliza nuestra experiencia y conocimiento
un museo	representa nuestros recuerdos, familia y herencia cultural
un restaurante	indica nuestro deseo de estar con amigos
un *laberinto*	representa una decisión difícil

sueños *dreams*   recuerdos *memories*
temores *fears*   corriente *stream*
laberinto *labyrinth, maze*

A. Interpretación de los sueños
Basada en la lectura, en una hoja de papel escribe la letra que corresponde mejor al concepto descrito.

> **MODELO**   *la corriente de emociones*
>
> *a. el mar*   *b. un río*   *c. la primavera*
> *(la respuesta correcta es b.)*

1. la soledad

   a. un bosque   b. la luna   c. un desierto

2. herencia cultural

   a. un museo   b. una biblioteca   c. un jardín

3. el amor

   a. un barco   b. la luna   c. un coche

4. ambición

   a. un restaurante   b. un laberinto   c. un coche

5. tristeza

   a. las nubes oscuras b. un río   c. un desierto

B. Otras interpretaciones
¿Qué tan a menudo sueñas con los símbolos mencionados en la lectura? Al lado de los símbolos que escribiste en tu cuaderno, indica también que tan a menudo sueñas con ellos: nunca, a veces, frecuentemente.

Al terminar, compara tus respuestas con la de tu compañero(a). ¿Sueñan con las mismas cosas o cosas diferentes? Si nunca sueñan con los símbolos mencionados, comenten sobre las imágenes que recuerdan de sus sueños.

> **MODELO**   *¿Con qué frecuencia sueñas con la luna?*
> *Sueño con la luna frecuentemente.*

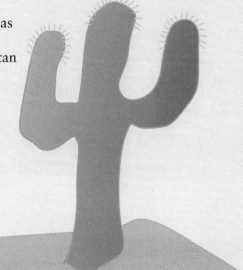

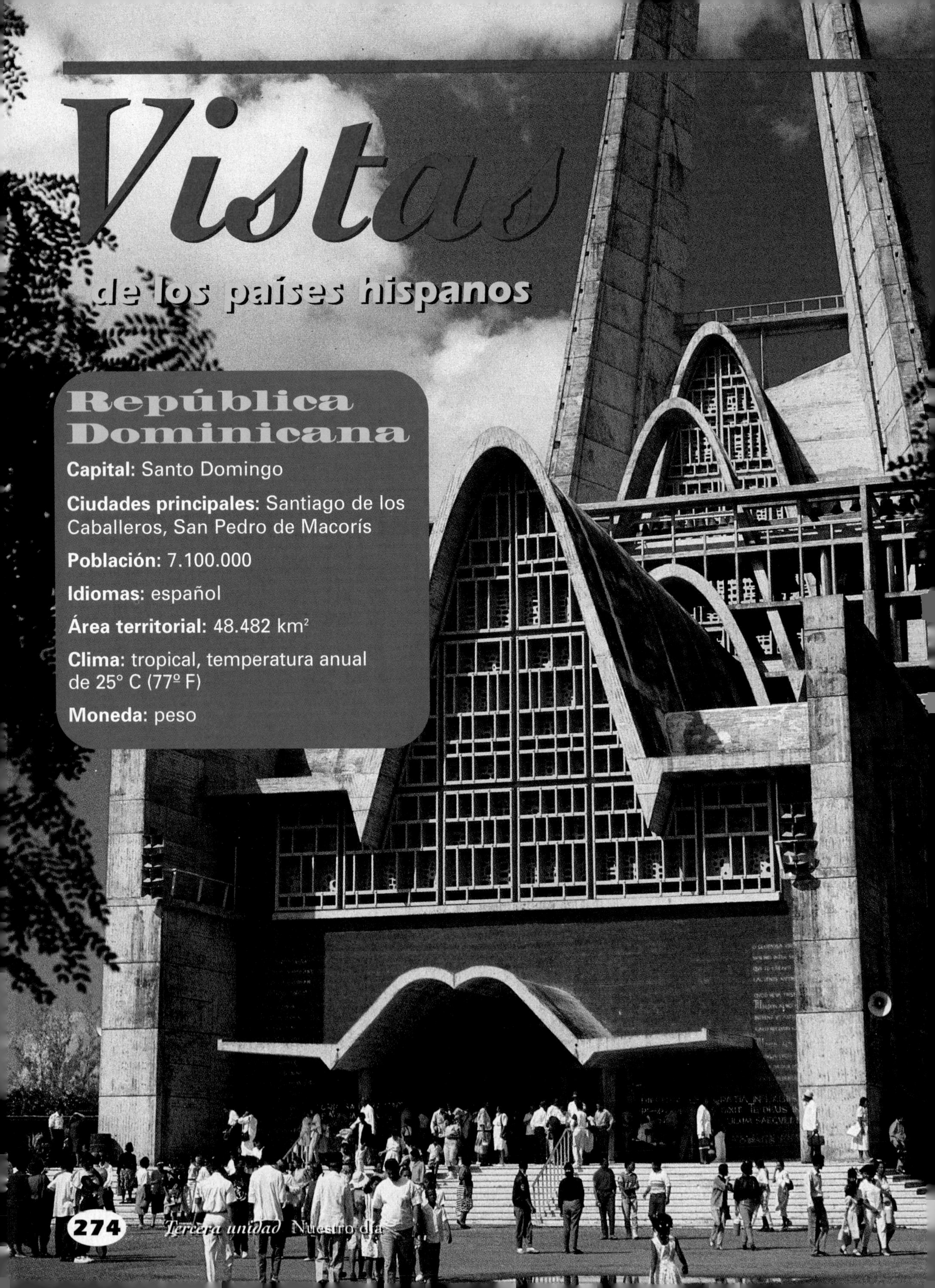

Vistas

de los países hispanos

República Dominicana

Capital: Santo Domingo

Ciudades principales: Santiago de los Caballeros, San Pedro de Macorís

Población: 7.100.000

Idiomas: español

Área territorial: 48.482 km²

Clima: tropical, temperatura anual de 25° C (77º F)

Moneda: peso

Bolivia

Capital: La Paz

Ciudades principales: Santa Cruz, Cochabamba, Potosí, Oruro

Población: 7.200.000

Idiomas: español, aymará, quechua

Área territorial: 1.098.581 km²

Clima: varía según la altitud, va del húmedo y tropical al seco y frío

Moneda: boliviano

EXPLORA

Find out more about the República Dominicana and Bolivia!
Access the **Nuestros vecinos** page on the *¡Ya verás! Gold* web site for a list of URLs.
http://yaveras.heinle.com/vecinos.htm

En la comunidad

¡Un boletín para todos!

"*Mi nombre es Mark Hansen y crecí en el estado de Texas. En mi escuela había muchos estudiantes hispanos y poco a poco conocí su cultura y su idioma. Empecé a viajar a Centroamérica en mis vacaciones de universidad y viví allí por varios meses. Después de vivir en Costa Rica me casé y me mudé a San Francisco. Mi esposa y yo empezamos a averiguar qué eventos relacionados con la cultura latina se presentaban en el área. Nos dimos cuenta que no era fácil obtener esta información y decidimos empezar un **boletín mensual** para publicar todos los eventos locales de tipo artístico, musical, y literario. Más tarde **añadimos** una sección donde recomendábamos los distintos restaurantes de comida latina del área. Distribuíamos nuestro boletín en todos los sitios frecuentados por latinos y por personas que tenían algún interés en la cultura latina y en el español. Financiábamos la publicación del boletín con la **venta de anuncios** y muchas veces, además de dinero recibíamos entradas gratis e invitaciones para los distintos eventos. Fue una época en la cual nos divertimos y aprendimos mucho y en la cual establecimos los contactos necesarios para establecer un **exitoso negocio de importación** del cual vivimos actualmente*".

¡Ahora te toca a ti!

Si vives en un área donde viven muchos latinos a lo mejor hay muchos conciertos, exhibiciones, películas, conferencias, en español, o en inglés, pero con un tema latinoamericano. Investiga de qué manera los latinos se enteran de estos eventos, y cuáles son los medios de comunicación, tanto en inglés como en español. Compara estos canales de información con los que existen normalmente en los Estados Unidos. Si no hay muchos eventos de tema latinoamericano en tu comunidad, imagina que trabajas con una empresa que trae espectáculos de Latinoamérica a tu ciudad. Qué tipo de espectáculos quieres traer? ¿Por qué? ¿Cómo los vas a promocionar? ¿Por qué? ¿Dónde se presentarían?

boletín mensual *monthly newsletter*   **añadimos** *we added*
venta de anuncios *sale of advertisements*   **exitoso** *successful*
negocio de importación *import/export business*

En la comunidad

¡Vamos a viajar!

"Me llamo Lily Chen. Mis cuatro abuelos nacieron en China e inmigraron a Perú en 1920. 50 años más tarde, mis padres inmigraron a Chicago. Yo tenía 10 años cuando llegamos a los Estados Unidos. No fue fácil adaptarme a mi nuevo **ambiente**. Hablaba español bien, pero casi no podía leerlo o escribirlo y me daba pena hablar inglés porque tenía un acento fuerte. Esta fue una de las razones por las cuales decidí trabajar en un campo en el que hablar varias lenguas es una ventaja. Ahora trabajo con una compañía de turismo en Chicago. Mi compañía se especializa en organizar excursiones para latinos que no hablan inglés. Parte de mi trabajo es **entrenar** a los **guías** a conocer bien la ciudad, su historia, y que puedan responder cualquier pregunta. Antes de empezar a trabajar como guía en nuestra compañía tienen que pasar la prueba de fuego: llevarme a pasear por toda la ciudad y contestar todas mis preguntas (que son bastante originales por cierto). Me encanta mi trabajo. Nuestros clientes son por lo general personas alegres y amables. Con frecuencia después de terminar la excursión nos invitan a comer o a tomar café con ellos. Puedo decir, sin exagerar, que tengo amigos en casi todos los países de América Latina."

¡Ahora te toca a ti!

Busca una agencia de viajes o de turismo que ofrece excursiones en español. Pregunta qué se necesita para trabajar como guía de turismo bilingüe. Investiga qué clases de excursiones ofrecen y su costo. Si no puedes encontrar una agencia de viajes, investiga para ver si en tu ciudad hay algún museo, institución o sitio turístico que ofrece recorridos (tours) en español o que tiene información en español. Trata de participar en uno. ¿Qué piensas del guía? ¿Habla bien el español? ¿Es aburrido(a) o **entretenido**(a)? ¿Conoce bien el tema?

Ve a la biblioteca y saca un libro sobre turismo en América del Sur. Escoge una ciudad y lee sobre los sitios más interesantes. Si es posible, visita una agencia de viajes para pedir más información sobre esta ciudad. Haz una presentación en tu clase sobre la historia y los puntos más interesantes de esta ciudad.

ambiente *environment*   **entrenar** *to train*
guías *tour guides*   **entretenido(a)** *interesting, entertaining*

UNIDAD 4

La salud

Objectives

In this unit you will learn:

- to talk about your own and other people's health and physical conditions
- to refer to habitual actions in the past
- to use reflexive verbs in the past

¿Qué ves?

- ¿Quiénes son estas personas?
- ¿Dónde están?
- ¿Qué alimentos ves en la foto a la izquierda?

¿Cómo te sientes?

Primera etapa: El cuerpo humano
Segunda etapa: El ejercicio ideal
Tercera etapa: Dos accidentes

¡Ve a la farmacia!

Primera etapa: La gripe: un virus anual
Segunda etapa: Los remedios

La salud: mejor que la riqueza

Primera etapa: Los cinco grupos alimenticios
Segunda etapa: Los jóvenes duermen mal

CAPÍTULO 10

¿Cómo te sientes?

Después de una carrera de bicicleta se siente cansado pero feliz.

Objectives

- talking about parts of the body and physical complaints
- talking about past routines and habitual activities

PRIMERA ETAPA

Preparación

- Do you know the words for parts of the body in Spanish?
- When would you need to refer to various body parts?

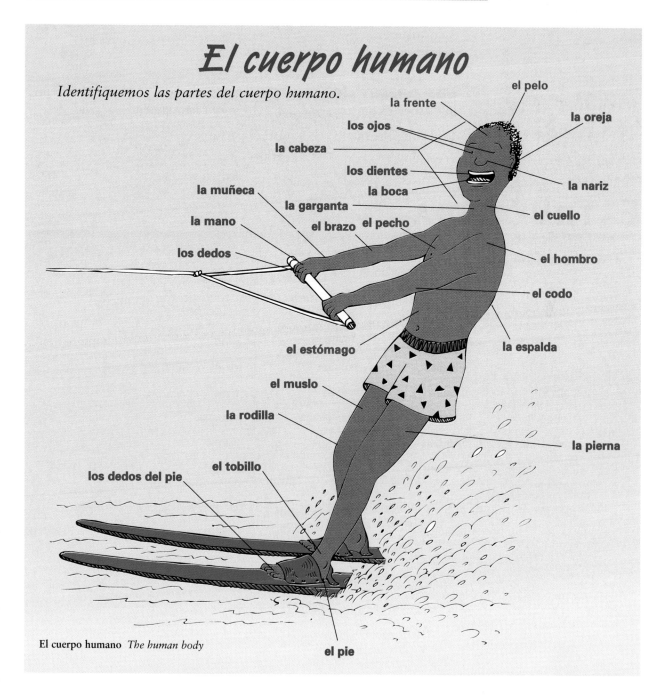

El cuerpo humano

Identifiquemos las partes del cuerpo humano.

el pelo

la frente

la oreja

los ojos

la cabeza

los dientes

la nariz

la muñeca

la boca

la garganta

el cuello

la mano

el brazo   el pecho

los dedos

el hombro

el codo

el estómago

la espalda

el muslo

la rodilla

la pierna

el tobillo

los dedos del pie

el pie

El cuerpo humano *The human body*

¡Te toca a ti!

A. Un amigo extraterrestre
Describe el cuerpo de tu amigo extraterrestre *(your extraterrestrial friend)*. Compara su cuerpo con tu cuerpo, basándote en el dibujo. Sigue el modelo.

> **MODELO** la cabeza
> *Yo tengo una cabeza.*
> *Mi amigo tiene una cabeza también.*

1. los ojos
2. las orejas
3. los dientes
4. los brazos
5. los dedos
6. las piernas
7. las rodillas
8. los pies

B. Las partes del cuerpo
Identifica la(s) parte(s) del cuerpo que asocias con *(that you associate with)* las siguientes actividades.

1. playing the piano
2. jogging
3. testing perfume
4. eating

ESTRUCTURA

The imperfect

	hablar (habl-)	comer (com-)	vivir (viv-)
yo	hablaba	comía	vivía
tú	hablabas	comías	vivías
él, ella, Ud.	hablaba	comía	vivía
nosotros(as)	hablábamos	comíamos	vivíamos
vosotros(as)	hablabais	comíais	vivíais
ellos, ellas, Uds.	hablaban	comían	vivían

¿Dónde **vivías** cuando **tenías** 10 años?

Yo **vivía** en Indiana.

¿Qué **hacías** durante el verano?

Yo **nadaba y jugaba** al tenis todos los días.

Where did you used to live when you were 10 years old?

I used to live in Indiana.

What did you used to do during the summer?

I used to swim and play tennis every day.

ESTRUCTURA (continued)

1. You have already learned to express actions in the past by using the preterite. Now you will learn a second past tense, the imperfect, which will allow you to describe what you *used to do.*

2. To form the imperfect, begin by dropping the **-ar, -er,** or **-ir** of the infinitive and adding the imperfect endings **-aba, -abas, -aba, -ábamos, -abais, -aban** for **-ar** verbs, and **-ía, -ías, -ía, -íamos, -íais, -ían** for **-er** and **-ir** verbs.

3. The imperfect tense has three equivalents in English:

Ella vivía en España.
{ *She lived* in Spain.
She used to live in Spain.
She was living in Spain.

Aquí practicamos

C. ¿Qué hacían Uds.? Di lo que hacían tú y tus amigos(as) *(what you and your friends used to do)* durante el verano cuando tenían diez años.

A	B	C	D
yo	(no)	nadar	todos los días
tú		estudiar	
?		jugar…	
nosotros(as)		beber…	
Uds.		montar en bicicleta	

NOTA GRAMATICAL

The imperfect of **ver, ser,** and **ir**

The verbs **ver, ser,** and **ir** are conjugated in this way in the imperfect:

	ver	ser	ir
yo	veía	era	iba
tú	veías	eras	ibas
él, ella, Ud.	veía	era	iba
nosotros(as)	veíamos	éramos	ibamos
vosotros(as)	veíais	erais	ibais
ellos, ellas, Uds.	veían	eran	iban

D. Ellos iban a la playa
Sustituye las palabras en cursiva con las palabaras entre paréntesis y haz los otros cambios necesarios.

1. *Ellos* iban a la playa cada verano. (yo / ellas / nosotras / tú / Juan y su familia)

2. *Nosotros* no veíamos a Juan a menudo. (yo / Uds. / ellas / Mirta y Guillermo / tú)

3. ¿Era *él* de España? (tú / ellas / Mario / Ud. / ella / Uds.)

E. El año pasado... cada jueves por la tarde
Di lo que hacían *(used to do)* cada jueves del año pasado las personas en los siguientes dibujos. Sigue el modelo.

| MODELO | *El año pasado, Carmen corría cada jueves por la tarde.* |

Carmen

1. Carlos

2. Dina y su novio

3. Jaime

4. Mónica

5. Olga y Lucía

6. Alberto

7. Miguel y Patricio

8. Isabel

F. El año pasado, mi amigo y yo... Now imagine that every Saturday afternoon, you and a friend did what the people in the drawings in the preceeding activity did. Repeat each item following the model.

> **MODELO**   *El año pasado, corríamos cada sábado por la tarde.*

Aquí escuchamos

¡Pobre Martín! *Martín no se siente muy bien.*

Antes de escuchar ¿Cuándo fue la última vez que tuviste un dolor de cabeza o un dolor de garganta? ¿Qué hiciste?

 A escuchar Mientras escuchas el diálogo, trata de reconocer las palabras que usan para hablar del cuerpo humano.

Después de escuchar Contesta las siguientes preguntas según lo que has oído.

1. ¿Cómo se ve Martín según Dina?
2. ¿Qué tiene Martín?
3. ¿Cómo se ve Martín según Felipe?
4. ¿Qué dice Dina que debe hacer Martín?
5. ¿Qué va a hacer Martín?

¡Te toca a ti!

G. No te ves muy bien (You don't look very good)
Talk to a classmate about his (her) state of health. Follow the general pattern of the models while varying the health expressions that you use.

> **MODELOS**
> | | |
> |---|---|
> | **Tú:** | *¿Qué tal?* |
> | **Compañero(a):** | *No me siento muy bien.* (I don't feel very well.) |
> | **Tú:** | *¿Qué te pasa?* (What's wrong?) |
> | **Compañero(a):** | *Tengo dolor de cabeza (estómago, etc.).* |
> | | |
> | **Tú:** | *¡Hola, amigo! No te ves muy bien.* |
> | **Amigo:** | *¿Verdad? Tengo dolor de cabeza (espalda, etc.).* |
> | **Tú:** | *Pobre. Debes descansar.* |
> | **Amigo:** | *Tienes razón.* (You're right.) *Voy a volver a casa.* |

ESTRUCTURA

The imperfect: habitual actions

Todos los veranos **íbamos** a la playa.   *Every summer we used to go to the beach.*

Cada noche **escribíamos** postales.   *Every evening we used to write postcards.*

1. The imperfect tense is used to describe something that happened over and over again in the past.

2. Certain adverbs and expressions that convey the idea of a routine often accompany the imperfect tense. They reinforce the idea of habitual actions and of things that used to be done repeatedly. You already have learned some of the following adverbs and expressions.

a menudo	*often*
a veces	*sometimes*
cada día (viernes, sábado, tarde, mañana, noche, semana, mes, etc.)	*every day (Friday, Saturday, afternoon, morning, night, week, month, etc.)*
con frecuencia / frecuentemente	*frequently*
con regularidad	*regularly*
de vez en cuando	*from time to time*
muchas veces	*often, many times*
normalmente	*normally*
siempre	*always*
todos los días (lunes, martes, etc.) una vez al día (a la semana, mes, año, etc.)	*every day (Monday, Tuesday, etc.) once a day (week, month, year, etc.)*

Aquí practicamos

H. El verano pasado   Last year Silvia's parents went away for a couple of weeks. Use the suggested elements and the imperfect to tell what Silvia and her brother did while their parents were gone.

> **MODELO**   Cada sábado por la noche / yo / salir con mis amigos
> *Cada sábado por la noche salía con mis amigos.*

1. cada día / nosotros / despertarse temprano

2. muchas veces / yo / quedarse en cama una hora o dos

3. de costumbre / mi hermano / levantarse en seguida

4. todos los días / nosotros / ducharse

5. normalmente / nosotros / desayunarse juntos

I. Cuando tú tenías siete años...   Decide if each item on the following list was true for you when you were seven and mark it to the left of the items. Then interview your partner about

his (her) situation at the same age. On your activity master, mark his (her) responses in the columns on the right.
Follow the model.

MODELO   ir a la escuela
                   Tú: *Cuando tú tenías siete años, ¿ibas a la escuela?*
   Compañero(a): *Sí, iba a la escuela.*

Yo			Mi amigo(a)	
Sí	**No**		**Sí**	**No**
✓		**ir a la escuela**	✓	
		vivir aquí		
		tener hermanos y hermanas		
		ir a la playa		
		dormir una siesta		
		comer mucho		
		ser travieso(a) (mischievous)		
		jugar con los compañeros		
		levantarse temprano		
		beber mucha leche		

¡ADELANTE!

 ¿Qué hacías el verano pasado? Think back to what you used to do last summer. 1) Make a list of at least eight activities that you did repeatedly. 2) Using the expressions introduced in the **Estructura**, mark down how often each week you participated in each of the activities. 3) Get together with a partner and interview each other about last summer. 4) Compare your partner's activities with yours, noting two similarities and one difference.

 Cuando yo era niño... After spending an afternoon with your ten-year-old niece, you recall your own life at that age. Write a short description in your diary about things that you used to like to do when you were ten years old. 1) Include at least five activities in which you liked to participate. 2) Tell how often you were involved in these activities. 3) Tell which of these activities was your favorite.

Preparación

- What do you do for exercise?

- Look at the photograph. What do you think the reading will be about?

- What does the title of the reading suggest to you?

El ejercicio ideal

En el agua vas a bajar de peso y vas a tonificarte el cuerpo. No hay manera más eficiente y divertida de ponerte en forma.

¿Buscas una manera **sencilla** y agradable de ponerte en forma? ¿Te gusta la idea de pasar horas **sudando** en un gimnasio? ¿No? Entonces, la solución para ti puede ser la natación. Además de ser un excelente deporte, la natación puede ser un divertido evento social. En la piscina puedes reunirte con tus amigos... a la vez que trabaja tu sistema cardiovascular.

¿Por qué?
Porque cuando tú nadas, el corazón y **los pulmones** trabajan a su capacidad máxima porque tu cuerpo demanda una gran dosis extra de oxígeno. El movimiento continuo hace de la natación un excelente ejercicio aeróbico.

Ventajas
Una de las grandes ventajas de este deporte es que es difícil **lastimarse** porque cuando tu cuerpo flota en el agua, no hay presión en las **coyunturas**. **Aseguran** los expertos que la persona que nada 15 minutos consecutivos todos los días va a mantenerse en condiciones óptimas sin tener que **levantar pesas** o **trotar**.

¿Quieres ponerte en forma? **Tírate** al agua y nada, nada, nada...

El ejercicio ideal *The ideal exercise*   peso *weight*   tonificarte *to tone up*   ponerte en forma *to get in shape*
sencilla *simple*   sudando *sweating*   los pulmones *the lungs*   Ventajas *Advantages*   lastimarse *to hurt oneself*
las coyunturas *the joints*   Aseguran *Assure*   levantar pesas *to lift weights*   trotar *to jog*   Tírate *Throw yourself*

¡Te toca a ti!

A. El agua Contesta las siguientes preguntas sobre la lectura.

1. What does the headline say are two benefits of this exercise?
2. In the first paragraph, what is another benefit of this activity, in addition to its being a good sport in general?
3. Why is it a good aerobic exercise?
4. Why is it difficult to injure yourself while doing this activity?
5. How often should you do this activity in order to stay in good shape, according to the experts?

Repaso

B. Tiene dolor de... Indica dónde tiene dolor cada persona.

1. Sara   2. mi papá   3. mi mamá   4. Magda

C. Recuerdos Marcos and Lucila remember the days when they were students in elementary school. They talk about what they used to do on days they had to go to school. If you are male, play the role of Marcos and if you are female, play the role of Lucila. Use the imperfect for all verbs. Follow the model.

MODELO   Marcos y Lucila / despertarse / 7:00
> **Marcos:** *Cada día, mi hermana y yo nos despertábamos a las siete.*
> **Lucila:** *Cada día, mi hermano y yo nos despertábamos a las siete.*

1. Lucila / levantarse / 7:15
2. Marcos / levantarse / 7:30
3. Lucila / ducharse
4. Marcos / peinarse
5. Marcos / beber leche
6. Lucila / beber jugo de naranja
7. Lucila y Marcos / lavarse los dientes
8. Marcos y Lucila / ir a la escuela / 8:00

ESTRUCTURA

Additional uses of the imperfect

In addition to indicating habitual past actions, the imperfect tense is used to talk about several other kinds of situations in the past:

1. To indicate actions that *were going on* at the time about which you are speaking.

Mientras **hablábamos**, ella **leía** una revista.	*While we were talking, she was reading a magazine.*

2. To describe the physical attributes of people you are remembering.

Ella **tenía** los ojos azules.	*She had blue eyes.*

3. To express attitudes and beliefs that were held at that time in the past, using verbs such as **creer, pensar,** etc.

Yo **creía** que era bonita.	*I thought she was pretty.*

4. To express how old someone was in the past.

Él **tenía** cincuenta años.	*He was fifty years old.*

5. To describe past states of health.

Yo **no me sentía** bien.	*I didn't feel well.*

6. To set the background or context for a story that takes place in the past.

Eran las nueve de la noche.	*It was 9:00 at night.*
Yo **estaba de visita** en Phoenix.	*I was visiting Phoenix.*
Era invierno, pero **hacía** muchísimo calor allí.	*It was winter, but it was very hot there.*
Estábamos en un pequeño restaurante	*We were in a tiny restaurant.*

Aquí practicamos

D. La fiesta de Cecilia Daniel llegó tarde a la fiesta de Cecilia. Basándote en el dibujo, usa el imperfecto *(the imperfect tense)* para describir lo que hacían sus amigos cuando llegó a la fiesta. Sigue el modelo.

> **MODELO** Óscar
> *Óscar escuchaba discos compactos.*

1. Jaime, Enrique y Joaquín
2. Mónica y Liliana
3. Jorge y Verónica
4. Cecilia
5. Sr. Castañeda
6. todo el mundo

E. Anoche a las 8:00

Tell a story about something that happened to you. Set the scene by explaining where you were and what you were doing when the story's action began. For the first situation, you are given questions to help you. For the other situations, give similar descriptions on your own.

1. Ayer por la noche a las 8:00 —¿Dónde estabas? ¿Qué hacías? ¿Qué tiempo hacía? ¿Cómo te sentías? ¿Estabas solo(a) *(alone)* o con otras personas? ¿Qué hacían ellas?

2. Esta mañana a las 7:30

3. El sábado pasado a las 10:00 de la noche

4. El viernes pasado por la noche

5. Un momento importante de tu vida

Aquí escuchamos

¡Tú siempre estás en forma! *Dos amigas tienen tiempo libre el sábado por la noche.*

Antes de escuchar ¿Haces mucho ejercicio? ¿Qué tipo de ejercicio te gusta hacer?

 A escuchar Escucha el diálogo entre amigas. ¿Que tipo de persona es Magda? ¿y Sofía? Piensa en los adjetivos que conoces para describirlas.

Después de escuchar Contesta las siguientes preguntas según lo que has oído.

1. ¿Qué desea hacer Magda?
2. ¿Qué piensa Madga de Sofía?
3. ¿Por qué está Madga siempre en forma?
4. ¿Cuántas veces por semana hace gimnasia *(works out)* Magda?
5. ¿Cuántas veces por semana va Magda a una discoteca?

¡Te toca a ti!

F. Ellas hacen gimnasia Look at the pictures of young women and how they stay in shape. Then answer the questions that follow to match the names of the appropriate activities with the women who do them.

Diana

Virginia

María Teresa

Carmen

1. ¿Quién juega al tenis?   3. ¿Quién levanta pesas?
2. ¿Quién nada?   4. ¿Quién practica yoga?

G. Intercambio Hazle las siguientes preguntas a un(a) compañero(a). Tu compañero(a) va a responderte según su experiencia personal.

1. ¿Eres activo(a)? ¿Te gusta practicar un deporte o mirar los partidos en la tele?
2. ¿Haces ejercicios aeróbicos? ¿Practicas yoga?
3. ¿Nadas de vez en cuando?
4. ¿Te gusta bailar? ¿Ballet o rock?
5. ¿Estás en forma? ¿Tus amigos piensan que tú eres fuerte o débil? ¿Levantas pesas? ¿Quisieras levantar pesas?

¡ADELANTE!

 ¿Estás en forma? Ask several classmates what they used to do a couple of years ago and what they do now to stay fit. On your activity master, record their responses and prepare for class discussion. Start your conversation with: **¿Qué hacías hace dos años para estar en forma? Y ahora, ¿qué haces?** Share with the class some of the common responses as well as the most unusual response.

Compañero(a) de clase	Hace 2 años	Ahora
Cecilia	nadaba	juega al tenis

 Soy muy activo(a), ¿y tú? Write a note to your Spanish-speaking pen pal in Honduras telling her (him) what you do to stay in shape. 1) Include at least three things that you do and describe your usual diet. 2) Compare your current activities to what you used to do two years ago. 3) Then ask what people your age in Honduras do for exercise. 4) Request photographs of people engaged in popular sports or activities.

As you start this **etapa,** think about physical ailments. How would you express such things as:

- a hurt knee?
- a sprained ankle?
- a stomachache?
- other aches and pains?
- a headache?

Dos accidentes

El daño causado por dos accidentes de automóvil.

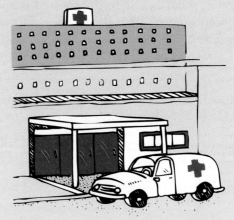

Niña atropellada

Nívea Lucero, una niña de 7 años, fue atropellada por un automóvil ayer a las 9:30 de la mañana en la Calle Cervantes. La niña caminaba a la escuela y el coche la atropelló cuando cruzaba la calle. En el accidente la niña se quebró un brazo y una pierna y se cortó la frente. Fue transportada al Hospital Santa Cruz en una ambulancia de la Cruz Roja.

Dos lastimados

Un accidente ocurrió ayer a las 2:30 de la tarde en la Avenida Bolívar. Dos jóvenes que andaban en motocicleta chocaron con un automóvil. El motociclista, Alejandro Bernal, 14 años, y su pasajero, Tomás Ferrer, 14 años, se lastimaron en el choque. Fueron transportados al Hospital San Juan en una ambulancia de la Cruz Roja.

¡Te toca a ti!

A. Estudio de palabras Based on the two newspaper articles, answer the following in order to figure out the meanings of some of the words you may not know.

1. Find a word that means *struck, banged into, or knocked down.*
2. Find a word that means *collided.*
3. Find a word that means *motorcycle driver.*
4. Find a word that means *passenger.*
5. Find a word that means *to be injured.*

B. Artículos cortos (Short articles) Los dos artículos de periódicos dan mucha información en pocas líneas. Contestan para cada artículo estas preguntas: ¿quién?, ¿qué?, ¿dónde?, ¿cuándo?

Repaso ♻

C. El comienzo de un cuento Aquí tienes el comienzo de un cuento. Cambia los verbos del presente al imperfecto.

Es una noche del mes de diciembre. Hace mucho frío y nieva. Mi hermana y yo estamos en el coche de mi papá. El coche no funciona porque no tiene gasolina. Al lado de la carretera está una mujer vieja. Ella tiene el pelo blanco y una nariz muy larga. Ella camina con un gato negro y canta una canción de Counting Crows. *Mi hermana y yo pensamos que todo eso es muy extraño.*

Now invent the beginning of a second story, based on the drawing to the right. Instead of telling the whole story, establish the scene by using the imperfect to describe the setting, the situation, and the characters.

ESTRUCTURA

The preterite of reflexive verbs

Yo **me acosté** a las nueve anoche.   *I went to bed at 9:00 last night.*

Mi hermana **se levantó** a las 7:30 ayer.   *My sister got up at 7:30 yesterday.*

Nos encontramos en el centro.   *We met each other downtown.*

1. In Chapter 7, you learned about reflexive verbs in the present tense. As they do in the present tense, these verbs may have two meanings in the preterite:

- an action that reflects back on the subject:

Mi hermana **se levantó** a las 7:30 ayer.   *My sister got up at 7:30 yesterday.*

- an action in which two or more subjects interact:

Nos encontramos en el centro.   *We met each other downtown.*

2. In both cases, the subject (noun or subject pronoun) is accompanied by its corresponding reflexive pronoun (**me, te, se, nos, os, se**).

Aquí practicamos

D. Ayer me levanté a las...   Indica algunas actividades que tú y tu hermano(a) hicieron ayer. Sigue el modelo.

> **MODELO**   yo / levantarse / 7:30
> *Me levanté a las 7:30 ayer.*

1. yo / despertarse / 6:30
2. mi hermano / despertarse / 7:00
3. yo / levantarse / 7:30
4. mi hermana / levantarse / inmediatamente
5. yo / ducharse / 7:45
6. mi hermano / bañarse / 7:15
7. mi hermana / maquillarse
8. yo / afeitarse (maquillarse)
9. mi hermana y yo / cepillarse los dientes
10. mis hermanos y yo / desayunarse juntos

E. Ayer, anoche y esta mañana   1) On your activity master, fill in information about your own activities yesterday, last night, and this morning (following the model information shown). 2) Interview three other members of your class to determine if they did some of those activities. For each one they did, 3) find out some additional detail about it, as suggested in the following chart.

¿Qué hicimos ayer y esta mañana?				
Actividad	Yo	Nombre de amigo(a)	Nombre de amigo(a)	Nombre de amigo(a)
llegar a casa tarde (¿a qué hora?)	*sí; llegué a las cinco*			
hacer deporte (¿por cuánto tiempo?)	*jugué al tenis por dos horas*			
salir anoche (¿dónde y hasta qué hora?)	*salí a la casa de Pete hasta las 10*			
acostarse (¿a qué hora?)	*me acosté a las once y media*			
cepillarse los dientes (¿cuántas veces?)	*me cepillé dos veces*			
dormir bien o mal (¿por cuántas horas?)	*dormí bien; por siete horas*			
despertarse (¿a qué hora?)	*me desperté a las seis y media*			
levantarse en seguida (¿a qué hora?) o quedarse en la cama (¿hasta qué hora?)	*no, me quedé en la cama hasta las siete*			
maquillarse o afeitarse (¿por cuánto tiempo?)	*me maquillé por quince minutos*			
desayunar con la familia o solo	*desayuné con mi hermana*			

Aquí escuchamos

¡No me digas! ¿Te rompiste la pierna? *Carlos habla por teléfono con su amigo Felipe.*

Antes de escuchar ¿Qué consideras tú un pequeño accidente? ¿Alguna vez te has roto algo en un accidente? ¿Qué te rompiste?

 A escuchar Mientras escuchas el diálogo, trata de concentrarte en las partes del cuerpo que mencionan. ¿Qué verbos reflexivos usan en el preterito?

Después de escuchar Contesta las siguientes preguntas según lo que has oído.

1. ¿Por qué no fue Felipe a la escuela?
2. ¿Qué parte del cuerpo se lastimó Felipe?
3. ¿Cómo pasó el accidente?
4. ¿Qué hacía Felipe?
5. ¿Se lastimó otra persona también? ¿Dónde se lastimó?

¡Te toca a ti!

F. Un accidente In Spanish, you often use the verbs **lastimarse** *(to hurt oneself)*, **torcerse** *(to twist)*, **romperse** *(to break)*, and **cortarse** *(to cut)* with parts of the body to describe the results of an accident. Use the following expressions to indicate what happened to you. Follow the model.

MODELO	Yo me lastimé...
	Yo *me lastimé la mano.*

1. Yo me lastimé...

 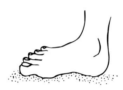  

2. Yo me torcí...

  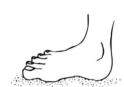 

3. Yo me rompí...

4. Yo me corté ...

G. ¿Qué pasó? Identify three people you know who have had an accident that resulted in an injury at one time or another. Then share that information with a partner. At the end of your conversation, identify: 1) any acquaintances who have had the same injury and 2) the person who had the most serious injury.

¡ADELANTE!

 Tuve un accidente Think of a time when you or a close acquaintance was hurt in an accident. Imagine that the accident just happened. Call up a friend on the telephone to report the news of the accident. Your partner will express appropriate concern, asking about the circumstances of the accident. Discuss 1) when it happened, 2) where, 3) what the injured person was doing before and when the accident occurred, 4) who the person was with, and 5) what the specific injury was.

 Un accidente Imagine that your local newspaper wants to include some articles in Spanish in its weekend edition as a service to the Spanish-speaking population of your city. An editor has asked your Spanish class to submit some articles to be judged for determining who would be offered a position as freelance reporter in Spanish. Using the clippings from the beginning of this **etapa** as models, write a short article about an accident (either imaginary or real) that happened recently. Include who, what, where, and when in your article.

EN LÍNEA

Connect with the Spanish-speaking world! Access the *¡Ya verás! Gold* home page for Internet activities related to this chapter.

http://yaveras.heinle.com

VOCABULARIO

Para charlar

Para hablar de tu estado físico

bajar de peso
cortarse
lastimarse
mantenerse en condiciones óptimas
ponerse en forma
romperse
(no) sentirse bien (mal)
sudar
tener dolor de...
tener un accidente
tonificarse
torcerse (ue)

Para hablar del estado físico de otra persona

¿Cómo te sientes?
¿Te sientes bien (mal)?
No te ves muy bien.
¿Estás en forma?
¿Qué te pasa?
¿Qué te pasó?
¿Te lastimaste?
¿Tuviste algún accidente?

Temas y contextos

Las actividades físicas

hacer gimnasia
levantar pesas

El cuerpo

la boca	el hombro
el brazo	la mano
la cabeza	la muñeca
la cara	el muslo
el codo	el ojo
el corazón	la oreja
la coyuntura	el pecho
el cuello	el pelo
el dedo (de la mano)	el pie
el dedo del pie	la pierna
la nariz	el pulmón
el diente	la rodilla
la espalda	el tobillo
el estómago	
la frente	
la garganta	

Vocabulario general

Sustantivos

la capacidad –
una dosis –
un evento social –
un gimnasio –
una manera –
un movimiento –
el oxígeno –
la presión –
el sistema cardiovascular –
una solución –
una ventaja –

Verbos

asegurar –
demandar –
flotar –
tirarse –

Adjetivos

agradable
consecutivo(a)
continuo(a)
eficiente
experto(a)
grave
máximo(a)
sencillo(a)

Adverbios

normalmente – normally

Expresiones de frequencia

a menudo – often
a veces –
cada día (viernes, sábado, tarde, mañana,
   noche, semana, mes, etc.)
con frecuencia –
con regularidad –
de vez en cuando –
muchas veces –

Otras expresiones

tener razón

Ser y comer: un breve drama cultural

Antes de leer

1. Piensa en el título de la lectura y contesta las siguientes preguntas:

a. ¿Cómo están relacionadas estas dos cosas (el ser, el comer) en tu lenguaje? ¿En tu cultura? ¿Crees que estudiar el fenómeno de la comida puede ayudarnos a entender una cultura? ¿Cómo?

b. Tradicionalmente se asocia la comida a diferentes aspectos de la salud. ¿Qué opinas de esta relación? ¿Conoces algunos cambios en ella?

Son las diez y media de la mañana de un domingo típico en casa de los Ortega en Puerto Rico. Doña Consuelo y su hermana doña Milagros están preparando el almuerzo familiar. Toda la familia se reune los domingos para comer el almuerzo juntos. Normalmente, éste se sirve alrededor de las dos de la tarde y dura hasta las cinco. Cecilia, la hija de Doña Consuelo, llega; viene de hacer aeróbicos y saca un refresco dietético de la nevera.

Cecilia: Ay, qué calor tengo... ¿Ya cocinan? Qué horror...

D. Consuelo: 'Mijita, tú sabes que si no empezamos ahora, las habichuelas jamás van a estar a tiempo. Hay que preparar el arroz con pollo, freír los tostones y los pastelillos, hacer el mofongo, y hacer el tembleque...

Cecilia: Pero mamá, ya no puede una pasarse cinco horas en la cocina; nunca hay tiempo. Y si lo hay, es para sentarse tranquila a hacer la sobremesa, a conversar... y esos tostones fritos; demasiadas calorías. ¿Y qué es aquello? ¿Manteca? Pero, ¿cómo se les ocurre? ¡Nos vamos a morir!

Doña Consuelo: Óigame, nena—tu abuelo tiene 87 años y está de lo más lozano. Él comía así por toda la vida y no tenía ningún problema de salud. Él sí que se muere si uso otra cosa para freír... ¡Por eso estás tú que pareces un alfiler!

Doña Milagros: La verdad es que son ricas las cosas fritas en manteca. Podemos usar aceite de oliva, que es mejor, pero nada, hay que darle gusto al cuerpo de vez en cuando. Todo en moderación es mejor para todos, pero el almuerzo del domingo siempre es algo especial.

Guía para la lectura

Vocabulario para una mejor comprensión de lectura.

mijita	*contraction of **mi** + **hijita**; (an affectionate. form of hija)*
sobremesa	*period of conversation*
manteca	*lard*
lozano	*vigorous, exuberant*
alfiler	*pin*

Después de leer

1. Describe en una oración qué relación tiene cada uno de los personajes con la comida:

   a. Cecilia

   b. Doña Consuelo

   c. Doña Milagros

2. ¿Te parece que son muy diferentes las comidas regulares en Latinoamérica y en los Estados Unidos? ¿En qué son diferentes? ¿En qué son semejantes?

3. En tu opinión, ¿qué comidas son buenas para la salud? ¿Cuáles son malas para la salud? ¿Crees que debes evitar por completo (completely) las comidas "malas"? Explica tus respuestas.

CAPÍTULO 11

¡Ve a la farmacia!

Una farmacia típica en el centro de Madrid

Objectives

- describing illnesses and complaints
- suggesting medical remedies
- giving advice about health-related topics

Preparación

- What are some illnesses that are common in the winter? What are the symptoms?

- What are some of the medicines we take for these illnesses? Are these over-the-counter medicines or do you need a prescription?

La gripe: un virus anual

El Sr. Valdez tiene todos los síntomas típicos del catarro.

Cada invierno los microbios cruzan **las fronteras.** Llegan de todas partes del mundo. Es la temporada del **catarro** y de la gripe. La epidemia de la gripe **alcanza** su **punto** más alto en diciembre, enero y febrero. El Sr. Valdés está enfermo. Tiene la gripe. Noten los síntomas que tiene.

Él tose.

Él estornuda.

Él tiene dolor de garganta.

Él tiene escalofríos.

Él tiene dolor de estómago.

Él tiene fiebre.

Él tiene dolor de cabeza.

La gripe: un virus anual *The flu: an annual virus* **fronteras** *borders* **catarro** *cold* **alcanza** *reaches* **punto** *point*

¡Te toca a ti!

Sr. González

A. ¿Qué tienen? Describe los síntomas de las personas en los dibujos. Sigue el modelo.

> **MODELO**   *El Sr. González tiene dolor de cabeza.*

1. Sra. López   2. Simón   3. Beatriz   4. Sr. Torres   5. Srta. Martín   6. Isabel

Repaso

B. Mi hermana y yo Paula Ramírez describes how she and her sister Luisa spent the day yesterday. Use the preterite to recreate her sentences, making sure to distinguish between reflexive and nonreflexive verbs. Follow the model.

> **MODELO**   Luisa y yo / despertarse temprano
> *Luisa y yo nos despertamos temprano ayer.*

1. Luisa / levantarse en seguida
2. yo / quedarse en cama por media hora
3. ella / hacer gimnasia
4. ella / ducharse / lavarse el pelo
5. yo / ducharse / no lavarse el pelo
6. nosotras / desayunar juntas
7. yo / ir al centro
8. ella / quedarse en casa
9. nosotras / cenar / las 6:30
10. ella / mirar un programa de televisión
11. yo / leer una revista
12. nosotras / lavarse los dientes
13. nosotras / acostarse a las 10:45

C. ¿Se lastimó...? A friend asks you about the accidents that friends of yours had yesterday. You explain what happened. Work with a partner and follow the model.

> **MODELO** Juan / cortarse / la frente
> **Amigo(a):** *¿Se lastimó Juan?*
> **Tú:** *Sí, se cortó la frente.*

1. Alicia / romperse / brazo
2. Roberto / torcerse / tobillo
3. Carlos / cortarse / mano
4. Bárbara / romperse / pierna
5. Elena / torcerse / muñeca
6. Horacio / cortarse / pie

ESTRUCTURA

The verb **doler**

—¿Cómo estás?	*How are you?*
—No muy bien. **Me duele** la garganta.	*Not too well. My throat hurts.*
—¿**Te duele** la cabeza?	*Does your head ache?*
—Sí, y **me duelen la espalda y las piernas** también.	*Yes, and my back and legs hurt also.*

1. The verb **doler** is like the verb **gustar** in that it is used with the pronouns **me, te, le, nos, os,** and **les.**
2. Like **gustar,** only the third person singular and plural forms are used, depending on whether what hurts is singular or plural. Notice in the examples that Spanish uses definite articles for body parts where English uses possessives.

Aquí practicamos

D. Me duele Sustituye las palabras en cursiva con las palabras entre paréntesis y haz los otros cambios necesarios.

1. Me duele *la garganta*. (la cabeza / los ojos / la mano / la espalda / el tobillo / las piernas)
2. ¿Te duele *el hombro*? (la cabeza / la mano / los pies / la muñeca)
3. Nos duele *el estómago*. (los pies / las piernas / la rodilla / la espalda)
4. A Juan le duelen *los pies*. (la cabeza / el brazo / la rodilla / los ojos)
5. A ellas les duele *el estómago*. (la cabeza / los ojos / los pies / la espalda / las piernas)

Nos duelen los pies.

E. ¿Qué les duele? When your teacher gives the signal, circulate around the room asking several of your classmates if some part of their body hurts. After you finish, tally your responses as a class to find the results of your survey.

Aquí escuchamos

Andrés, ¿qué te pasa? *Andrés tiene problemas con los ojos y la garganta debido a una alergia.*

Antes de escuchar ¿Sufres de algún tipo de alergia? ¿Qué haces cuando te da la alergia?

 A escuchar Escucha la conversación. ¿Piensa que Andrés se va a recuperar después de tomarse las medicinas?

Después de escuchar Contesta las preguntas según lo que has oído.

1. ¿Qué le pasa a Andrés?
2. ¿Qué síntomas tiene? ¿Qué síntomas no tiene?
3. ¿Qué hace él y qué no hace?
4. ¿Cómo estornuda?
5. ¿Adónde va?

¡Te toca a ti!

F. ¿Qué te pasa? Here are some expressions used to talk about minor physical ailments. Choose the symptoms that would be most likely in each situation.

Síntomas: Me duele(n) la garganta (la cabeza, la espalda, el estómago, los ojos). Toso. Estornudo. No tengo apetito. Estoy mareado(a) *(dizzy)*. No puedo dormir.

1. Tú tienes catarro.
2. Tú comiste mucho.
3. Tú tienes la gripe.
4. Tú tienes una alergia.
5. Tú tienes un examen muy importante y estás muy nervioso(a).

No me siento muy bien. Think back to the last time you were sick and imagine that you now have the same symptoms. Tell a classmate that you are not feeling well. Answer his (her) questions about your symptoms. After having heard the symptoms, he (she) will give you some advice: **Tú debes ir a la farmacia (quedarte en casa, ir al médico,** etc.).

 Mis síntomas Write a letter to your grandmother. 1) Tell her that you are not feeling well. 2) Describe at least three symptoms that you are having. 3) Tell her whether or not you have been to see a doctor. 4) Tell her what kinds of medication you are taking. 5) Explain that you cannot visit her this weekend because of the illness. 6) Tell her when you will plan another trip to her house. 7) Remember to date and sign your letter.

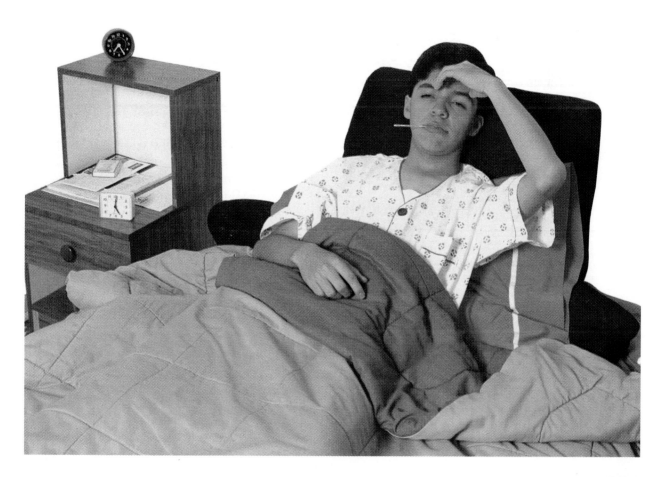

Preparación

Think about the last time you were sick.

- Did you go to the pharmacy and get an over-the-counter medicine? What was it?

- Did you go to the doctor?

- Did the doctor give you a prescription?

Los remedios

Con la receta de la doctora y los remedios de mi madre me mejoro enseguida.

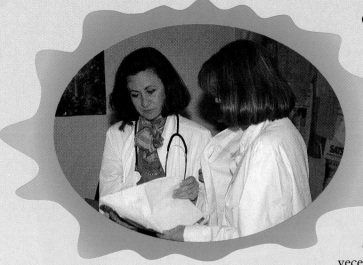

Cuando no me siento bien, mi mamá va a la farmacia y **me compra** medicina. Cuando sufro un ataque de alergia y estornudo constantemente, ella me compra un antihistamínico. Cuando toso mucho, ella me compra un **jarabe.** Si tengo la gripe y me duele todo el cuerpo, me acuesto para descansar. Mi mamá **me da** mucha agua o jugo y aspirinas para el dolor. A veces mi mamá prefiere darme los **remedios caseros.** Ella me da un té de **manzanilla** cuando me duele el estómago.

Cuando estoy muy enferma, tengo que ir a la doctora. Ella **me examina y me toma la temperatura.** Si tengo una infección y si tengo fiebre, ella me da una **receta.** Con la receta mi mamá va a la farmacia y me compra un antibiótico. Mi mamá es muy amable y **me cuida** muy bien cuando estoy enferma.

Los remedios *Treatments* **me compra** *she buys me* **jarabe** *cough syrup* **me da** *gives me* **remedios caseros** *home remedies* **manzanilla** *chamomile* **me examina** *examines me* **me toma la temperatura** *takes my temperature* **receta** *prescription* **me cuida** *she takes care of me*

¡Te toca a ti!

A. Cuando estoy enferma...

Answer the questions based on the information given on the previous page.

1. What does this person do when she has an allergy attack?
2. What does this person do when she has a cough?
3. What about when she has the flu?
4. When does this person go to the doctor?
5. When does the doctor give her a prescription?

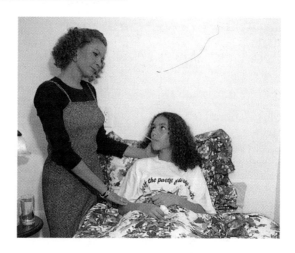

B. ¿Qué recomiendas?

You are traveling in Uruguay with your family. Whenever someone is not feeling well or needs some medicine, she (he) asks you for help. You go to the pharmacy. Based on the information in **Los remedios**, make the recommendations you think the pharmacist will make to you in each of the following cases.

1. Your sister has a very bad cough.
2. Your father has a backache.
3. Your mother's allergies are acting up and she can't stop sneezing.
4. You have a fever and ache all over.

Repaso

C. ¿Qué le duele?

Describe qué le duele a cada persona en los siguientes dibujos. Sigue el modelo.

MODELO   *A Jorge le duele la rodilla.*

a Jorge

a Sara

al Sr. Lamas

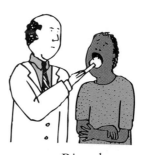

a Ricardo

a Rita y a Guillermo

ESTRUCTURA

Indirect object pronouns

Él **me** escribió una carta.   *He wrote a letter to me.*

Ella **te** compró un disco compacto.   *She bought a CD for you.*

Tú **nos** vendiste el coche.   *You sold the car to us.*

¿Le escribió ella una carta a **Juan?**   *Did she write a letter to Juan?*

No, ella **les** escribió una carta   *No, she wrote a letter to her friends.*
a sus amigas.

me	*to (for) me*	**nos**	*to (for) us*
te	*to (for) you*	**os**	*to (for) you*
le	*to (for) him, her, you*	**les**	*to (for) them, you*

1. Indirect object pronouns are used to indicate what person or thing receives the direct object.

2. Indirect object pronouns are often used together with the Indirect object (**Le** escribió ella una carta a **Juan.**)

Aquí practicamos

D. Ella me escribió Sustituye las palabras en cursiva con las palabras entre paréntesis y haz los otros cambios necesarios.

1. Ella *me* escribió una carta la semana pasada. (te / nos / le / les)

2. Yo le escribí una carta *a Juan.* (a ellos / a Elena / a Margarita y Marcos / a Ud. / a mi novia / al director / a la profesora)

3. Ellos te enviaron *a ti* una postal de Madrid. (a nosotros / a mis padres / a Ud. / a Ricardo / a Felipe y Carolina / a mí)

E. ¿Dijo la verdad? Your friend is a very naive person and often cannot tell whether people are telling the truth or not. As you watch a mystery story on television, your friend asks you questions about what the main character said to other characters in the program. Follow the model.

> **MODELO**   a María
> *¿Le dijo la verdad a María?*

1. a Juan	5. a su esposa
2. a la policía	6. a sus padres
3. a los extranjeros	7. a sus hijos
4. a su novia	8. al Presidente

NOTA GRAMATICAL

The verb dar

Yo le **doy** el libro a la profesora.

Ella me **da** la llave.

¿Le **diste** la carta a tu novia?

Sí, le **di** la carta a ella.

Mi papá nos **dio** dinero para comprar libros.

I give the book to the teacher.

She gives me the key.

Did you give the letter to your girlfriend?

Yes, I gave the letter to her.

My father gave us money to buy books.

Present of **dar** *(to give)*			
yo	**doy**	nosotros(as)	**damos**
tú	**das**	vosotros(as)	**dais**
él ella Ud.	**da**	ellos ellas Uds.	**dan**

Except for the **yo** form, the verb **dar** is conjugated in the present tense in the same way as other -ar verbs.

Preterite of **dar**			
yo	**di**	nosotros(as)	**dimos**
tú	**diste**	vosotros(as)	**disteis**
él ella Ud.	**dio**	ellos ellas Uds.	**dieron**

2. Although **dar** is an -ar verb, it is conjugated in the preterite with the endings that you use for -er and -ir verbs. The forms **di** and **dio** do not take an accent mark.

3. The verb **dar** is often used with indirect object pronouns that indicate to whom something is being given.

4. Other verbs commonly used with indirect object pronouns are **hablar, decir, mandar** *(to send),* and **escribir.**

F. El médico le dio la medicina a... Indica a quién le dio el médico cada cosa. Sigue el modelo.

MODELO el jarabe / Mario
Le dio el jarabe a Mario.

1. la medicina / Laura
2. el jarabe / mis hermanos
3. el antihistamínico / Ud.
4. el antibiótico / yo
5. el jarabe / tú

6. la receta / la profesora
7. la aspirina / mi padre
8. las gotas para los ojos / tú
9. la medicina / mis padres
10. las aspirinas / mis primos

G. ¿Qué te da tu mamá cuando...? Ask several classmates what their mothers give them when they have various illnesses, such as **la gripe, un catarro, un dolor de cabeza (estómago, etc.), una alergia.**

Comentarios CULTURALES

La farmacia en el mundo hispano

In the Spanish-speaking world, people often consult their local pharmacist when they are not feeling well. If the pharmacist considers the illness to be serious, he or she will advise the customer to see a doctor. In the case of a cold, flu, or minor accident, the pharmacist will recommend over-the-counter medicines and drugs that often require a prescription in the U.S. Many cities and towns in the Spanish-speaking world have at least one pharmacy that remains open all night. Many other pharmacies post their hours on the door.

PALABRAS ÚTILES

Here is some useful vocabulary to use in pharmacies throughout the Spanish-speaking world.

Quisiera algo para la tos.
      la alergia.
      la fiebre del heno.
      el dolor de cabeza.
      la gripe.

Quisiera algo para la garganta.
      los ojos.
      el estómago.

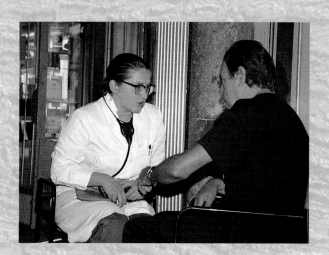

Quisiera unas aspirinas.
    un antihistamínico.
    unas pastillas para la
      garganta.
    unas gotas para los ojos.
    un jarabe para la tos.

Aquí escuchamos

En la farmacia
El farmacéutico le dice a Alicia lo que tiene y lo que debe hacer para mejorarse.

Antes de escuchar Cuando te enfermas, ¿Vas al médico o le pides al farmacéutico que te recomiende algo? ¿Usas remedios caseros algunas veces?

 A escuchar Escucha la conversación. ¿Puedes describir los síntomas de la fiebre del heno?

Después de escuchar Contesta las siguientes preguntas según lo que has oído.

1. ¿Cómo se siente Alicia?
2. ¿Qué le pasa a ella?
3. ¿Cómo la ve el farmacéutico?
4. ¿Cuánto tiempo hace que está así?
5. ¿Qué le da el farmacéutico?

¡Te toca a ti!

H. Quisiera...
You are traveling in Chile with a group of people who do not speak Spanish. Serve as their interpreter at the pharmacy and make an appropriate request in each situation. Follow the model.

MODELO your friend / sore throat
A mi amigo le duele la garganta. Quisiera unas pastillas para la garganta.

1. your friend / headache
2. your sister / stomachache
3. your brother / cough

4. your father / cold symptoms
5. your mother / allergy
6. your friend / flu symptoms

¡ADELANTE!

 En la farmacia Explain to the pharmacist that you have the symptoms that usually accompany the following medical problems. For each problem, name at least three symptoms. Then the pharmacist (your partner) will recommend at least two possible medicines or ways to treat each problem.

1. catarro
2. la gripe
3. la fiebre del heno

 Cuando me enfermo A friend of yours from a Spanish-speaking country wants to know more about what we do in this country when we get sick. Write a note to him (her) in which you 1) name at least three common ailments and a typical treatment for each. Then 2) describe the symptoms that you had the last time that you were sick enough to miss school. Tell 3) what medicines you took and 4) what you did to get well.

EN LÍNEA

Connect with the Spanish-speaking world! Access the *¡Ya verás! Gold* home page for Internet activities related to this chapter.

http://yaveras.heinle.com

VOCABULARIO

Para charlar

Para describir los síntomas

estornudar
Estoy mareado(a).
Me duele(n)...
No puedo dormir.
sufrir
toser

Tener...
una alegría
un dolor de cabeza
catarro
un dolor de espalda
un dolor de estómago
escalofríos
fiebre del heno
la gripe
una infección
la tos
un virus

Para comprar medicina en la farmacia

Quisiera... (remedio)
Quisiera algo para...
Quisiera alguna cosa para...

Temas y contextos

Los remedios

un antibiótico
un antihistamínico
una aspirina
unas gotas para los ojos
un jarabe
unas pastillas
un té de manzanilla

Vocabulario general

Sustantivos

una epidemia
una frontera
un microbio
un punto
una receta

Verbos

alcanzar
cuidar
mandar

Adjetivos

anual

Adverbios

constantemente

Otras palabras y expresiones

tomar la temperatura

La medicina en el mundo hispano

Antes de leer

1. Mira el título y las fotos que acompañan la lectura. ¿Qué crees que venden las personas? ¿Piensas que hay una conexión entre estas cosas y la salud?

2. En la lectura, encuentra por lo menos ocho cognados. Basado en los cognados, adivina *(guess)* el tema de la lectura.

La medicina en algunas partes del mundo hispano consiste en dos corrientes distintas. En las grandes ciudades existen programas de medicina que son tan modernos como los que tenemos en los Estados Unidos. Al lado de éstos, en las áreas rurales hay una combinación de influencias europeas, indígenas y africanas que incluye el uso de medicinas naturales.

En los países hispanos hay programas de medicina muy completos. En algunos, si la gente se enferma, va al médico y el gobierno paga la visita. También paga servicios como cirugía, que se hace en un hospital, y visitas del médico a la casa del paciente. En ciertas ocasiones, el gobierno también paga parte de las medicinas. A veces hay que pagar estos servicios personalmente o por medio de un seguro, como en los Estados Unidos.

En las regiones rurales de estos países, a veces la gente va a ver al curandero o curandera local. Ésta es una persona que tiene un gran conocimiento de las hierbas y otros ingredientes naturales y sabe cómo usarlos para hacer remedios para la gente. En estas regiones no hay muchos médicos ni grandes hospitales modernos y por la historia cultural, es muy difícil cambiar las prácticas tradicionales de la gente. Las medicinas naturales tienen mucha tradición entre la gente rural. También cuestan mucho menos que la medicina moderna. El proceso no parece ser muy científico, pero muchas de las medicinas naturales tienen los mismos ingredientes que las medicinas que recomiendan los médicos en los grandes hospitales modernos.

Muchas plantas medicinales crecen en la América Central y en la América del Sur. Muchos científicos y compañías farmacéuticas estudian y usan estas plantas para las medicinas que compramos. La homeopatía, con prestigio en Europa, usa muchas de ellas también.

Guía para la lectura

1. Vocabulario para una mejor comprensión de la lectura.

   corrientes   *currents*

   cirugía   *surgery*

   seguro   *insurance*

   hierbas   *herbs*

2. **La homeopatía** *homeopathy is a curative approach which treats a disease by administering tiny doses of substances that in healthy people would produce symptoms similar to those of the disease.*

Después de leer

1. Decide cuáles de las oraciones siguientes expresa mejor el tema central del primer párrafo de la lectura.

   a. La gente en países de habla hispana usa sólo medicina natural.

   b. Hay programas de medicina muy modernos en estos países.

   c. Existen dos líneas paralelas de medicina en algunos países.

2. Lee el resto de la lectura, y en una hoja de papel, escribe las respuestas a las preguntas siguientes.

   a. ¿Quién paga por los servicios médicos en la América Latina?

   b. ¿Qué solución hay para un(a) enfermo(a) cuando no hay un(a) médico(a)?

   c. ¿Qué tienen en común las medicinas naturales y las medicinas producidas por compañías farmacéuticas?

3. En varios países de habla hispana, el gobierno paga casi todos los costos médicos de la gente. ¿Crees que el gobierno de los Estados Unidos debe hacer lo mismo? Explica tu opinión.

CAPÍTULO 12

La salud: mejor que la riqueza

Para la buena salud hay que comer frutas y vegetales y así obtener la fibra, la vitamina C y los minerales necesarios para el cuerpo.

Objectives

- describing dietary and sleeping habits
- advising others what to eat and what not to eat
- asking for advice

Preparación

- Are you interested in eating healthful food, or do you prefer junk food?

- Do you eat much red meat? Do you know anyone who has a vegetarian diet?

Los cinco grupos alimenticios

Los alimentos que necesitamos para mantenernos sanos y fuertes:

1		Leches y productos lácteos	calcio, proteína, **grasa**, vitamina B, vitamina A
2		Carne, pescado, huevos	proteína, grasa, **hierro**, vitamina A, vitamina B
3		Frutas y vegetales	vitamina C, fibra, minerales
4		Pan, cereales, papas, vegetales secos	**almidón**, proteína, vitamina B
5		Grasa	lípidos, vitamina A en la mantequilla y la crema

los cinco grupos alimenticios *the five food groups* **grasa** *fat* **hierro** *iron* **almidón** *starch*

Funciones de los cinco grupos alimenticios:

Grupos 1 y 2: **Desarrollan,** mantienen y **renuevan** los **tejidos** del cuerpo. Forman los **huesos** y los dientes; mantienen **sanos** los nervios y los músculos; regulan el tono muscular y el ritmo cardíaco.

Grupo 3: Facilitan la digestión; mejoran la vista nocturna; ayudan al movimiento muscular.

Grupos 4 y 5: Le dan energía al cuerpo (calorías).

Desarrollan *Develop*   **renuevan** *renew*   **tejidos** *tissues*   **huesos** *bones*   **sanos** *healthy*

¡Te toca a ti!

A. Debes comer los alimentos del grupo...
Diet has a strong influence on your physical condition. The following people want to supplement their medical treatment with good nutrition. Based on the information at the beginning of the **etapa,** recommend what the following people should eat. Follow the model.

> **MODELO**   Paula Lerma tiene problemas cuando maneja *(drives)* el coche de noche; ella no puede ver muy bien. *Debe comer los alimentos del grupo 3, las frutas y los vegetales.*

1. Mateo Torres se prepara para una competencia deportiva.
2. Virginia Estrada siempre está cansada.
3. Adela López empieza a echar los dientes *(to teethe)*.
4. Pablo Chávez tiene problemas después de comer; le molesta el estómago.
5. Juan José Cisneros se rompió el brazo tres veces.

B. ¿Comes bien?
Discuss the food that you ate yesterday in terms of the five basic food groups. Your classmate will then tell you whether you ate well or not. Follow the model.

> **MODELO**   Tú: *Del primer grupo comí queso para el almuerzo y bebí leche para la cena. Del segundo grupo... etc.*
>
> Compañero(a):   *Comiste muy bien.* o: *Comiste muy mal.*

Repaso ♻

C. Tú eres el (la) farmacéutico(a)
Usa el verbo **deber** y un infinitivo para recomendarles a tus clientes *(to recommend to your clients)* lo que deben hacer *(what they should do)* en cada situación. Sigue el modelo.

Tengo dolor de cabeza.
Debes tomar dos aspirinas.

1. Estornudo sin parar.
2. Tengo la gripe.
3. Tengo una tos terrible.
4. Me duele la garganta.
5. Siempre estoy cansado(a).
6. Tengo fiebre.
7. Me duele el estómago.
8. Me duele todo el cuerpo.

D. ¿Qué les dio la doctora? Indica lo que el médico les dio

a tus amigos la última vez que estaban enfermos. Usa pronombres de complemento indirecto *(indirect object pronouns)* con el verbo **dar.** Sigue el modelo.

MODELO   a ella / un jarabe
La doctora le dio a ella un jarabe.

1. a ellos / dos aspirinas
2. a él / una pastilla para la garganta
3. a nosotros / una receta
4. a ti / un antihistamínico
5. a mí / unas gotas para los ojos
6. a Ud. / un jarabe para la tos

ESTRUCTURA

The verb pedir

¿Le **pides** permiso a tu padre cuando quieres salir?	*Do you ask your father for permission when you want to go out?*
No, yo le **pido** permiso a mi mamá.	*No, I ask my mother for permission.*
¿Le **pediste** permiso al profesor para ir al concierto?	*Did you ask the teacher for permission to go to the concert?*
Sí, le **pedí** permiso.	*Yes, I asked him for permission.*

1. **Pedir** means to ask for something.
2. **Pedir** is used differently than the verb **preguntar** which means to ask questions.

Present of **pedir** *(to ask for something)*			
yo	**pido**	nosotros(as)	**pedimos**
tú	**pides**	vosotros(as)	**pedís**
él ella Ud.	**pide**	ellos ellas Uds.	**piden**

ESTRUCTURA (continued)

3. Notice that the **e** in the stem of **pedir** changes to **i** in all forms of the present except **nosotros** and **vosotros**.

Preterite of **pedir**			
yo	**pedí**	nosotros(as)	**pedimos**
tú	**pediste**	vosotros(as)	**pedisteis**
él ella Ud.	**pidió**	ellos ellas Uds.	**pidieron**

4. Notice that the **e** in the stem of pedir changes to **i** in the third person singular and plural preterite forms. Other verbs conjugated like this are:

servir *(to serve)*   **repetir** *(to repeat)*   **reírse** *(to laugh)*

medir *(to measure)*   **sonreír** *(to smile)*

Aquí practicamos

E. Yo le pido permiso... Sustituye las palabras en cursiva con las palabras entre paréntesis y haz los otros cambios necesarios.

1. *Yo* le pido permiso al profesor. (tú / ella / nosotras / Uds. / Francisco)

2. *Yo* le pedí permiso al profesor. (tú / ella / nosotros / Uds. / Francisco)

3. ¿Cuánto mide *Francisco?* (tú / tu hermano / Uds. / ella / Ud.)

4. *El profesor* repitió la respuesta. (yo / ellos / Ud. / nosotras / Uds.)

F. ¿Qué le pidieron al camarero? You and several friends are in a busy restaurant and the waiter makes several mistakes when he brings you your food. Follow the model.

> **MODELO**   Marta / ensalada / sopa
> *Marta le pidió ensalada, pero el camarero le sirvió sopa.*

1. Francisco / una hamburguesa / un sándwich de jamón con queso

2. Carolina / sopa / ensalada

3. Carlos / té / café

4. Berta / agua mineral / leche

5. Jorge / una pizza / una hamburguesa con queso

6. Laura / pastel / helado

G. ¿Qué pediste? On your activity master, record your responses and those of your classmates. Think about the last time that you ate in a restaurant with a group of your friends when everyone paid his (her) own bill. What did you order? Put your name in the appropriate space. Now ask this question of five of your classmates; put their names in appropriate spaces on the activity master to chart their responses.

	Hamburguesa	Pizza	Pollo	Pescado	Tacos	Ensalada
yo						
1						
2						
3						
4						
5						

Now think about the last time that you ate out in a restaurant with family or friends when someone else paid the bill. What did you order? On your activity master, put your name in the appropriate space. Now ask this question of five of your classmates and put their names in appropriate spaces to chart their responses.

Comentarios CULTURALES

Metros y kilos

In Spanish-speaking countries, height and weight are expressed in **metros** and **kilos.** One meter **(metro)** is equivalent to 3.281 feet (a little over 39 inches). Conversely, one foot equals 0.305 meters, and one inch equals 2.5 centimeters. To convert your height to meters and centimeters, multiply your height in inches by 2.5. For example, if you are 5'8" tall, you would be 170 centimeters tall (68" x 2.5). Since there are 100 centimeters in a meter you would say that you are 1 meter 70 centimeters tall, or **"Mido un metro setenta."**

One kilogram **(kilo)** is the equivalent of 2.2 pounds, and one pound equals 454 grams. To convert pounds to kilograms, divide your weight in pounds by 2.2. For example, if you weigh 145 pounds, you would weigh 65.9 kilograms (145 ÷ 2.2) and you would say, **"Peso casi sesenta y seis kilos."**

Aquí escuchamos

¿Cuánto mides? *Felipe se alimenta bien y hace ejercicio para mantenerse en forma.*

Antes de escuchar ¿Qué crees que es necesario hacer para mantenerse en forma? ¿Qué haces para mantenerte en forma?

 A escuchar Escucha el diálogo. ¿Cuáles son las comidas mencionadas que no son buenas para la salud?

Después de escuchar Contesta las siguientes preguntas según lo que has oído.

1. ¿Cuánto mide Felipe?
2. ¿Cuánto pesa?
3. ¿Cómo guarda la línea?
4. ¿Qué le sirve su mamá?
5. ¿Qué le pide él a ella a veces?

¡Te toca a ti!

H. ¿Qué les pides a tus padres? Your friend asks if you ask your parents to prepare certain foods that are normally not considered good for you. You respond by saying that you do, but that your parents serve you other food instead. Work with a partner and follow the model.

MODELO   dulces / fruta
   Amigo(a): *¿Les pides dulces a tus padres?*
   Tú: *Sí, les pido dulces, pero me sirven fruta.*

1. pasteles / yogur
2. torta / fruta y queso
3. dulces / pasas *(raisins)*
4. helado / manzanas o peras
5. galletas / bananas
6. papas fritas / zanahorias y apio *(celery)*

I. **¿Qué pides en la cafetería?** Tell what kinds of exotic foods you ask for in the school cafeteria and what you actually get served. Use the phrases such as **Pido... pero me sirven....**

¡ADELANTE!

Una encuesta (survey) Survey some of your classmates about the eating habits and physical conditions of their family members. Then, without naming names, report to the class your general conclusions about the physical condition of people in your town.

La semana pasada comí... Create a food journal for one week. 1) For each day, list everything that you ate. 2) Using the chart of the five food groups at beginning of this **etapa,** indicate from which group each item comes. 3) Then place a check mark beside all the foods that are considered healthy for you. 4) Name two changes that you could make in your regular diet that might improve your physical condition and health. 5) Read the food journal of your partner. Add one suggestion for your partner to improve his or her eating habits.

Preparación

- How much sleep do you get in a typical night?
- Does the amount differ on weekends?
- Do you think getting enough sleep is important for good health?

Los jóvenes duermen mal

Los jóvenes prefieren las diversiones al sueño.

A group of doctors carried out a survey and determined that young people between the ages of 15 and 19 don't sleep enough. The following article reports the results of this survey.

Los jóvenes duermen mal

Aparentemente, los jóvenes se acuestan muy tarde y no duermen lo suficiente. El 75% dice que no duerme más de siete horas cada noche durante la semana. La gran **mayoría** se acuesta a eso de las 22 o 23 horas. La televisión es la causa, **en parte al menos,** por no dormir lo suficiente. Casi el 25% admite estar muy cansado durante el día y otro 25% duerme la siesta cuando es posible.

Durante el fin de semana, los jóvenes **tratan de** recuperar las horas de sueño que perdieron durante la semana. La mayoría dice que duerme dos horas adicionales los sábados y domingos. Durante las vacaciones también hacen **lo mismo.**

El 25% de estos jóvenes tienen dificultades para dormirse. Esto es una señal de ansiedad y sin duda una indicación de una vida no muy saludable. Las jóvenes tienen más **pesadillas** que los jóvenes pero los muchachos **roncan** más que las muchachas.

mayoría *majority* **en parte al menos** *at least in part* **tratan de** *try to* **sueño** *sleep* **lo mismo** *the same*
pesadillas *nightmares* **roncan** *snore*

¡Te toca a ti!

A. ¿Verdad o falso?
Basándote en la información en la lectura, indica si las frases son verdaderas o falsas.

1. Los jóvenes típicos duermen ocho horas cada noche durante la semana.
2. Los jóvenes típicos duermen siete horas durante el fin de semana.
3. Los jóvenes típicos se acuestan generalmente a eso de las 10:00 de la noche.
4. El 50% de los jóvenes duermen una siesta durante las vacaciones.
5. Durante las vacaciones los jóvenes de 15 a 19 años duermen poco.
6. El 25% de los jóvenes tienen dificultades durmiéndose.
7. Las muchachas nunca roncan.
8. Los muchachos tienen más pesadillas que las muchachas.

B. ¿Y tú?
Contesta las preguntas sobre tus hábitos de dormir (*sleeping habits*).

1. Generalmente, ¿a qué hora te acuestas?
2. ¿Miras la tele antes de acostarte?
3. Generalmente, ¿cuántas horas duermes cada noche?
4. Cuando despiertas, ¿estás cansado(a)?
5. ¿Duermes una siesta?
6. ¿Cuándo duermes tarde?
7. ¿Te acuestas más tarde durante el fin de semana?
8. ¿Sueñas (*Do you dream*) de vez en cuando?
9. ¿Tienes pesadillas de vez en cuando?
10. ¿Roncas tú?

A Cristina le gusta dormir tarde.

Repaso

C. ¿Cuánto mide...? ¿Y cuánto pesa?
Tú quieres saber cuánto miden y cuánto pesan varias personas. Trabaja con un(a) compañero(a). Sigue el modelo.

MODELO
José / 1.79 / 68
>Tú: *¿Cuánto mide José?*
>Compañero(a): *Mide un metro setenta y nueve.*
>Tú: *¿Y cuánto pesa?*
>Compañero(a): *Pesa sesenta y ocho kilos.*

1. Marisol / 1.66 / 51
2. Lidia / 1.45 / 48
3. Óscar / 1.96 / 82
4. Verónica / 1.89 / 76

D. Les pedí..., pero me sirvieron...

D. Les pedí..., pero me sirvieron... You and your friends asked your parents for certain snack foods. Because your parents thought the foods weren't good for you, they served you something they thought was better. Work with a partner and follow the model.

> **MODELO** Bárbara / helado / yogur
> **Compañero (a):** ¿Qué les pidió Bárbara a sus padres?
> **Tú:** Bárbara les pidió helado, pero le sirvieron yogur.

1. Lorenzo / pastel / una manzana
2. Rebeca / papas fritas / zanahorias y apio
3. tu hermanito / dulces / pasas
4. ellas / torta / fruta y queso
5. tus amigos / helado / ensalada de fruta
6. ellos / galletas / yogur

ESTRUCTURA

The expressions desde cuándo, desde (que), cuánto tiempo hace, and hace (que)

¿Desde cuándo estudias español?	*How long (Since when, Since what point in time) have you been studying Spanish?*
Estudio español **desde que** tenía 15 años.	*I have been studying Spanish since I was 15.*
Estudio español **desde** el año pasado.	*I have been studying Spanish since last year.*
¿Cuánto tiempo hace que estudias español?	*For how long have you been studying Spanish?*
Hace tres meses **que** estudio español.	*I have been studying Spanish for three months.*

1. Desde cuándo, cuánto tiempo hace, desde, desde que, and hace can be used to ask and answer questions about something that started in the past and is *continuing in the present*.

Question	Answer
¿Desde cuándo + *present tense verb* . . .?	*Present tense verb* + **desde** + *specific point in time* *Present tense verb* + **desde que** + *subject* + *past tense verb*
¿Cuánto tiempo hace que + *present tense verb* . . .?	**Hace** + *length of time* + **que** + *present tense verb*

2. Remember that in Capítulo preliminar C you learned to use **hacer... que** with the preterite tense to express *ago*.

Hace cinco años **que** viví en Indiana.	*I lived in Indiana five years ago.*
Viví en Indiana **hace** cinco años.	*I lived in Indiana five years ago.*

Aquí practicamos

E. La señora Cortina va al médico

Your friend Cristina's mother, who has been ill for several days, goes to see the doctor. Before she is examined, the nurse asks her some questions. Use the cues in parentheses to give Sra. Cortina's answers. Follow the model.

MODELO   ¿Desde cuándo vive en Madrid? (1982)
Vivo en Madrid desde 1982.

1. Muy bien, entonces, ¿hace tres años que vive en Madrid? (no / ... años)
2. ¿Cuánto tiempo hace que trabaja en el Banco de Bilbao? (diez años)
3. ¿Desde cuándo consulta al Dr. Pérez? (1985)
4. ¿Cuánto tiempo hace que no va al médico? (seis meses)
5. ¿Cuánto tiempo hace que tiene catarro? (tres o cuatro días)
6. ¿Tiene fiebre? ¿Sí? ¿Desde cuándo? (ayer)
7. ¿Qué medicina toma Ud.? ¿Aspirina? ¿Cuánto tiempo hace? (dos días)
8. ¿Durmió bien anoche? ¿No? ¿Cuánto tiempo hace que no duerme bien? (dos días)

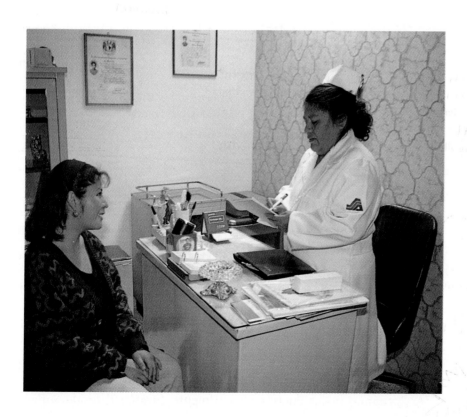

F. Traducciones (Translations) Give the Spanish equivalents of the following sentences.

1. I have been feeling poorly for two weeks. I've had a fever since last Monday.
2. Mía has had a cold for a month. She has been coughing for five days.
3. My parents have had sore throats since the beginning (*el principio*) of the week.
4. How long has your stomach been hurting?
5. Since when have you been sleeping badly?
6. I haven't slept well for a month.

Aquí escuchamos

¿Dormiste bien? *Rebeca le explica a su amiga Claudia por qué no duerme bien.*

Antes de escuchar ¿Cuántas horas de sueño necesitas cada noche? ¿Te despiertas fácilmente durante la noche o tienes un sueño profundo?

 A escuchar Escucha el diálogo. ¿Por qué crees que el bebé se despertó tantas veces?

Después de escuchar Contesta las siguientes preguntas según lo que has oído.

1. ¿Cómo ve Rebeca a Claudia?
2. ¿Por qué está cansada Rebeca?
3. ¿Quiénes están de visita en casa de Rebeca?
4. ¿Cuánto tiempo van a estar con Rebeca?
5. ¿Cómo durmió Claudia?

¡Te toca a ti!

G. ¿Dormiste bien anoche? Pregúntale a un compañero cuál es su horario para dormir, cuántas horas duerme y si este horario cambia los fines de semana. Haz las preguntas para saber...

1. si él (ella) durmió bien anoche.
2. a qué hora se acostó.
3. cuántas horas durmió.
4. cuántas horas duerme generalmente durante la semana.
5. cuántas horas duerme generalmente durante el fin de semana.

¿Cuánto dormiste?   Work with a partner to compare how much each of you slept during the last week. Create a weekly calendar for each of you to report your sleep each night. Calculate the average amount of sleep per night that each of you got. For any nights that you slept at least one hour more or less than the average, indicate why on your calendar. Prepare to report to the group for each of you 1) the average amount of sleep per night, 2) the least amount of sleep in any one night, 3) the longest you slept in any one night, 4) and the most interesting reason that you had a "short" night.

 Una encuesta   Working with several students, create a survey to find out about the sleeping habits of your classmates and those of their families. Find out information that will either confirm or dispute the following statements. Once you have completed the survey, compile the results, and compare them to the results reported in the article at the beginning of this **etapa.**

1. High school students don't get enough sleep (that is, they go to bed too late and/or get up very early).
2. High school students catch up on lost sleep on weekends and during vacations.
3. Young people fall asleep more easily than older people.
4. Females have nightmares more often than males do.
5. Males snore more often than females do.

VOCABULARIO

Para charlar

Para hablar del aspecto físico

Mido un metro…
Peso… kilos. — _I weigh … kilos_
Tengo que bajar de peso.
Tengo que subir de peso.

Para hablar de un período de tiempo

¿Desde cuándo? — _since when?_
¿Cuánto tiempo hace? — _How long ago?_
desde (que) — _since_
hace (que) — _ago_

Temas y contextos

Los alimentos y la nutrición

el almidón — _starch_
el calcio — _calcium_
unas calorías — _calories_
el cereal — _cereal_
la digestión — _digestion_
la fibra — _fiber_
la grasa — _fat_
los grupos alimenticios — _groups_
el hierro — _iron_
un hueso — _bone_
los lípidos — _lipids_
los minerales — _minerals_

un movimiento muscular — _muscular movement_
un músculo — _muscle_
un nervio — _nerve_
los productos lácteos — _dairy products_
la proteína — _protein_
el ritmo cardíaco — _heart rate_
la salud — _health_
los tejidos — _tissues_
el tono muscular — _muscle tone_
la vista nocturna — _night vision_
las vitaminas — _vitamins_

Vocabulario general

Sustantivos

la ansiedad — _anxiety_
un(a) bebé — _baby_
una causa — _cause_
una dificultad — _difficulty_
la energía — _energy_
una indicación — _indication_
la mayoría — _majority_
una señal — _signal_
el sueño — _sleep_

Adjetivos

adicional — _additional_
balanceado(a) — _balanced_
sano(a) — _healthy_

Verbos

admitir — _to admit_
desarrollar — _to develop_
facilitar — _to facilitate_
formar — _to form_
medir — _to measure_
mejorar — _to improve_
pedir — _to ask for_
presentar — _to present_
recuperar — _to recuperate_
regular — _okay_
reírse — _to laugh_
renovar — _to renew_
repetir (i, i) — _to repeat_
roncar — _to snore_
sonreír(se) (i, i) —
tratar de — _to try to_

Otras palabras y expresiones

aparentemente —
en parte al menos
estar de visita
lo mismo
¡Qué envidia!
sin duda
tener una pesadilla

mi jardín: tragedia en trámite

Antes de leer

1. Vas a leer un poema de Edgar Marcelo Villacrés Duque sobre su jardín. Nota el cognado en el subtítulo. Basado en esa palabra, ¿Cuál será el tono del poema?

2. Lee superficialmente el poema. ¿Piensas que el autor solo se preocupa por el jardín y el loro?

Reading Strategies
- Using the title to predict meaning
- Cognate recognition
- Skimming for the gist

en mi jardín vivía un árbol
que daba nido y comida
a un lorito verde y azul,
quien muy libre nació
de rama en rama volaba feliz
como Dios lo ordenó.

ha entrado mi vecino
sin permiso a mi jardín
viendo al lorito verde y azul
en una jaula lo ha puesto,
haciendo negocio bueno Señor,
para el norte lo ha mandado.

qué será de ese lorito,
tan lejos de mi jardín
viviendo en jaula de acero
de medio metro por lado
comiendo comida en caja
y sin poder volar.

en mi jardín vivía un árbol,
que daba sombra y color,
también daba aire fresco
para todos los del barrio,
también daba aire fresco
sin pedir nada a cambio.

ha entrado mi vecino
sin permiso a mi jardín,
viendo al arbolito alto robusto
con un hacha lo ha cortado
haciendo montón de leña Señor,
para el norte lo ha mandado.

que será de mi jardín
raso como un campo santo,
sin lorito, sin árbol,
el barrio se está asfixiando,
sin lorito, sin árbol,
el barrio se está asfixiando.

Guía para la lectura

1. Vocabulario para una mejor comprensión de la lectura.

tragedia en trámite	*tragedy in progress*
nido	*nest*
lorito	*little parrot*
rama	*branch*
jaula de acero	*steel cage*
haciendo negocio bueno	*making a profit; a good deal*
ha mandado	*has sent*
qué será de	*what will become of*
caja	*box*
hacha	*hatchet*
leña	*firewood*
raso	*clear, open, flat*
campo santo	*cemetery (literally, holy ground)*

2. Nota: La falta de letras mayúsculas en este poema es una forma de estilo poético.

Después de leer

1. Los elementos de este poema son sencillos; un lorito, un árbol, un jardín. ¿Cuál piensas que es el mensaje del poema? ¿Es sencillo? ¿Cuál crees que es la importancia del lorito y del árbol?

2. Parece que para el autor la salud es algo más que el estado del cuerpo. ¿Qué frases en el poema indican los valores del poeta? En contraste, ¿cuáles indican los valores del vecino?

3. Al final del poema el poeta compara su jardín con un cementerio. ¿Por qué?

4. ¿Cómo defines tú la salud? ¿Puedes relacionar algún aspecto de la situación del poema con tu vida? Explica tu respuesta.

Conversemos un rato

A. ¿Dónde te duele? You and a friend are part of an exchange program in Costa Rica. After traveling to Guatemala for the weekend, your friend gets sick. Role-play the conversation in which your friend tells you about his/her symptoms.

1. Ask your friend about his/her symptoms and how long he/she has had them.
2. Check your friend's temperature for a possible fever.
3. Try to determine the possible cause of your friend's illness.
4. Mention at least one medication or possible treatment to help your friend.

B. Dolor de estómago After living in Costa Rica for four months, you go to the doctor because your stomach has been hurting most of that time. With a classmate, role-play your conversation with the doctor.

1. The doctor asks what you were eating in America.
2. Tell him/her that you ate a balanced diet of fruit, vegetables, protein, and a little fat.
3. He/She asks if you exercised a lot before you came to Costa Rica and if you exercise now.
4. Admit that you never like to exercise but have been walking a lot lately.
5. The doctor thinks your stomach hurts because you are excercising more, but not eating enough. He/She tells you to eat more and enjoy!

C. No estoy en forma With a group of three or four classmates, try to determine who is in the best physical condition and who is in the worst physical condition.

1. Discuss each person's eating, sleeping and exercise habits, and decide who needs the most improvement in each area.
2. Suggest ways for each of your classmates to improve his or her physical condition.

Taller de escritores

Nostalgia de la niñez En esta unidad vas a escribir sobre tu niñez. Escribe una carta sobre tu vida cuando tenías 10 años. ¿Qué hacías después de la escuela? ¿Qué preferías comer? Explícaselo a un amigo(a) por correspondencia, ya sea por correo postal o por correo electrónico.

Ejemplo:

Cuando tenía diez años, vivía en una casa de la calle Elm. Iba a la escuela primaria "George Washington". Todos los días después de la escuela yo y mis amigos íbamos a la casa de Juanito porque su madre era panadera y hacía las mejores galletas de la ciudad. Mi comida preferida era la pizza, igual que ahora. En esa época no me gustaba el peperoni pero ahora sí. También comía muchas hamburguesas.

¿Tuviste algún accidente serio? ¿Qué enfermedades tenías?

Ejemplo:

Tuve muchos accidentes y fui al hospital varias veces. Una vez me rompí el brazo y otra vez me lastimé el pie cuando iba en bicicleta. Otra vez me torcí el tobillo. Frecuentemente también tenía dolores de garganta o simplemente no me sentía bien en los días de escuela.

A. Reflexión Primero escribe mucho sobre este tema durante 5 minutos. Después examina lo que has escrito para encontrar las ideas válidas para la composición. Luego, escribe durante 5 minutos más para extender la información sobre las ideas interesantes que tienes. Ahora organiza las ideas para tu composición.

B. Primer borrador Escribe una versión de la composición o redacción. Recuerda que escribes para tu amigo(a) de correspondencia.

C. Revisión con un(a) compañero(a) Intercambia tu redacción con un(a) compañero(a) de clase. Lee y comenta la redacción de tu compañero(a). Usa estas preguntas como guía (guide).

1. ¿Qué te gusta más de la redacción de tu compañero(a)?
2. ¿Qué sección es más interesante?
3. ¿Es apropiada para los compañeros de clase y tu maestro(a)?
4. ¿Incluye toda la información necesaria para el propósito?
5. ¿Qué otros detalles debe incluir la redacción?

D. Versión final Revisa en casa tu primer borrador. Usa los cambios sugeridos por tu compañero(a) y haz cualquier cambio que quieras. Revisa el contenido y luego la gramática y la ortografía, incluyendo la punctuación y los acentos ortográficos. Trae a la clase esta versión final.

E. Carpeta Tu profesor(a) puede incluir la versión final en tu carpeta, colocarla en el tablero de anuncios o usarla para la evaluación de tu progreso.

Conexión con las ciencias

Las enfermedades respiratorias

Para empezar La función de las vías respiratorias es el intercambio de gases con el ambiente. Cuando inhalamos el oxígeno que nuestros cuerpos necesitan y exhalamos dióxido de carbono, el aire pasa por las vías respiratorias. Con el aire que respiramos vienen sustancias como los microbios. Si estamos con personas que tienen enfermedades respiratorias, sus microbios pueden infectar nuestras vías y enfermarnos.

A. Partes del cuerpo ¿Cuáles de las siguientes partes del cuerpo forman las vías respiratorias? Contesta con una oración completa.

la nariz	la boca	los ojos	los brazos
el estómago	la garganta	la tráquea	las rodillas
el cuello	los pulmones	las orejas	
la espalda	el muslo	el corazón	

Tres enfermedades de las vías respiratorias

La bronquitis, la gripe y el resfrío son tres de las enfermedades más comunes de las vías respiratorias. Normalmente los microbios que causan estas enfermedades son víruses, pero a veces son bacterias. La siguiente tabla tiene una descripción de cada enfermedad.

Enfermedad:	bronquitis	gripe	resfrío
Órganos afectados	los pulmones, la tráquea	todas las vías respiratorias	la nariz, la garganta
Síntomas	una tos fuerte, flema amarilla, fiebre (a veces)	fiebre, escalofríos, dolor de garganta, dolor de cabeza, tos y dolores musculares	estornudos, tos, congestión de la nariz, irritación de los ojos
Tipo de microbio	virus o bacteria	virus	virus
Duración	2-3 días	1-2 semanas	3-4 días

B. Las enfermedades y sus efectos Contesta las siguientes preguntas con oraciones completas.

1. ¿Cuántos tipos de enfermedades respiratorias hay en la tabla?
2. ¿Cuál de estas enfermedades pueden afectar los pulmones?
3. ¿Cuáles pueden afectar la nariz?
4. ¿Cuáles afectan otras partes del cuerpo que no sean las vías respiratorias?
5. ¿Cuáles nos dan fiebre? ¿escalofríos? ¿estornudos? ¿tos?
6. ¿Qué enfermedad dura más tiempo?
7. ¿Hace cuánto tiempo que estuviste enfermo(a) con una de estas enfermedades? ¿Qué tuviste?

C. Tus síntomas

1. Piensa en la última vez que tuviste una infección respiratoria y describe los síntomas contestando las siguientes preguntas.

	Sí	No
¿Tenías fiebre?	_____	_____
¿Tosías?	_____	_____
¿Te dolía la garganta?	_____	_____
¿Tenías escalofríos?	_____	_____
¿Te dolían los ojos?	_____	_____
¿Tenías dolor de cabeza?	_____	_____
¿Estornudabas con frecuencia?	_____	
¿Tenías congestionada la nariz?	_____	
¿Te dolían los músculos?	_____	
¿Otros síntomas?	_____	

¿Cuánto tiempo duró la enfermedad? ¿Dos o tres días? ¿Cuatro días? ¿Una semana?_____

2. Trabaja con un compañero(a) para ver si cada uno puede diagnosticar correctamente la infección respiratoria del otro. Describan sus síntomas utilizando la lista anterior. Entonces cada uno complete un informe médico para el otro siguiendo el modelo.

MODELO   *Síntomas de mi compañero(a):*
   Mi diagnóstico:

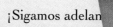

Vistas
de los países hispanos

España

Capital: Madrid

Ciudades principales: Barcelona, Valencia, Sevilla, Zaragoza, Bilbao, Málaga

Población: 39.000.000

Idiomas: español, catalán, gallego, valenciano, vasco

Área territorial: 5.004.782 km²

Clima: cálido y seco; templado en el noroeste

Moneda: peseta

EXPLORA

Find out more about España!
Access the **Nuestros vecinos** page on the
¡Ya verás! Gold web site for a list of URLs.

http://yaveras.heinle.com/vecinos.htm

En la comunidad

El resultado de mi trabajo es muchas personas saludables

"*Mi nombre es Leslie Wong. Crecí en el estado de Nueva York y cuando tenía 17 años fui a estudiar a España por un año. Cuando regresé fui a vivir a California y entré a la universidad. Una de mis compañeras latinas de apartamento trabajaba como intérprete médica en uno de los hospitales de la ciudad. Siempre regresaba a la casa hablando sobre sus experiencias fascinantes allí. Me empecé a interesar en este tipo de trabajo y terminé solicitando empleo allí mismo. Trabajé como intérprete médica los 4 años que duré en la universidad. Fue una experiencia que me permitió familiarizarme por completo con el mundo de los hospitales, de los médicos, de las enfermeras, y que me permitió ver la importancia de hablar español. Decidí estudiar enfermería. Como enfermera bilingüe tenía a mi alcance muchas opciones y excelentes oportunidades de trabajo.*

Es un trabajo duro pero que me trae a diario grandes satisfacciones."

¡Ahora te toca a ti!

Visita el hospital o clínica más grande del área donde vives e investiga si ellos ofrecen servicios de intérprete, cuántos pacientes solicitan este servicio, y si no ofrecen este servicio ¿qué hacen cuando tienen un paciente que no habla inglés? Escribe un reporte y compártelo con tu clase.

Eres un intérprete médico y tienes que interpretar para una paciente que viene a ver al médico porque tiene una gripe terrible. Escribe un diálogo donde incluyas todos los síntomas típicos de la gripe y los remedios y recomendaciones del caso. Escoge a dos compañeros para que hagan el papel de médico y de paciente y presenta el diálogo en clase.

intérprete *interpreter*

UNIDAD 5

Aventura y deporte

Objectives

In this unit you will learn:

- to talk about leisure-time activities
- to talk about sports
- to narrate and describe in the past

¿Qué ves?

- ¿Te gusta patinar?
- ¿Cuándo fue la última vez que patinaste?
- ¿Dónde y con quién lo hiciste?

El verano pasado

Al aire libre

Dos deportes populares

CAPÍTULO 13

El verano pasado

El esquí acuático es un buen ejercicio y una buena manera para divertirse con los amigos.

Objectives

- understanding short descriptions of warm-weather sports and pastimes
- talking about the recent past
- describing places and events in the past

PRIMERA ETAPA

Preparación

- What is one of your favorite activities?
- What did you do last summer?
- Do you like camping? Would you like to windsurf?

¿Qué hiciste?

Un muchacho y una muchacha describen sus actividades favoritas.

Mi actividad favorita cuando voy a la playa es hacer windsurfing. Es buen ejercicio. En enero fui a Puerto Rico con la familia por una semana y me divertí mucho con los amigos. Una mañana salí temprano para correr en la playa y luego por la tarde hice windsurfing con mi amigo Raimundo. Esa noche fuimos a las discotecas. Pienso volver en el verano si puedo.

Antonio Salazar

Nos gusta mucho acampar. El verano pasado fuimos a Costa Rica, donde hay muchos parques nacionales. Llevamos dos tiendas de campaña. Aprendimos mucho sobre los animales y las plantas tropicales. Fuimos a un parque donde vimos el cráter de un volcán y vimos que salía humo del cráter. Me gustó mucho el viaje.

Carmen Rivera

¡Te toca a ti!

A. ¿Quién hizo qué? Indica las actividades que hizo cada persona (Carmen o Antonio) basándote en los textos de la página 347.

acampó en un parque nacional
corrió en la playa
estuvo en Puerto Rico
aprendió mucho sobre la naturaleza
viajó en el verano
fue a una discoteca

vio un volcán
fue a Costa Rica
llevó tiendas de campaña
hizo windsurfing
viajó en enero
vio humo saliendo de un
   cráter

ESTRUCTURA

Stem-changing verbs in the preterite: conducir, traer, decir

Conduje el coche a 55 millas por hora.	*I drove the car at 55 miles per hour.*
¿Quién **trajo** las bebidas?	*Who brought the drinks?*
Tus amigos lo **dijeron.**	*Your friends said it.*

1. These verbs change their stems in the preterite, following a pattern. They all take on a **j** in the stem. In addition, the **yo** form does not have an accent on the last syllable, nor does the **él / ella / Ud.** form ending in **-o.** Also note that the **ellos / ellas / Uds.** form uses **-eron** (and not **-ieron**) after the **j.**

conducir *(to drive)*			
yo	**conduje**	nosotros(as)	**condujimos**
tú	**condujiste**	vosotros(as)	**condujisteis**
él ella Ud.	**condujo**	ellos ellas Uds.	**condujeron**

traer *(to bring)*			
yo	**traje**	nosotros(as)	**trajimos**
tú	**trajiste**	vosotros(as)	**trajisteis**
él ella Ud.	**trajo**	ellos ellas Uds.	**trajeron**

ESTRUCTURA (continued)

decir *(to say)*			
yo	**dije**	nosotros(as)	**dijimos**
tú	**dijiste**	vosotros(as)	**dijisteis**
él ella Ud.	**dijo**	ellos ellas Uds.	**dijeron**

2. Note that the stem of the verb **decir** has the same vowel change in the preterite; **e** becomes **i**, as in the present tense.

3. Also, all these verbs have different **yo** forms in the present tense. All the other persons follow the standard present tense endings.

conducir › yo conduzco, tú conduces, él / ella / Ud. conduce, nosotros(as) conducimos, vosotros(as) conducís, ellos / ellas / Uds. conducen

decir (i) › yo digo, tú dices, él / ella / Ud. dice, nosotros(as) decimos, vosotros(as) decís, ellos / ellas / Uds. dicen

traer › yo traigo, tú traes, él / ella / Ud. trae, nosotros(as) traemos, vosotros(as) traéis, ellos / ellas / Uds. traen

Aquí practicamos

B. ¿Quién conduce? Forma oraciones completas de una manera lógica, usando elementos de las columnas. Cambia los verbos a la forma apropiada del pretérito. Sigue el modelo.

MODELO   Francisco   traer   los discos compactos
Francisco trajo los discos compactos.

A	B	C
Enrique y yo Carlos y José María decir tú Esteban y tú vosotros	conducir traer	los discos compactos la verdad el coche de su papá su tabla de vela que vamos a la playa al centr

C. ¿Qué pasó anoche en la fiesta? Responde a las preguntas sobre una fiesta. Usa el pretérito e inventa los detalles.

1. ¿Tú condujiste el coche de tus padres a la fiesta de Julián y José?
2. ¿A qué hora dijiste que terminó la fiesta?
3. ¿Qué tipo de cintas trajeron tus amigos?
4. ¿Quién dijo que fue aburrida la fiesta?
5. ¿Quiénes más condujeron anoche?

Aquí escuchamos

¿Qué hizo Lorenzo? *En esta conversación Lorenzo le cuenta a su amigo Roberto lo que hizo en sus vacaciones.*

Antes de escuchar Piensa en lo que acostumbras contarles a tus amigos cuando regresas de unas vacaciones.

 A escuchar Ahora escucha la conversación y responde a las preguntas que siguen.

Después de escuchar Responde a las preguntas sobre lo que hizo Lorenzo durante sus vacaciones.

1. ¿Adónde fue Lorenzo de vacaciones?
2. ¿Con quién fue de vacaciones?
3. ¿Qué hizo todos los días por la mañana? ¿Y por la tarde qué hizo con su hermano?
4. ¿Cuándo aprendió Lorenzo su nuevo deporte acuático?
5. ¿Qué le dijo Lorenzo a Roberto que le pasó varias veces al principio?
6. ¿Qué sabía hacer ya Lorenzo que le ayudó mucho?
7. ¿Cuál fue la reacción de Roberto a lo que le contó Lorenzo?

¡Te toca a ti!

D. ¿Qué hizo? Talk with a classmate and 1) find out three things that he (she) did last summer. Then 2) find a second classmate and tell him (her) what the first person you talked to said he (she) did last summer. After doing this, 3) ask your second partner three things that he (she) did last summer. 4) Repeat this process with a third student.

¡ADELANTE!

El verano pasado Talk with a partner about last summer. Use the chart on your activity master. Check the activities that you did and those that your partner did, adding more activities to the chart until you have each checked at least five activities. Find at least two activities that you have in common and two in which only one of you participated. Be prepared to report to the rest of the class.

Yo		Mi amigo(a)
	ir a la playa	
✔	**hacer windsurfing**	
	ir a las discotecas	
	acampar	✔
	patinar en ruedas	
	ver un volcán	
✔	**hablar por teléfono**	✔
✔	**leer**	
	jugar al tenis	
	jugar al vólibol	
	pescar	
	estudiar en la universidad	
	...	

 Una actividad fenomenal Write an entry in your diary in which you tell about a memorable activity. Tell 1) who was involved, 2) your relationship to the participants, 3) where the action took place, 4) the goal of the main participants, 5) whether or not they achieved their goal, and 6) how you were affected. Use several different verbs, paying special attention to the use of the preterite tense.

> ### Preparación
>
> - When was the last time you took a long trip?
> - Where did you go and with whom did you go?
> - What do you remember about that trip?

¡Qué viaje!

Miguel narra cómo fueron sus vacaciones en México.

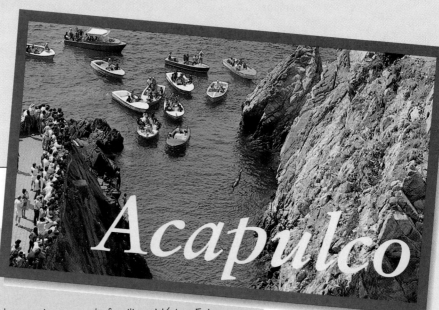

Un clavadista en Acapulco, México

El año pasado fui de vacaciones con la familia a México. Fuimos a Acapulco donde vimos un espectáculo en "La Quebrada" donde unos hombres **se clavaron** al agua desde una altura de 55 metros. Una tarde alquilamos una **lancha** y mi hermano y yo esquiamos. Una noche fuimos a un excelente restaurante donde comimos mariscos y escuchamos música de mariachi. El último día compramos regalos en las tiendas para los amigos en los Estados Unidos. Fue un viaje **inolvidable**.

Miguel Martínez

se clavaron *dove*   **lancha** *motorboat*   **inolvidable** *unforgettable*

¡Te toca a ti!

A. ¿Qué hizo Miguel?
Indica las actividades que hizo Miguel durante sus vacaciones basándote en lo que dijo en la página 352.

Miguel…

escuchó música de mariachi
hizo ciclismo
fue a la Ciudad de México
compró unos discos compactos
comió mariscos
fue a un museo
montó en bicicleta con su hermano
fue a un concierto de rock
se clavó desde una altura *(height)* de 55 m
estuvo en Acapulco
esquió
fue de compras
vio a los clavadistas *(cliff divers)*

Repaso ♻

B. Nuestras vacaciones
Imagina que tu familia fue de vacaciones a México el año pasado. Usa las pistas para hablar sobre tus vacaciones. Sigue el modelo.

MODELO   el año pasado / nosotros / ir de vacaciones a México
El año pasado nosotros fuimos de vacaciones a México.

1. nosotros / divertirse mucho
2. mis padres / decidir / ir a Acapulco
3. mi padre / reservar dos cuartos en el Hotel Presidente
4. el 5 de julio / nosotros / llegar al hotel
5. la familia / pasar dos semanas en Acapulco
6. yo / dar un paseo / todos los días
7. mis hermanos / ir a la playa / mucho
8. una tarde / mi papá / decir "¡Vamos a La Quebrada!"
9. en La Quebrada / nosotros / ver el espectáculo de los clavadistas
10. un experto valiente / clavarse al mar desde una altura de 55 m
11. esa noche / todos nosotros / acostarse muy tarde por la emoción
12. el último día / yo / levantarse temprano / para ir a la playa
13. nosotros / volver a los Estados Unidos / el 29 de julio
14. mi familia y yo / divertirse mucho / durante nuestras vacaciones

Capítulo 13 El verano pasado   **353**

ESTRUCTURA

Other verbs in the preterite: poder, saber, poner

Traté de hacerlo, pero no **pude**.

I tried to do it, but I could not.

Cuando llamó José, **supimos** lo que pasó.

When José called, we found out what had happened.

Los niños **pusieron** los paquetes en la cocina.

The children put the packages in the kitchen.

These verbs are conjugated in a similar way. Note that the vowel in the stem of each verb changes to **u.** Here are the forms:

poder *(to be able)* **(ue)**			
pod → pud-			
yo	**pude**	nosotros(as)	**pudimos**
tú	**pudiste**	vosotros(as)	**pudisteis**
él ella Ud.	**pudo**	ellos ellas Uds.	**pudieron**

saber *(to know)*			
sab → sup-			
yo	**supe**	nosotros(as)	**supimos**
tú	**supiste**	vosotros(as)	**supisteis**
él ella Ud.	**supo**	ellos ellas Uds.	**supieron**

poner *(to put)*			
pon → pus-			
yo	**puse**	nosotros(as)	**pusimos**
tú	**pusiste**	vosotros(as)	**pusisteis**
él ella Ud.	**puso**	ellos ellas Uds.	**pusieron**

Aquí practicamos

C. ¿Qué deporte...? Contesta las preguntas usando las formas apropiadas de los verbos en el pretérito. Compara tus respuestas con las de un(a) compañero(a). Anota cómo son semejantes o diferentes.

1. ¿Qué deporte pudiste aprender por fin después de practicar mucho?
2. ¿Qué supiste recientemente sobre algún atleta que no sabías antes?
3. ¿Qué deporte no pudiste aprender la primera vez que lo intentaste *(tried)?*
4. ¿Dónde pusieron los estudiantes sus bicicletas cuando llegaron a la escuela?

D. Dime... Create questions by combining the items in the left column with those in the right column, using the preterite of the verbs in the middle column. A classmate will give answers to your questions.

> **MODELO**   dónde   poner   las cintas
> **Tú:**   *¿Dónde pusiste las cintas?*
> **Compañero(a):**   *Las puse en el coche.*

por qué (no)	poder	la bicicleta
cuándo	conducir	las cintas
quién	saber	salir de la casa
qué	dar	la propina *(tip)* a José
cuánto	poner	los precios del restaurante
dónde	decir	ir a la playa
traer		el coche de su padre
		la verdad
		las bebidas
		el número de teléfono del hotel
		la silla
		lo que dijo el presidente

NOTA GRAMATICAL

The verb ponerse

When the verb **poner** is used with a reflexive pronoun, it has two very different meanings:

1. to put on (an article of clothing)

Me puse el abrigo.   *I put on my coat.*

2. to get or become (an emotion, a state)

Jorge se **puso** furioso cuando perdió el partido de tenis.	*Jorge became furious when he lost the tennis match.*
Mis amigos siempre **se ponen** nerviosos cuando viajan por avión.	*My friends always get nervous when they travel by plane.*

Aquí practicamos

E. Preguntas Alternando con otro(a) estudiante, usen las sugerencias para hacer preguntas. Sigan el modelo.

> **MODELO**   cuándo / ponerse nervioso
> **Compañero(a):**   *¿Cuándo te pones nervioso(a)?*
> **Tú:**   *Me pongo nervioso(a) cuando tengo un examen.*

1. cuándo / ponerse el suéter
2. dónde / poner las bebidas para la fiesta mañana
3. por qué / ponerse nervioso(a) cuando jugar al golf
4. cuándo / ponerse su ropa favorita
5. cuándo / ponerse furioso(a)

Aquí escuchamos

Un viaje a Guadalajara *María Elena nos cuenta sobre sus vacaciones en Guadalajara.*

Antes de escuchar Review the preterite forms of the verbs you have learned so far in this chapter.

 A escuchar Listen to María Elena's account of her visit to Guadalajara. Then answer the questions.

Después de escuchar Responde a las siguientes preguntas.

1. ¿Adónde y con quiénes fue de vacaciones María Elena?
2. ¿A quiénes visitaron?
3. ¿A qué lugares fueron en la ciudad?
4. ¿Qué más hicieron para divertirse?
5. ¿Adónde fueron en coche?
6. ¿Qué hicieron en este lugar a dos horas de la ciudad?
7. ¿Qué supieron al volver de su viaje en coche?
8. ¿Cuál fue la reacción ante estas noticias?

¡Te toca a ti!

F. ¿Qué pudiste hacer? Work with a classmate and ask each other about a memorable trip you each took or can imagine taking. Ask each other about three things that you were able to do on the trip, using the correct preterite forms of the verb **poder** when asking and answering the questions.

¡ADELANTE!

 ¿Qué hiciste la semana pasada? Use the cues as a starting point to describe five things you did last summer in each category. Report facts or, if you prefer, make up the information using a different verb for each activity you add after the cue. Make sure the activities are related to the context of each cue. Follow the model.

MODELO
reunirse en la playa / mis amigos y yo
Mis amigos y yo nos reunimos en la playa.
Nadamos, tomamos el sol, comimos mariscos,
jugamos al vólibol y, por la noche, salimos
a bailar.

1. ir al cine / mi familia y yo
2. viajar en coche / con mi papá
3. ir de camping / con unos amigos
4. visitar a mis abuelos / mi familia
5. pasar una semana en Managua / yo

Un viaje Write a letter to your grandmother about an interesting trip that you took, telling 1) where you went, 2) when you went, 3) how you got there, 4) with whom you went, 5) how long you stayed, and 6) four activities in which you participated. You may base this letter on a real experience or on an imaginary trip. Date and sign your letter.

Preparación

- What are some of the sports that you play?
- What sports do you play in the summer?
- Which sport did you play the most last summer?
- Which sport would you like to learn to play?

¿A qué jugaste?

Dos jóvenes hablan de los deportes que practicaron el verano pasado.

Jorge: ¿A qué jugaste el verano pasado?
¿Jugaste al tenis?

Alejandro: No, jugué al béisbol. ¿Y tú?

Jorge: Ah, yo jugué mucho al baloncesto.

al ajedrez

al baloncesto

al béisbol

al boliche

a las damas

al dominó

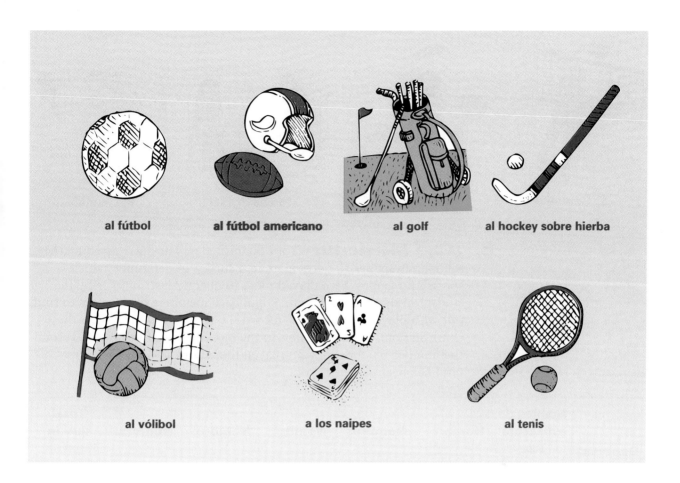

al fútbol   al fútbol americano   al golf   al hockey sobre hierba

al vólibol   a los naipes   al tenis

¡Te toca a ti!

A. ¿Qué hizo? Indica lo que hizo cada una de las personas según los dibujos que siguen.

1. Mateo   2. Enrique   3. Susana   4. Alberto

5. Gabriel

6. Sara

7. Horacio y Elena

8. Claudia

B. ¿Qué hiciste tú? Your Spanish class has been asked by the school newspaper to participate in a survey to determine which sports and games were played most frequently last summer by the student body. Your task is to 1) poll five members of the class to find out who played what and 2) record the results of your poll in the chart on your activity master. In the last column of the chart, 3) total the number of students who played that sport or game. The first column has been done for you.

Deporte:	Nombre de estudiante: Lupe	Nombre: _____	Nombre: _____	Nombre: _____	Nombre: _____	Nombre: _____	Total que lo jugaron:
golf	✔						
vólibol							
fútbol	✔						
béisbol	✔						
boliche	✔						
tenis	✔						
baloncesto							
ajedrez							
patinar	✔						
esquiar	✔						
naipes							
equitación							
natación	✔						
acampar							

Now, in groups of four or five, 1) compare the results of your surveys. Together, 2) come up with some explanations as to a) why you think certain activities were the most popular and b) why the two with the fewest votes were not so popular. Consider geographical location, number of people required for a certain game, season, age of participants, gender of students surveyed, etc. 3) Be prepared to report this analysis to the class. Finally, 4) come up with a possible headline for the newspaper article on the student body's choices of summer activities. Your headline should reflect something about your findings.

Repaso ♻

C. La carta misteriosa Read the following brief passage, changing the underlined present tense verbs to the preterite tense. Then work with a group of three or four classmates to decide what happened next, creating your own ending to report back to the entire class.

A las 11:00 de la noche más o menos, Carolina <u>llega</u> a su casa después de un día muy ocupado. Cansada, <u>se sienta</u> por unos momentos. <u>Abre</u> su cartera y <u>saca</u> una carta. La <u>pone</u> sobre la mesita, al lado del sofá, pero luego la <u>mira</u> varias veces y, por fin, <u>decide</u> abrirla. Al principio, no lo <u>puede</u> hacer. <u>Se pone</u> nerviosa pero, por fin, <u>rompe</u> el sobre y <u>mira</u> la carta. Poco después, confundida (*confused*), <u>pone</u> la carta en el sobre y <u>se levanta</u> muy despacio del sofá. <u>Se da</u> cuenta del silencio total de la casa. Cuando <u>pone</u> el pie en el primer escalón (*step*) para subir a su cuarto, una voz <u>grita</u> (*shouts*) desde allí. No <u>puede</u> moverse. <u>Se queda</u> paralizada de terror, sin saber qué hacer.

ESTRUCTURA

Other verbs in the preterite: leer, caer(se), creer, ver, oír

Leíste la carta ayer.	*You read the letter yesterday.*
El niño llora porque **se cayó.**	*The boy is crying because he fell down.*
Creímos el cuento de Pablo.	*We believed Pablo's story.*
Vi la película el sábado.	*I saw the movie on Saturday.*
Ellos **oyeron** las noticias.	*They heard the news.*

The verbs **leer**, **caer(se)**, **creer**, and **oír** are conjugated similarly in the preterite. They have in common a **y**, instead of an **i**, in the **él / ella / Ud.** and **ellos / ellas / Uds.** forms.

The other forms follow the normal pattern of **-er / -ir** verbs in the preterite tense.

leer *(to read)*			
yo	**leí**	nosotros(as)	**leímos**
tú	**leíste**	vosotros(as)	**leísteis**
él ella Ud.	**leyó**	ellos ellas Uds.	**leyeron**

caer(se) *(to fall)*			
yo	**caí**	nosotros(as)	**caímos**
tú	**caíste**	vosotros(as)	**caísteis**
él ella Ud.	**cayó**	ellos ellas Uds.	**cayeron**

oír *(to hear)*			
yo	**oí**	nosotros(as)	**oímos**
tú	**oíste**	vosotros(as)	**oísteis**
él ella Ud.	**oyó**	ellos ellas Uds.	**oyeron**

creer *(to believe)*			
yo	**creí**	nosotros(as)	**creímos**
tú	**creíste**	vosotros(as)	**creísteis**
él ella Ud.	**creyó**	ellos ellas Uds.	**creyeron**

ESTRUCTURA (continued)

The verb **ver** is conjugated similarly to the verb **dar** in the preterite. Its endings are exactly like those of **-er** and **-ir** verbs.

ver (to see)			
yo	**vi**	nosotros(as)	**vimos**
tú	**viste**	vosotros(as)	**visteis**
él ⎫ ella ⎬ **vio** Ud. ⎭		ellos ⎫ ellas ⎬ **vieron** Uds. ⎭	

Caer(se) and **oír** also have a special **yo** form in the present tense. In addition, **oír** changes its stem in the present tense.

caerse › me caigo, te caes, se cae, nos caemos, os caéis, se caen
oír   › oigo, oyes, oye, oímos, oís, oyen

Aquí practicamos

D. Un espectáculo en Acapulco Sustituye las palabras en cursiva con las palabras que están entre paréntesis y haz los cambios necesarios.

1. *Yo leí* sobre los clavadistas de Acapulco en la guía. (nosotros / ella / tú / mis amigos)

2. *Mis padres* no creyeron lo que dije sobre La Quebrada. (Uds. / él / mis hermanos / tú)

3. *Nosotros* vimos, por fin, el espectáculo a la orilla del mar. (yo / ellos / tú / ella)

4. *Un clavadista* se cayó de la roca. (Uds. / mi hermano / yo / tú / nosotros)

5. *Yo oí* que no se lastimó. (nosotros / ella / tú / Uds.)

6. *Mi papá* les dio una propina *(tip)* a los clavadistas. (ellos / nosotros / yo / tú / Uds. / el Sr. Fuentes)

E. México Usa los dibujos que siguen para decir lo que *(what)* vieron diferentes estudiantes durante sus vacaciones en México y lo que piensan ver hoy y mañana. Sigue el modelo.

> **MODELO** nosotros
> ***Ayer*** *nosotros vimos las pirámides.*
> ***Hoy*** *vemos las pirámides.*
> ***Mañana*** *vamos a ver las pirámides.*

las pirámides

los volcanes

1. yo

el monumento

2. ella

el clavadista

3. ellos

El Palacio de Bellas Artes

4. nosotros

La Catedral Nacional

5. ustedes

el centro

6. tú

**El Museo Nacional
de Antropología**

7. nosotros

**el zoológico
Bosque de Chapultepec**

8. yo

el mercado

9. ellos

F. El accidente Cambia los verbos en cursiva al pretérito.

1. Hoy *veo* un accidente en el lago.
2. *Puedo* ver el velero claramente desde el balcón del hotel.
3. El hombre *se cae* del velero y *grita* "¡Auxilio!" *("Help!")*.
4. El velero *da* una vuelta *(turns around)* sin el hombre.
5. El hombre *puede* subir al velero cuando *pasa* cerca de él.
6. Al día siguiente *leo* del accidente en el periódico.
7. El hombre *dice* en el artículo que nunca *tiene* miedo durante el accidente.
8. ¡*Me río* cuando *leo* eso!
9. No *creo* al hombre porque lo *oigo* gritar tanto en el agua.

Aquí escuchamos

Un espectáculo en Acapulco *Miguel nos cuenta sobre su viaje a México y lo que le pasó a un clavadista en Acapulco.*

Antes de escuchar ¿Alguna vez has visto a un clavadista? ¿Te gustaría ser clavadista? Piensa en cómo te sentirías si fueras clavadista.

 A escuchar Escucha el monólogo de Miguel dos veces y piensa si a Miguel y su papá les gustó el espectáculo. ¿Cómo lo sabes?

Después de escuchar Responde a las preguntas que siguen.

1. ¿Sobre qué leyó Miguel en la guía?
2. ¿Qué dice Miguel que no creyeron sus amigos?
3. ¿Quiénes vieron el espectáculo?
4. ¿Qué accidente tuvo uno de los hombres?
5. ¿Qué oyó Miguel después del accidente?
6. ¿Qué hizo el papá de Miguel al final?

¡Te toca a ti!

G. ¿A qué jugaste? Work with a classmate to ask and answer each other's questions about three or four sports that you each played during the past year. Use the verb **jugar** each time you ask or answer a question.

Mis deportes y juegos favoritos Talk with a classmate and 1) tell each other what sports and board games you generally like to play. Then think back to a time when you participated in a holiday gathering with some of your extended family (aunts, uncles, cousins, grandparents) where you played various sports and/or games. You can think of a real or an imagined gathering. 2) Describe that event and 3) tell who was there. 4) Identify two things you and your partner can find in common and 5) one element that is different about the experiences you are describing.

 Una narración Write about an interesting, dramatic, or funny incident that you remember from a trip you took at some point in the past. Use the preterite throughout your narration.

EN LÍNEA

Connect with the Spanish-speaking world! Access the *¡Ya verás! Gold* home page for Internet activities related to this chapter.

http://yaveras.heinle.com

VOCABULARIO

Temas y contextos

Vocabulario general

Las vacaciones

los clavadistas — the divers
el concierto de rock
correr en la playa —
la discoteca — dance
la lancha — boat
los mariscos — shell fish
la música de mariachi — mariachi music
la naturaleza — nature
el volcán — volcano

Las diversiones y los deportes

jugar...
  al ajedrez — chess
  al boliche — bowling
  a las damas — checkers
  al dominó — domino
  a los naipes — cards

Verbos

caer(se) — to fall
clavar(se) — dive
conducir — drive
creer — believe
oír — hear
ponerse — put on

Adjetivos

furioso(a) — furious
nervioso(a) — nervous

Adverbios

al principio — at the beginning
por fin — finally

decir — to say →dij
conducir — drive — conduj
traer — to bring — traj

e
+ste
o
imos
isteis
eron

♦

El cóndor y el puma: aprende a hablar quechua

Antes de leer

1. ¿Conoces las palabras en el título? ¿Qué crees que significa *quechua*?

2. ¿Cuáles son las ideas principales de primer párrafo?

3. Encuentra por lo menos cinco cognados en el segundo párrafo. ¿Puedes identificar algunos de los animales mencionados?

Una parte fundamental de las culturas latinoamericanas son las diferentes poblaciones indígenas que, en países como el Perú, pueden representar el 45% de la población. Entre estos grupos se encuentran los modernos descendientes de los incas, cuya lengua se conoce aún hoy como quechua. El quechua es una lengu amerindia que tiene más de 8 millones de hablantes.

Hay muchas palabras en inglés derivadas del quechua. por ejemplo, el pájaro cóndor, los animales llama, vicuña y puma, y la legumbre lima. El español ha adoptado cientos de palabras de origen quechua, como la papa (patata) y la quena (una flauta típica de la región).

Una de las características más extraordinarias de quechua es que cuando lo hablas, puedes usear una fórmula linguística especial para indicar la diferencia entre lo que sabes es un hecho verdadero y lo que sólo has oído como rumor o chisme. Le estos refranes y frases en quechua y diviértate. No te preocupes, por ahora, por la gramática...

Frases en quechua

Sonsochakoq: Significa "hacerse el tonto". Así llaman a alguien que quiere aparentar que no sabe o no entiende alguna cosa.

Champ'a Uma: Significa "yerba mala, cabeza". Así llaman a alguien que tiene el pelo desordenado, y parece que yerba mala crece en la cabeza.

Muyoq siki: Significa "una sentadera que da vueltas en círculo". Se refiere a alguien a quien le gusta bailar mucho, pero no sabe bailar muy bien.

Refranes comunes

Ama anchata rimaychu, mana upa kayta munspaqa.

Es mejor parecer un tonto que abrir la boca y eliminar toda duda.

Niway piwanmi purinki, ñoga nisqayki pin kanki.

Dime con quién andas y te diré quién eres.

Guía para la lectura

Vocabulario para una mejor comprensíon de la lectura.

amerindio	*Amerindian (American + Indian)*
flauta	*flute*
hecho verdadero	*true fact*
chisme	*gossip*
refranes	*(common) sayings*
hacerse el tonto	*(reflexive) to pretend to be a fool*
aparentar	*to pretend, to play a role*
yerba mala	*weed*
desordenado	*disorderly, unkempt*
sentadera	*seat of the pants*
da vueltas en círculo	*goes around in circles*
parecer	*to appear like, to seem to be*

Después de leer

1. En tus propias palabras qué quiere decir el refrán, "Es mejor parecer un tonto, que abrir la boca y eliminar toda duda".

2. Explica, en tus propias palabras, el rasgo extraordinario del idioma *quechua* que se discute en el último párrafo de la lectura. ¿Existe alguna forma parecida de indicar estas diferencias en inglés?

3. Trata de encontrar refranes similares en inglés que son similares a los que aparecen en la lectura. ¿Significan estos refranes exactamente lo mismo?

Al aire libre

El ciclismo es un deporte de gran popularidad. Los ciclistas de los países de habla hispana tienen mucho éxito en los campeonatos del mundo.

Objectives

- understanding short descriptions of outdoor sports
- describing places and events in the past

PRIMERA ETAPA

Preparación

- Do you like to ride a bicycle? Why or why not?
- Do you have a bicycle?
- Did you have a bicycle when you were younger?
- Is the bicycle that you have now different from the one you had as a child? In what ways?

El ciclismo

Para practicar el ciclismo se necesitan muchas cosas. [things] *Vamos a ver cuáles son algunas de ellas.*

Cargarás con todo el equipo

Atleta urbano
Hombre o mujer que, sin castigarse el cuerpo, vive en la ciudad deportivamente.

Mochila
Para que te eches todo a las espadas, incluso tu casco cuando aparques la cicicleta.

Camiseta [-shirt]
Imprescindible para el atleta urbano, porque con ella puedes hacer de todo: ir en bicicleta de montaña, correr, caminar y pasear.

Cámara fotográfica
Demuestra a tus amistades [to show amigos] que eres un verdadero atleta urbano. Enséñales la foto.

Auriculares
Ideal para oir música cuando estés descansando.

Botella de Trinaranjus
Todo atleta urbano se refresca de una manera natural y Trinaranjus sin burbujas es el refresco más natural e **imprescindible** para conseguir, entre otras cosas, el equipo del atleta urbano.

Bicicleta de montaña
Hay muchas maneras de practicar el atletismo urbano, pero hacerlo con una bicicleta de montaña es la manera más cómoda.

Ahora, Trinaranjus te regala miles de camisetas, mochilas, **auriculares** y cámaras fotográficas. Y, además, **sortea** 50 bicicletas de montaña. Todo para que puedas tener el equipo de atleta urbano completo. Las instrucciones las encontrarás en las botellas de Trinaranjus.

TriNaranjus

Auriculares *Headphones*   **imprescindible** *indispensable*   **sortea** *raffles off*

¡Te toca a ti!

A. Un anuncio Completa las oraciones con la opción que corresponda mejor al contenido del anuncio de la página 371.

1. Un atleta urbano es un hombre o una mujer que...
   a. vive en la ciudad deportivamente.
   (b) vive en una ciudad.

2. La cámara es para demostrar a tus amigos que...
   (a) eres un(a) buen(a) atleta.
   ~~b. vas a pasear.~~

3. La manera más cómoda de practicar el atletismo urbano es...
   a. con una bicicleta de montaña.
   (b) caminando.

4. La camiseta es necesaria para...
   a. no tener frío.
   (b) ir en bicicleta de montaña, correr, caminar y pasear.

5. Todo atleta urbano se refresca con...
   a. tres naranjas.
   (b) Trinaranjus.

6. Trinaranjus te regala...
   a. cientos de camisetas, mochilas y cámaras fotográficas.
   (b) miles de camisetas, mochilas, auriculares y cámaras fotográficas.

7. Trinaranjus es un refresco natural...
   a. con gas.
   (b) sin gas.

8. Trinaranjus también...
   a. sortea cincuenta bicicletas de montaña.
   (b) da cincuenta bicicletas de montaña.

9. En la mochila pones...
   (a) de todo.
   b. tus libros.

10. Las instrucciones para el sorteo están en...
    (a) las tiendas donde compras Trinaranjus.
    (b) las botellas de Trinaranjus.

Repaso ✪

B. El volcán Cambia los verbos en cursiva que siguen al pretérito.

1. En la escuela, mi hermano y yo *leemos* sobre los volcanes de Centroamérica.
2. Poco después, *oímos* en la televisión de un accidente en un parque nacional costarricense.
3. Según las noticias, un turista *se cae* en un cráter.
4. Sabemos que un hombre *puede* ayudar al turista.
5. Lo *pone* sobre los hombros para salvarlo.
6. Yo creo que ese hombre *es* muy valiente.

C. Nuestras vacaciones en Costa Rica Cambia los verbos subrayados *(underlined)* al pretérito.

1. Nosotros <u>pasamos</u> una semana de vacaciones en Costa Rica. *(Begin with* El año pasado...*)*
   [handwritten: pasábamos]
2. Nuestro viaje <u>comienza</u> en San José, donde mi padre <u>hace</u> reservaciones en el famoso Hotel Cariari.
   [handwritten: comenzó comienzó; hizo hizo]
3. El primer día, <u>damos</u> un paseo por el mercado, donde <u>compramos</u> mucho café para llevar a nuestros amigos. También <u>visitamos</u> el Museo de Arte Costarricense, una fábrica de joyas *(jewel factory)* y el enorme Monumento a la Guerra de 1856.
   [handwritten: dimos dimos; compramos comprarlos; visitamos]
4. El segundo día, <u>salimos</u> para Puntarenas. <u>Conducimos</u> a la costa en un coche que mi padre <u>alquila</u> para el viaje. En el camino *(On the way)*, <u>conocemos</u> varios pueblos interesantes.
   [handwritten: sala salimos; conocimos]
5. Por fin, <u>llegamos</u> a una hermosa playa de arena *(sand)* blanca en el Pacífico. <u>Pedimos</u> ceviche *(marinated fish)* fresco y mariscos. Yo <u>como</u> un pescado grande.
   [handwritten: comí]
6. Después de pasar unos días en la playa, toda la familia <u>va</u> a visitar el Parque Nacional Volcán Poás. A pesar de que *(Even though)* <u>empieza</u> a llover, <u>podemos</u> subir al enorme cráter de un volcán activo. Por suerte *(Luckily)*, <u>vemos</u> una pequeña erupción de vapores y gases.
   [handwritten: empecé; vimos]
7. Después, <u>volvemos</u> a San José, donde <u>vamos</u> a un concierto en el famoso Teatro Nacional en el centro de la ciudad.
   [handwritten: fuimos]
8. Al día siguiente, <u>salimos</u> para los EE.UU. Todos <u>estamos</u> de acuerdo que el viaje a Costa Rica <u>es</u> muy interesante y que <u>aprendemos</u> mucho.
   [handwritten: estuvimos; fue; aprendimos]

ESTRUCTURA

The imperfect and the preterite: Past actions

Antes, yo **iba** a México cada año.	*In the past, I used to go to Mexico every year.*
Pero el año pasado, yo **fui** a Costa Rica.	*But last year, I went to Costa Rica.*

1. If an action is viewed as having been either begun or completed within a definite time period, occurs only once, or is repeated a specific number of times, the verb will be in the *preterite*.

   La semana pasada, yo **fui** a la casa de mis abuelos. *(single occurrence)*

   El sábado y el domingo pasado **fuimos** al cine juntos. *(specified number of repetitions)*

   Mi abuelo **jugó** al tenis tres veces en su vida. *(specified number of repetitions in a definite time period)*

2. If a past action is habitual, repeated an unspecified number of times, or performed in an indefinite time period, the verb will be in the *imperfect*.

   De joven, **iba** a la casa de mis abuelos todos los fines de semana. *(habitual occurrence)*

   Íbamos al cine juntos. *(unspecified number of repetitions)*

   Mi abuelo **jugaba** al tenis a menudo. *(indefinite time period)*

3. If an action is considered ongoing, or already in progress, the verb will be in the imperfect, whether or not the action takes place in a definite or an indefinite period of time.

   Mi abuelo **jugaba** a las 5:00. *(in progress at a definite time)*

4. As a general rule, the preterite moves a story's action forward, while the imperfect tends to be more descriptive.

Aquí practicamos

D. Cuando era niño(a)... Alternando con otro(a) estudiante, haz las siguientes preguntas. Presten atención *(Pay attention to)* al uso del imperfecto.

1. Cuando eras niño(a), ¿te gustaba montar en bicicleta? ¿Por qué sí o por qué no?
2. ¿Cuál era tu actividad favorita?
3. ¿Tenías una bicicleta? ¿Cómo era la bicicleta?
4. ¿Adónde ibas cuando montabas en bicicleta?
5. ¿Con quién montabas en bicicleta?
6. Cuando paseabas en bicicleta, ¿qué distancia recorrías?
7. ¿Ibas en bicicleta a la escuela cuando eras más joven?
8. ¿Jugabas algún tipo de juego con tu bicicleta? ¿Qué hacías?

E. ¿Tú lo hiciste?

E. ¿Tú lo hiciste? Each time your mother or father asks you if you've done something you were supposed to do, you answer *Not yet* (**Todavía no**). Then you say what you were doing instead. With a classmate, alternate roles to ask and answer the following questions according to the cues, using both the preterite and the imperfect to give your excuses. Follow the model.

> **MODELO** **Compañero(a):** ¿Lavaste la ropa? (hablar por teléfono)
> **Tú:** *Todavía no. No lavé la ropa porque hablaba por teléfono.*

1. ¿Hiciste tu tarea? (jugar al tenis)
2. ¿Hablaste con tu padre? (estar en casa de mis amigos)
3. ¿Comiste? (escuchar cintas)
4. ¿Te duchaste? (mirar la televisión)
5. ¿Hiciste los mandados? (tocar la guitarra)
6. ¿Acompañaste a tu hermana al centro? (escribir una carta)
7. ¿Compraste el pan? (dar un paseo)
8. ¿Arreglaste tu cuarto? (echar una siesta)

¿Fuiste al centro con un(a) amigo(a)?

Aquí escuchamos

Una excursión en bicicleta *Rafael y Manuel conversan sobre la excursión en bicicleta de Manuel.*

Antes de escuchar Repasa las formas del pretérito y del imperfecto.

 A escuchar Escucha dos veces la conversación entre Rafael y Manuel y presta atención a las formas del pretérito y del imperfecto que usan.

Después de escuchar Responde a las siguientes preguntas con oraciones completas.

1. ¿Cuántos kilómetros viajaron los ciclistas?
2. ¿Cuántos días duró el viaje?
3. ¿Dónde pasaron la noche?
4. ¿A qué hora estaban ya de camino cada día?
5. ¿A qué hora terminaban cada día?

¡Te toca a ti!

F. Un fin de semana típico Work with a classmate and ask and answer each other's questions about what four activities you used to do on a typical weekend when you were in elementary school. Remember to use the *imperfect* tense in your questions and answers since you are talking about what you *used to do* on a regular basis (as part of a routine).

G. El año pasado With a classmate, ask and answer questions about four things each of you did last year that are memorable. Remember to use the *preterite* tense since you are talking about specific, one-time events that happened in the past.

¡ADELANTE!

 El club de ciclismo Try to convince a partner to join the same bicycle club that you joined a year ago. In order to get him (her) interested in the club, tell 1) what you did last year with the club, 2) how many excursions you took, 3) where you went, 4) with whom you went, and 5) what you usually did as opposed to what you did on one trip in particular. Use the preterite and imperfect tenses appropriately.

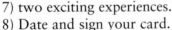 **Un viaje en bicicleta**
You are still trying to convince your partner to join your bicycle club. At the end of a bicycle trip, send your partner a postcard in which you describe the trip. Give several details about the excursion, such as 1) where you went, 2) how far, 3) when you left and returned, 4) how many bikers there were, 5) what the weather was like, 6) three interesting things that you saw, and 7) two exciting experiences. 8) Date and sign your card.

- Have you ever gone hiking? If so, when and where?

- Is white-water rafting an activity that interests you or would interest you? Why or why not?

El alpinismo y el rafting

El alpinismo es muy saludable y es una buena manera para apreciar la naturaleza.

El alpinismo

El **alpinismo**, o el montañismo, es una actividad muy de moda. También es divertido y saludable. Practicarlo significa caminar por un espacio natural generalmente montañoso. Se puede caminar hasta llegar a la **cima** de la montaña. Desde allí se ven **paisajes** maravillosos. Por medio del alpinismo podemos **aumentar** nuestros **conocimientos** sobre la geografía, los animales, la vegetación, la historia y las costumbres de las zonas rurales.

El **equipo** necesario es muy simple. Los zapatos son muy importantes y deben ser **cómodos**, **ligeros** y apropiados al tipo de **terreno** en que se va a caminar. Otros elementos esenciales son una mochila fuerte, una **cantimplora**, un pequeño **botiquín** y un **bastón**.

En España hay más de 8.000 kilómetros de **senderos**. Algunos son muy largos, como el que va desde Valencia hasta Lisboa en Portugal. Otros **atraviesan** los hermosos **paisajes** montañosos de los Pirineos en la frontera con Francia. Si te gusta caminar por las montañas y te interesa la naturaleza, ¿qué mejor manera de conocer España durante las vacaciones?

el alpinismo *hiking* cima *the top of a mountain* paisajes *landscapes* **aumentar** *increase* conocimientos *knowledge* equipo *equipment* cómodos *confortable* ligeros *light* terreno *terrain, land surface* cantimplora *canteen* botiquín *first-aid kit* bastón *walking stick, cane* senderos *paths* atraviesan *go across* paisajes *landscapes*

El rafting

Si tienes interés en la aventura y en **disfrutar del** aire libre, deportes como el rafting, el **descenso de cañones** y el esquí acuático son los que te van a gustar. El rafting es un deporte muy popular en España. En Cataluña hay **campeonatos mundiales** de kayak. Para practicarlo, sólo necesitas tener doce años, saber nadar y tener un espíritu muy **aventurero**.

El raft es una **balsa neumática** en la que pueden ir entre ocho y doce personas. Hay expediciones organizadas que duran cinco días. Durante tres días se hacen descensos de rafting, el cuarto día una excursión por un cañón y el el último día una práctica de esquí acuático.

disfrutar de *enjoy*   descenso de cañones *climbing down canyons*
campeonatos mundiales *world championships*   aventurero *adventurous*
balsa neumática *inflatable raft*

El rafting es un deporte muy divertido y muy popular en España.

Te toca a ti!

A. ¿Qué va con qué? Decide which items go with which sport. Are there some that don't apply to either sport? On your activity master, check the appropriate sport for each item, and leave blank any that do not apply.

	El alpinismo	El rafting
un río		
un esquí		
un bastón		
una canasta		
una bicicleta		
una mochila		
una cima		
un botiquín		
una raqueta		
una montaña		
una pelota		
una cantimplora		
unos animales		

B. Verdadero o falso

Indica si los comentarios son verdaderos o falsos según la información que leíste sobre el alpinismo y el rafting. Si el comentario es falso, explica por qué.

1. Es necesario tener mucho equipo para practicar el alpinismo.
2. Es importante saber nadar si vas a practicar el rafting.
3. En España hay muy pocos senderos para la persona que practica el alpinismo.
4. Normalmente hay expediciones de rafting que duran cincuenta días.
5. Es importante llevar una cantimplora cuando practicas el alpinismo.
6. Los zapatos son importantes cuando estás en una balsa.
7. Aprendemos mucho sobre la naturaleza al practicar el alpinismo.
8. Para practicar el rafting debemos llevar un buen bastón.
9. El rafting es para las personas que tienen un espíritu aventurero.

Repaso ♻

C. La llegada de Colón a América

Put the following sentences in the past tense, changing the underlined verbs to the imperfect or the preterite, according to the context and intended meaning.

1. Cristóbal Colón <u>sale</u> del puerto español de Palos el 3 de agosto de 1492.
2. En esa época, mucha gente <u>cree</u> que el mundo <u>es</u> plano *(flat)*.
3. Colón <u>quiere</u> probar *(to prove)* que <u>es</u> redondo y encontrar una ruta a las Indias.
4. Colón <u>cruza</u> el Atlántico en tres pequeñas carabelas *(sailing ships)*.
5. Muchos de sus hombres <u>tienen</u> miedo y <u>quieren</u> volver a España.
6. Pero Colón <u>insiste</u> en seguir adelante.
7. Por fin, después de diez semanas de viaje, <u>desembarcan</u> *(they step ashore)* en una isla del Caribe el 12 de octubre.
8. Colón ya <u>está</u> en América, pero todavía <u>piensa</u> que <u>está</u> en Indias.
9. <u>Hace</u> otros tres viajes a América.
10. En su último viaje (1502–1504), Colón <u>explora</u> la costa de Centroamérica.
11. <u>Vuelve</u> a España donde <u>se enferma</u>, muriendo *(dying)* dos años después, sin saber que América <u>es</u> un continente que los europeos no <u>conocen</u>.

STRUCTURA

The imperfect and the preterite: Descriptions

Ayer **fui** al centro. Allí **me encontré** con Juan y **fuimos** al Café Topo en la Avenida Central. **Conversamos** por tres horas. **Estábamos** muy contentos de estar juntos. **Hacía** mucho sol y yo **llevaba** un vestido ligero *(light)* y unas sandalias. Juan **llevaba** un sombrero amarillo y una chaqueta marrón muy bonita. **Estábamos** muy a la moda *(fashionable)* los dos.

1. The first four verbs in the preceding paragraph are in the preterite because they indicate actions that occurred at a specific time in the past (yesterday).

2. The remaining verbs are in the imperfect because they describe a state or a condition in the past.

3. The imperfect is generally used in four types of descriptions in the past:

Physical	La casa **era** grande. Nuestra casa **era** blanca.
Feelings	Nosotros **estábamos** contentos. Él **estaba** triste.
Attitudes and beliefs	Yo **creía** que ustedes **tenían** razón.
State of health	Mi hermano **estaba** enfermo.

Aquí practicamos

D. Los testigos (Witnesses)   You and your classmates were witnesses to a crime. You're now asked by the police to describe what you saw. Change the following sentences into the imperfect tense. Follow the model.

> **MODELO**   Dos hombres y una mujer están en el banco.
> *Dos hombres y una mujer estaban en el banco.*

1. Un hombre es muy alto, tiene el pelo negro, tiene barba, lleva una camisa verde, es delgado, habla en voz *(voice)* muy alta, parece fuerte y lleva una pistola grande.

2. El segundo hombre no es tan alto, es gordo, tiene bigote, lleva una camiseta sucia, no habla, tiene el pelo rojo, lleva una mochila y camina muy rápido.

3. La mujer es alta y es delgada, tiene el pelo rubio, tiene la cara redonda *(round)*, lleva pantalones y una camiseta, también lleva sandalias amarillas, tiene una bolsa y es la conductora *(driver)* del coche.

4. El coche es un Fiat, es gris y es bastante nuevo.

5. Nosotros estamos muy nerviosos y tenemos miedo.

6. Los empleados del banco son muy valientes. Están bastante tranquilos.

NOTA GRAMATICAL

The imperfect and the preterite: Interrupted actions

Miguel **caminaba** por la calle cuando **vio** a su amigo Esteban.
Miguel was walking down the street when he saw his friend Esteban.

Esteban **vendía** *helado en la esquina cuando Miguel le* **habló.**
Esteban was selling ice cream on the corner when Miguel spoke to him.

Mientras los dos **hablaban,** Miguel be compró un helado a Esteban.
While the two were talking, Miguel bought an ice cream from Esteban.

1. In Spanish, the imperfect often corresponds to the progressive forms *was doing* or *were doing* in English.

2. The imperfect may describe what *was going on* when something else happened.

3. The preterite is used to tell what *happened* to interrupt an ongoing action.

E. Las interrupciones

The following people did not get anything done because something always happened to interrupt them. Describe what happened in each case by putting together the elements provided to create a sentence in the past. Remember that the action in progress must be in the imperfect and the interrupting action must be in the preterite. Follow the model.

> **MODELO**
> yo / hacer / mi tarea / cuando / oír el teléfono
> *Yo hacía mi tarea cuando oí el teléfono.*

1. mi mamá / desayunar / cuando / llegar la carta
2. nosotros / dar una vuelta en el coche / cuando / ella / tener el accidente
3. cuando / Jorge / llegar / yo / quitar la mesa
4. Pablo y Marcos / jugar al vólibol / cuando / comenzar a llover
5. cuando / Luis / ponerse mal / Sergio / preparar la comida
6. nosotros / mirar / la televisión / cuando / llegar mis tíos
7. yo / hacer / los mandados / cuando / yo / ver a mis amigos
8. cuando / tú / saber / la noticia / tus padres / estar en el teatro

F. Una fiesta

Describe a las personas del dibujo que sigue. Usa el imperfecto. Sigue el modelo.

> **MODELO**
> *El muchacho tenía el pelo castaño, era delgado y llevaba una camiseta.*

G. ¿Qué hacían ellos cuando... ? Use the preterite and the imperfect to describe what the people in the following drawings were doing when something else happened. Follow the model.

MODELO　*María Luisa tocaba la guitarra cuando Pedro se cayó.*

[tocar / caerse]

1. comer / llegar

2. jugar / empezar a llover

3. empezar a bailar / charlar

4. hablar / decir

5. jugar / llegar

6. dar un paseo / encontrarse con

Aquí escuchamos

Entrevista con un ciclista *A periodista* (journalist) *interviews a student who is a member of a bicycle club.*

Antes de escuchar Think about some of the questions you might ask if you were doing such an interview for your school paper.

A escuchar Listen twice to the conversation before you answer the questions that follow.

Después de escuchar Responde a las siguientes preguntas.

1. ¿Cómo se llama el club de ciclismo de los jóvenes?
2. ¿Cuántos miembros hay en el club ahora?
3. En general, ¿qué hacen los miembros del club los fines de semana?
4. ¿Qué hace el grupo durante las vacaciones?
5. ¿Qué dice el ciclista sobre el equipaje que lleva en una excursión?
6. ¿Cuesta mucho dinero el ciclismo? ¿Por qué?

Te toca a ti!

H. Nuestra excelente aventura Work with a partner and make up a description of a trip you took last summer. Imagine that you took the trip together and include details from real life as well as your imagination about what happened during this trip to make it an unforgettable or unbelievable adventure. Use the preterite and imperfect tenses appropriately.

Mis fotos You have just returned from either a hiking trip or a bicycle trip in a national park and have lots of photos to show your friends. Imagine the scene in each photo (use the photograph as an example, but imagine other scenes as well), and tell your classmates what they are seeing and what you did in each place. Follow the model.

MODELO *Aquí me ven con Mario en el Parque Nacional _____.*

Estamos en una montaña muy grande. Caminamos por muchas horas. Llegamos a la cima de la montaña. Allí vimos un paisaje muy bonito.

 ¿Cuál prefieres? You have been selected to attend a camp next summer. Now you must choose which of the activities (**el ciclismo, el alpinismo, el rafting**) you prefer as the one on which you will spend most of your time. Write a letter to the camp director explaining which activity you prefer over the others. Describe 1) what that activity involves; 2) when, where, and with whom you last participated in the activity; and 3) why you like it better than the other two. Give at least four reasons for your preference. Date and sign your letter.

VOCABULARIO

Para Charlar

Para hablar de los deportes aventureros

el alpinismo –
el barco – boat
el bastón – walking stick
la bicicleta de montaña – mountain biking
la balsa neumática – inflatable raft
el botiquín – first aid kit
el canookayak – canoe, kayak
la cantimplora – canteen
el cañon – canyon
la cima – top of a mountain
el esquí acuático – water skiing
la montaña – mountain
el montañismo – hiking
el paisaje – countryside, landscape
el rafting – rafting
el río – river
el sendero – path
el terreno – terrain

Vocabulario general

Verbos

atravesar – to cross
aumentar –
refrescarse –
sortear –

Sustantivos

el (la) atleta – athlete
los auriculares – headphones
la cámara fotográfica – camara
la camiseta – T-shirt
el campeonato mundial – world championships
la canasta – basket
el conocimiento – knowledge
el equipo – equipment
la excursión – tour
la mochila – bookbag

Adjetivos

aventurero – adventurous
cómodo(a) – comfortable
imprescindible –
ligero(a) – light
subrayado –

Otras expresiones

con gas (sin gas) –
prestar atención – to pay attention
todavía no – not yet

Las mujeres y los deportes

Antes de leer

Reading Strategies
- Using the title to predict meaning
- Scanning for specific information

1. Mira el título. ¿Cuál es el tema de esta lectura?

2. Lee el primer párrafo. ¿De qué trata este texto específicamente? ¿Hay nombres que reconoces?

3. ¿Qué atletas latinos conoces?

El deporte que más atrae a las mujeres en el mundo hispano-hablante parece ser el tenis. Entre las más conocidas están Arantxa Sánchez Vicario y Conchita Martínez de España y Gabriela Sabatini de la Argentina. Aquí en los Estados Unidos también hay atletas hispanas. Tenemos, por ejemplo, a la mexicano-americana, Nancy López, jugadora de golf, y la jugadora de baloncesto, Rebecca Lobo, que cuenta con un abuelo cubano.

Cuando entrevistamos a Rebecca, quizás habla por muchas otras atletas y profesionales.

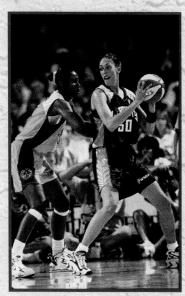

Entrevistadora: ¿Qué consejo le darías a una mujer que quiere ser atleta?

Rebecca: Cuando tienes un objetivo, da lo mejor de ti misma. Para ser la mejor, tienes que trabajar mucho.

E: ¿Qué es lo que más y lo que menos te gusta de tu profesión?

R: Me gusta conocer a otra gente y tener buenas amistades con mis compañeras de equipo. Lo que me gusta menos es estar lejos de mi familia y amigos cuando viajo.

E: ¿Ha influido tu familia en tu vida?

R: Los miembros de mi familia han sido y son mis modelos. Me enseñaron los valores y creencias que tengo. Formaron a la mujer que soy hoy.

E: ¿Has visitado Cuba? ¿Oías español cuando eras niña? ¿Hablaba tu abuelo de su país?

R: Desgraciadamente, nunca he visitado Cuba. Sólo oía hablar español a mi abuelo. Me encantaba oír su acento cubano. El abuelo hablaba de Cuba cuando hablaba de sus orígenes. Obviamente tenía cariño por Cuba.

E: ¿Hay aspectos de la cultura hispana que te gustaría conocer?

R: Me hubiera gustado aprender más de la cultura hispana, especialmente de mi abuelo. Me encantaría hablar español con el mismo acento cubano que mi abuelo. También me hubiera gustado saber más sobre las costumbres hispanas. La gente que ha crecido en un ambiente bilingüe tiene mucha suerte. Ojalá que se den cuenta de su buena suerte.

Guía para la lectura

Vocabulario para una mejor comprensión de la lectura.

parece ser	*seems to be*
consejo	*advice*
Entrevistador(a)	*interviewer*
darías	*would give*
ha influido	*have influenced*
han sido	*have been*
nunca he vistado	*I have never visited*
me hubiera gustado	*I would have liked*

Después de leer

1. ¿Qué deportes representan las atletas mencionadas en el primer párrafo? ¿De qué países son?

2. ¿Por qué hay que dar lo mejor de uno mismo, según Rebecca Lobo? ¿Puedes aplicar esto a tu vida?

3. Rebecca cree que es una ventaja ser bilingüe. ¿Estás de acuerdo? Explica tu opinión.

4. ¿Qué deportes hay para las chicas en tu escuela o comunidad? ¿Necesitan las chicas más oportunidades para jugar a los deportes? Explica tu opinión.

CAPÍTULO 15

Dos deportes populares

El baloncesto es muy popular porque todo el mundo puede practicarlo.

Objectives

- understanding short descriptions of team sports
- describing places and events in the past
- talking about the recent past

Preparación

- Do you like soccer?

- Do you know what "The World Cup" is?

- Have you played soccer yourself? Have you watched a game?

- What are some of the differences between soccer and football?

El fútbol

¿Conoces a los cinco principales jugadores hispanos de fútbol?

La Copa Mundial de fútbol (conocido como *soccer* en los EE.UU.) tiene lugar cada cuatro años. Es el evento deportivo más grande del mundo, con millones y millones de **aficionados**. El fútbol es, sin duda, el deporte más popular en todos los países de habla española. El Mundial de 1994 tuvo lugar en los Estados Unidos y fue un gran éxito con el público norteamericano.

Cinco de los veinticuatro países que se clasificaron para el campeonato (después de la eliminación de casi 140 países que participaron en la competencia) eran hispanohablantes: Argentina, Bolivia, Colombia, España y México. Brasil, país vecino de Bolivia y Colombia, ganó la prestigiosa Copa Mundial por cuarta vez, y es el único equipo de fútbol en la historia con ese récord.

Hugo Sánchez (México)

No digas Hugo, di gol. Los años no pasan por él. Jugó en el Mundial de 1994 a la edad de 35 años y todavía da mucho de que hablar por su talento.

aficionados *fans*

Faustino Asprilla (Colombia)

La velocidad es su arma. Tiene mucha habilidad para **anotar** goles. En muchos partidos del Mundial fue la estrella de su equipo.

Andoni Zubizarreta (España)

Éste es uno de los mejores **arqueros** del mundo. Defiende con agilidad y fuerza. Los goles contra él son pocos.

Marco Antonio Etcheverry (Bolivia)

Es un joven jugador muy rápido al ataque. Su equipo cuenta con su entusiasmo y con sus goles.

Tab Ramos (Estados Unidos)

Es el mejor jugador estadounidense técnicamente hablando. Controla y avanza el **balón** con gran agilidad. Es fuerte y muy competitivo.

anotar *to make, to score*   **arqueros** *goalies, goalkeepers*   **balón** *pelota*

¡Te toca a ti!

A. Las nacionalidades   Di de dónde son los equipos de estas estrellas de fútbol.

1. Zubizarreta
2. Ramos
3. Sánchez

4. Etcheverry
5. Asprilla

B. Su talento individual
Indica una de las habilidades especiales de cada jugador basándote en lo que leíste sobre ellos.

1. Etcheverry
2. Sánchez
3. Asprilla
4. Ramos
5. Zubizarreta

C. La Copa Mundial
Responde a las siguientes preguntas sobre el Mundial, basándote en lo que leíste.

1. ¿Qué importancia tiene el fútbol en los países de habla española?
2. ¿Con qué frecuencia se juega el campeonato mundial de fútbol?
3. ¿Dónde se jugó el Mundial de 1994?
4. ¿Cuántos países hispanohablantes participaron en este campeonato?
5. ¿Quién ganó la Copa Mundial en 1994?

Repaso ✿

D. La historia de un crimen
Read the following account of a bank holdup. As you read, change the underlined present-tense verbs to the imperfect or the preterite, according to the context.

Hay dos hombres y una mujer en un banco. Llegan a las 14:00. Yo estoy en la cola. Uno de los hombres es muy alto, tiene el pelo negro, tiene barba y es muy delgado. Habla en una voz muy alta y parece impaciente. Lleva una pistola.

El otro hombre no es alto. Es gordo y tiene bigote. Lleva una camiseta con "Malibu" escrito en la espalda. Les pide a los clientes las carteras. Toma también nuestros relojes.

La mujer es alta. Tiene el pelo rubio. Lleva unos pantalones y una camiseta. Tiene una bolsa de mano. Pone nuestras cosas en una bolsa blanca. En seguida sale del banco. Es la conductora del coche.

El coche es un Fiat. Es gris y es bastante nuevo.

Hay muchos clientes en el banco. Nosotros estamos muy nerviosos. Tenemos miedo.

Los empleados del banco son muy valientes. Están tranquilos. Un empleado toca la alarma y los hombres corren del banco rápidamente. Afortunadamente, la policía llega unos pocos minutos después, pero los ladrones (robbers) ya no están allí.

ESTRUCTURA

The imperfect and the preterite: Changes of meaning and translation

Carlos **estuvo** enfermo ayer.	*Carlos was sick yesterday.* (He got sick and has recovered by now.)
Carlos **estaba** enfermo ayer.	*Carlos was sick yesterday.* (That was his condition at the time with no indication of the outcome.)

Some verbs have different meanings in the preterite and the imperfect.

1. querer

Mi papá **quería** ayudarnos.	*My dad wanted to help us.* (mental state; intention)
Mi papá **quiso** ayudarnos.	*My dad tried to help us.* (action)

2. no querer

Alicia **no quería** ver la película.	*Alicia didn't want to see the movie.* (mental state; lack of desire)
Alicia **no quiso** ver la película.	*Alicia refused to see the movie.* (She truly refused.)

3. poder

Él **podía** arreglar el coche.	*He was capable of fixing the car.*
Él **pudo** arreglar el coche.	*He succeeded in fixing the car.*

4. tener (que)

El diplomático **tenía** que aceptar la invitación a la ceremonia.	*The diplomat had to accept the invitation to the ceremony.* (He was under obligation to do so but may not have done it.)
El diplomático **tuvo** que aceptar la invitación a la ceremonia.	*The diplomat was compelled to accept the invitation to the ceremony.* (He was compelled and he accepted it.)

5. saber

¿**Sabías** que el avión llegaba tarde?	*Were you aware that the plane was arriving late?* (Did you already know this?)
Supe esta mañana que llegaba tarde.	*I found out this morning that it was arriving late.* (first knowledge of this fact)

6. conocer

¿**Conocías** a Carolina cuando eras niño?	*Did you know Carolina when you were a child?* (Were you acquainted with her back then?)
No, la **conocí** el año pasado.	*No, I met her last year.* (I became acquainted with her for the first time.)

Aquí practicamos

E. ¿Qué pasó? ¿Qué pasaba? Choose one of the verb forms in italics, either the imperfect or the preterite tense, according to the meaning in parentheses. Follow the model.

> **MODELO** Ramón y yo *nos conocimos / nos conocíamos en* Montevideo. *(for the first time)*
> Ramón y yo *nos conocimos en Montevideo.*

1. ¿Cómo *supiste / sabías* lo que pasó en el aeropuerto? *(you found out right away)*
2. Sus hermanas *decían / dijeron* que no les gustaban las películas de horror. *(they would always say this)*
3. El padre de Carlos no *quería / quiso* prestarle su coche. *(that's why Carlos had to take a taxi)*
4. ¿Cuándo *conociste / conocías* a Emilio Estévez? *(for the first time)*
5. *Tenía que ir / Tuve que ir* a la reunión porque soy presidente del grupo. *(and that's why I finally went after all)*
6. Ustedes no *supieron / sabían* cuánto dinero llevaron del banco los criminales. *(you were never able to get this information)*
7. El profesor de matemáticas *pudo / podía* resolver el problema. *(but he didn't do it because it was my homework assignment)*
8. El perro *quería / quiso* salir de la casa mientras tú dormías. *(he tried three times)*
9. Roberto y yo nos *conocimos / conocíamos* en la escuela secundaria. *(we were already friends back then)*
10. La abuela *quiso / quería* besar al niño, pero él se fue corriendo. *(so she didn't get to kiss him after all)*

F. Entre amigos Using the cues in parentheses, answer a classmate's questions with the appropriate use of the imperfect or the preterite. Use the verb(s) in each question in your response. Follow the model.

> **MODELO** Compañero(a): ¿Tú me llamaste por teléfono? (sí / hace media hora)
> Tú: *Sí, te llamé hace media hora.*

1. ¿Me viste esta mañana? (sí / en el centro)
2. ¿Dónde estaba yo cuando me viste? (en una librería)
3. ¿Me buscabas? (no)
4. ¿Querías hablar conmigo? (sí / para invitarte al Café Topo)
5. ¿Por qué no entraste en la librería? (estar en el autobús)
6. ¿Me llamaste anoche? (sí / a las 8:00)
7. ¿Sabías que hoy es el cumpleaños de Eduardo Bolaños? (sí / ayer)
8. ¿Le compraste un regalo? (sí / esta mañana)

9. ¿Ya se lo diste? (no)

10. ¿Cuándo pensabas dárselo? (esta noche / en el Café Topo)

11. ¿Dijo Eduardo que podía salir esta noche? (sí / después de las 7:30)

12. ¿Pudiste reservar una mesa en el Café Topo? (sí / para las 8:00)

13. ¿A quién más invitaste? (Silvia y Marisol)

14. ¿Ah sí? ¿Dónde conociste a Marisol? (en la fiesta de Eduardo / el año pasado)

15. ¿A quién le pediste el coche? (a mi papá)

16. ¿Tuviste suerte? (sí / mucha)

G. *Las noticias del día* Working with two classmates, take turns adding information to the part of the sentence that is provided. Invent the necessary details and use the imperfect and the preterite appropriately. Follow the model.

> **MODELO** Ayer, a las 10:00 de la mañana, un criminal...
> *Ayer, a las 10:00 de la mañana, un criminal entró en el banco. Afortunadamente, la policía llegó inmediatamente...*

1. El presidente dice que cuando era niño, siempre...

2. La semana pasada, el actor Emilio Estévez...

3. Hoy supimos por primera vez que...

4. El representante de Nueva York dijo que él no era responsable, que él no...

5. El embajador *(ambassador)* conoció a la reina *(queen)* de Gran Bretaña cuando...

6. El sábado pasado, el equipo de fútbol de Colombia...

7. Ayer hizo tanto calor que todos nosotros...

8. En el último minuto del partido de fútbol, el equipo boliviano...

9. Cuando oyeron las noticias, los pobres muchachos...

10. Nadie sabe por qué, pero el sábado pasado, dos hombres...

Aquí escuchamos

Los resultados de dos partidos de fútbol *A sportscaster reports on two soccer games.*

Antes de escuchar What information would you usually expect to hear when listening to a report on a soccer game?

 A escuchar Listen twice to the report, paying close attention to the details the sportscaster gives about the game.

Después de escuchar Responde en español a las siguientes preguntas.

1. ¿Qué equipo ganó el partido entre Argentina y Bolivia?
2. ¿Qué hacía cada equipo cuando el otro equipo trataba de anotar un gol?
3. ¿Con qué parte del cuerpo anotó el gol Etcheverry?
4. ¿Qué equipo ganó el partido entre los Estados Unidos y Colombia?
5. La defensa de los Estados Unidos, ¿jugó bien o mal?
6. ¿Qué pasaba cada vez que los colombianos se acercaban al arco?
7. ¿Con qué parte del cuerpo anotó Ramos el gol de la victoria?

¡Te toca a ti!

H. Un buen partido Work with a classmate and take turns telling each other about an exciting soccer or football game you have seen recently. You can base your description on a real game or make up details about an imaginary one. Tell 1) who played, 2) when, 3) where, and 4) who won, including some information about 5) how specific players helped to win or lose the game.

Unos minutos antes del final del partido, el equipo local anotó el gol de la victoria.

¡ADELANTE!

 El fútbol y la Copa Mundial With a partner, discuss the importance of soccer as a sport, particularly in the Spanish-speaking world. Based on the information in this chapter, mention 1) its popularity, 2) the World Cup, 3) how often this international competition takes place, 4) where it was held in 1994, and 5) who some of the stars of the game are. 6) Add any other details that you may know.

¿Quién ganó? Write about a soccer game to a Spanish-speaking pen pal. Indicate 1) who played, 2) when, 3) what the outcome was, 4) who scored, and 5) a detail or two about the game. You can base it on a real game or on an imaginary one. Use the preterite and imperfect tenses appropriately.

Preparación

- Do you play basketball? If so, when do you play?
- Who are some of the famous basketball players that you like to watch?

El baloncesto

El tlactli es un deporte antiguo que se jugaba mucho antes de la invención del baloncesto.

Tlactli, un deporte americano original

El primer partido de baloncesto tuvo su origen en 1891 en los Estados Unidos, hace más de cien años. Pero ya existía un deporte similar que se jugaba entre las civilizaciones que vivían en México antes de la llegada de Cristóbal Colón al continente americano. Se llamaba el juego de pelota, o tlactli en la lengua de los mayas.

Se jugaba en campos rectangulares que tenían paredes de una altura de unos 13 metros. En las paredes laterales había dos anillos de piedra. Cada anillo estaba colocado verticalmente a 10 metros de altura, uno frente al otro. El campo estaba dividido en dos partes y cada uno de los dos equipos ocupaba una parte del campo de juego.

Los jugadores tenían que pasar la pelota por uno de los anillos del campo del otro equipo. El equipo que podía hacerlo primero ganaba el juego. Esto era muy difícil porque los jugadores sólo podían tocar la pelota con las rodillas o con las caderas. No podían usar las manos ni los pies. Además la pelota era muy dura. Todavía se pueden ver muchos campos para el juego de pelota en las ruinas de las antiguas ciudades mayas.

¡Te toca a ti!

A. ¿Verdadero o falso? Según el texto, decide si los comentarios son verdaderos o falsos. Si son falsos, da la información correcta.

1. El tlactli es un juego parecido al baloncesto.
2. El campo en el que se jugaba tenía paredes bajas y un anillo grande en cada pared.
3. La pelota con la que se jugaba era dura.
4. Los jugadores podían tocar la pelota con los pies.
5. Ya no es posible ver los campos de este juego.

B. ¿Cómo era el juego? Completa las oraciones con la información apropiada según lo que leíste.

1. El tlactli era un juego…

   a. fácil.   b. aburrido.   c. difícil.

2. El campo tenía la forma de un…

   a. rectángulo.   b. triángulo.   c. círculo.

3. Para ganar el juego los jugadores tenían que…

   a. correr con la pelota en la mano unos 100 metros.

   b. pasar la pelota por el anillo en la pared.

   c. jugar por cuatro horas sin parar.

4. El campo en el que se jugaba estaba dividido en…

   a. dos partes.   b. tres partes.   c. cuatro partes.

Repaso ♻

C. Una aventura en la naturaleza Pair up with a class-mate and tell him (her) about something interesting that happened to you when you were younger while on a camping trip with your family. You may base this outdoor adventure on a real experience or on an imaginary one. Tell how old you were, where you went, with whom, for how long, and do your best to describe what happened that was memorable. Use the preterite and imperfect tenses accurately.

ESTRUCTURA

The preterite and the imperfect: Summary

1. Both the preterite and the imperfect are past tenses.

2. Most Spanish verbs can be put into either tense, depending upon the aspect of the activity that is reported and the meaning that is to be conveyed.

3. As a general rule, the preterite narrates and moves a story's action forward:
Me levanté, tomé un café y **salí** de la casa.

4. As a general rule, the imperfect tends to be more descriptive:
Hacía buen tiempo, los niños **jugaban** en el parque mientras yo **descansaba** tranquilamente sobre un banco.

Preterite	Imperfect
Actions that are begun or completed as single events	*Actions repeated habitually*
• Ella **corrió** hacia el parque.	• Ella **desayunaba** conmigo todos los días.
• Ellos **llegaron** a las 7:00.	• Siempre **salíamos** a bailar.
Actions that are repeated a specified number of times or that have a time limit	*Actions that occur simultaneously over an indefinite period of time*
• Ayer **jugamos** al tenis tres veces.	• Todas las noches papá **leía** el periódico mientras mamá **preparaba** la cena.
• **Vivió** allí por diez años.	
Actions that describe a chain of events	*Ongoing activities, scenes, and conditions, regardless of length of time involved or outcome*
• **Compré** una limonada, **me senté** en un banco en el parque y **descansé** un poco.	• **Corría** por el parque central de la ciudad.
	• La noche de la fiesta, **llevaba** un traje elegante.
	• **Hacía** buen tiempo.

ESTRUCTURA (continued)

Preterite	Imperfect
	Telling time and age • **Eran** las 5:00 de la tarde. • El actor **tenía** diez años.
Sudden changes in mental states or conditions seen as completed (moods, feelings, opinions, illnesses, or other physical complaints) • En ese momento, **tuve** miedo de subir al avión. • Hasta ese día, **creí** que podía hacerlo. • **Estuve** preparado para subir hasta que **me puse** tan nervioso que **fue** imposible seguir.	*General mental states* • En esos días, **tenía** miedo de subir al avión. • **Creía** que podía hacerlo. • **Estaba** tan preparado para subir que **me sentía** valiente.
	Descriptions of characteristics of people, things, or physical conditions • **Era** un muchacho fuerte y sano. • El jardín **estaba** lleno de flores. • Las sillas **estaban** pintadas de amarillo.

Aquí practicamos

D. Un mal día Basándote en los dibujos y las pistas que siguen, describe el día de Catalina. Usa el imperfecto o el pretérito según el contexto. Sigue el modelo.

> **MODELO** Despertarse tarde
> *Catalina se despertó tarde.*

1. despertarse a las 7:00
   quedarse en cama quince minutos

2. levantarse   vestirse
   estar cansada   no estar bien vestida

3. salir de la casa
   llover
   darse prisa para llegar a la escuela

4. esperar
   subir
   no poder sentarse

5. entrar en
   llegar tarde
   no saber las respuestas
   recibir una mala nota
   estar descontenta

6. regresar a su casa
   acostarse temprano

E. Ayer... Now tell a partner about your day yesterday. Use appropriate verbs from the following list or any other verbs you have learned. Use the imperfect or the preterite according to the context. Then your partner will tell you about his (her) day.

despertarse	estar contento(a)	estar cansado(a)
levantarse	estar de mal humor	tener mucho trabajo
vestirse	salir	comer
tener hambre	reunirse	practicar deportes
preparar	tener sed	acostarse
llegar	ir	hablar con
llegar a tiempo / tarde		
hacer buen tiempo, etc.		

F. Explorador Read the following passage, changing the underlined present tense verbs into either the preterite or the imperfect, according to the context.

En 1513, Vasco Núñez de Balboa <u>es</u> el primer europeo que <u>ve</u> el Océano Pacífico desde el este. Muchas personas creen que el escudo *(coat of arms)* de su familia representa el descubrimiento del Océano Pacífico, pero en realidad es mucho más antiguo. La historia dice que un señor de la familia de Balboa, que <u>está</u> perdido *(lost)* en las montañas de Francia, <u>ve</u> allí un león que <u>lucha</u> contra una serpiente muy grande. Después de que el hombre <u>ayuda</u> al león, éste <u>es</u> su amigo hasta la muerte. El hombre le <u>da</u> el león al rey de Francia, pero el noble animal <u>está</u> triste y no <u>puede</u> olvidar a su amigo. Un día, <u>sale</u> del palacio para buscarlo. <u>Va</u> al mar, al mismo punto donde había llegado con el hombre a la costa de Francia, y <u>entra</u> en el agua, donde <u>muere</u>. Después de esto, la familia Balboa <u>manda</u> hacer un escudo con el cuadro de un león entrando en el mar.

Aquí escuchamos

El campamento de básquetbol *Mario and Mark talk about an experience at basketball camp.*

Antes de escuchar Have you ever been to a basketball camp? If so, what was it like? If not, what do you think it might be like?

 A escuchar Escucha dos veces la conversación entre Mario y Mark, prestando atención a los detalles.

Después de escuchar Según la información que escuchaste, decide si los comentarios que siguen son verdaderos o falsos. Si alguno es falso, da la información correcta.

1. Mark dijo que después de los primeros días practicaba cinco horas cada día.

2. En el campamento hay unos veinte jugadores.

3. Mario quería ir al campamento para jugar en uno de los equipos.

4. Mark dijo que Mario podía quedarse en el dormitorio con él.

¡Te toca a ti!

G. Un partido de básquetbol Work with a classmate and talk about a basketball game you have either played in or watched live or on television. You may base your information on a real event or on an imaginary one. Mention details such as 1) who played, 2) when and where the game took place, 3) the score, 4) why it was exciting, and 5) which player or players played well.

El básquetbol Discuss the sport of basketball with your partner, mentioning 1) what equipment you need, 2) where you can play, 3) whether you like to play or not, and 4) who some of the better-known players are. Then 5) agree on who you think are the best five players (current and/or past)—the five that you would name to your "Dream Team."

 Un deporte antiguo Using the information you have learned about the game of tlactli, write a paragraph describing it. Remember to use the imperfect tense.

Connect with the Spanish-speaking world! Access the ***¡Ya verás!*** *Gold* home page for Internet activities related to this chapter.

http://yaveras.heinle.com

Vocabulario

Para hablar de los deportes

el (la) aficionado(a)
anotar goles
el (la) arquero(a)
el balón
el básquetbol / el baloncesto
el campo de juego
el éxito
el partido
el récord

Los deportes en la América Latina

Antes de leer

1. ¿Miras deportes en la televisión? ¿Cuáles? ¿Qué deportes se practican en tu colegio?

2. ¿Conoces alguno(s) de los deportes populares en la América Latina? ¿Cuál(es)?

3. Lee brevemente los primeros dos párrafos de la lectura y encuentra al menos cinco cognados.

Con los Juegos Olímpicos de 1968, celebrados en la ciudad de México, D. F., se inició una nueva etapa para el deporte en Latinoamérica. A partir de aquel año, el deporte en el mundo de habla hispana empezó a convertirse en un fenómeno social importante.

El fútbol y el béisbol son los deportes más importantes de Latinoamérica. Sin embargo, en los países sudamericanos ya comienzan a existir equipos de altísima cualidad en deportes anteriormente poco asociadas con los países de habla hispana, como el baloncesto, el tenis, el atletismo y el rugby. La excelente preparación de los deportistas es una de las razones por las cuales los equipos latinoamericanos forman parte de la comunidad deportiva internacional.

La larga lista de estrellas del fútbol incluye muchos jugadores hispanos de gran categoría. Y los nombres de campeones como los atletas cubanos Javier Sotomayor (salto de altura) e Iván Pedroso (salto de longitud), del ciclista colombiano Lucho Herrera y del tenista chileno Marcelo Ríos (que se ve en la foto) salen con frecuencia en los titulares de la prensa deportiva. En los Juegos Olímpicos de Atlanta de 1996, la nadadora Claudia Poll obtuvo la primera medalla de oro para Costa Rica. Poco a poco, deja de ser sorprendente ver a los atletas latinos subirse a lo más alto del podio.

También especialidades antes minoritarias, como el ′volibol, la natación, el ciclismo, los deportes de motor, el balonmano y hasta el hockey sobre hierba, se están volviendo más populares.

En los últimos años, diversos países latinoamericanos están presentando solicitudes para la organización de los Juegos Olímpicos al Comité Olímpico Internacional. ¡Ojalá podamos disfrutar pronto de las Olimpiadas en algún país latinoamericano!

Guía para la lectura

Vocabulario para una mejor comprensión de la lectura.

se inició	*began*
convertirse en	*become*
salto de altura	*high jump*
salto de longitud	*long jump*
con frecuencia	*frequently*
nadadora	*swimmer*
titulares de la prensa	*headlines*
deja de ser sorprendente	*it is no longer surprising*
solicitudes	*requests*
Ojalá podamos disfrutar pronto	*Hopefully we will soon be able to enjoy*

Después de la lectura

1. ¿Conoces a un(a) deportista hispano(a)? ¿Es famoso(a)? ¿Qué deporte practica? ¿Admiras a esta persona? Explica tu respuesta.

2. En tu opinión, ¿qué sacrificios son necesarios para ser deportista de primera categoría? ¿Son similares a los sacrificios necesarios para ser médico(a), ingeniero(a) o abogado(a)? Explica tu respuesta.

3. ¿Te gustaría ser atleta profesional?

4. ¿Practicas un deporte? ¿Cuál? Si no te gustan mucho los deportes, ¿cuáles son tus pasatiempos favoritos?

¡SIGAMOS ADELANTE!

Conversemos un rato

A. Memorias de la niñez Role-play the following situations with a classmate.

1. A Venezuelan university student majoring in sociology is studying childhood activities in the United States. The student asks you questions in Spanish about your childhood. Use your own experiences to respond. For additional practice, switch roles and do the exercise again.

   a. The interviewer asks about outdoor activities you did regularly as a child. You describe those activities and tell at what age you did them.

   b. The interviewer asks about sports you played in elementary school. You mention which ones you participated in and which ones you liked the best.

   c. The interviewer inquires about board games you played. You mention the ones you played and who played them with you.

   d. The interviewer asks about activities during childhood summers. Describe three things you remember best.

B. Al aire libre With a partner take turns talking about a memorable outing you had in an outdoor setting.

1. Discuss where the outing took place and describe what type of outing it was.

2. Include details as to who was with you and explain why you were participating in this event.

3. If there was special food, clothing or decor that contributed to the atmosphere of the event, describe these elements.

4. Conclude by saying why this event was so memorable to you.

Taller de escritores

El reportaje

Entrevista a un(a) compañero(a) sobre un evento de cierta importancia: un partido deportivo, un concierto o una celebración, y luego escribe un reportaje. La información puede venir de un periódico, pero tú tienes que descubrirla durante la entrevista.

El campeonato de fútbol

Los Lobos del colegio Washington ganaron a los Tigres del colegio Juárez 45 a 13 en el partido final para el campeonato de fútbol americano. El partido se jugó en el estadio municipal el sábado pasado a las ocho de la noche.

Este partido se juega para decidir qué equipo va a llamarse el campeón del estado para este año. Para llegar a este punto los equipos deben ganar a los tres equipos finalistas. Los Lobos ganaron a los Leones del colegio Martin...

A. Reflexión Usa las preguntas ¿quién? ¿qué? ¿cuándo? dónde? ¿por qué? para descubrir toda la información posible. Después usa las respuestas para organizar tu reportaje que va a publicarse en el periódico de tu escuela.

B. Primer borrador Escribe una version de la redacción.

C. Revisión con un(a) compañero(a) Intercambia tu redacción con un(a) companero(a) de clase. Lee y comenta la redacción de tu compañero(a). Usa estas preguntas como guía (*guide*): ¿Qué te gusta más de la redacción de tu compañero(a)? ¿Qué sección es más interesante? ¿Es apropiada para los compañeros de clase y tu profesor(a)? ¿Incluye toda la información necesaria para el propósito? ¿Qué otros detalles debe incluir la redacción?

D. Versión final Revisa en casa tu primer borrador. Usa los cambios sugeridos por tu compañero(a) y haz cualquier cambio que quieras. Revisa el contenido, la gramática, la ortografía, incluyendo la punctuación y los acentos ortográficos. Trae a la clase esta versión final.

E. Carpeta Tu profesor(a) puede incluir la versión final en tu carpeta, colocarla en el tablero de anuncios o usarla para la evaluación de tu progreso.

Conexión con las matemáticas

Las estadísticas de béisbol

Para empezar Cómo deciden los hinchas a cuáles jugadores elegir entre los que están en la papeleta de Los Superestrellas? Una manera de hacerlo es al comparar las estadísticas de los jugadores. Qué estadísticas crees que son importantes para evaluar la actuación de un bateador? Mira el siguiente gráfico para ver qué tipo de estadísticas vas a conocer.

Los superestrellas de béisbol

Estadísticas

Nombre	Posición	TB	G	B	2B	3B	J	CI	PROM
Fielder, Cecil	1era base	624	163	78	25	0	44	133	0,261
Peña, Tony	Receptor	464	107	37	23	2	5	48	
Canseco, José	Jardín	572	152	78	32	1	44	122	
Carter, Joe	Jardín	638	174	49	42	3	33	108	
Griffey, Ken Jr	Jardín		548	179	71	42	1	22	100
Eisenreich, Jim	Jardín	375	113	20	22	3	2	47	
González, Juan	Jardín	545	144	42	34	1	27	102	

Clave

TB = turnos de batear (at bat)
G = golpes (hits)
B = boletos (walks)
2B = dobles

3B = triples
J = jonrones (homeruns)
CI = carreras impulsadas (runs batted in)
PROM = promedio (batting average)

Una de las cifras más importantes es el número de golpes que pega un jugador en relación con el número de turnos de batear que ha tenido. Esto se llama su promedio. Se considera bueno un promedio de 0,300 o más.

¿Cómo se calcula el promedio?

Se divide el número de golpes por el número de turnos de batear y se redondea el número a tres dígitos después de la coma decimal.

Según la información, Cecil Fielder tuvo 624 turnos de batear y pegó 163 golpes. Para calcular su promedio, se divide 163 por 624.

golpes / turnos de batear	=	promedio	=	promedio redondeado
$\frac{163}{624}$	=	0,261217	=	0,261

A. Los promedios

En el siguiente cuadro se olvidaron de incluir el promedio para cada jugador. ¿Puedes calcularlos?

JUGADOR	PROMEDIO
1. Pena, Tony	107 ÷ 464 =
2. Canseco, José	
3. Carter, Joe	
4. Griffey Jr., Ken	
5. Eisenreich, Jim	
6. González, Juan	

B. Totales nuevos

Imagínate que la temporada duró una semana más. En tu cuaderno prepara un nuevo gráfico basado en los datos sobre la actuación semanal de los jugadores.

Cecil Fielder pegó 4 golpes en 24 turnos de batear.
José Canseco pegó 6 golpes en 20 turnos de batear.
Joe Carter pegó 6 golpes en 23 turnos de batear.
Ken Griffey, Jr. pegó 3 golpes en 18 turnos de batear.
Jim Eisenreich pegó 8 golpes en 20 turnos de batear.
Juan González pegó 5 golpes en 22 turnos de batear.

Nombre	TB	G	PROM
1. Fielder, Cecil	648	167	0.258
2. Canseco, José			
3. Carter, Joe			
4. Griffey, Jr., Ken			
5. Eisenreich, Jim			
6. González, Juan			

Vistas
de los países hispanos

Argentina

Capital: Buenos Aires

Ciudades principales: Córdoba

Población: 32.300.000

Idiomas: español

Área territorial: 2.766.889 km²

Clima: variado, predominante templado

Moneda: peso

Cuba

Capital: La Habana

Ciudades principales: Santiago de Cuba, Camagüey, Holguín, Guantánamo, Santa Clara

Población: 11.000.000

Idiomas: español

Área territorial: 110,860 km^2

Clima: tropical, la temperatura llega hasta 27.4° C durante julio y agosto, en febrero se mantiene en 22° C.

Moneda: peso

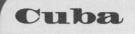

EXPLORA

Find out more about Argentina and Cuba! Access the **Nuestros vecinos** page on the *¡Ya verás! Gold* web site for a list of URLs.

http://yaveras.heinle.com/vecinos.htm

En la comunidad

A Barcelona con el "Dream Team"

"Mi nombre es Elise Hamilton. En 1991 vivía en Dallas y trabajaba en una compañía de publicaciones. No me gustaba mucho mi trabajo y soñaba con hacer algo realmente **emocionante**. Una amiga me contó que NBC estaba contratando personas para trabajar en las Olimpiadas en Barcelona, España. En seguida les envié una carta con mi **hoja de vida**. Después averigüé que recibieron 7,000 **solicitudes** para 100 empleos. Sin embargo yo me sentía optimista porque sabía que mi español me daba una ventaja. Mis cinco hermanos mayores estudiaban español en la escuela y yo me ponía a practicar con ellos en la casa. Al final terminé hablando español mejor que ellos. Me dieron el trabajo y me fui a España a trabajar por un mes. Había muchas cosas que hacer, pero el poder hablar español me abrió las puertas para participar en las actividades más interesantes. Por ejemplo, a última hora se necesitaba reemplazar a la persona que iba a intérpretar en una **rueda de prensa** con Teofilo Stevens, el boxeador cubano y uno de los deportistas más famosos del mundo. Me escogieron a mi para ser su interprete. Por un mes tuve la oportunidad de trabajar a diario con Bob Costas, con Magic Johnson y su "dream team" y con todos los mejores atletas del mundo. Fue una experiencia que no olvidaré jamás."

¡Ahora te toca a ti!

Busca un periódico en español y lee la sección de deportes. Si no puedes encontrar un periódico en español, mira un programa de deportes en el canal de televisión en español. Contesta las siguientes preguntas. ¿Reconoces algunos nombres de deportistas famosos? ¿En qué se parecen las noticias de deportes en español con las de inglés? ¿En qué se diferencian?

emocionante *exciting* **hoja de vida** *résumé* **solicitudes** *applications* **rueda de prensa** *press conference*

Reading Strategies

The chapter references in parentheses indicate the *Encuentros culturales* sections in which the strategies are used.

Predicting/Previewing
Predicting/Previewing
When you predict, you draw on what you already know about a topic, person, or event. Using what you already know helps you make a logical prediction which, in turn, helps you to focus on the material you are reading. You make a prediction, and then you read to check if your prediction is correct. Previewing is looking over the whole reading before you start to read it. This will help you get a sense of what the reading may be about before you begin to read it. The following reading strategies covered in your textbook are related to predicting and previewing.

Activating background and/or prior knowledge
Recalling what you already know or have personally experienced about the reading's topic (Chapters 1-3, Chapters 5-10, Chapter 12, Chapter 15)

Examining format for content clues
Looking closely at the shape, size, general makeup, and organization of the reading to determine the kind of text it is (for example, an advertisement, a brochure, or a calendar or a description, a comparison, or a narration) and using that knowledge to predict the kinds of information it will include (Chapter 4)

Scanning for specific information
Searching quickly for some particular piece(s) of information in the reading such as names, dates, and numbers (Chapter 2, Chapters 13 & 14)

Skimming for the gist
Rapidly running your eyes over the reading to see what the overall topic and ideas are and to determine what kind of text it is (Chapter 4, Chapter 8, Chapters 12 & 13)

Using photos, artwork, and/or illustrations to predict meaning and/or content
Examining the pictures and graphic elements that accompany or make up the reading and making logical guesses about what the text will be about (Chapter 11)

Using the title and the format to predict meaning and/or content
Looking at the reading's title and its general makeup and organization to determine the kind of text it is and using that knowledge to predict the kinds of information it will include (Chapter 7, Chapter 9)

Using the title to predict meaning and/or content
Looking at the reading's title and making logical guesses about what the text will be about (Chapters 2 & 3, Chapter 6, Chapter 10, Chapter 12, Chapter 14)

Cognate Recognition
*Cognates are words that are spelled similarly in two languages and share the same meaning. For example, the Spanish words hospital, universidad, and moderno are cognates of the English words **hospital**, **university**, and **modern**. There are cognates, however, whose meanings are not what they at first appear to be. For instance, lectura in Spanish means reading, not lecture. This type of word is called a false cognate. Looking for cognates and being aware of false cognates will help you understand more easily what you read.*

Recognizing cognates
Purposely searching the reading for Spanish words that look like English words and using them to guess at meaning (Chapter 1, Chapter 8, Chapters 11-13, Chapter 15)

Writing Strategies

The unit references in parentheses indicate the **Taller de escritores** *section in which the strategy is used.*

Focusing on who, what, when, where and why *(Unit 5)*

Free-writing *(Unit 4)*

List writing *(Unit 2, Unit 3)*

Making an outline *(Unit 1, Unit 2)*

Glossary of functions

The numbers in parentheses refer to the chapter in which the word or phrase may be found.

Describing weather / climate

¿Qué tiempo hace? *(1)*
Hace buen tiempo. *(1)*
  mal tiempo. *(1)*
  sol. *(1)*
  calor. *(1)*
  frío. *(1)*
  viento. *(1)*
  fresco. *(1)*
Está despejado. *(1)*
  nublado. *(1)*
  resbaloso. *(1)*
Llueve. *(1)*
Llovizna. *(1)*
Nieva. *(1)*
Truena. *(1)*
Hay nubes. *(1)*
  niebla. *(1)*
  neblina. *(1)*
  hielo. *(1)*
  tormenta. *(1)*
La temperatura está
  en cinco grados. *(1)*

Talking about the date

¿Cuál es la fecha de hoy? *(1)*
¿Cuál es la fecha de... ? *(1)*
¿Qué fecha es hoy? *(1)*
¿A cuántos estamos? *(1)*
Hoy es el 5 de octubre. *(1)*
Yo nací el 5 de febrero. *(1)*

Describing people

Él / Ella tiene el pelo moreno. *(3)*
  los ojos azules. *(3)*
  la nariz pequeña. *(3)*
Él tiene bigote y barba. *(3)*

Él / Ella es fuerte. *(3)*
  alto(a). *(3)*
  alegre. *(3)*
  simpático(a). *(3)*
  impaciente. *(3)*
  serio(a). *(3)*
  generoso(a). *(3)*
  independiente. *(3)*
  optimista. *(3)*
  perezoso(a). *(3)*
  trabajador(a). *(3)*
¿Cuánto mides? *(12)*
Mido un metro. *(12)*
¿Cuánto pesas? *(12)*
Peso... kilos. *(12)*
Él / Ella se guarda la línea. *(12)*

Getting / Paying for a hotel room

Yo quisiera... *(4)*
Buscamos... *(4)*
Necesitamos una habitación...
  para dos personas. *(4)*
  por tres noches. *(4)*
  con una cama matrimonial. *(4)*
  con dos camas sencillas. *(4)*
  con (sin) baño. *(4)*
  en el primer piso. *(4)*
  con televisor. *(4)*
  con teléfono. *(4)*
Tenemos una reservación. *(4)*
¿Puede usted arreglar la cuenta? *(4)*
¿Tiene usted la cuenta
  para la habitación... ? *(4)*
Voy a pagar en efectivo. *(4)*
  con cheques de viajero. *(4)*
  con una tarjeta de crédito. *(4)*

Expressing time relationships

Yo llego a tiempo.   (5)
        tarde.   (5)
        temprano.   (5)
En (veinte minutos, etc.)   (5)
Por (una hora, etc.)   (5)
Hace (un año, dos días, etc.).   (5)

To talk about missing someone

Te extraño.   (5)
Me extrañas.   (5)
Los extrañan.   (5)

Thanking someone

Les agradezco con todo el corazón
   su hospitalidad.   (5)
Mil gracias por...   (5)
Muchas gracias por...   (5)

Asking for and making clarifications

¿Cómo se dice... ?   (6)
¿Qué quiere decir... ?   (6)
¿Qué dijiste?   (6)
No sé como se dice...   (6)

Finding an apartment

Yo prefiero un apartamento...
   pequeño.   (6)
   amueblado.   (6)
   cerca de la universidad.   (6)
   con dos dormitorios.   (6)

Talking about daily routines

Yo me despierto a...   (7)
   me levanto a...   (7)
   me baño a...   (7)
   me cepillo los dientes.   (7)
   me lavo (el pelo, las manos, etc.).   (7)
   me maquillo.   (7)
   me peino.   (7)
   me afeito.   (7)
   me ducho.   (7)
   me acuesto a...   (7)
   me duermo.   (7)
   me visto.   (7)

Inviting someone

Nos daría mucho gusto...   (8)
Tenga la bondad de...   (8)
Nos vemos a / en...   (8)
¿Te parece bien?   (8)
Contéstame cuanto antes.   (8)

Talking about films

Es una comedia.   (8)
   un drama psicológico.   (8)
   un documental.   (8)
   una película policíaca.   (8)
        de terror.   (8)
        de ciencia-ficción.   (8)
        de aventura.   (8)
¿A qué hora dan la película?
Dan la película a...   (8)

Preparing for a party

Yo compro las bebidas.   (7)
Yo lavo los platos.   (7)
Yo pongo la mesa.   (7)
Yo traigo los discos.   (8)
Yo me encargo de la comida.   (8)
        los refrescos.   (8)
        las invitaciones.   (8)
Yo invito a los amigos.   (8)
La fiesta comienza a...   (8)
Vamos a echar la casa por la ventana.   (9)

Making plans for vacation

¿Qué vamos a hacer para las vacaciones?   (9)
Vamos a visitar...   (9)
        acampar.   (9)
        esquiar.   (9)
Vamos de viaje a...   (9)
¿Por qué no acampamos?   (9)
        dormimos en una tienda de campaña?   (9)
        pasamos las vacaciones en... ?   (9)
        tomamos el sol?   (9)
        vamos a la costa?   (9)
            a la orilla del mar?   (9)
            a las montañas?   (9)
        visitamos un centro ecuestre?   (9)

Talking about health and fitness

Quiero bajar (subir) de peso. (10)
Ella se cayó. (10)
    se lastimó. (10)
    se cortó. (10)
Él se rompió (el brazo, la pierna, etc.). (10)
    se torció (la muñeca, el tobillo, etc.). (10)
    se lastimó (la mano, el dedo, etc.). (10)
    se cortó (la frente, el pie, etc.). (10)
¿Estás en forma? (10)
Yo me pongo en forma. (10)
Nosotros (no) nos sentimos bien (mal). (10)
Tengo dolor de cabeza. (10)
    garganta. (10)
    estómago. (10)
Él tuvo un accidente. (10)
¿Cómo te sientes? (10)
¿Te sientes bien (mal)? (10)
No te ves muy bien. (10)
¿Qué te pasa? (10)
¿Qué te pasó? (10)
¿Te lastimaste? (10)
¿Tuviste un accidente? (10)
Él tiene fiebre. (10)
    escalofríos. (10)
    catarro. (10)
Ella tiene la gripe. (10)
    una alergia. (10)
    un virus. (10)
    la tos. (10)
    una infección. (10)
Él tose. (11)
Ella estornuda. (11)
Me duele la cabeza. (11)
    la garganta. (11)
    el brazo. (11)
    el estómago. (11)
Estoy mareado(a). (11)
¿Cuánto tiempo hace que te sientes así? (11)

Identifying medicines

Quisiera algo para la garganta. (11)
    los ojos. (11)
    la tos. (11)
    la alergia. (11)
    la fiebre. (11)
    la gripe. (11)
Quisiera unas aspirinas. (11)
    un antihistamínico. (11)
    un antibiótico. (11)
    unas pastillas para la garganta. (11)
    unas gotas para los ojos. (11)
    un jarabe para la tos. (11)
El médico me dio la receta. (11)
Tengo la medicina. (11)

Talking about the past

¿Desde cuándo? (12)
¿Cuánto tiempo hace? (12)
Desde (que)… (12)
Hace… (12)

Verb Charts

SIMPLE TENSES

Infinitive	Present Indicative	Imperfect	Preterite	Commands
hablar *to speak*	hablo	hablaba	hablé	habla
	hablas	hablabas	hablaste	(no hables)
	habla	hablaba	habló	hable
	hablamos	hablábamos	hablamos	hablad
	habláis	hablabais	hablasteis	(no habléis)
	hablan	hablaban	hablaron	hablen
aprender *to learn*	aprendo	aprendía	aprendí	aprende
	aprendes	aprendías	aprendiste	(no aprendas)
	aprende	aprendía	aprendió	aprenda
	aprendemos	aprendíamos	aprendimos	aprended
	aprendéis	aprendíais	aprendisteis	(no aprendáis)
	aprenden	aprendían	aprendieron	aprendan
vivir *to live*	vivo	vivía	viví	vive
	vives	vivías	viviste	(no vivas)
	vive	vivía	vivió	viva
	vivimos	vivíamos	vivimos	vivid
	vivís	vivíais	vivisteis	(no viváis)
	viven	vivían	vivieron	vivan

COMPOUND TENSES

Present progressive		
estoy	estamos	} hablando aprendiendo viviendo
estás	estáis	
está	están	

Stem-Changing Verbs

SIMPLE TENSES

Infinitive / Present Participle / Past Participle	Present Indicative	Imperfect	Preterite	Commands
pensar *to think* **e → ie** pensando pensado	**pienso** **piensas** **piensa** pensamos pensáis **piensan**	pensaba pensabas pensaba pensábamos pensabais pensaban	pensé pensaste pensó pensamos pensasteis pensaron	**piensa** **no pienses** **piense** pensad **no penséis** **piensen**
doler *to hurt* **o → ue** doliendo dolido	**duelo** **dueles** **duele** dolemos doléis **duelen**	dolía dolías dolía dolíamos dolíais dolían	dolí doliste dolió dolimos dolisteis dolieron	
pedir *to ask for* **e → i, i** **pidiendo** pedido	**pido** **pides** **pide** pedimos pedis **piden**	pedía pedías pedía pedíamos pedíais pedían	pedí pediste **pidió** pedimos pedisteis **pidieron**	**pide** **no pidas** **pida** pedid **no pidáis** **pidan**
dormir *to sleep* **o → ue, u** **durmiendo** dormido	**duermo** **duermes** **duerme** dormimos dormís **duermen**	dormía dormías dormía dormíamos dormíais dormían	dormí dormiste **durmió** dormimos dormisteis **durmieron**	**duerme** **no duermas** **duerme** dormid **no durmáis** **duerman**

Change of Spelling Verbs

SIMPLE TENSES

Infinitive / Present Participle / Past Participle	Present Indicative	Imperfect	Preterite	Commands
comenzar *to begin* (e → ie) **z → c before e** comenzando comenzado	comienzo comienzas comienza comenzamos comenzáis comienzan	comenzaba comenzabas comenzaba comenzábamos comenzabais comenzaban	**comencé** comenzaste comenzó comenzamos comenzasteis comenzaron	comienza (**no comiences**) **comience** comenzad (**no comencéis**) **comiencen**
conocer *to know* **c → zc before a, o** conociendo conocido	**conozco** conoces conoce conocemos conocéis conocen	conocía conocías conocía conocíamos conocíais conocían	conocí conociste conoció conocimos conocisteis conocieron	conoce (**no conozcas**) **conozca** conoced (**no conozcáis**) **conozcan**
pagar *to pay* **g → gu before e** pagando pagado	pago pagas paga pagamos pagáis pagan	pagaba pagabas pagaba pagábamos pagabais pagaban	**pagué** pagaste pagó pagamos pagasteis pagaron	paga (**no pagues**) **pague** pagad (**no paguéis**) **paguen**
tocar *to play* **c → qu before e** tocando tocado	toco tocas toca tocamos tocáis tocan	tocaba tocabas tocaba tocábamos tocabais tocaban	**toqué** tocaste tocó tocamos tocasteis tocaron	toca (**no toques**) **toque** tocad (**no toquéis**) **toquen**

422 *Verb Charts*

*Verbs with irregular **yo** forms in the present indicative

SIMPLE TENSES

Infinitive Present Participle Past Participle	Present Indicative	Imperfect	Preterite	Commands
andar *to walk* andando andado	ando andas anda andamos andáis andan	andaba andabas andaba andábamos andabais andaban	**anduve** **anduviste** **anduvo** **anduvimos** **anduvisteis** **anduvieron**	anda (no andes) ande andad (no andéis) anden
*caer(se) *to fall* **cayendo** caído	**caigo** caes cae caemos caéis caen	caía caías caía caíamos caíais caían	caí **caíste** **cayó** **caímos** **caísteis** **cayeron**	cae (no caigas) **caiga** caed (**no caigáis**) **caigan**
*conducir *to drive* conduciendo conducido	**conduzco** conduces conduce conducimos conducís conducen	conducía conducías conducía conducíamos conducíais conducían	**conduje** **condujiste** **condujo** **condujimos** **condujisteis** **condujeron**	conduce (**no conduzcas)** **conduzca** conducid (**no conduzcáis)** **conduzcan**
creer *to believe* **creyendo** **creído**	creo crees cree creemos creéis creen	creía creías creía creíamos creíais creían	creí creíste **creyó** creímos creísteis **creyeron**	cree (no creas) crea creed (no creáis) crean

Irregular Verbs (continued)

SIMPLE TENSES

Infinitive / Present Participle / Past Participle	Present Indicative	Imperfect	Preterite	Commands
*dar *to give* dando dado	**doy** das da damos dais dan	daba dabas daba dábamos dabais daban	**dí** **diste** **dio** **dimos** **disteis** **dieron**	da **(no des)** **dé** dad **(no deis)** den
*decir *to say, tell* **diciendo** **dicho**	**digo** **dices** **dice** decimos decís **dicen**	decía decías decía decíamos decíais decían	**dije** **dijiste** **dijo** **dijimos** **dijisteis** **dijeron**	**di (no digas)** **diga** decid **(no digáis)** **digan**
*estar *to be* estando estado	**estoy** **estás** **está** estamos estáis **están**	estaba estabas estaba estábamos estabais estaban	**estuve** **estuviste** **estuvo** **estuvimos** **estuvisteis** **estuvieron**	**está (no estés)** **esté** estad **(no estéis)** **estén**
*hacer *to make, do* haciendo **hecho**	**hago** haces hace hacemos hacéis hacen	hacía hacías hacía hacíamos hacíais hacían	**hice** **hiciste** **hizo** **hicimos** **hicisteis** **hicieron**	**haz (no hagas)** **haga** haced **(no hagáis)** **hagan**

*Verbs with irregular **yo** forms in the present indicative

SIMPLE TENSES

Infinitive / Present Participle / Past Participle	Present Indicative	Imperfect	Preterite	Commands
ir *to go* **yendo** ido	**voy** **vas** **va** **vamos** **vais** **van**	**iba** **ibas** **iba** **íbamos** **ibais** **iban**	**fui** **fuiste** **fue** **fuimos** **fuisteis** **fueron**	**ve (no vayas)** **vaya** **id (no vayáis)** **vayan**
leer *to read* **leyendo** **leído**	leo lees lee leemos leéis leen	leía leías leía leíamos leíais leían	leí leíste **leyó** leímos leísteis **leyeron**	lee (no leas) lea leed (no leáis) lean
*oír *to hear* **oyendo** **oído**	**oigo** **oyes** **oye** **oímos** **oís** **oyen**	oía oías oía oíamos oíais oían	oí oíste **oyó** **oímos** oísteis **oyeron**	**oye (no oigas)** **oiga** oíd **no oigáis** **oigan**
poder *can, to be able* **pudiendo** podido	**puedo** **puedes** **puede** podemos podéis **pueden**	podía podías podía podíamos podíais podían	**pude** **pudiste** **pudo** **pudimos** **pudisteis** **pudieron**	

*Verbs with irregular **yo** forms in the present indicative

SIMPLE TENSES

Infinitive Present Participle Past Participle	Present Indicative	Imperfect	Preterite	Commands
*poner to place, put poniendo **puesto**	**pongo** pones pone ponemos ponéis ponen	ponía ponías ponía poníamos poníais ponían	**puse** **pusiste** **puso** **pusimos** **pusisteis** **pusieron**	**pon (no pongas)** **ponga** poned (**no pongáis**) **pongan**
*saber to know sabiendo sabido	**sé** sabes sabe sabemos sabéis saben	sabía sabías sabía sabíamos sabíais sabían	**supe** **supiste** **supo** **supimos** **supisteis** **supieron**	sabe (**no sepas**) **sepa** sabed (**no sepáis**) **sepan**
*salir to go out saliendo salido	**salgo** sales sale salimos salís salen	salía salías salía salíamos salíais salían	salí saliste salió salimos salisteis salieron	**sal (no salgas)** **salga** salid (**no salgáis**) **salgan**
ser to be siendo sido	**soy** **eres** **es** **somos** **sois** **son**	**era** **eras** **era** **éramos** **erais** **eran**	**fui** **fuiste** **fue** **fuimos** **fuisteis** **fueron**	**sé (no seas)** **sea** sed (**no seáis**) **sean**

*Verbs with irregular **yo** forms in the present indicative

SIMPLE TENSES

Infinitive Present Participle Past Participle	Present Indicative	Imperfect	Preterite	Commands
*tener *to have* teniendo tenido	**tengo** **tienes** **tiene** tenemos tenéis tienen	tenía tenías tenía teníamos teníais tenían	**tuve** **tuviste** **tuvo** **tuvimos** **tuvisteis** **tuvieron**	**ten (no tengas)** **tenga** tened **(no tengáis)** **tengan**
traer *to bring* **trayendo** **traído**	**traigo** traes trae traemos traéis traen	traía traías traía traíamos traíais traían	**traje** **trajiste** **trajo** **trajimos** **trajisteis** **trajeron**	trae **(no traigas)** **traiga** traed **(no traigáis)** **traigan**
ver *to see* viendo **visto**	**veo** ves ve vemos veis ven	**veía** **veías** **veía** **veíamos** **veíais** **veían**	**vi** **viste** **vio** **vimos** **visteis** **vieron**	ve **(no veas)** **vea** ved **(no veáis)** vean

Glossary

Spanish-English

The numbers in parentheses refer to the chapters in which active words or phrases may be found.

A

a to, at (A)
abajo down, downwards
abogado(a) *m.(f.)* lawyer
abrazo *m.* hug (5)
abrigo *m.* coat
abril April (1)
¡No, en absoluto! Absolutely not!
abuela *f.* grandmother (A)
abuelo *m.* grandfather (A)
aburrido(a) bored, boring (2)
acabar de... to have just . . .
acampar to camp (9)
accidente *m.* accident (10)
acción *f.* action
aceite *m.* oil
aceituna *f.* olive (C)
acequia *f.* irrigation ditch
acerca de about
acercarse to approach
acostarse (ue) to go to bed (7)
activo(a) active (3)
además besides
adicional additional (12)
adiós good-bye (A)
admitir to admit (12)
¿adónde? where?
adorar to adore
aeropuerto *m.* airport (B)
afeitarse to shave (7)
aficionado(a) *m.(f.)* (sports) fan 15
afortunadamente fortunately
agilidad *f.* agility 15
agosto August (1)
agradable pleasant (10)
agujero *m.* hole
Les agradezco. I thank you. (5)
el agua *f.* water
    agua mineral (sin gas) mineral water (without carbonation) (C)
ahora now
    ahora mismo right now
ahorrar to save
aire acondicionado air-conditioned (6)

ajedrez *m.* chess 13
al to the
al aire libre in the open air
alboroto *m.* disturbance, disorder
alcanzar to reach, achieve (11)
alegre happy (2)
alemán(ana) German (A)
Alemania Germany
alentar to encourage
alergia *f.* allergy (11)
alfiler *m.* pin
alfombra *f.* rug, carpet (A)
algo something
algodón *m.* cotton
algún día someday
alimento *m.* food
alma *f.* soul
almacén *m.* department store
ambiente *m.* atmosphere; environment
almidón *m.* starch (12)
alquilar to rent
    alquilar un vídeo to rent a video
alquiler *m.* rent (6)
alrededor around
alto(a) tall
alumno(a) *m.(f.)* student
allá over there
allí there
amable friendly
amar to love
amarillo(a) yellow (2)
ambicioso(a) ambitious (3)
americano(a) American (A)
amigo(a) *m.(f.)* friend (A)
amistad *f.* friendship
(completamente) amueblado (fully) furnished (6)
añadir to add
anaranjado(a) orange (color) (2)
andar to go along, walk
anillo *m.* ring
animal *m.* animal (A)
ancho(a) wide
anoche last night (C)
anotar un gol make a goal, score (15)
ansiedad *f.* anxiety (12)

anterior previous (9)
antes before
antibiótico *m.* antibiotic (11)
antiguo(a) old
antihistamínico *m.* antihistamine (11)
antipático(a) disagreeable
anual annual (11)
anunciar to announce
anuncio *m.* advertisement
año *m.* year (C)
aparentemente apparently (12)
apartamento *m.* apartment (A)
apellido *m.* last name (A)
aprender to learn (A)
aprovechar to take advantage of (8)
aquel(la) that
aquél(la) *m.(f.)* that one
aquí here
    Aquí tiene... Here you have . . . (C)
árbol *m.* tree
área de acampar *f.* campground (9)
Argentina Argentina
argentino(a) Argentine (A)
aro *m.* hoop
arquero(a) *m.(f.)* goaltender (15)
arquitecto(a) *m.(f.)* architect
arreglar to arrange, fix (6)
arriba up, above
arroz *m.* rice
arte *m.* or *f.* art (A)
artículo *m.* article (12)
ascensor *m.* elevator (4)
asegurar to assure (10)
¿Así es? Is that it?
asistir a to attend (A)
aspirina *f.* aspirin (11)
asustarse to be afraid
un atado de a bunch of (C)
ataque *m.* attack, offense (15)
atleta *m.(f.)* athlete (14)
atlético(a) athletic (3)
atún *m.* tuna
atravesar to cross (14)
atrever to dare
atrevido(a) *m.(f.)* daring
aunque although

auriculares *m.* headphones (14)
ausencia *f.* absence
autobús *m.* bus (B)
  estación de autobuses *f.* bus terminal
avanzar to advance (15)
¡Ave María! Good heavens!
avenida *f.* avenue (B)
aventurero(a) adventurous (14)
avión *m.* airplane
ayer yesterday
ayudar to help
azúcar *m.* sugar
azul blue (2)

B

bailar to dance (A)
baile *m.* dance
  baile folklórico folk dance
  baile popular popular dance
bajar to go down, lower
  bajar de peso to lose weight (10)
bajo(a) short (height)
balanceado(a) balanced (12)
balón *m.* ball (15)
baloncesto *m.* basketball (13)
balsa neumática *f.* inflatable raft
banana *f.* banana (C)
banco *m.* bank (B)
bañarse to bathe oneself (7)
baño *m.* bath (4)
bar de tapas *m.* tapas restaurant (C)
barato(a) cheap
barba *f.* beard (3)
barco *m.* boat (14)
barrio *m.* neighborhood
básquetbol *m.* basketball
bastante rather, enough (B)
bastón *m.* walking stick (14)
bebé *m.* or *f.* baby (12)
bebida *f.* drink
béisbol *m.* baseball
Belice Belize
belleza *f.* beauty
beneficiarse to benefit (5)
beso *m.* kiss
biblioteca *f.* library (B)
bicicleta *f.* bicycle (A)
  bicicleta de montaña *f.* mountain

bike (14)
bidé *m.* bidet (4)
bien well, fine, very (A)
bigote *m.* mustache (3)
billete *m.* ticket
  billete de diez viajes ten-trip ticket
  billete de ida y vuelta roundtrip ticket
  billete sencillo one-way ticket
biología *f.* biology
blanco(a) white (2)
blusa *f.* blouse
boca *f.* mouth (10)
bocadillo *m.* sandwich (French bread) (C)
boda *f.* wedding (8)
boliche *m.* bowling (13)
bolígrafo *m.* ball-point pen (A)
Bolivia Bolivia
boliviano(a) Bolivian
bolsa *f.* purse
bomba *f.* pump
bonito(a) pretty (2)
borrador *m.* eraser (A)
bosque *m.* forest
bota *f.* boot
una botella de a bottle of (C)
botiquín *m.* first aid kid (14)
boutique *f.* boutique
Brasil Brazil
brazo *m.* arm (10)
brindis *m.* toast (salutation) (8)
bronceado(a) tan (3)
brusco(a) gruff
bucear to snorkel, dive
buceo *m.* snorkeling, diving
bueno(a) good (2)
  ¡Bueno! Hello! (telephone)
  Buenos días. Good morning. (A)
  Buenas noches. Good evening., Good night.
  Buenas tardes. Good afternoon.
buscar to look for (4)

C

caballo *m.* horse
cabeza *f.* head (10)
cabina de teléfono *f.* telephone booth (4)

cacahuete *m.* peanut
cada every, each (10)
cadera *f.* hip
caerse to fall (10)
café *m.* café, coffee
  café *adj.* dark brown (2)
  café (con leche) coffee (with milk) (C)
caimán *m.* alligator
cajón *m.* drawer (5)
calamares *m.* squid (C)
calcetín *m.* sock
calcio *m.* calcium (12)
calculadora *f.* calculator (A)
calidad *f.* quality (4)
caliente warm, hot (7)
calle *f.* street (B)
¡Cálmate! Calm down! (9)
calor *m.* heat (1)
caloría *f.* calorie (12)
cama *f.* bed (A)
  cama (matrimonial / sencilla) (double / single) bed
cámara *f.* camera
camarero(a) *m.(f.)* waiter (waitress)
cambiar to change
cambio *m.* change, alteration
caminar to walk
camino *m.* road
camisa *f.* shirt
camiseta *f.* T-shirt
campeonato mundial *m.* world championship (14)
campesino *m.* farmer, peasant
campo de juego *m.* field (sports) (15)
Canadá Canada (13)
canadiense Canadian
canasta *f.* basket (14)
cancha *f.* field (sports) (15)
canoo kayak canoe, kayak (14)
cansado(a) tired
cantar to sing (A)
cantidad *f.* quantity
cantimplora *f.* canteen (14)
cañón *m.* canyon (14)
capacidad *f.* capacity (10)
capital *f.* capital city (13)
cara *f.* face (10)
cariñoso(a) loving, affectionate
carne *f.* meat, beef (C)

carnicería f. butcher shop
caro(a) expensive (2)
carretera f. highway, road
carril-bici m. bike path
carrito m. shopping cart
cartel m. poster
cartera f. wallet (A)
casa f. house (A)
casado(a) married (A)
casi almost (7)
castaño(a) hazel (eyes), medium-brown (hair) (3)
castillo m. castle
catarro m. a cold (11)
catedral f. cathedral (B)
categoría f. category (4)
causa f. cause (12)
cauteloso cautious
cebolla f. onion (C)
celebrar to celebrate
cenar to have supper
ceniza f. ash (14)
centenar m. hundred
centro m. downtown, the center (A)
   centro comercial shopping center
cepillarse (el pelo / los dientes) to brush (one's hair / teeth) (7)
cera f. wax
cerca de near (B)
cereal m. cereal (12)
cerrar(ie) to close
Chao. Good-bye. (A)
chaqueta f. jacket
charlar to chat (7)
cheque de viajero m. traveler's check (4)
chica f. girl
chico m. boy
chile m. hot pepper
Chile Chile
chileno(a) Chilean
China China
chino(a) Chinese (A)
chisme m. gossip
chocolate m. chocolate (C)
chorizo m. Spanish sausage (C)
ciclismo m. cycling
ciego blind
cien(to) one hundred
ciencia f. science (A)

cima f. top (of a mountain) (14)
cincuenta fifty
cine m. movie theater (C)
cinta f. tape (recording) (A)
cinturón m. belt
cita f. date, appointment
cirugía f. surgery
ciudad f. city (A)
¡Claro! Of course!
   ¡Claro que no! Of course not! (4)
   ¡Claro que sí! Of course! (reaffirmed)
clásico(a) classic(al) (2)
clasificar to classify (4)
clavadista m. or f. diver
clavarse to dive (Mexico) (13)
clóset m. closet (5)
club m. club
cocina f. kitchen (6)
cocinar to cook (6)
coche m. car (A)
coche-caravana m. camper (9)
codo m. elbow (10)
colegio m. school
colina f. hill
collar m. necklace
Colombia Colombia
colombiano(a) Colombian
color m. color
   ¿De qué color es... ? What color is ... ? (2)
combustible m. fuel
comedor m. dining room (6)
comentar to comment
comenzar (ie) to begin (7)
comer to eat (C)
cómico(a) comical, funny (3)
comida f. meal, food
   comida mexicana Mexican food
como how, as, like
   como a around, about
   como de costumbre as usual
¿cómo? how?, what? (A)
   ¿Cómo se dice... ? How do you say ... ? (6)
   ¿Cómo es / son? How is it / are they?
   ¿Cómo está(s)? How are you?
   ¿Cómo te llamas? What's your name? (A)

¿Cómo te sientes? How do you feel? (10)
cómoda f. dresser (A)
cómodo(a) comfortable
compañía f. company
comparación f. comparison
compartir to share
competencia f. competition (15)
completo(a) complete (2)
comportamiento m. behavior
comprar to buy (A)
comprender to understand
comprensivo(a) understanding
comprobar(ue) to check
computadora f. computer (A)
con with (A)
   con frecuencia frequently (10)
   con regularidad regularly (10)
   con todo el corazón with all my heart (5)
concierto m. concert
concurso de poesía m. poetry contest
conducir to drive (13)
confort m. comfort (4)
confortable comfortable (4)
congelado(a) frozen
conjunto m. group, unit
conmigo with me
conocer to know (person, place) (3), met (15)
conocimiento m. knowledge
consecutivo(a) consecutive (10)
consejo m. piece of advice
         darse cuenta de to realize
conserva f. preserve
constantemente constantly (11)
construir to build
contador(a) m.(f.) accountant
contar (ue) to count
   contar con count on, rely on
contento(a) content (13)
contestar to answer, respond
   Contéstame cuanto antes.
   Answer me as soon as possible. (8)
continuar to continue
continuo(a) continuous (10)
contra la pared against the wall
conveniente convenient (7)
conversación telefónica f. telephone conversation

convertirse en to become

corazón *m.* heart (5)

cordillera *f.* mountain range

corredor *m.* corridor, hallway (4)

correr to run (A)

cortar(se) to cut (oneself) (10)

cortina *f.* curtain (6)

corto(a) short (length) (3)

cosa *f.* thing

cosechar to harvest

costa *f.* coast (9)

Costa Rica Costa Rica

costar (ue) to cost (9)

costarricense Costa Rican

costoso(a) costly (13)

de costumbre customarily (C)

coyuntura *f.* joint (10)

crecer to grow

creer to believe (13)

crema *f.* cream

croissant *m.* croissant

crónica *f.* news chronicle

cruzar to cross (B)

cuaderno *m.* notebook (A)

cuadra *f.* city block

cuadro *m.* painting (2)

¿cuál? which?

　　¿Cuál es la fecha de hoy? What is the date today? (1)

cualquier any, whichever

cuando when (A)

¿cuánto(a)? how much / many?

　　¿Cuánto cuesta? How much does it cost? (C)

　　¿Cuánto tiempo hace? How long ago? (12)

　　¿Cuánto tiempo hace que te sientes así? How long have you felt this way?

　　¿Cuántos años tienes? How old are you? (A)

　　¿A cuántos estamos? What is the date? (1)

　　¿Cuántos hay? How many are there?

cuarenta forty

cuarto *m.* room (A), quarter (B)

　　... cuarto(s) de hora ... quarter(s) of an hour (5)

cuarto(a) fourth (4)

cuatrocientos(as) four hundred

Cuba Cuba

cubano(a) Cuban

cubierto(a) covered

cuchara *f.* spoon (6)

cuchillo *m.* knife (6)

cuello *m.* neck (10)

cuenta *f.* bill (4)

cuento contigo I'm counting on you (8)

cuero *m.* leather

cuesta it costs (C)

¡Cuidado! Careful! Watch out!

cuidar to care for (11)

　　Cuídese. (Cuídate.) Take care of yourself. (A)

culpa *f.* fault (7)

cultivar to cultivate

cumbre *f.* summit

cumpleaños *m.* birthday (C)

curso de verano *m.* summer course

D

dar to give (11)

　　dar una caminata to take a hike

　　dar un paseo to take a walk (A)

　　dar una película to show a movie (8)

　　dar una vuelta to turn over (2)

　　darles la despedida to say good-bye, give a going-away party (8)

　　darse por satisfecho to have reason to feel satisfied with oneself

　　darse prisa to hurry (7)

　　Nos daría mucho gusto... It would give us great pleasure... (8)

de of (B)

　　de acuerdo okay (C)

　　de la / del of the

　　de nada you're welcome

　　¿De qué color es...? What color is...? (2)

　　¿De veras? Really?

deber to owe, must, should

débil weak (3)

décimo(a) tenth (4)

decir to say, tell (6)

　　¿Cómo se dice...? How do you say...? (6)

　　decir que sí (no) to say yes (no) (6)

　　es decir that is to say

lo que dice... what ... says (4)

para decir la verdad to tell the truth (6)

querer decir to mean (6)

dedicarse a to devote oneself to (9)

dedo (de la mano) *m.* finger (10)

　　dedo del pie toe (10)

defensa *f.* defense (15)

delante de in front of (B)

delgado(a) thin

delicioso(a) delicious (2)

demandar to demand (10)

demasiado too (much) (1)

¡Dense prisa! Hurry up! (7)

dentista *m.* or *f.* dentist

dentro de within (8)

depender de to depend on (1)

deporte *m.* sport (A)

derecha right (B)

　　a la derecha to the right (B)

desafío *m.* challenge

desarrollar to develop (12)

desayunarse to eat breakfast (7)

desayuno *m.* breakfast (4)

descansar to rest (A)

descenso *m.* descent, the climb down (14)

desconocido(a) unknown

describir to describe

　　le describe describes to him, her, you

　　Descríbeme... Describe... for me. (2)

desde (que) since (12)

　　¿Desde cuándo? Since when? (12)

desear to want, wish for

desearles to wish them (8)

desfile *m.* parade

deshonesto(a) dishonest (3)

desierto *m.* desert

despacio slowly, slow

despedirse (i, i) de to say good-bye to

despejado cloudy (1)

despertarse (ie) to wake up (7)

después after

detrás de behind, in back of (B)

día *m.* day (B)

　　el Día de la Independencia Independence Day

　　el Día de la Madre Mother's Day (C)

　　el Día del Padre Father's Day (C)

diciembre December (1)

diente *m.* tooth (10)

dificultad *f.* difficulty (12)

difundir to spread

¡Diga / Dígame! Hello! (answering the phone)

¡No me digas! You don't say!

digestión *f.* digestion (12)

Dime. Tell me.

dinero *m.* money

¿en qué dirección? in which direction?

directamente directly (7)

disco compacto compact disc

discoteca *f.* discotheque (B)

discreto(a) discreet (3)

disculparse to apologize

discutir to argue

disfrutar de to enjoy (8)

divertido(a) enjoyable (2)

divertirse (ie,i) to have a good time (7)

dividir to divide (13)

divorciado(a) divorced (A)

doblar to turn (B)

una docena de a dozen (C)

doctor(a) *m.(f.)* doctor

doler (ue) to hurt (11)

dolor de (cabeza / espalda / estómago) *m.* (head / back / stomach)ache (11)

domingo *m.* Sunday (B)

dominicano(a) Dominican

dominó *m.* dominoes (13)

¿dónde? where?

    ¿De dónde es / eres? Where are you from?

    ¿Dónde está...? Where is...?

    ¿Dónde hay...? Where is / are there...?

dormilón(ona) *m.(f.)* sleepyhead (7)

dormir (ue, u) (la siesta) to sleep (take a nap) (4)

    dormirse to fall asleep (7)

dormitorio *m.* bedroom (6)

dos two (C)

    los(las) dos the two, both

doscientos(as) two hundred

dosis *f.* dose (10)

ducha *f.* shower (4)

ducharse to take a shower (7)

duda *f.* doubt (12)

Me duele(n)... My... hurt(s). (11)

dueño(a) *m.(f.)* owner

dulce *m.* sweet, candy

durante during (5)

durar to last (7)

duro(a) hard

E

echar una siesta to take a nap (1)

económico(a) economical (2)

Ecuador Ecuador (13)

ecuatoriano(a) Ecuadoran

edad *f.* age (5)

edificio *m.* building

en efectivo in cash (4)

eficiente efficient (10)

ejemplo *m.* example (7)

el *m.* the (A)

él he

El Salvador El Salvador

elegante elegant (2)

ella she

ellos(as) *m.(f.)* they

emocionante exciting

empacar to pack

empezar (ie) to begin

empleado(a) *m.(f.)* employee

empuje *m.* push

en in, on (A)

    En (el mes de)... In (the month of)... (1)

    en... minutos in... minutes (5)

ecabezar to head

Encantado(a). Delighted. (A)

encargarse de to take charge of (7)

encender (ie) to light

encerrarse (ie) to lock oneself in

enchilada *f.* enchilada (C)

encontrar (ue) to find

encuesta *f.* survey

energía *f.* energy (12)

enero January (1)

enfermero(a) *m.(f.)* nurse

enfermo(a) sick

enojado(a) angry, mad

ensalada *f.* salad (C)

    ensalada de frutas fruit salad

    ensalada de guacamole guacamole (C)

    ensalada de vegetales (verduras) vegetable salad

enseñar to teach

entender to understand

entero(a) whole

entonces then

entrada *f.* entrance ticket

entre... y... between... and... (B)

entrenador coach, trainer

entretenido(a) interesting, entertaining

entrevista *f.* interview

envolverse to become involved

epidemia *f.* epidemic (11)

equipo *m.* equipment (14); team

equitación *f.* horseback riding (9)

es is

    Es de... Is from..., It belongs to...

    Es la una. It's one o'clock. (B)

escalofríos *m.* chills (11)

escaparate *m.* shop window

escribir to write

    escribir a máquina to type (C)

escritorio *m.* desk (A)

escuchar to listen (to)

escuela *f.* school (A)

    escuela secundaria high school

escultura *f.* sculpture (A)

ese(a) that

ése(a) *m.(f.)* that one

a eso de at about, around (7)

espacio *m.* space

espalda *f.* back (10)

España Spain

español(a) Spanish (A)

especial special

espectáculo *m.* spectacle, show

espejo *m.* mirror (4)

esperar to wait, hope (5)

    los espera waits for them (7)

    espero que Uds. puedan visitar I hope that you can visit (5)

    Espero que no sea... I hope it's not... (8)

esposa *f.* wife

esposo *m.* husband

esquí *m.* ski

    esquí acuático *m.* waterskiing

esquiar to ski (A)

    esquiar en agua to waterski (9)

en la esquina de... y... on the corner of... and... (B)

establecer to establish

estación *f.* station

    estación de autobuses bus terminal

    estación de metro subway station

    estación de trenes railroad station

estacionamiento parking (6)

estacionar to park

estadio *m.* stadium (B)

estado *m.* state

los Estados Unidos United States (B)

estadounidense American, from the United States

estante *m.* bookshelf (5)

estar to be (A)

    estar de mal humor to be in a bad mood

    estar de visita to be visiting (12)

    Está bien. Okay.

    Está (despejado / nublado / resbaloso). It's a (clear / cloudy / slippery) day. (1)

    ¿Estás en forma? Are you in shape? (10)

    ¿Cómo está(s)? How are you? (A)

este *m.* east (B)

este(a) (mes / tarde) this (month / afternoon) (C)

éste(a) *m.(f.)* this one

estéreo *m.* stereo (A)

estrecho narrow

estilo *m.* style

estómago *m.* stomach (10)

estornudar to sneeze (11)

estrella *f.* star

estudiante *m.* or *f.* student

estudiar to study (A)

estufa *f.* stove (6)

evento social *m.* social event (10)

evitar to avoid

exactamente exactly (12)

Exacto. Exactly. (8)

exagerar to exaggerate

¡No te excites! Don't get excited!

excursión tour (14)

exigir to demand

éxito *m.* success (15)

experto(a) expert (10)

expresar to express

expresión *f.* expression

extrañar to miss (5)

Te (Los) extraño. I miss you (plural). (5)

extraño(a) strange

F

fácil easy

facilitar to facilitate (12)

falda *f.* skirt

falta *f.* lack (12)

familia *f.* family (A)

familiar *m.* relative, family member

famoso(a) famous

farmacia *f.* pharmacy, drugstore (B)

favorito(a) favorite

febrero February (1)

fecha *f.* date

    ¿Cuál es la fecha de hoy? What is the date today? (1)

felicidad *f.* happiness

feo(a) ugly (2)

feria *f.* fair

feroz ferocious (13)

fibra *f.* fiber (12)

fiebre *f.* fever (11)

    fiebre del heno hay fever (11)

fiesta *f.* party

    fiesta del pueblo religious festival honoring a town's patron saint

fin de semana *m.* weekend

al final de at the end of (B)

finalmente finally

finca *f.* farm

flan *m.* caramel custard

flauta *f.* flute (A)

florería *f.* flower shop

flotar to float (10)

al fondo de at the end of

formal formal (2)

formar to form (12)

formidable wonderful (2)

francés(esa) French (A)

Francia France

con frecuencia frequently (10)

frecuentemente frequently (B)

frente *f.* forehead (10)

frente a across from, facing

en frente de across from, facing (B)

fresa *f.* strawberry (C)

fresco(a) cool (1)

frijoles *m.* beans (C)

frío(a) cold (1)

frontera *f.* border (11)

fruta *f.* fruit (12)

fuego *m.* fire

fuegos artificiales *m.* fireworks

fuente *f.* fountain

fuera de outside of

fuerte strong (3)

fuerza *f.* force, strength

funcionar to function, work

furioso(a) furious (13)

fusilar to shoot

fútbol *m.* soccer

    fútbol americano football

futuro *m.* future

G

galleta *f.* biscuit, cookie

ganar to earn

garaje (para dos coches) *m.* (two-car) garage (6)

garganta *f.* throat (10)

gas

    con gas carbonated (14)

    sin gas not carbonated (14)

gastar to spend

gato *m.* cat

por lo general in general (C)

generoso(a) generous (3)

genial pleasant

gente *f.* people

geografía *f.* geography

gimnasio *m.* gym(nasium)

globo *m.* globe, sphere, balloon

gobierno *m.* government

gol *m.* goal (sports) (15)

golf *m.* golf (9)

gordo(a) fat

gotas para los ojos *f.* eyedrops (11)

grabadora *f.* tape recorder (A)

gracias thank you (A)

    mil gracias por... thanks a million for... (5)

    muchas gracias por... thank you very much (many thanks) for... (5)

grado *m.* degree (1)

(50) gramos de (50) grams of (C)

Gran Bretaña Great Britain

granadina *f.* grenadine
grande big, large (A)
grano *m.* bean
grasa *f.* fat (12)
grave grievous, grave (10)
gripe *f.* flu (11)
gris gray (2)
grupo *m.* group
guapo(a) handsome
guardar la línea to watch one's weight
Guatemala Guatemala
guatemalteco(a) Guatemalan
guía *m. or f.* guide
guisante *m.* pea (C)
guitarra *f.* guitar (A)
gustar to like (A)
  (No) (Me) gusta(n) (mucho)... (I)
  (don't) like . . . (very much). (A)
gusto *m.* taste
  con mucho gusto with pleasure
  Mucho gusto. Nice to meet you. (A)

H

habilidad *f.* ability (15)
habitación *f.* room (4)
hablar to talk
hacer to do, make
  hacer alpinismo to go mountain climbing
  hacer la cama to make the bed
  hacer ciclismo to bicycle (13)
  hacer ejercicio to exercise
  hacer ejercicios aeróbicos to do aerobics (10)
  hacer la equitación to go horseback riding (9)
  hacer gimnasia to do exercises, gymnastics (10)
  hacer las maletas to pack suitcases
  hacer un mandado to do an errand (C)
  hacer un viaje to take a trip
  hacer windsurfing to windsurf (13)
  hace... . . . ago, it has been . . . (C)
  Hace (buen tiempo / calor / sol / viento). It's (nice / hot / sunny / windy) out. (1)

¿Cuánto tiempo hace? How long ago? (12)
¿Cuánto tiempo hace que te sientes así? How long have you felt this way? (11)
hamburguesa (con queso) *f.* hamburger (cheeseburger) (C)
harina *f.* flour
hasta until; even
  Hasta luego. See you later. (A)
hay there is / are (B)
  Hay (hielo / niebla / tormenta). It's (icy / foggy / stormy). (1)
  hay que pasar por... one must go through . . . (4)
  Hay que ser razonables. Let's be reasonable.
helado *m.* ice cream
hermana *f.* sister (A)
hermano *m.* brother (A)
hermoso(a) beautiful
herramienta *f.* tool
hielo *m.* ice (1)
hierba *f.* grass, herb
hierro *m.* iron (12)
hija *f.* daughter (A)
hijo *m.* son (A)
hijo(a) único(a) *m.(f.)* only child (A)
hispano(a) Hispanic
historia *f.* history (A)
histórico(a) historical (2)
hockey sobre hierba *m.* field hockey (13)hogar *m.* home
hoguera *f.* campfire, bonfire
hoja (de papel) *f.* sheet (of paper) (C)
Hola. Hello. (A)
hombre *m.* man
hombro *m.* shoulder (10)
Honduras Honduras
hondureño(a) Honduran
honesto(a) honest (3)
hora *f.* hour (B)
horario *m.* schedule
horno (de microondas) *m.* (microwave) oven (6)
horóscopo *m.* horoscope (2)
horrible horrible
hospital *m.* hospital (B)
hospitalidad *f.* hospitality (5)
hotel *m.* hotel (B)

hoy today (B)
  Hoy es el (día) de (mes). Today is the (day) of (month). (1)
hueso *m.* bone (12)
humilde humble
humo *m.* smoke

I

idealista idealist(ic) (3)
idioma *m.* language
iglesia *f.* church (B)
igualdad *f.* equality
Igualmente. Same here. (A)
impaciente impatient (3)
impermeable *m.* raincoat
incluido(a) included (4)
increíble incredible (6)
independiente independent (3)
indicación *f.* indication (12)
indígena *m. or f.* native
indiscreto(a) indiscreet (3)
infantil infantile, childish (2)
infección *f.* infection (11)
influir to influence
ingeniero(a) *m.(f.)* engineer
Inglaterra England
inglés(esa) English (A)
imponer to impose
inolvidable unforgettable (13)
intelectual intellectual (3)
inteligente intelligent
interesante interesting (2)
invierno *m.* winter (1)
invitación *f.* invitation
ir to go (A)
  ir a... to be going to . . .
  ir de camping to go camping
  ir de compras to go shopping
  ir de pesca to go fishing
  irse to leave, go away (7)
Italia Italy
italiano(a) Italian (A)
izquierda left (B)
  a la izquierda to the left (B)

J

jabón *m.* soap (5)
jamón *m.* ham (C)
Japón Japan
japonés(esa) Japanese (A)
jarabe *m.* cough syrup (11)
jardín *m.* garden (6)
jaula *f.* cage
jazz *m.* jazz (A)
jinete *m.* rider, horseman
joven young
juego *m.* game
jueves *m.* Thursday (B)
jugador(a) *m.(f.)* player (15)
jugar (ue) to play (1)
   jugar a las damas to play checkers (13)
   jugar a los naipes to play cards (13)
   jugar al baloncesto to play basketball
   jugar al golf to play golf
   jugar al hockey to play hockey
   jugar al hockey sobre hierba to play field hockey
   jugar al (tenis / vólibol) to play (tennis / volleyball) (9)
jugo *m.* juice
julio July (1)
junio June (1)
junto(a) together

K

un kilo de a kilo(gram) of (C)
   medio kilo de half a kilo(gram) of (C)
kilómetro *m.* kilometer

L

la *f.* the (A)
lácteo dairy (12)
   producto lácteo *m.* dairy product (12)
lado *m.* side
   al lado de beside (B)
   del lado de mi padre (madre) on my father's (mother's) side (A)

ladrón(a) *m.(f.)* thief
lámpara *f.* lamp (4)
lancha *f.* (nav.) launch
lápiz *m.* pencil (A)
largo(a) long (2)
las *f. pl.* the (A)
lastimarse to hurt oneself (10)
   ¿Te lastimaste? Did you hurt yourself? (10)
una lata de a can of (C)
latido *m.* (heart) beat
latín *m.* Latin (7)
lavabo *m.* sink (4)
lavadora *f.* washing machine
lavar to wash (5)
   lavar la ropa to wash clothes (7)
   lavar los platos to wash dishes (7)
   lavarse (las manos, el pelo, los dientes) to wash (one's hands, hair, brush one's teeth) (7)
leche *f.* milk (C)
lechuga *f.* lettuce (C)
leer to read (A)
lejos de far from (B)
leña *f.* firewood
lengua *f.* language, tongue (A)
lesión *f.* injury
letra *f.* letter (of the alphabet); handwriting
levantarse to get up (7)
   levantar pesas to lift weights
una libra de a pound of (C)
librería *f.* bookstore (B)
libro *m.* book (A)
licuado (de mango) *m.* (mango) milkshake (C)
ligero(a) light (2)
limón *m.* lemon (C)
limonada *f.* lemonade (C)
lindo(a) pretty
línea *f.* line
lípidos *m.* lipids (12)
listo(a) ready
literatura *f.* literature (A)
un litro de a liter of (C)
lograr to achieve, to succeed in
logro *m.* attainment, success
llamarse to be named (A)
   (Yo) me llamo… My name is . . .

llano *m.* plain (land)
llave *f.* key (A)
llegar (a / de) to arrive (at / from) (4)
lleno(a) full
llevar to carry, take (A)
   llevar a cabo to carry out
   lo lleva takes him
llorar to cry
llover (ue) a cántaros to rain cats and dogs (1)
Llovizna. It's drizzling. (1)
Llueve. It's raining. (1)
los *m. pl.* the (A)
luchar to fight, to struggle
luego later, afterwards
lugar *m.* place, location
   en primer lugar in the first place
lujo *m.* luxury (4)
luna *f.* moon
lunes *m.* Monday (B)

M

m² (metros cuadrados) square meters (6)
madrastra *f.* stepmother (A)
madre *f.* mother (A)
¡Magnífico! Magnificent! (9)
maíz *m.* corn (C)
mal poorly
maleta *f.* suitcase
malo(a) bad (2)
mandado *m.* errand (C)
mandar to send, to give an order
manejo *m.* management, handling
manera *f.* way, manner (10)
   de esa manera in that way
manija *f.* handle, clamp
manillar *m.* handle bar
mano *f.* hand (10)
mantenerse en condiciones óptimas to stay in top condition (10)
mantequilla *f.* butter
manzana *f.* apple (C)
mañana tomorrow (C)
   mañana (por la mañana / noche) tomorrow (morning / night) (C)
mañana *f.* morning (B)
   de la mañana in the morning
   por la mañana in the morning (C)
maquillarse to put on makeup (7)

máquina *f.* machine

    máquina de escribir typewriter (A)

mar *m.* sea (1)

marcar un gol make a goal, score (15)

mariposa *f.* butterfly

marisco *m.* shellfish (13)

mármol *m.* marble

marrón maroon

martes *m.* Tuesday (B)

marzo March (1)

más more

    más o menos so-so

    más... que more . . . than

matemáticas *f.* mathematics (A)

máximo(a) maximum (10)

mayo May (1)

mayonesa *f.* mayonnaise

mayor older

mayoría *f.* majority (12)

mecánico(a) *m.(f.)* mechanic

media *f.* stocking

medianoche *f.* midnight

médico *m.* or *f.* doctor

medio *m.* middle, means

    medio de transporte means of transportation

medio(a) half

    media hora half hour (5)

    medio kilo de half a kilo of (C)

mediodía *m.* noon

medir (i, i) to measure (12)

mejor better

mejorar to improve (12)

melocotón *m.* peach

melón *m.* melon (C)

menor younger

menos less

    al menos at least (4)

    menos... que... less . . . than

    por lo menos at least (1)

mensual monthly

a menudo often (10)

mercado *m.* market (C)

    mercado al aire libre open-air market

merienda *f.* snack

mermelada *f.* jam, jelly

mes *m.* month (C)

meseta *f.* high plain

mesita de noche *f.* night table (4)

meta *f.* goal

metro *m.* subway (B)

mexicano(a) Mexican (A)

México Mexico

mezcla *f.* mixture

mi my (A)

mí me

microbio *m.* microbe (11)

Mido... I am . . . tall. (12)

miedo *m.* fear (15)

miércoles *m.* Wednesday (B)

mil thousand

milla *f.* mile

millón million

mineral *m.* mineral (12)

minuto *m.* minute (B)

mirar to look at, watch

    mirar la televisión to watch television (A)

    mirarse to look at oneself (7)

    ¡Mira! Look!

misa de Acción de Gracias *f.* Thanksgiving mass

mismo(a) same (7)

    lo mismo the same (12)

mitad *f.* half; (5) middle

mochila *f.* backpack (A)

moda *f.* style

moderno(a) modern (2)

de todos modos at any rate (11)

en este momento at this moment

montaña *f.* mountain (1)

montañismo *m.* hiking (14)

montar a caballo to ride a horse (9)

montar en bicicleta to ride a bicycle

montículo *m.* mound

morado(a) purple (2)

moreno(a) dark-haired, brunet(te)

morir to die

motocicleta *f.* motorcycle, moped (A)

moverse (ue) to move (7)

movimiento *m.* movement (10)

    movimiento muscular muscle movement (12)

muchísimo very much

mucho(a) a lot

    muchas veces a lot of, many times (10)

mudarse to move (house)

    ni siquiera not even

muerto(a) dead (A)

lo muestra shows it (5)

mujer *f.* woman

mundo *m.* world

muñeca *f.* wrist (10)

músculo *m.* muscle (12)

museo *m.* museum (B)

música *f.* music

    música clásica classical music (A)

    música de mariachi mariachi music (13)

muslo *m.* thigh (10)

muy very (A)

    Muy bien, gracias. Very well, thank you.

N

nacer to be born

(Él / Ella) nació... (He / She) was born . . . (1)

nacionalidad *f.* nationality

nada nothing

nadar to swim

naranja *f.* orange (C)

nariz *f.* nose (10)

natación *f.* swimming

naturaleza *f.* nature (A)

navegación a vela *f.* sailing (9)

navegar en velero (una tabla vela) to sail (to sailboard) (9)

neblina *f.* fog (1)

necesitar to need (4)

negocio *m.* business

    hombre (mujer) de negocios *m.(f.)* businessman(woman)

negro(a) black (2)

nervio *m.* nerve (12)

nervioso(a) nervous (13)

Nicaragua Nicaragua

nicaragüense Nicaraguan

nido *m.* nest

niebla *f.* fog (1)

nieto(a) *m.(f.)* grandson(daughter) (3)

Nieva. It's snowing. (1)

nieve *f.* snow (1)

niño(a) *m.(f.)* child

nivel *m.* level

no no

noche *f.* night (B)

    de la noche at night (B)

por la noche at night (C)
nombre *m.* name (A)
normalmente normally (C)
norte *m.* north (B)
norteamericano(a) North American
nosotros(as) *m.(f.)* we
novato(a) *m.(f.)* beginner
novecientos(as) nine hundred
noveno(a) ninth (4)
noventa ninety
noviembre November (1)
novio(a) *m.(f.)* boy(girl)friend, fiance(é)
  (3)
nube *f.* cloud (1)
nublado cloudy (1)
nuestro(a) our
nuevo(a) new
  de nuevo again (7)
número *m.* number
nunca never (B)

O

o or
ochenta eighty
ochocientos(as) eight hundred
octavo(a) eighth (4)
octubre October (1)
ocuparse de to take care of (7)
odiar to hate
oeste *m.* west (B)
oferta *f.* sale
  ¿No está en oferta? It's not on sale?
oficina de correos post office
ofrecer to offer
oír to hear (13)
ojo *m.* eye (3)
optimista optimist(ic) (2)
oración *f.* sentence
orden *m.* order
  a sus órdenes at your service
oreja *f.* ear (10)
orgulloso(a) proud
orilla del mar *f.* seashore
oscuro(a) dark
otoño *m.* autumn, fall (1)
otro(a) other
  otra cosa another thing
  en otra oportunidad at some
    other time

oxígeno *m.* oxygen (10)

P

paciente patient (3)
padrastro *m.* stepfather (A)
padre *m.* father (A)
  padres *m. pl.* parents
pagar to pay (4)
país *m.* country (A)
paisaje *m.* countryside, landscape (14)
pájaro *m.* bird
palabra *f.* word
pálido(a) pale (3)
pan *m.* bread (C)
  pan dulce any sweet roll
  pan tostado toast
panadería *f.* bakery
Panamá Panama
panameño(a) Panamanian
pantalones *m.* pants, slacks
  pantalones de campana bell-
    bottom pants
papa *f.* potato (C)
papel *m.* paper, role (C)
  papel de avión air mail
    stationery (C)
papel para escribir a máquina
  typing paper
papelería *f.* stationery store (C)
un paquete de a package of (C)
par *m.* pair
para for, in order to (B)
Paraguay Paraguay
paraguayo(a) Paraguayan
sin parar without stopping
pardo(a) brown (2)
parece it appears
  ¿Te parece bien? Is that okay with
    you? (8)
parecer to seem, to appear
parecido(a) similar
pared *f.* wall
parque *m.* park (B)
parque zoológico *m.* zoo
parte *f.* part
  en parte al menos at least in part
    (12)
  parte del cuerpo body part (11)
partido *m.* game (15)

(el lunes / la semana) pasado(a) last
  (Monday / week) (C)
pasar to pass (9)
  pasar tiempo to spend time (A)
  Lo pasamos bien. We have / had a
    good time.
paseo *m.* walk (A)
  dar un paseo to take a walk (A)
pasta *f.* pasta
pastel *m.* pastry, pie
pastilla *f.* pill (11)
patata *f.* potato (Spain) (C)
  patatas bravas potatoes in a spicy
    sauce (C)
patinar to skate
  patinar sobre ruedas to rollerskate
pecho *m.* chest (10)
un pedazo de a piece of (C)
pedir (i) to ask for, request (C)
peinarse to comb (7)
película *f.* movie (A)
  película de aventura adventure
    movie
  película de ciencia ficción science
    fiction movie
  película cómica comedy movie
  película de horror horror movie
peligro *m.* danger
peligroso(a) dangerous
pelirrojo(a) redheaded
pelo *m.* hair (3)
pelota *f.* ball
  pelota de tenis tennis ball
pensar (ie) to think
peor worse, worst
pepino *m.* cucumber (C)
pequeño(a) small (A)
pera *f.* pear (C)
perder (ie) to lose
Perdón. Excuse me. (C)
perezoso(a) lazy (3)
perfeccionar to perfect (5)
perfecto(a) perfect (3)
periódico *m.* newspaper (6)
periodista *m.* or *f.* journalist
período *m.* period (of time) (2)
no permiten do not permit, do not allow
  (4)
pero but
perro *m.* dog

persona *f.* person (4)

Perú Peru

peruano(a) Peruvian

pesadilla *f.* nightmare (12)

pesado(a) heavy (2)

pesar to weigh (12)

    Peso... kilos. I weigh . . . kilos.

a pesar de in spite of

pescado *m.* fish

pesimista pessimist(ic) (2)

piano *m.* piano (A)

picante spicy (C)

pie *m.* foot (B)

    a pie on foot (B)

pierna *f.* leg (10)

pimienta *f.* pepper (spice)

pintor(a) *m.(f.)* painter

pintura *f.* painting (A)

piscina *f.* swimming pool

piso *m.* floor (4)

    (en el primer) piso (on the first) floor (4)

pizza *f.* pizza (C)

plan *m.* floor plan (6)

planear to plan

plano(a) flat

plano del metro *m.* subway map

planta *f.* floor, plant (A)

    planta baja ground floor (4)

plátano *m.* banana

plata *f.* silver, money

plátano *m.* banana, plantain

plato *m.* dish, plate (6)

playa *f.* beach

playa de estacionamiento *f.* parking lot

plaza *f.* square (B)

pluma *f.* fountain pen

poco(a) few, a little

poder to be able (to) (13), (preterite) made an attempt (15)

    No puedo dormir. I can't sleep. (11)

    ¿Puede Ud. arreglar la cuenta? Can you make up the bill? (4)

    policía *f.* police, *m.* police officer

    estación de policía *f.* police station

política *f.* politics (A)

pollo *m.* chicken (C)

poner to put (6)

poner la mesa to set the table (7)

ponerse to put on (7)

ponerse en forma to get in shape (10)

por for, during (4)

    por eso that is why

    por eso mismo for that very reason

    por favor please (C)

    por fin finally (13)

    por ... horas for ... hours (5)

    por lo general in general (C)

    por lo menos at least

    por supuesto of course

¿por qué? why? (C)

    ¿por qué no? why not? (C)

porque because

portafolio *m.* briefcase (A)

portero(a) *m.(f.)* goaltender (15)

posesión *f.* possession

poste *m.* post

póster *m.* poster (A)

practicar to practice (9)

    practicar el surfing to surf

    practicar la vela to sail

práctico(a) practical (2)

prado *m.* pasture

precio *m.* price (4)

preferencia *f.* preference

preferir (ie, i) to prefer

preguntar to ask (a question)

premio *m.* prize

preocupado(a) worried, preoccupied

preocupar to worry

    No se preocupen. Don't worry. (8)

preparar to prepare

    les voy a preparar... I'm going to prepare, make . . . for you.

    prepararse to get ready, prepare oneself (7)

presentación *f.* presentation, introduction

presentar to present, introduce (12)

    Le (Te) presento a... This is . . . (introduction) (A)

presión *f.* pressure (10)

prestar atención to pay attention (5)

primavera *f.* spring (1)

primer(o/a) first (4)

primo(a) *m.(f.)* cousin (A)

al principio in, at the beginning (13)

probar to test; to taste

producto lácteo *m.* dairy product (12)

profesión *f.* profession

profesor(a) *m.(f.)* professor, teacher

programa de intercambio *m.* exchange program (5)

pronóstico *m.* forecast

propina *f.* tip

proteína *f.* protein (12)

(el año / la semana) próximo(a) next (year / week) (C)

prueba *f.* test, quiz

pudo he / she / it could (2)

pueblo *m.* town; a people (9)

puente *m.* bridge

puerco *m.* pork (C)

puerta *f.* door

Puerto Rico Puerto Rico

puertorriqueño(a) Puerto Rican

pues then, well then

pulmón *m.* lung (10)

pulsera *f.* bracelete

punto *m.* point (11)

Q

que that

¡Qué... ! How . . . !

    ¡Qué bueno(a)! Great!

    ¡Qué comida más rica! What delicious food!

    ¡Qué cosa! Good grief!

    ¡Qué envidia! I'm envious! (12)

    ¡Qué horrible! How awful!

    ¡Qué pena! What a pity!

    ¡Qué va! No way!

¿qué? what? (B)

    ¿Qué día es hoy? What day is today?

    ¿Qué dijiste? What did you say? (6)

    ¿Qué fecha es hoy? What is the date today? (1)

    ¿Qué hay? What's new?

    ¿Qué hora es? What time is it? (B)

    ¿A qué hora... ? What time . . . ? (B)

    ¿Qué pasó? What's going on?

    ¿Qué te pasa? What's the matter with you? (10)

    ¿Qué te pasó? What happened to you? (10)

¿Qué tal? How are you? (A)

¿Qué tiempo hace? What's the weather like? (1)

quedarse en cama to stay in bed (7)

querer (ie) to want (C), tried (15)

no querer (preterite) refused (15)

querer decir to mean (6)

querido(a) dear (5)

quesadilla *f.* quesadilla, Mexican cheese turnover (C)

queso *m.* cheese (C)

¿quién? who?

¿De quién es? Whose is it?

Quiero presentarle(te) a... I want to introduce you to ... (A)

química *f.* chemistry

quinceañera *f.* fifteenth birthday party (8)

quinientos(as) five hundred

quinto(a) fifth (4)

quiosco de periódicos *m.* newspaper kiosk

... quisiera... ... would like ... (C)

Quisiera algo (alguna cosa) para... I would like something for ... (11)

Quisiera presentarle(te) a... I would like to introduce you to ... (A)

(nosotros) quisiéramos... we would like ... (C)

quitar la mesa to clear the table (7)

R

radio despertador *m.* clock radio (A)

raqueta *f.* racquet

rara vez rarely (B)

rasgo *m.* characteristic

un buen rato a good while (7)

reacción *f.* reaction (2)

realista realist(ic) (3)

rebanada de pan *f.* slice of bread

recepción *f.* reception desk (4)

recibir to receive

recoger to pick up, harvest

lo recoge pick him / it up

reconocer to recognize

récord *m.* record (sports) (15)

recuerdo *m.* memory

recuperar to recuperate (12)

red *f.* network

redondo(a) round

regla *f.* rule

refresco *m.* soft drink

refrigerador *m.* refrigerator (6)

regalo *m.* gift

regatear to bargain

regresar to return (7)

regular okay, regular, average (2); to regulate (12)

con regularidad regularly (10)

reírse (i, i) to laugh

remedio *m.* remedy (11)

renovar (ue) to renew (12)

de repente suddenly

repetir (i, i) to repeat (12)

la República Dominicana the Dominican Republic

res *m.* beef (C)

resbaloso(a) slippery (1)

reservación *f.* reservation (4)

resfrío *m.* a cold

respuesta *f.* answer, response (8)

restaurante *m.* restaurant (B)

resultado *m.* result (12)

reunirse to meet, get together (7)

revisar to review, check, look over

riesgo *m.* risk

río *m.* river (14)

riquísimo very delicious

ritmo cardíaco *m.* heart rate (12)

rock *m.* rock music (A)

rodilla *f.* knee (10)

rojo(a) red (2)

romántico(a) romantic (2)

romper(se) to break (a body part) (10)

roncar to snore (12)

ropa *f.* clothing (5)

rosado(a) pink (2)

rubio(a) blond(e) (3)

ruído *m.* noise

Rusia Russia

ruso(a) Russian (A)

S

sábado *m.* Saturday (B)

saber to know (a fact) (1); found out (15)

sabor *m.* flavor, taste

sabroso(a) tasty (A)

sacapuntas *m.* pencil sharpener

(A)

sacar to get out something, obtain

sal *f.* salt

sala *f.* room

sala de baño bathroom (4)

sala de estar living room (6)

salida *f.* exit (5)

salir (con / de / para) to leave (with / from / for) (4)

salir con to go out with

salsa *f.* type of music

salsa picante hot, spicy sauce (C)

saltamontes *m.* grasshopper

salud *f.* health (12)

saludar to greet

saludo *m.* greeting

salvadoreño(a) Salvadoran

sandalia *f.* sandal

sandía *f.* watermelon (C)

sándwich (de jamón con queso) *m.* (ham and cheese) sandwich (C)

seco(a) dry (12)

secretario(a) *m.(f.)* secretary

en seguida right away, at once (9)

seguir (i, i) to continue, follow (B)

según according to

segundo(a) second (4)

seguro(a) sure

seiscientos(as) six hundred

semana *f.* week (C)

sencillo(a) simple (10)

sendero *m.* path (14)

senderismo *m.* hiking (14)

sensacional sensational (2)

sensible emotionally sensitive

sentarse (ie) to sit down (7)

sentido *m.* sense

sentirse (ie, i) bien (mal) to feel good (bad) (10)

señal *f.* signal, sign (12)

señor *m.* Mr., sir (A)

señora *f.* Mrs., ma'am (A)

señorita *f.* Miss (A)

septiembre September (1)

séptimo(a) seventh (4)

ser to be (A)

Será una sorpresa; no les digas nada. It will be a surprise; don't say anything to them. (8)

ser humano *m.* human being

serie *f.* series, sequence

serio(a) serious (2)

servicios sanitarios *m.* rest rooms

servilleta *f.* napkin (6)

servirse (i, i) to prepare for oneself, to serve oneself (7)

   ¿En qué puedo servirle(s)? How can I help you?

sesenta sixty

setecientos(as) seven hundred

setenta seventy

sexto(a) sixth (4)

si if

sí yes

siempre always (C)

   ¡Siempre lo hacemos! We always do it!

¿Cómo te sientes? How do you feel? (10)

¿Te sientes bien (mal)? Do you feel well (bad)? (10)

Lo siento. I'm sorry.

siglo *m.* century

significado *m.* meaning

lo siguiente the following (4)

silla *f.* chair (A)

sillón *m.* armchair (5)

simpático(a) nice

simple simple (4)

sin without (4)

   sin embargo nevertheless

   sin límite unlimited

   sin parar without stopping (11)

sistema *m.* system

   sistema cardiovascular cardiovascular system (10)

   sistema de clasificación classification system (4)

sitio *m.* place

situado(a) situated, located (B)

sobre *m.* envelope; above (C)

soda *f.* soda

sofá *m.* sofa, couch (6)

sol *m.* sun (1)

soledad *f.* solitude

solicitud *f.* request, application

sólo only (7)

soltero(a) single (3)

solución *f.* solution (10)

Son de... They are from . . . , They belong to . . .

Son las... It's . . . o'clock. (B)

sonreírse (i, i) to smile (12)

soñar to dream

sorpresa *f.* surprise (8)

sorteo *m.* raffle (14)

(Yo) (no) soy de... I am (not) from . . . (A)

(Yo) soy de origen... I am of . . . origin. (A)

su his, her, your, their (5)

subir to go up, climb, rise

   subir de peso to gain weight (12)

sucio(a) dirty (5)

sudar to sweat (10)

suéter *m.* sweater

suficiente sufficient, enough

sufrir to suffer (11)

¡Super! Super!

sur *m.* south (B)

T

taco (de carne) *m.* (beef) taco (C)

talento *m.* talent (15)

tal vez perhaps (8)

tamaño *m.* size

también also, too (A)

tampoco neither

tan so

   tan(to)... como... as much . . . as

tapa *f.* Spanish snack (C)

taquería *f.* taco stand (C)

taquilla *f.* booth

tardarse to take a long time (7)

   tarda... minutos it takes . . . minutes (B)

tarde late (5)

tarde *f.* afternoon

   por la tarde in the afternoon (C)

tarea *f.* homework (7)

tarjeta *f.* card (C)

   tarjeta de abono transportes commuter pass

   tarjeta de crédito credit card (4)

   tarjeta de cumpleaños birthday card (C)

   tarjeta del Día de la Madre Mother's Day card (C)

taxi *m.* taxi

taza *f.* cup (6)

té (helado) *m.* (iced) tea (C)

teatral theatrical (2)

teatro *m.* theater (A)

teléfono *m.* telephone (4)

televisor *m.* television set (A)

   televisor a colores color television set

temer to fear

temperatura *f.* temperature (1)

   La temperatura está en... grados (bajo cero). It's . . . degrees (below zero). (1)

temprano early (5)

tenedor *m.* fork (6)

tener to have (A)

   tener... años to be . . . years old (A)

   tener dolor de... to have a . . .ache (10)

   tener ganas de... to feel like . . .

   tener hambre to be hungry

   tener miedo to be afraid (15)

   tener que to be obligated, was compelled to (15)

   tener razón to be right (10)

   tener sed to be thirsty

   tener suerte to be lucky

Tenga la bondad de responder tan pronto como sea posible. Please be kind enough to respond as soon as possible. (8)

tenis *m.* tennis

tercer(o/a) third (4)

terraza *f.* terrace, porch (6)

terreno *m.* terrain, land surface (14)

territorio *m.* territory

tía *f.* aunt (A)

tiempo *m.* time, weather

   a tiempo on time (5)

   buen (mal) tiempo good (bad) weather (1)

   ¿Cuánto tiempo hace? How long ago? (12)

   ¿Cuánto tiempo hace que te sientes así? How long have you felt this way? (11)

tienda *f.* store

   tienda de campaña tent (9)

   tienda de deportes sporting goods store

   tienda de música music store

tienda de ropa clothing store
tiene he / she / it has
  ¿Tiene Ud...? Do you have...? (C)
  ¿Tiene Ud. cambio de... pesetas? Do you have change for... pesetas? (C)
  ¿Tiene Ud. la cuenta para...? Do you have the bill for...? (4)
  ¿Cuántos años tienes? How old are you? (A)
tierra *f.* earth, dirt, land
tímido(a) timid (3)
tío *m.* uncle (A)
tirar to throw
tirarse to dive, throw oneself (10)
toalla *f.* towel (5)
tobillo *m.* ankle (10)
tocar to touch, play (instrument) (A)
todavía still, yet
todo(a) all
  en todo caso in any event
  Es todo. That's all. (C)
  todos los días every day (C)
  de todos modos at any rate
tomar to take (B)
  tomar el sol to sunbathe
  tomar la temperatura to take a temperature (11)
tomate *m.* tomato (C)
tonificar to tone up (10)
tono muscular *m.* muscle tone (12)
tonto(a) silly, stupid, foolish
torcerse to twist (a body part) (10)
tormenta *f.* storm (1)
torneo *m.* tournament
torpe clumsy
tortilla *f.* cornmeal pancake (Mexico)
  tortilla de patatas Spanish omelette (C)
tos *f.* cough (11)
toser to cough (11)
pan tostado *m.* toast
tostador *m.* toaster (6)
trabajador(a) *m.(f.)* worker, hard-working
trabajar to work (A)
tradicional traditional (A)
traer to bring (8)
tráigame... bring me... (C)
tratar de to try to (12)

trato *m.* treatment
tren *m.* train (B)
trepar to climb
tres three (C)
trescientos(as) three hundred
triste sad (2)
trompeta *f.* trumpet (A)
trotar to jog (10)
Truena. There's thunder. (1)
tu your (1)
tú you (familiar) (A)
turista *m.* or *f.* tourist
¿Tuviste algún accidente? Did you have an accident? (10)

U

ubicar to locate
  ubicado(a) located
un(a) *m.(f.)* a, an (A)
  Un(a)..., por favor. One..., please. (C)
único(a) only
universidad *f.* university (B)
uno one (C)
unos(as) some (C)
Uruguay Uruguay
uruguayo(a) Uruguayan
usted/Ud. you (formal) (A)
usualmente usually
útil useful (4)
uva *f.* grape (C)

V

va a haber there is going to be
vacaciones *f.* vacation (9)
vacío(a) vacant, empty (6)
valer la pena to be worthwhile
valiente brave (3)
¡Vamos! Let's go! (C)
  Vamos a... Let's go...
  Vamos a ver. Let's see.
  nos vamos we're leaving
variado(a) varied (2)
varios(as) various, several
vaso *m.* glass (6)
a veces sometimes (B)
vecino(a) *m.(f.)* neighbor (3)

vegetales *m.* vegetables (12)
veinte twenty
velocidad *f.* speed (15)
vendedor(a) *m.(f.)* salesman(woman)
vender to sell
venezolano(a) Venezuelan
Venezuela Venezuela
venir to come (B)
ventaja *f.* advantage (10)
ventana *f.* window (6)
ver to see (C)
  A ver. Let's see.
  nos vemos we'll see each other
verano *m.* summer (1)
¿De veras? Really? (12)
verdad *f.* truth
  ¿verdad? right?
verdaderamente truly
verde green (2)
No te ves muy bien. You don't look very well. (10)
vestido *m.* dress
vestirse (i, i) to get dressed (7)
vez *f.* time, instance
  de vez en cuando from time to time (B)
  una vez once
  una vez al año once a year
viajar to travel (A)
viaje *m.* trip
  agencia de viajes *f.* travel agency
viajero(a) traveler
vida *f.* life
vídeo *m.* videocassette, VCR (A)
viejo(a) old (2)
viento *m.* wind (1)
viernes *m.* Friday (B)
violeta violet (2)
violín *m.* violin (A)
virus *m.* virus (11)
visitar to visit (5)
vista nocturna *f.* night vision (12)
vitamina *f.* vitamin (12)
vivir to live
  (Yo) vivo en... I live in... (A)
volcán *m.* volcano
vólibol *m.* volleyball
volver (ue) to return (1)
vosotros(as) *m.(f.)* you (familiar plural)
voy I go (A)

(Yo) voy a hacerlo. I'm going to do it.

W

WC *m.* toilet (4)
waterpolo *m.* waterpolo
windsur *m.* windsurfing

Y

y and (A)
ya already (7)
   ya en casa once home (7)
   ¡Ya es hora! It's about time!
yo I (A)
yogur *m.* yogurt

Z

zanahoria *f.* carrot (C)
zapatería *f.* shoe store
zapato *m.* shoe
   zapato de tacón high-heeled shoe
   zapato de tenis tennis shoe

Glossary

English-Spanish

The numbers in parentheses refer to the chapters in which active words or phrases may be found.

A

a / an **un(a)** *m.(f.)* (A)
ability **habilidad** *f.* (15)
according to **según**
(to) be able to **poder** (13, 15)
about **como a**; (with regard to) **acerca de**
absence **ausencia** *f.*
Absolutely not! **¡No, en absoluto!** (9)
accident **accidente** *m.* (10)
> Did you have an accident? **¿Tuviste algún accidente?** (10)

accountant **contador(a)** *m.(f.)*
(head / back / stomach)ache **dolor de (cabeza / espalda / estómago)** *m.* (11)
(to) achieve **alcanzar** (11)
across from **frente a, en frente de** (B)
action **acción** *f.*
active **activo(a)** (3)
additional **adicional** (12)
(to) admit **admitir** (12)
(to) adore **adorar**
(to) advance **avanzar** (15)
advantage **ventaja** *f.* (10)
(to) take advantage of **aprovechar** (8)
adventure movie **película de aventura** *f.*
adventurous **aventurero(a)** (14)
advice **consejo** *m.* (3)
(to) do aerobics **hacer ejercicios aeróbicos** (10)
(to) be afraid **tener miedo** (15)
after **después**
afternoon **tarde** *f.*
> in the afternoon **por la tarde** (C)

afterwards **luego**
again **de nuevo** (7)
against the wall **contra la pared**
age **edad** *f.* (5)
agility **agilidad** *f.* (15)
. . . ago **hace...** (C)
air-conditioned **aire acondicionado** (6)
airplane **avión** *m.*
airport **aeropuerto** *m.* (B)
all **todo(a)**
allergy **alergia** *f.* (11)
alligator **caimán** *m.*
do not allow **no permiten** (4)

almost **casi** (7)
already **ya** (7)
also **también** (A)
alteration **cambio** *m.*
although **aunque**
always **siempre** (C)
ambitious **ambicioso(a)** (3)
American **americano(a)** (A)
> American, from the United States **estadounidense**

and **y** (A)
angry **enojado(a)**
animal **animal** *m.* (A)
ankle **tobillo** *m.* (10)
(to) announce **anunciar**
annual **anual** (11)
another thing **otra cosa**
(to) answer **contestar**
answer **respuesta** *f.* (8)
> Answer me as soon as possible. **Contéstame cuanto antes.** (8)

antibiotic **antibiótico** *m.* (11)
antihistamine **antihistamínico** *m.* (11)
anxiety **ansiedad** *f.* (12)
any **cualquier**
apartment **apartamento** *m.* (A)
(to) apologize **disculparse**
apparently **aparentemente** (12)
it appears **parece** (3)
apple **manzana** *f.* (C)
appointment **cita** *f.*
(to) approach **acercarse**
April **abril** (1)
architect **arquitecto(a)** *m.(f.)*
area **superficie** *f.*
Argentina **Argentina**
Argentine **argentino(a)** (A)
(to) argue **discutir**
arm **brazo** *m.* (10)
armchair **sillón** *m.* (5)
around **a eso de** (7); **alrededor** *adv.*
(to) arrange **arreglar** (6)
(to) arrive (at / from) **llegar (a / de)** (4)
art **arte** *m. or f.* (A)
article **artículo** *m.* (12)
as **como**
ash **ceniza** *f.*
(to) ask (a question) **preguntar**
(to) ask for **pedir (i)** (C)

(to) fall asleep **dormirse (ue)** (7)
aspirin **aspirina** *f.* (11)
(to) assure **asegurar** (10)
at **a** (A)
at about **a eso de** (7)
athlete **atleta** *m.(f.)* (14)
athletic **atlético(a)** (3)
attack **ataque** *m.* (15)
attainment **logro** *m.*
(to) attend **asistir a** (A)
August **agosto** (1)
aunt **tía** *f.* (A)
autumn **otoño** *m.* (1)
avenue **avenida** *f.* (B)
average **regular** (2)
(to) avoid **evitar**

B

baby **bebé** *m. or f.* (12)
back **espalda** *f.* (10)
> in back of **detrás de** (B)

backpack **mochila** *f.* (A)
bad **malo(a)** (2)
bakery **panadería** *f.*
balanced **balanceado(a)** (12)
ball **pelota** *f.;* **balón** *m.* (15)
balloon **globo** *m.*
ball-point pen **bolígrafo** *m.* (A)
banana **banana** *f.* (C); **plátano** *m.*
bank **banco** *m.* (B)
(to) bargain **regatear**
baseball **béisbol** *m.*
basket **canasta** *f.* (14)
basketball **básquetbol** *m.;* **baloncesto** *m.* (13)
bath **baño** *m.* (4)
(to) bathe oneself **bañarse** (7)
bathroom **sala de baño** *f.* (4)
(to) be **estar** (A); **ser** (A)
> (to) be in a bad mood **estar de mal humor**
> (to) be . . . years old **tener... años** (A)

beach **playa** *f.*
bean **grano** *m.*
beans **frijoles** *m.* (C)
beard **barba** *f.* (3)
beat (heart) **latido** *m.*

beautiful **hermoso(a)**

beauty **belleza** *f.*

because **porque**

(to) become **convertirse en**

    (to) become involved **envolverse**

bed **cama** *f.* (A)

    (double / single) bed **cama (matrimonial / sencilla)**

bedroom **dormitorio** *m.* (6)

beef **carne de res, carne** *f.* (C)

before **antes**

(to) begin **comenzar (ie)** (7); **empezar(ie)**

beginner **novato(a)** *m.(f.)*

in / at the beginning **al principio** (13)

behavior **comportamiento** *m.*

behind **detrás de** (B)

(to) believe **creer** (13)

Belize **Belice**

It belongs to . . . **Es de…**

    They belong to . . . **Son de…**

belt **cinturón** *m.*

(to) benefit **beneficiarse** (5)

beside **al lado de** (B)

besides **además**

better **mejor**

between . . . and . . . **entre… y…** (B)

bicycle **bicicleta** *f.* (A)

(to) bicycle **hacer ciclismo** (13)

bidet **bidé** *m.* (4)

big **grande** (A)

bike path **carril-bici** *m.*

bill **cuenta** *f.* (4)

    Can you make up the bill? **¿Puede Ud. arreglar la cuenta?** (4)

    Do you have the bill for . . . ? **¿Tiene Ud. la cuenta para… ?** (4)

biology **biología** *f.*

bird **pájaro** *m.*

birthday **cumpleaños** *m.* (C)

    birthday card **tarjeta de cumpleaños** *f.* (C)

biscuit **galleta** *f.*

black **negro(a)** (2)

block (city) **cuadra** *f.*

blond(e) **rubio(a)** (3)

blouse **blusa** *f.*

blue **azul** (2)

boat **banco** *m.* (14)

body part **parte del cuerpo** *f.* (11)

Bolivia **Bolivia**

Bolivian **boliviano(a)**

bone **hueso** *m.* (12)

book **libro** *m.* (A)

bookshelf **estante** *m.* (5)

bookstore **librería** *f.* (B)

boot **bota** *f.*

booth **taquilla** *f.*

border **frontera** *f.* (11)

bored, boring **aburrido(a)** (2)

(to) be born **nacer**

    (He / She) was born . . . **(Él / Ella) nació…** (1)

both **los (las) dos**

a bottle of **una botella de** (C)

boutique **boutique** *f.*

bowling **boliche** *m.* (13)

boy **chico** *m.*

boyfriend **novio** *m.* (3)

brave **valiente** (3)

Brazil **Brasil**

bread **pan** *m.* (C)

(to) break (a body part) **romper(se)** (10)

breakfast **desayuno** *m.* (4)

bridge **puente** *m.*

briefcase **portafolio** *m.* (A)

(to) bring **traer** (8)

bring me . . . **tráigame…** (C)

brother **hermano** *m.* (A)

brown **pardo(a)** (2)

    brown, dark **café** (2)

    medium-brown hair **castaño(a)** (3)

brunet(te) **moreno(a)**

(to) brush (one's hair / teeth) **cepillarse (el pelo / los dientes)** (7)

build **construir**

building **edificio** *m.*

a bunch of **un atado de** (C)

bus **autobús** *m.* (B)

    bus terminal **estación de autobuses** *f.*

business **negocio** *m.*

businessman(woman) **hombre (mujer) de negocios** *m.(f.)*

but **pero**

butcher shop **carnicería** *f.*

butter **mantequilla** *f.*

butterfly **mariposa** *f.*

(to) buy **comprar** (A)

C

café **café** *m.* (2)

calcium **calcio** *m.* (12)

calculator **calculadora** *f.* (A)

Calm down! **¡Cálmate!**

calorie **caloría** *f.* (12)

camera **cámara** *f.*

(to) camp **acampar** (9)

camper **coche-caravana** *m.* (9)

campfire **hoguera** *f.*

campground **área de acampar** *f.* (9)

a can of **una lata de** (C)

Canada **Canadá**

Canadian **canadiense**

candy **dulce** *m.*

canoe/kayak **canookayak** (14)

canteen **cantimplora** *f.* (14)

canyon **cañón** *m.*

capacity **capacidad** *f.* (10)

capital city **capital** *f.*

car **coche** *m.* (A)

caramel custard **flan** *m.*

carbonated **con gas** (14)

    not carbaonated **sin gas** (14)

card **tarjeta** *f.* (C)

cardiovascular system **sistema cardiovascular** (10)

(to) care for **cuidar** (11)

    (to) take care of **ocuparse de** (7)

    Take care of yourself. **Cuídese. (Cuídate.)** (A)

Careful! **¡Cuidado!**

carpet **alfombra** *f.* (A)

carrot **zanahoria** *f.* (C)

(to) carry **llevar** (A)

    (to) carry out **llevar a cabo**

in cash **en efectivo** (4)

castle **castillo** *m.*

cat **gato** *m.*

category **categoría** *f.* (4)

cathedral **catedral** *f.* (B)

cause **causa** *f.* (12)

(to) celebrate **celebrar**

center **centro** *m.* (A)

century **siglo** *m.*

cereal **cereal** *m.* (12)

chair **silla** *f.* (A)

    armchair **sillón** *m.* (5)

challenge **desafío** *m.*

(to) change **cambiar**

change **cambio** *m.*

    Do you have change for . . . pesetas? **¿Tiene Ud. cambio de… pesetas?** (C)

(to) take charge of **encargarse de** (7)

(to) chat **charlar** (7)

cheap **barato(a)**

(to) check (go over) **revisar;** (verify) **comprobar**

cheese **queso** *m.* (C)

    cheeseburger **hamburguesa con**

queso f. (C)
chemistry **química** f.
chess **ajedrez** m. (13)
chest **pecho** m. (10)
chicken **pollo** m. (C)
child **niño(a)** m.(f.)
childish **infantil** (2)
Chile **Chile**
Chilean **chileno(a)**
chills **escalofríos** m. (11)
China **China** (13)
Chinese **chino(a)** (A)
chocolate **chocolate** m. (C)
church **iglesia** f. (B)
city **ciudad** f. (A)
classic(al) **clásico(a)** (2)
classification system **sistema de clasifi-cación** (4)
(to) classify **clasificar** (4)
(to) clear the table **quitar la mesa** (7)
It's a clear day. **Está despejado.** (1)
(to) climb **subir; trepar**
clock radio **radio despertador** m. (A)
(to) close **cerrar (ie)**
closet **clóset** m. (5)
clothing **ropa** f. (5)
 clothing store **tienda de ropa** f.
cloud **nube** f. (1)
cloudy **despejado, nublado** (1)
 It's a cloudy day. **Está nublado.** (1)
club **club** m.
clumsy **torpe**
coach **entrenador**
coast **costa** f. (9)
coat **abrigo** m.
coffee (with milk) **café (con leche)** m. (C)
a cold **catarro** m. (11); **resfrío** m.
cold **frío(a)** (1)
Colombia **Colombia**
Colombian **colombiano(a)**
color **color** m.
 What color is...? **¿De qué color es...?** (2)
(to) comb **peinarse** (7)
(to) come **venir** (B)
comedy movie **película cómica** f.
comfort **confort** m. (4)
comfortable **cómodo(a)**, (14); **confortable**
comical **cómico(a)** (3)
(to) comment **comentar**
commuter pass **tarjeta de abono transportes** m.
compact disc **disco compacto** m.
company **compañía** f.

comparison **comparación** f.
competition **competencia** f. (15)
complete **completo(a)** (2)
computer **computadora** f. (A)
concert **concierto** m.
consecutive **consecutivo(a)** (10)
constantly **constantemente** (11)
content **contento(a)** (13)
contest **concurso** m.
(to) continue **continuar, seguir (i, i)** (B)
continuous **continuo(a)** (10)
convenient **conveniente** (7)
(to) cook **cocinar** (6)
cookie **galleta** f.
cool **fresco(a)** (1)
(to) cool off **refrescarse** (14)
corn **maíz** m. (C)
on the corner of... and... **en la esquina de... y...** (B)
cornmeal pancake (Mexico) **tortilla** f.
corridor **corredor** m. (4)
(to) cost **costar (ue)** (9)
Costa Rica **Costa Rica**
Costa Rican **costarricense**
costly **costoso(a)** (13)
(it) costs **cuesta** (C)
cotton **algodón** m.
couch **sofá** m. (6)
cough **tos** f. (11)
 cough syrup **jarabe** m. (11)
(to) cough **toser** (11)
(he / she / it) could **pudo** (2)
(to) count **contar (ue)**
 (to) count on **contar con**
 I'm counting on you **cuento contigo** (8)
country **país** m. (A)
countryside **paisaje** m. (14)
cousin **primo(a)** m.(f.) (A)
covered **cubierto(a)**
cream **crema** f.
credit card **tarjeta de crédito** f. (4)
croissant **croissant** m.
cross **cruz** f.
(to) cross **cruzar** (B); **atravesar** (14)
(to) cry **llorar**
Cuba **Cuba**
Cuban **cubano(a)**
cucumber **pepino** m. (C)
cup **taza** f. (6)
curtain **cortina** f. (6)
customarily **de costumbre** (C)
(to) cut (oneself) **cortar(se)** (10)
cycling **ciclismo**

D

dairy **lácteo** (12)
 dairy product **producto lácteo** m. (12)
dance **baile** m.
 popular dance **baile popular**
(to) dance **bailar** (A)
danger **peligro** m.
dangerous **peligroso(a)**
(to) dare **atrever**
daring **atrevido(a)**
dark **oscuro(a)**
dark-haired **moreno(a)**
date **fecha** f.; (appointment) **cita** f.
 What is the date? **¿A cuántos estamos?** (1)
 What is the date today? **¿Qué fecha es hoy?, ¿Cuál es la fecha de hoy?** (1)
daughter **hija** f. (A)
day **día** m. (B)
 What day is today? **¿Qué día es hoy?**
dead **muerto(a)** (A)
dear **querido(a)** (5)
December **diciembre** (1)
defense **defensa** f. (15)
degree **grado** m. (1)
 It's... degrees (below zero). **La temperatura está en... grados (bajo cero).** (1)
delicious **delicioso(a)** (2)
 very delicious **riquísimo**
 What delicious food! **¡Qué comida más rica!**
Delighted. **Encantado(a).** (A)
(to) demand **demandar** (10); **exigir**
dentist **dentista** m. or f.
deparment store **almacén** m.
(to) depend on **depender de** (1)
descent **decenso** m. (14)
(to) describe **describir**
 Describe... for me. **Descríbeme...**
 describes to him, her, you **le describe** (3)
desert **desierto** m.
desk **escritorio** m. (A)
(to) develop **desarrollar** (12)
(to) devote oneself to **dedicarse** (9)
(to) die **morir**
difficulty **dificultad** f. (12)
digestion **digestión** f. (12)
dining room **comedor** m. (6)

in which direction? **¿en qué dirección?**
directly **directamente** (7)
dirty **sucio(a)** (5)
disagreeable **antipático(a)**
discotheque **discoteca** *f.* (B)
discreet **discreto(a)** (3)
dish **plato** *m.* (6)
dishonest **deshonesto(a)** (3)
disturbance **alboroto** *m.*
(to) dive **tirarse** (10), **clavarse** (Mexico)
  (13)
diver **clavadista** *m.* or *f.* (13)
(to) divide **dividir** (13)
divorced **divorciado(a)** (A)
(to) do **hacer**
  I'm going to do it. **(Yo) voy a hacerlo.**
  We always do it! **¡Siempre lo hacemos!**
doctor **doctor(a)** *m.(f.)*; **médico(a)** *m.(f.)*
dog **perro** *m.*
Dominican **dominicano(a)**
the Dominican Republic **la República**
  Dominicana
dominoes **dominó** *m.* (13)
door **puerta** *f.*
dose **dosis** *f.* (10)
doubt **duda** *f.* (12)
down **abajo**
(to) go down **bajar**
downtown **centro** *m.* (A)
a dozen **una docena de** (C)
drawer **cajón** *m.* (5)
(to) dream **soñar**
dress **vestido** *m.*
(to) get dressed **vestirse (i, i)** (7)
dresser **cómoda** *f.* (A)
drink **bebida** *f.*
(to) drive **conducir** (13)
It's drizzling. **Llovizna.** (1)
drugstore **farmacia** *f.* (B)
dry **seco(a)** (12)
during **durante** (5), **por** (4)

E

each **cada** (10)
ear **oreja** *f.* (10)
early **temprano** (5)
(to) earn **ganar**
east **este** *m.* (B)
(to) eat **comer** (C)
  (to) eat breakfast **desayunarse** (7)
  (to) eat supper **cenar**
easy **fácil**

economical **económico(a)** (2)
Ecuador **Ecuador**
Ecuadoran **ecuatoriano(a)**
efficient **eficiente** (10)
eight hundred **ochocientos(as)**
eighth **octavo(a)** (4)
eighty **ochenta**
El Salvador **El Salvador**
elbow **codo** *m.* (10)
elegant **elegante** (2)
elevator **ascensor** *m.* (4)
employee **empleado(a)** *m.(f.)*
empty **vacío(a)** (6)
enchilada **enchilada** *f.* (C)
(to) encourage **alentar**
at the end of **al final de** (B); **al fondo de**
energy **energía** *f.* (12)
engineer **ingeniero(a)** *m.(f.)*
England **Inglaterra**
English **inglés(esa)** (A)
(to) enjoy **disfrutar de** (8)
enjoyable **divertido(a)** (2)
enough **bastante, suficiente** (B)
entrance ticket **entrada** *f.*
envelope **sobre** *m.* (C)
I'm envious! **¡Qué envidia!** (12)
epidemic **epidemia** *f.* (11)
equality **igualdad** *f.*
equipment **equipo** *m.* (14)
eraser **borrador** *m.* (A)
errand **mandado** *m.* (C)
  (to) do an errand **hacer un mandado**
  (C)
(to) establish **establecer**
in any event **en todo caso**
every **cada** (10)
  every day **todos los días** (C)
exactly **exactamente** (12); **exacto** (8)
(to) exaggerate **exagerar**
example **ejemplo** *m.* (7)
exchange program **programa de intercambio**
  m. (5)
Don't get excited! **¡No te excites!**
Excuse me. **Perdón.** (C)
(to) do exercises **hacer gimnasia** (10)
(to) exercise **hacer ejercicio**
exit **salida** *f.* (5)
expensive **caro(a)** (2)
expert **experto(a)** (10)
(to) express **expresar**
expression **expresión** *f.*
eye **ojo** *m.* (3)
eyedrops **gotas para los ojos** *f.* (11)

F

face **cara** *f.* (10)
(to) facilitate **facilitar** (12)
facing **frente a, en frente de** (B)
fair **feria** *f.*
fall **otoño** *m.* (1)
(to) fall **caerse** (10)
family **familia** *f.* (A)
famous **famoso(a)**
fan (of sports) **aficionado(a)** *m.(f.)* (15)
far from **lejos de** (B)
farm **finca** *f.*
fat **gordo(a)** *adj.*
fat **grasa** *f.* (12)
father **padre** *m.* (A)
Father's Day **el Día del Padre** (C)
fault **culpa** *f.* (7)
favorite **favorito(a)**
fear **miedo** *m.* (15)
(to) fear **temer**
February **febrero** (1)
(to) feel good (bad) **sentirse (ie, i) bien (mal)**
  (10)
  Do you feel well (bad)? **¿Te sientes**
  bien (mal)? (10)
(to) feel like . . . **tener ganas de…**
ferocious **feroz** (13)
festival (religious) honoring a town's patron
  saint **fiesta del pueblo**
fever **fiebre** *f.* (11)
few **poco(a)**
fiance(é) **novio(a)** *m.(f.)* (3)
fiber **fibra** *f.* (12)
field (sports) **campo de juego** *m.;* **cancha**
  f. (15)
field hockey **hockey sobre hierba** *m.* (13)
fifteenth birthday party **quinceañera** *f.* (8)
fifth **quinto(a)** (4)
fifty **cincuenta**
finally **finalmente, por fin** (13)
(to) find **encontrar (ue)**
fine **bien** (A)
finger **dedo (de la mano)** *m.* (10)
fire **fuego** *m.*
fireworks **fuegos artificiales** *m.*
first **primer(o/a)** (4)
  in the first place **en primer lugar**
first aid kit **botiquín** *m.* (14)
fish **pescado** *m.*
five hundred **quinientos(as)**
(to) fix **arreglar** (6)
flat **plano(a)**

flavor **sabor** *m.*

(to) float **flotar** (10)

floor **planta** *f.* (A); **piso** *m.* (4)
   (on the first) floor **(en el primer) piso** (4)
     floor plan **plan** *m.* (6)
     ground floor **planta baja** (4)

flour **harina** *f.*

flower shop **florería** *f.*

flu **gripe** *f.* (11)

flute **flauta** *f.* (A)

fog **neblina** *f.;* **niebla** *f.* (1)

It's foggy. **Hay niebla.** (1)

folk dance **baile folklórico** *m.*

(to) follow **seguir (i, i)** (B)

the following **lo siguiente** (4)

food **alimento** *m.;* **comida** *f.*

foolish **tonto(a)**

foot **pie** *m.* (B)
   on foot **a pie** (B)

football **fútbol americano** *m.*

for **por** (4); **para** (B)
   for . . . hours **por… horas** (5)

forecast **pronóstico** *m.*

force **fuerza** *f.*

forehead **frente** *f.* (10)

forest **bosque** *m.*

fork **tenedor** *m.* (6)

(to) form **formar** (12)

formal **formal** (2)

fortunately **afortunadamente**

forty **cuarenta**

found out **saber** (preterite) (15)

fountain **fuente** *f.*

fountain pen **pluma** *f.*

four hundred **cuatrocientos(as)**

fourth **cuarto(a)** (4)

France **Francia**

French **francés(esa)** (A)

frequently **con frecuencia** (10); **frecuente-mente** (B)

Friday **viernes** *m.* (B)

friend **amigo(a)** *m.(f.)* (A)

friendly **amable**

friendship **amistad** *f.*

Is from . . . **Es de…**

in front of **delante de** (B)

frozen **congelado(a)**

fruit **fruta** *f.* (12)
   fruit salad **ensalada de frutas** *f.*

full **lleno(a)**

(to) function **funcionar** (2)

funny **cómico(a)** (3)

furious **furioso(a)** (13)

(fully) furnished **(completamente) amueblado** (6)

future **futuro** *m.*

G

(to) gain weight **subir de peso** (12)

game **partido** *m.* (15); **juego** *m.*

(two-car) garage **garaje (para dos coches)** *m.* (6)

garden **jardín** *m.* (6)

in general **por lo general** (C)

generous **generoso(a)** (3)

geography **geografía** *f.*

German **alemán(ana)** (A)

Germany **Alemania**

(to) get out something **sacar**

(to) get together **reunirse** (7)

(to) get up **levantarse** (7)

gift **regalo** *m.*

girl **chica** *f.*

girlfriend **novia** *f.* (3)

(to) give **dar** (11)
   (to) give a going-away party **darles la despedida** (8)

(drinking) glass **vaso** *m.* (6)

globe **globo** *m.*

(to) go **ir** (A)
   I go **voy** (A)
   (to) go along **andar**
   (to) go away **irse** (7)
   (to) go to bed **acostarse (ue)** (7)
   (to) go camping **ir de camping**
   (to) go down **bajar**
   (to) go fishing **ir de pesca**
   (to) go up **subir** (4)
   (to) be going to . . . **ir a…**

goal (sport) **gol** *m.* (15); (objective) **meta** *f.*

goaltender **arquero(a)** *m.(f.);* **portero(a)** *m. (f.)* (15)

golf **golf** *m.* (9)

good **bueno(a)** (2)
   Good afternoon. **Buenas tardes.**
   Good evening. **Buenas noches.**
   Good grief! **¡Qué cosa!**
   Good heavens! **¡Ave María!**
   Good morning. **Buenos días.** (A)
   Good night. **Buenas noches.**

good-bye **adiós, chao** (A)
   (to) say good-bye **darles la despedida** (8)
   (to) say good-bye to **despedirse (i, i)**

de

(50) grams of **(50) gramos de** (C)

granddaughter **nieta** *f.* (3)

grandfather **abuelo** *m.* (A)

grandmother **abuela** *f.* (A)

grandson **nieto** *m.* (3)

grape **uva** *f.* (C)

grasshopper **saltamontes** *m.*

grave **grave** *adj.* (10)

gray **gris** (2)

Great! **¡Qué bueno(a)!**

Great Britain **Gran Bretaña**

green **verde** (2)

(to) greet **saludar**

greeting **saludo** *m.*

grenadine **granadina** *f.*

grievous **grave** (10)

ground floor **planta baja** (4)

group **grupo** *m.;* (unit) **conjunto** *m.*

(to) grow **crecer**

guacamole **ensalada de guacamole** *f.* (C)

Guatemala **Guatemala**

Guatemalan **guatemalteco(a)**

guitar **guitarra** *f.* (A)

gym(nasium) **gimnasio** *m.* (10)

H

hair **pelo** *m.* (3)

half **medio(a); mitad** *f.*

hallway **corredor** *m.* (4)

ham **jamón** *m.* (C)

hamburger **hamburguesa** *f.* (C)

hand **mano** *f.* (10)

handle **manija** *f.*

handlebar **manillar** *m.*

handling **manejo** *m.*

handsome **guapo(a)**

What happened to you? **¿Qué te pasó?** (10)

happiness **felicidad** *f.*

happy **alegre** (2)

hard **duro(a)** *f.* (C)

hard-working **trabajador(a)** (3)

(to) harvest **cosechar**

(he / she / it) has **tiene**
   it has been . . . **hace…** (C)

(to) hate **odiar**

(to) have **tener** (A)
   (to) have a . . . ache **tener dolor de…** (10)
   (to) have a good time **divertirse (ie, i)** (7)
   (to) have just . . . **acabar de…**

Do you have . . . ? **¿Tiene Ud... ?** (C)
We have / had a good time. **Lo
pasamos bien.** (9)
hay fever **fiebre del heno** (11)
hazel (eyes) **castaño(a)** (3)
he **él**
head **cabeza** *f.* (10)
headphones **auriculares** *m.* (14)
health **salud** *f.* (12)
(to) hear **oír** (13)
heart **corazón** *m.* (5)
heart rate **ritmo cardíaco** *m.* (12)
with all my heart **con todo el corazón**
(5)
heat **calor** *m.* (1)
heavy **pesado(a)** (2)
Hello. **Hola.** (A)
Hello! (answering the phone) **¡Bueno!,
¡Diga / Dígame!**
(to) help **ayudar**
her **su** (5)
here **aquí**
Here you have . . . **Aquí tiene...** (C)
high school **escuela secundaria**
high-heeled shoe **zapato de tacón**
highway **carretera** *f.*
(to) take a hike **dar una caminata**
hiking **montañismo** *m.* (14); **senderismo**
m. (14)
hill **colina** *f.*
hip **cadera** *f.*
his **su** (5)
Hispanic **hispano(a)**
historical **histórico(a)** (2)
history **historia** *f.* (A)
homework **tarea** *f.* (7)
Honduran **hondureño(a)**
Honduras **Honduras**
honest **honesto(a)** (3)
hoop **aro** *m.*
(to) hope **esperar** (5)
I hope it's not . . . **Espero que no
sea...** (8)
I hope that you can visit **espero que
Uds. puedan visitar** (5)
horoscope **horóscopo** *m.* (2)
horrible **horrible**
horror movie **película de horror**
horse **caballo** *m.*
horseback riding **equitación** *f.* (9)
(to) go horseback riding **hacer la equitación** (9)
horseman **jinete** *m.*
hospital **hospital** *m.* (B)

hospitality **hospitalidad** *f.* (5)
hot **caliente** (7)
It's hot out. **Hace calor.** (1)
hot, spicy sauce **salsa picante** *f.* (C)
hotel **hotel** *m.* (B)
hour **hora** *f.* (B)
half hour **media hora** (5)
house **casa** *f.* (A)
how **como**
how? **¿cómo?**
How . . . ! **¡Qué... !**
How are you? **¿Cómo está(s)?, ¿Qué
tal?** (A)
How awful! **¡Qué horrible!**
How can I help you? **¿En qué puedo
servirle(s)?**
How do you feel? **¿Cómo te sientes?**
(10)
How do you say . . . ? **¿Cómo se
dice... ?** (6)
How is it / are they? **¿Cómo es / son?**
How long ago? **¿Cuánto tiempo
hace?** (12)
How long have you felt this way?
**¿Cuánto tiempo hace que te sientes
así?**
how much / many? **¿cuánto(a)?**
How many are there? **¿Cuántos hay?**
How much does it cost? **¿Cuánto
cuesta?** (C)
How old are you? **¿Cuántos años
tienes?** (A)
hug **abrazo** *m.* (5)
human being **ser humano** *m.*
(to) be hungry **tener hambre**
(to) hurry **darse prisa** (7)
Hurry up! **¡Dense prisa!** (7)
(to) hurt **doler (ue)** (11)
(to) hurt oneself **lastimarse** (10)
Did you hurt yourself? **¿Te lastimaste?**
(10)
My . . . hurt(s). **Me duele(n)...** (11)
husband **esposo** *m.*

I

I **yo** (A)
I am (not) from . . . **(Yo) (no) soy de...** (A)
I am of . . . origin. **(Yo) soy de
origen...** (A)
I am . . . tall. **Mido...** (12)
ice **hielo** *m.* (1)
ice cream **helado** *m.*

It's icy. **Hay hielo.** (1)
idealist(ic) **idealista** (3)
if **si**
impatient **impaciente** (3)
impossible **imposible**
(to) improve **mejorar** (12)
in **en** (A)
iIn (the month of). . . **en (el mes de)...**
(1)
included **incluido(a)** (4)
incredible **increíble** (6)
Independence Day **el Día de la
Independencia**
independent **independiente** (3)
indication **indicación** *f.* (12)
indiscreet **indiscreto(a)** (3)
infantile **infantil** (2)
infection **infección** *f.* (11)
inflatable raft **barco neumático** *m.* (14)
injury **lesión** *f.*
instance **vez** *f.*
intellectual **intelectual** (3)
intelligent **inteligente**
interesting **interesante** (2)
interview **entrevista** *f.*
(to) introduce **presentar** (12)
I want to introduce you to . . . **Quiero
presentarle(te) a...** (A)
I would like to introduce you to . . .
Quisiera presentarle(te) a... (A)
introduction **presentación** *f.*
invitation **invitación** *f.*
iron **hierro** *m.* (12)
irrigation ditch **acequia** *f.*
is **es**
Italian **italiano(a)** (A)
Italy **Italia**

J

jacket **chaqueta** *f.*
jam **mermelada** *f.*
January **enero** (1)
Japan **Japón**
Japanese **japonés(esa)** (A)
jazz **jazz** *m.* (A)
jeans **vaqueros** *m.*
jelly **mermelada** *f.*
(to) jog **trotar** (10)
joint **coyuntura** *f.* (10)
journalist **periodista** *m.* or *f.*
juice **jugo** *m.*
July **julio** (1)

June **junio** (1)

(to) have just . . . **acabar de...**

K

key **llave** *f.* (A)

a kilo(gram) of **un kilo de** (C)

    half a kilo(gram) of **medio kilo de** (C)

kilometer **kilómetro** *m.*

kiss **beso** *m.*

kitchen **cocina** *f.* (6)

knee **rodilla** *f.* (10)

knife **cuchillo** *m.* (6)

(to) know (a fact) **saber** (1); (a person, place) **conocer** (3)

knowledge (understanding) **conocimiento** *m.*

L

lack **falta** *f.* (12)

lamp **lámpara** *f.* (4)

land **tierra** *f.*

landscape **paisaje** *m.*

language **lengua** *f.* (A); **idioma** *m.*

large **grande** (A)

(to) last **durar** (7)

last (Monday / week) **(el lunes / la se-mana) pasado(a)** (C)

last night **anoche** (C)

late **tarde** (5)

later **luego**

Latin **latín** *m.* (7)

(to) laugh **reírse (i, i)**

lawyer **abogado(a)** *m.(f.)*

lazy **perezoso(a)** (3)

(to) learn **aprender** (A)

at least **al menos** (4); **por lo menos**

    at least in part **en parte al menos** (12)

leather **cuero** *m.*

(to) leave **irse** (7)

    (to) leave (with / from / for) **salir (con / de / para)** (4)

    we're leaving **nos vamos**

left **izquierda** (B)

    to the left **a la izquierda** (B)

leg **pierna** *f.* (10)

lemon **limón** *m.* (C)

lemonade **limonada** *f.* (C)

less **menos**

    less . . . than **menos... que...**

Let's be reasonable. **Hay que ser razonables.**

Let's go! **¡Vamos!** (C)

    Let's go . . . **Vamos a...**

Let's see. **Vamos a ver.** (4), **A ver.**

lettuce **lechuga** *f.* (C)

level **nivel** *m.*

library **biblioteca** *f.* (B)

life **vida** *f.*

(to) lift weights **levantar pesas**

light **ligero(a)** (2)

(to) light **encender (ie)**

like **como**

(to) like **gustar** (A)

    (I) (don't) like . . . (very much). **(No) (Me) gusta(n) (mucho)...** (A)

line **línea** *f.*

lipids **lípidos** *m.* (12)

(to) listen (to) **escuchar**

a liter of **un litro de** (C)

literature **literatura** *f.* (A)

a little **poco(a)**

(to) live **vivir**

I live in . . . **(Yo) vivo en...** (A)

living room **sala de estar** *f.* (6)

located **situado(a)** (B); **ubicado(a)**

location **lugar** *m.*

(to) lock oneself in **encerrarse (ie)**

long **largo(a)** (2)

(to) look at **mirar**

    (to) look at oneself **mirarse** (7)

    Look! **¡Mira!**

    You don't look very well. **No te ves muy bien.** (10)

(to) look for **buscar** (4)

(to) look over **revisar**

(to) lose **perder (ie)**

(to) lose weight **bajar de peso** (10)

a lot **mucho(a)**

    a lot of times **muchas veces** (10)

(to) love **amar**

loving **cariñoso(a)**

(to) lower **bajar**

(to) be lucky **tener suerte**

lung **pulmón** *m.* (10)

luxury **lujo** *m.* (4)

M

ma'am **señora** *f.* (A)

machine **máquina** *f.*

mad **enojado(a)**

Magnificent! **¡Magnífico!** (9)

majority **mayoría** *f.* (12)

(to) make **hacer**

    I'm going to make . . . for you. **Les voy a preparar...**

    (to) make the bed **hacer la cama**

    (to) make a goal **anotar un gol, marcar un gol** (15)

man **hombre** *m.*

manner **manera** *f.* (10)

marble **mármol** *m.*

March **marzo** (1)

market **mercado** *m.* (C)

maroon **marrón**

married **casado(a)** (A)

mathematics **matemáticas** *f.* (A)

What's the matter with you? **¿Qué te pasa?** (10)

maximum **máximo(a)** (10)

May **mayo** (1)

mayonnaise **mayonesa** *f.*

me **mí**

meal **comida** *f.*

(to) mean **querer decir** (6)

meaning **significado** *m.*

means **medio** *m.*

    means of transportation **medio de transporte**

(to) measure **medir (i, i)** (12)

meat **carne** *f.* (C)

mechanic **mecánico(a)** *m.(f.)*

(to) meet **reunirse** (7)

melon **melón** *m.* (C)

memory **recuerdo** *m.*

square meters **m² (metros cuadrados)** (6)

Mexican **mexicano(a)** (A)

    Mexican food **comida mexicana** *f.*

Mexico **México**

microbe **microbio** *m.* (11)

microwave oven **horno de microondas** *m.* (6)

middle **medio** *m.*

midnight **medianoche** *f.*

mile **milla** *f.*

milk **leche** *f.* (C)

(mango) milkshake **licuado (de mango)** *m.* (C)

million **millón**

mineral **mineral** *m.* (12)

    mineral water (without carbonation) **agua mineral (sin gas)** *f.* (C)

minute **minuto** *m.* (B)

    in . . . minutes **en... minutos** (5)

mirror **espejo** *m.* (4)

Miss **señorita** *f.* (A)

(to) miss **extrañar** (5)

I miss you (plural). **Te (Los) extraño.** (5)

mixture **mezcla** *f.*

modern **moderno(a)** (2)

at this moment **en este momento**

Monday **lunes** *m.* (B)

money **dinero** *m.*

month **mes** *m.* (C)

moon **luna** *f.*

moped **motocicleta** *f.* (A)

more **más**

   more . . . than **más . . . que**

morning **mañana** *f.* (B)

   in the morning **de la mañana** (B); **por la mañana** (C)

mother **madre** *f.* (A)

   Mother's Day **el Día de la Madre** *m.* (C)

   Mothers' Day card **tarjeta del Día de la Madre** *f.* (C)

motorcycle **motocicleta** *f.* (A)

mound **montículo** *m.*

mountain **montaña** *f.* (1)

   mountain range **cordillera** *f.*

mountain bike **bicicleta de montaña** *m.* (14)

mountain climbing **alpinismo** *m.*

   (to) go mountain climbing **hacer alpinismo**

mouth **boca** *f.* (10)

(to) move **moverse (ue)** (7)

movement **movimiento** *m.* (10)

movie **película** *f.* (A)

   movie theater **cine** *m.* (C)

Mr. **señor** *m.* (A)

Mrs. **señora** *f.* (A)

much **mucho(a)**

   as much . . . as . . . **tan(to) . . . como . . .**

   very much **muchísimo**

muscle **músculo** *m.* (12)

   muscle movement **movimiento muscular** *m.* (12)

   muscle tone **tono muscular** *m.* (12)

museum **museo** *m.* (B)

music **música** *f.*

   classical music **música clásica** (A)

   mariachi music **música de mariachi** (13)

   music store **tienda de música** *f.*

must **deber**

mustache **bigote** *m.* (3)

my **mi** (A)

N

name **nombre** *m.* (A)

   last name **apellido** *m.* (A)

   My name is . . . **(Yo) me llamo . . .** (A)

   What's your name? **¿Cómo te llamas?** (A)

(to) be named **llamarse** (A)

(to) take a nap **dormir la siesta** (4)

napkin **servilleta** *f.* (6)

nationality **nacionalidad** *f.*

native **indígena** *m.* or *f.*

nature **naturaleza** *f.* (A)

near **cerca de** (B)

neck **cuello** *m.* (10)

necklace **collar** *m.*

(to) need **necesitar** (4)

neighbor **vecino(a)** *m.(f.)* (3)

neighborhood **barrio** *m.*

neither **tampoco**

nerve **nervio** *m.* (12)

nervous **nervioso(a)** (13)

nest **nido** *m.*

network **red** *f.*

never **nunca** (B)

nevertheless **sin embargo**

new **nuevo(a)**

newspaper **periódico** *m.* (6)

   newspaper kiosk **quiosco de periódicos** *m.* (C)

next (year / week) **(el año / la semana) próximo(a)** (C)

Nicaragua **Nicaragua**

Nicaraguan **nicaragüense**

nice **simpático(a)**

   Nice to meet you. **Mucho gusto.** (A)

   It's nice out. **Hace buen tiempo.** (1)

night **noche** *f.* (B)

   at night **de la noche** (B); **por la noche** (C)

   last night **anoche** (C)

   night table **mesita de noche** *f.* (4)

   night vision **vista nocturna** *f.* (12)

nightmare **pesadilla** *f.* (12)

nine hundred **novecientos(as)**

ninety **noventa**

ninth **noveno(a)** (4)

no **no**

   No way! **¡Qué va!**

noise **ruido** *m.*

noon **mediodía** *m.*

normally **normalmente** (C)

north **norte** *m.* (B)

North American **norteamericano(a)**

nose **nariz** *f.* (10)

notebook **cuaderno** *m.* (A)

nothing **nada**

November **noviembre** (1)

now **ahora**

   right now **ahora mismo**

number **número** *m.*

nurse **enfermero(a)** *m.(f.)*

O

(to) be obligated **tener que** (15)

(to) obtain **sacar**

It's . . . o'clock. **Son las . . .** (B)

   It's one o'clock. **Es la una.** (B)

October **octubre** (1)

of **de** (B)

   of course **por supuesto**

   Of course! **¡Claro!**

   Of course!! (reaffirmed) **¡Claro que sí!**

   Of course not! **¡Claro que no!** (4)

   of the **de la / del**

(to) offer **ofrecer**

often **a menudo** (10)

oil **aceite** *m.*

okay **de acuerdo** (C); **regular** (2)

   Okay. **Está bien.**

   Is that okay with you? **¿Te parece bien?** (8)

old **viejo(a)**; **antiguo(a)**

older **mayor**

olive **aceituna** *f.* (C)

Spanish omelette **tortilla de patatas** (C)

on **en** (A)

   on foot **a pie** (B)

   on time **a tiempo** (5)

once **una vez**

   at once **en seguida** (9)

   once home **ya en casa** (7)

   once a year **una vez al año**

one **uno** (C)

   One . . . , please. **Un(a) . . . , por favor.** (C)

one hundred **cien(to)**

one-way ticket **billete sencillo**

onion **cebolla** *f.* (C)

only **sólo** (7); *adj.* **único(a)**

only child **hijo(a) único(a)** *m.(f.)* (A)

open-air market **mercado al aire libre**

optimist(ic) **optimista** (2)

or **o**

orange (color) **anaranjado(a)** (2)

orange (fruit) **naranja** *f.* (C)

order **orden** *m.*

  (to) give an order **mandar** (11)

  in order to **para** (B)

other **otro(a)**

our **nuestro(a)**

(microwave) oven **horno (de microondas)** *m.* (6)

outside of **fuera de**

(to) owe **deber**

owner **dueño(a)** *m.(f.)*

oxygen **oxígeno** *m.* (10)

P

(to) pack **empacar** (14)

  (to) pack suitcases **hacer las maletas**

a package of **un paquete de** (C)

painter **pintor(a)** *m.(f.)* (2)

painting **cuadro** *m.* (2); **pintura** *f.* (A)

pair **par** *m.*

pale **pálido(a)** (3)

Panama **Panamá**

Panamanian **panameño(a)**

pants **pantalones** *m.*

paper **papel** *m.* (C)

  air mail stationery **papel de avión** (C)

  typing paper **papel para escribir a máquina** (C)

parade **desfile** *m.*

Paraguay **Paraguay**

Paraguayan **paraguayo(a)**

parents **padres** *m. (pl.)*

park **parque** *m.* (B)

to park **estacionar**

parking **estacionamiento** *m.* (6)

  parking lot **playa de estaciona- miento** *f.*

part **parte** *f.*

party **fiesta** *f.*

(to) pass **pasar** (9)

pasta **pasta** *f.*

pastry **pastel** *m.*

pasture **prado** *m.*

path **sendero** *m.* (14)

patient **paciente** (3)

(to) pay **pagar** (4)

  (to) pay attention **prestar atención** (5)

pea **guisante** *m.* (C)

peach **melocotón** *m.*

peanut **cacahuete** *m.*

pear **pera** *f.* (C)

pen, ball-point **bolígrafo** *m.*; fountain **pluma** *f.*

pencil **lápiz** *m.* (A)

  pencil sharpener **sacapuntas** *m.* (A)

people **gente** *f.*

pepper (spice) **pimienta** *f.*

  hot pepper **chile** *m.*

perfect **perfecto(a)** (3)

(to) perfect **perfeccionar** (5)

perhaps **tal vez** (8)

period (of time) **período** *m.* (2)

do not permit **no permiten** (4)

person **persona** *f.* (4)

Peru **Perú**

Peruvian **peruano(a)**

pessimist(ic) **pesimista** (2)

pharmacy **farmacia** *f.* (B)

piano **piano** *m.* (A)

(to) pick up **recoger**

pie **pastel** *m.*

a piece of **un pedazo de** (C)

pill **pastilla** *f.* (11)

pink **rosado(a)** (2)

pizza **pizza** *f.* (C)

place **lugar** *m.*; **sitio** *m.*

high plain **meseta** *f.*

(to) plan **planear**

plant **planta** *f.* (A)

plate **plato** *m.* (6)

(to) play **jugar (ue)** (1)

  (to) play (golf / tennis / volleyball) **jugar al (golf / tenis / vólibol)** (9)

  (to) play cards **jugar a los naipes** (13)

  (to) play checkers **jugar a las damas** (13)

  (to) play (instrument) **tocar** (A)

player **jugador(a)** *m.(f.)* (15)

pleasant **agradable** (10); **genial**

please **por favor** (C)

  Please be kind enough to respond as soon as possible. **Tenga la bondad de respon- der tan pronto como sea posible.** (8)

with pleasure **con mucho gusto**

  It would give us great pleasure… **Nos daría mucho gusto…** (8)

poetry contest **concurso de poesía** *m.*

point **punto** *m.* (11)

police **policía** *f.*

  police officer **policía** *m.*

  police station **estación de policía** *f.*

politics **política** *f.* (A)

poorly **mal**

porch **terraza** *f.* (6)

pork **carne de puerco** *m.* (C)

possession **posesión** *f.*

post **poste** *m.*

post office **oficina de correos** *f.*

poster **póster** *m.* (A); **cartel** *m.*

potato **papa** *f.*; **patata** (Spain) *f.* (C)

  potatoes in a spicy sauce **patatas bravas** (C)

a pound of **una libra de** (C)

practical **práctico(a)** (2)

(to) practice **practicar** (9)

(to) prefer **preferir (ie, i)**

preference **preferencia** *f.*

preoccupied **preocupado(a)**

(to) prepare **preparar**

  (to) prepare oneself **prepararse** (7)

  (to) prepare for oneself **servirse (i, i)** (7)

  I'm going to prepare… **les voy a preparar…**

(to) present **presentar** (12)

presentation **presentación** *f.*

preserve **conserva** *f.*

pressure **presión** *f.* (10)

pretty **bonito(a)** (2); **lindo(a)**

previous **anterior** (9)

price **precio** *m.* (4)

prize **premio** *m.*

profession **profesión** *f.*

professor **profesor(a)** *m.(f.)*

protein **proteína** *f.* (12)

proud **orgulloso(a)**

Puerto Rican **puertorriqueño(a)**

Puerto Rico **Puerto Rico**

pump **bomba** *f.*

purple **morado(a)** (2)

purse **bolsa** *f.*

push **empuje** *m.*

(to) put **poner** (6)

(to) put on **ponerse** (7)

(to) put on makeup **maquillarse** (7)

Q

quality **calidad** *f.* (4)

quantity **cantidad** *f.*

quarter **cuarto** *m.* (B)

  …quarter(s) of an hour …**cuarto(s) de hora** (5)

quesadilla **quesadilla** *f.* (C)

R

racquet **raqueta** f.
raffle **sorteo** m. (14)
railroad station **estación de trenes**
(to) rain cats and dogs **llover (ue) a cántaros** (1)
raincoat **impermeable** m.
It's raining. **Llueve.** (1)
rarely **rara vez** (B)
at any rate **de todos modos**
rather **bastante** (B)
(to) reach **alcanzar** (11)
reaction **reacción** f. (2)
(to) read **leer** (A)
ready **listo(a)**
   (to) get ready **prepararse** (7)
realist(ic) **realista** (3)
Really? **¿De veras?**
for that very reason **por eso mismo**
Let's be reasonable **Hay que ser razonables.** (1)
(to) receive **recibir**
reception desk **recepción** f. (4)
(to) recognize **reconocer**
record (sports) **récord** m. (15)
(to) recuperate **recuperar** (12)
red **rojo(a)** (2)
redheaded **pelirrojo(a)**
refrigerator **refrigerador** m. (6)
(to) refuse **no querer** (preterite) (15)
regular **regular** (2)
regularly **con regularidad** (10)
(to) regulate **regular** (12)
relative (family) **familiar** m.
remedy **remedio** m. (11)
(to) renew **renovar (ue)** (12)
rent **alquiler** m. (6)
(to) rent **alquilar**
   (to) rent a video **alquilar un vídeo**
(to) repeat **repetir (i, i)** (12)
(to) request **pedir (i)** (C)
reservation **reservación** f. (4)
(to) respond **contestar**
response **respuesta** f. (8)
(to) rest **descansar** (A)
rest rooms **servicios sanitarios** m.
restaurant **restaurante** m. (B)
result **resultado** m. (12)
(to) return **regresar** (7); **volver (ue)** (1)
(to) review **revisar**
rice **arroz** m.
(to) ride a bicycle **montar en bicicleta**

(to) ride a horse **montar a caballo** (9)
right **derecha** (B)
   right? **¿verdad?**
   (to) be right **tener razón** (10)
   to the right **a la derecha** (B)
   right away **en seguida** (9)
   right now **ahora mismo**
ring **anillo** m.
(to) rise **subir** (14)
risk **riesgo** m.
river **río** m. (14)
road **camino** m.
rock music **rock** m. (A)
(to) rollerskate **patinar sobre ruedas**
romantic **romántico(a)** (2)
room **cuarto** m. (A);, **habitación** f. (4); **sala** f.
roundtrip ticket **billete de ida y vuelta**
rug **alfombra** f. (A)
(to) run **correr** (A)
Russia **Rusia**
Russian **ruso(a)** (A)

S

sad **triste** (2)
(to) sail (to sailboard) **navegar en velero (una tabla vela)** (9); **practicar la vela**
sailing **navegación a vela** f. (9)
salad **ensalada** f. (C)
   vegetable salad **ensalada de vegetales (verduras)** f.
sale **oferta** f.
   It's not on sale? **¿No está en oferta?**
salesman(woman) **vendedor(a)** m.(f.)
salsa (type of music) **salsa** f.
salt **sal** f.
Salvadoran **salvadoreño(a)**
same **mismo(a)** (7)
   Same here. **Igualmente.** (A)
   the same **lo mismo** (12)
sandal **sandalia** f.
sandwich (French bread) **bocadillo** m. (C)
   (ham and cheese) sandwich **sándwich (de jamón con queso)** m. (C)
(to) have reason to feel satisfied with oneself **darse por satisfecho**
Saturday **sábado** m. (B)
sauce **salsa** f. (C)
Spanish sausage **chorizo** m. (C)
(to) save **ahorrar**
(to) say **decir** (6)

(to) say yes (no) **decir que sí (no)** (6)
what . . . says **lo que dice...** (4)
What did you say? **¿Qué dijiste?** (6)
You don't say! **¡No me digas!**
schedule **horario** m.
school **colegio** m.; **escuela** f. (A)
science **ciencia** f. (A)
   science fiction movie **película de ciencia-ficción** f.
(to) score (soccer) **anotar un gol, marcar un gol** (15)
sculpture **escultura** f. (A)
sea **mar** m. (1)
seashore **orilla del mar** f.
second **segundo(a)** (4)
secretary **secretario(a)** m.(f.)
(to) see **ver** (C)
   See you later. **Hasta luego.** (A)
   we'll see each other **nos vemos**
(to) sell **vender**
sensational **sensacional** (2)
sense **sentido** m.
sentence **oración** f.
September **septiembre** (1)
sequence, series **serie** f.
serious **serio(a)** (2)
(to) serve oneself **servirse (i, i)** (7)
at your service **a sus órdenes**
(to) set the table **poner la mesa** (7)
seven hundred **setecientos(as)**
seventh **séptimo(a)** (4)
seventy **setenta**
several **varios(as)**
(to) get in shape **ponerse en forma** (10)
   Are you in shape? **¿Estás en forma?** (10)
(to) share **compartir**
(to) shave **afeitarse** (7)
she **ella**
sheet (of paper) **hoja (de papel)** f. (C)
shellfish **marisco** m.
shirt **camisa** f.
shoe **zapato** m.
   shoe store **zapatería** f.
(to) shoot **fusilar**
(to) go shopping **ir de compras** (A)
   shopping cart **carrito** m.
   shopping center **centro comercial**
short (height) **bajo(a)**; (length) **corto(a)** (3)
should **deber**
shoulder **hombro** m. (10)
show **espectáculo** m.
(to) show a movie **dar una película** (8)
shower **ducha** f. (4)

(to) take a shower **ducharse** (7)

shows it **lo muestra** (5)

sick **enfermo(a)**

side **lado** *m.*

on my father's (mother's) side **del lado de mi padre (madre)** (A)

sign, signal **señal** *f.* (12)

silly **tonto(a)**

silver **plata** *f.*

simple **sencillo(a)** (10); **simple** (4)

since **desde (que)** (12)

Since when? **¿Desde cuándo?** (12)

(to) sing **cantar** (A)

single **soltero(a)** (3)

sink **lavabo** *m.* (4)

sir **señor** *m.* (A)

sister **hermana** *f.* (A)

(to) sit down **sentarse (ie)** (7)

situated **situado(a)** (B)

six hundred **seiscientos(as)**

sixth **sexto(a)** (4)

sixty **sesenta**

(to) skate **patinar**

ski **esquí** *m.*

(to) ski **esquiar** (A)

skirt **falda** *f.*

slacks **pantalones** *m.*

(to) sleep **dormir (ue, u)** (4)}

I can't sleep. **No puedo dormir.** (11)

sleepyhead **dormilón(ona)** *m.(f.)* (7)

slice of bread **rebanada de pan** *f.*

slippery **resbaloso(a)** (1)

It's a slippery day. **Está resbaloso.** (1)

slow, slowly **despacio**

small **pequeño(a)** (A)

(to) smile **sonreírse (i, i)** (12)

smoke **humo** *m.*

snack **merienda** *f.*

Spanish snack **tapa** *f.* (C)

(to) sneeze **estornudar** (11)

(to) snore **roncar** (12)

(to) snorkel **bucear**

snorkeling **buceo** *m.*

snow **nieve** *f.* (1)

It's snowing. **Nieva.** (1)

so **tan**

so-so **más o menos**

soap **jabón** *m.* (5)

soccer **fútbol** *m.*

social event **evento social** *m.* (10)

sock **calcetín** *m.*

soda **soda** *f.*

sofa **sofá** *m.* (6)

soft drink **refresco** *m.*

solitude **soledad** *f.*

solution **solución** *f.* (10)

some **unos(as)** (C)

someday **algún día**

something **algo**

sometimes **a veces** (B)

son **hijo** *m.* (A)

I'm sorry. **Lo siento.**

soul **alma** *f.*

south **sur** *m.* (B)

space **espacio** *m.*

Spain **España**

Spanish **español(a)** (A)

special **especial**

speed **velocidad** *f.* (15)

spectacle **espectáculo** *m.* (13)

(to) spend **gastar**

(to) spend time **pasar tiempo** (A)

sphere **globo** *m.*

spicy **picante** (C)

spicy sauce **salsa picante** *f.* (C)

spoon **cuchara** *f.* (6)

sport **deporte** *m.* (A)

sporting goods store **tienda de deportes**

(to) spread **difundir**

spring **primavera** *f.* (1)

square **plaza** *f.* (B)

square meters **m²** **(metros cuadrados)** (6)

squid **calamares** *m.* v

stadium **estadio** *m.* (B)

star **estrella** *f.*

starch **almidón** *m.* (12)

state **estado** *m.*

station **estación** *f.*

stationery store **papelería** *f.* (C)

(to) stay in bed **quedarse en cama** (7)

(to) stay in top condition **mantenerse en condiciones óptimas** (10)

stepfather **padrastro** *m.* (A)

stepmother **madrastra** *f.* (A)

stereo **estéreo** *m.* (A)

still **todavía**

stocking **media** *f.*

stomach **estómago** *m.* (10)

without stopping **sin parar** (11)

store **tienda** *f.*

storm **tormenta** *f.* (1)

It's stormy. **Hay tormenta.** (1)

stove **estufa** *f.* (6)

strange **extraño(a)**

strawberry **fresa** *f.* (C)

street **calle** *f.* (B)

strong **fuerte** (3)

student **alumno(a)** *m.(f.)*; **estudiante** *m.* or *f.*

(to) study **estudiar** (A)

stupid **tonto(a)**

style **estilo** *m.*; **moda** *f.*

subway **metro** *m.* (B)

subway map **plano del metro** *m.*

subway station **estación de metro**

success **éxito** *m.* (15)

suddenly **de repente**

(to) suffer **sufrir** (11)

sufficient **suficiente**

sugar **azúcar** *m.*

(to) suggest **sugerir (ie, i)**

suitcase **maleta** *f.*

summer **verano** *m.* (1)

summit **cumbre** *f.*

sun **sol** *m.* (1)

(to) sunbathe **tomar el sol**

Sunday **domingo** *m.* (B)

It's sunny out. **Hace sol.** (1)

Super! **¡Super!**

sure **seguro(a)**

(to) surf **practicar el surfing**

surgery **cirugía** *f.*

It will be a surprise; don't say anything to them. **Será una sorpresa; no les digas nada.** (8)

survey **encuesta** *f.*

(to) sweat **sudar** (10)

sweater **suéter** *m.*

sweet **dulce** *m.*

sweet roll, any **pan dulce**

(to) swim **nadar**

swimming **natación** *f.*

swimming pool **piscina** *f.*

system **sistema** *m.*

T

T-shirt **camiseta** *f.*

(beef) taco **taco (de carne)** *m.* (C)

taco stand **taquería** *f.* (C)

(to) take **tomar** (B)

(to) take a long time **tardarse** (7)

takes him **lo lleva**

(it) takes … minutes **tarda… minutos** (B)

talent **talento** *m.* (15)

(to) talk **hablar**

tall **alto(a)**

tan **bronceado(a)** (3)

tapas restaurant **bar de tapas** *m.* (C)

tape (recording) **cinta** *f.* (A)
    tape recorder **grabadora** *f.* (A)
taste **gusto** *m.*
tasty **sabroso(a)**
taxi **taxi** *m.*
(iced) tea **té (helado)** *m.* (C)
(to) teach **enseñar**
teacher **profesor(a)** *m.(f.)*
team **equipo** *m.*
telephone **teléfono** *m.* (4)
    telephone booth **cabina de teléfono**
    f. (4)
    telephone conversation **conversación**
    telefónica *f.*
television set **televisor** *m.* (A)
    color television set **televisor a colores**
    m.
(to) tell **decir** (6)
    (to) tell the truth **para decir la verdad**
    (6)
    Tell me. **Dime.**
temperature **temperatura** *f.* (1)
    (to) take a temperature **tomar la tem-**
    peratura (11)
ten-trip ticket **billete de diez viajes**
tennis **tenis** *m.*
    tennis ball **pelota de tenis**
    tennis shoe **zapato de tenis**
tent **tienda de campaña** (9)
tenth **décimo(a)** (4)
terrace **terraza** *f.* (6)
terrain **terreno** *m.* (14)
territory **territorio** *m.*
test **prueba** *f.;* **examen** *m.*
thank you **gracias** (A)
    thank you very much (many thanks) for . . .
    muchas gracias por... (5)
    I thank you. **Les agradezco.** (5)
    thanks a million for . . . **mil gracias**
    por... (5)
Thanksgiving mass **misa de Acción de**
    Gracias *f.*
that **aquel(la), ese(a), que**
    Is that it? **¿Así es?**
    that is to say **es decir**
    that is why **por eso**
    that one **aquél(la)** *m.(f.),* **ése(a)**
    m.(f.)
    That's all. **Es todo.** (C)
the **el** *m.,* **la** *f.,* **las** *f. pl.,* **los** *m. pl.*
    (A)
theater **teatro** *m.* (A)
theatrical **teatral** (2)
their **su** (5)

then **entonces, pues**
there **allí**
    there is / are **hay** (B)
    there is going to be **va a haber**
    over there **allá**
they **ellos(as)** *m.(f.)*
    They are from . . . **Son de...**
thigh **muslo** *m.* (10)
thin **delgado(a)**
thing **cosa** *f.*
(to) think **pensar (ie)**
third **tercer(o/a)** (4)
(to) be thirsty **tener sed**
this (month / afternoon) **este(a) (mes / tarde)**
    (C)
This is... (introduction) **Le (Te) presen-**
    to a... (A)
    this one **éste(a)** *m.(f.)*
thousand **mil**
three **tres** (C)
three hundred **trescientos(as)**
throat **garganta** *f.* (10)
one must go through . . . **hay que pasar por...**
    (4)
(to) throw oneself **tirarse** (10)
There's thunder. **Truena.** (1)
Thursday **jueves** *m.* (B)
ticket **billete** *m.*
time **tiempo** *m.,* **vez** *f.*
    at some other time **en otra oportu-**
    nidad
    on time **a tiempo** (5)
    from time to time **de vez en cuando**
    (B)
    It's about time! **¡Ya es hora!**
What time . . .? **¿A qué hora... ?** (B)
    What time is it? **¿Qué hora es?** (B)
    many times **muchas veces** (10)
timid **tímido(a)** (3)
tip **propina** *f.*
tired **cansado(a)**
to **a** (A)
    to the **al**
toast (salutation) **brindis** *m.* (8)
toast (food) **pan tostado** *m.*
toaster **tostador** *m.* (6)
today **hoy** (B)
    Today is the (day) of (month). **Hoy es el**
    (día) de (mes). (1)
toe **dedo del pie** *m.* (10)
together **junto(a)**
toilet **WC** *m.* (4)
tomato **tomate** *m.* (C)
tomorrow **mañana** (C)

tomorrow (morning / night) **mañana (por la**
    mañana / noche) (C)
(to) tone up **tonificar** (10)
tongue **lengua** *f.* (A)
too **también** (A)
    too (much) **demasiado** (1)
tooth **diente** *m.* (10)
top (of a mountain) **cima** *f.* (14)
(to) touch **tocar** (A)
tour **excursión** *f.* (14)
tourist **turista** *m.* or *f.*
tournament **torneo** *m.*
towel **toalla** *f.* (5)
town **pueblo** *m.* (9)
traditional **tradicional** (A)
train **tren** *m.* (B)
(to) travel **viajar** (A)
    travel agency **agencia de viajes** *f.*
traveler **viajero(a)**
    traveler's check **cheque de viajero**
    m. (4)
treatment **trato** *m.*
tree **árbol** *m.*
trip **viaje** *m.*
    (to) take a trip **hacer un viaje**
truly **verdaderamente**
trumpet **trompeta** *f.* (A)
truth **verdad** *f.*
(to) try to **tratar de** (12)
Tuesday **martes** *m.* (B)
tuna **atún** *m.*
(to) turn **doblar** (B)
(to) turn over **dar una vuelta** (2)
twenty **veinte**
(to) twist (a body part) **torcerse** (10)
two **dos** (C)
    the two **los(las) dos**
two hundred **doscientos(as)**
(to) type **escribir a máquina** (C)
typewriter **máquina de escribir** *f.* (A)

U

ugly **feo(a)** (2)
uncle **tío** *m.* (A)
(to) understand **comprender; entender**
understanding **comprensivo(a)**
unforgettable **inolvidable** (13)
United States **los Estados Unidos** (B)
university **universidad** *f.* (B)
unknown **desconocido(a)**
unlimited **sin límite**
until **hasta**

up **arriba** *m.* (1)
(to) go up **subir**
Uruguay **Uruguay** (13)
Uruguayan **uruguayo(a)**
useful **útil** (4)
as usual **como de costumbre**
usually **usualmente**

V

VCR **vídeo** *m.* (A)
vacant **vacío(a)** (6)
vacation **vacaciones** *f.* (9)
varied **variado(a)** (2)
various **varios(as)**
vegetable **vegetal** *m.* (12)
Venezuela **Venezuela**
Venezuelan **venezolano(a)**
very **muy, bien** (A)
   Very well, thank you. **Muy bien, gracias.**
videocassette **vídeo** *m.* (A)
violet **violeta** (2)
violin **violín** *m.* (A)
virus **virus** *m.* (11)
(to) visit **visitar** (5)
   (to) be visiting **estar de visita** (12)
vitamin **vitamina** *f.* (12)
volcano **volcán** *m.*
volleyball **vólibol** *m.*

W

(to) wait **esperar** (5)
   waits for them **los espera** (7)
waiter (waitress) **camarero(a)** *m.(f.)*
(to) wake up **despertarse (ie)** (7)
walk **paseo** *m.* (A)
   (to) take a walk **dar un paseo** (A)
(to) walk **caminar**
walking stick **bastón** *m.* (14)
wall **pared** *f.*
wallet **cartera** *f.* (A)
(to) want **desear, querer(ie)** (C, 15)
warm **caliente** (7)
(to) wash **lavar** (5)
   (to) wash (one's hands, hair, brush one's teeth) **lavarse (las manos, el pelo, los dientes)** (7)
   (to) wash clothes **lavar la ropa** (7)
   (to) wash dishes **lavar los platos** (7)
washing machine **lavadora** *f.*

(to) watch **mirar**
   (to) watch one's weight **guardar la línea**
   Watch out! **¡Cuidado!** (3)
   (to) watch television **mirar la televisión** (A)
water **el agua** *f.*
watermelon **sandía** *f.* (C)
(to) waterski **esquiar en agua** (9)
waterskiing **esquí acuático** *m.*
way **manera** *f.* (10)
   in that way **de esa manera**
wax **cera** *f.*
we **nosotros(as)** *m.(f.)*
weak **débil** (3)
weather **tiempo** (1)
   What's the weather like? **¿Qué tiempo hace?** (1)
wedding **boda** *f.* (8)
Wednesday **miércoles** *m.* (B)
week **semana** *f.* (C)
weekend **fin de semana** *m.*
(to) weigh **pesar** (12)
   I weigh . . . kilos. **Peso. . . kilos.** (12)
you're welcome **de nada**
well **bien** (A)
   well then **pues**
west **oeste** *m.* (B)
what? **¿qué?, ¿cómo?** (B)
   What a pity! **¡Qué pena!**
   What's going on? **¿Qué pasó?**
   What's new? **¿Qué hay?**
when **cuando** (A)
where? **¿adónde?, ¿dónde?**
   Where are you from? **¿De dónde es / eres?**
   Where is . . .? **¿Dónde está. . . ?**
   Where is / are there . . .? **¿Dónde hay. . . ?**
which? **¿cuál?**
whichever **cualquier**
a good while **un buen rato** (7)
white **blanco(a)** (2)
who? **¿quién?**
whole **entero(a)**
Whose is it? **¿De quién es?**
why? **¿por qué?** (C)
   why not? **¿por qué no?** (C)
wide **ancho(a)**
wife **esposa** *f.*
wind **viento** *m.* (1)
window **ventana** *f.* (6)
   shop window **escaparate** *m.*
(to) windsurf **hacer windsurfing** (13)

It's windy out. **Hace viento.** (1)
winter **invierno** *m.* (1)
(to) wish for **desear**
   (to) wish them **desearles** (8)
with **con** (A)
   with all my heart **con todo el corazón** (5)
   with me **conmigo**
   with pleasure **con mucho gusto**
within **dentro de** (8)
without **sin** (4)
   without stopping **sin parar**
woman **mujer** *f.*
wonderful **formidable** (2)
word **palabra** *f.*
(to) work **trabajar, funcionar** (A)
worker **trabajador(a)** *m.(f.)*
world **mundo** *m.)*
world championship **campeonato mundial** *m.* (14)
(to) worry **preocupar**
   worried **preocupado(a)**
   Don't worry. **No se preocupen.** (8)
worse, worst **peor**
. . . would like. . . **quisiera. . .** (C)
   I would like something for . . . **Quisiera algo (alguna cosa) para. . .** (11)
   we would like . . . **(nosotros) quisiéramos. . .** (C)
wrist **muñeca** *f.* (10)
(to) write **escribir**

Y

year **año** *m.* (C)
yellow **amarillo(a)** (2)
yes **sí**
yesterday **ayer**
yogurt **yogur** *m.*
you (familiar) **tú** (A), (familiar plural) **vosotros(as)** *m.(f.)*, (formal) **usted/Ud.**, (formal plural) **ustedes/Uds.** (A)
young **joven**
younger **menor**
your **tu, su** (5)

Z

zoo **parque zoológico** *m.*

Index

Text Permissions

p. 24 , 139, 140, 141 142 and 149 © MICHELIN from Michelin Green/Red Guide, 1995, permission No. 95–270; **p. 29 and 37** El Corte Inglés maps and brochures; **p 91** "Problemas con huracanes" by Víctor Hernández Cruz © 1990 **p. 377** EL SOL 1991, 1992, 1993, 1994 issues, copyright © 1991, 1992, 1993, 1994 by Scholastic Inc., reprinted by permission of Scholastic Inc.; **p. 185–186** "Programación" from *Diario 16*, Información y prensa, S.A., © 1990 INPRE-SA; **p. 260** brochure from El Parque Nacional Volcán Poás, Costa Rica; **p. 355** "mi jardín" by Marcelo Villacrés © 1993 **p. 410-411** Names, likenesses and biographical information of active major league baseball players used by permission of Major League Baseball Players Association;

Photo Credits

Unless specified below, all photos in this text were selected from the *Heinle & Heinle Image Resource Bank*. The *Image Resource Bank* is Heinle & Heinle's proprietary collection of tens of thousands of photographs related to the study of foreign language and culture.

Photographers who have contributed to the resource bank include:

    Angela Coppola
    Carolyn Ross
    Jonathan Stark
    Kathy Tarantola

p. 72 Jeff Greenberg/Photo Researchers, Inc., **p. 150** Art Wolfe/Tony Stone Images, **p. 151** Dave G. Houser/Corbis, **p. 152** Macduff Everton/The Image Works, **pp. 201, 202** James Davis; Eye Ubiquitous/Corbis, **p. 220** Photo courtesy of Argentina Government Tourist Office, **p. 221** Daniel Laine/Corbis, **p. 255** (left) Mangino/The Image Works, (right) Essdras Suarez/Gamma-Liaison, **p. 256** Courtesy of Karen Records, **pp. 274, 289, 290** Photos courtesy of Argentina Government Tourist Office, **p. 296** Danny Lehman/Corbis, **p. 326** Photo courtesy of Argentina Government Tourist Office, **p. 348** Bob Torrez/Tony Stone Images, **p. 349** Herman/Photo Researchers, Inc., **p. 351** (left) Mitchell Layton/DUOMO, (middle) Reuters/Bettmann, (right) Bryan Yablonsky/DUOMO, **p. 352** Al Tielemans/DUOMO, **p. 358** (bottom left) Topham-PA/The Image Works, (bottom right) DUOMO, (top) Photonews/Gamma-Liaison, **p. 359** Photonews/Gamma-Liaison, **pp. 367, 368** National Baseball Library & Archive, Cooperstown, NY, **p. 374** (left) Jim Steinberg/Photo Researchers, Inc., (right) Jeff Greenberg/Photo Researchers, Inc., **pp. 396, 397** Bob Daemmrich/The Image Works, **p. 413** Mark Lewis/Tony Stone Images, **p. 436** David Sutherland/Tony Stone Images, **p. 437** Tom & Michelle Grimm/Tony Stone Images, **p. 442** Peter Langone/International Stock, **p. 443** e. carle/SuperStock, **p. 444** (left) Buddy Mays/International Stock, (right) William J. Hebert/Tony Stone Images